授業の道具箱

Tools for Teaching／Barbara Gross Davis

授業の道具箱

バーバラ・グロス・デイビス 著
香取草之助 監訳
光澤 舜明・安岡 高志・吉川 政夫 訳

東海大学出版部

Tools for Teaching
by Barbara Gross Davis

Copyright © 1993 by Jossey-Bass, Inc.
Japanese translation rights arranged with Jossey-Bass, Inc.,
a John Wiley & Sons, Inc. Company through Japan UNI Agency, Inc., Tokyo.
Copyrighted in Japan by Tokai University Press

監訳者まえがき

　私たちは，1995年に『授業をどうする！』(カリフォルニア大学バークレー校の授業改善のためのアイデア集)をやや躊躇しながら刊行した。
　躊躇したのは，すでにこの頃FD (Faculty Development) は日本の大学人の間でも教育改革の必要性の認識の高まりのなかで中心の課題の一つになっていたし，その数年前から欧米の研究者による大学における教授法に関する訳本もかなり出まわっていたので，私たちの企画は，すでにタイミングから言って遅きに失しているのではないかという懸念を持ったためであった。
　しかし結果は，このような懸念を忘れさせるほど多くの読者を得ることができ，うれしい誤算に終わった。同時にこのことは，いろいろな問題を私に投げかけてくれた。
　1990年からはじまった現在進行中の大学改革は，この10年余りの間に日本中の大学に多くの変革をもたらした。そして大学も変わったが，学生も変わった。
　そのなかで，ほとんど変わっていないものがあるとすれば，それは大学の授業ではないか。
　何人かの人々は懸命になって大学の授業の変革の重要性を説き，研究し，実践しておられる(この方々の一部が私たちの本を買ってくださったのであろう)。にもかかわらず，この10年の間の授業改変の動きと広がりは誠に遅々として進展が見えない，というのは言い過ぎであろうか。

　『授業の道具箱』は『授業をどうする！』刊行のもととなった，カリフォルニア大学バークレー校の授業改善用アイディア集を訳出する際にきわめて好意的に事を運んでくださったBarbara Gross Davis教授の著書 "Tools for Teaching" を翻訳したものである。
　数ある大学の教授法のなかで，これほど授業そのものに密着し，微に入り細を穿った指導書は類を見ない。これは『授業をどうする！』の回答書であり，いかにして学生に1単位あたり45時間の学修をさせるか，というノウハウを豊

富に提供してくれる。

　訳者の一人は「障害のある学生のための調整」（Ⅱ-4）を読んで，学生を見る目が大きく変わったと感動を伝えてくれた。日本の高等教育に携わる者として感ずるところの多い本であることを確信している。

　あえて『授業をどうする！』の出版から7年たって，再び本書の刊行を私たちに思い立たせたのは以上のような思いからであった。

　日本における高等教育改革の原動力は，18歳人口の減少による淘汰を免れる生き残りのためにあるように見受けられるが，世界レベルの競争力を視野に入れた改革を行わなければ，日本の全大学は世界の教育力のある大学に取って代わられよう。したがって，近視眼的にならずに世界レベルの教育を見据えて，長・中期的な改革を行ううえで参考になることを願って，本書を翻訳出版するものである。

　今回『授業の道具箱』を翻訳出版することをご快諾いただいた著者のB. G. デイビス教授に改めて感謝申し上げる。

2002年6月
香取　草之助

目　次

監訳者まえがき　　v
まえがき　　xi
著者紹介　　xxvi

I　準備
1　新しい授業の準備や授業の改訂　　3
2　授業のシラバス　　17
3　授業第1日目　　25

II　多様な学生集団への対応
4　障害のある学生のための調整　　37
5　クラスの多様性と複雑性：人種，民族，性別について　　46
6　再入学の学生　　62
7　学問的に多様な学生を教える　　66

III　ディスカッションの戦略
8　ディスカッションを導く　　75
9　ディスカッションへの学生の参加を促す　　91
10　質問の仕方　　100
11　学生の質問への対処　　112

IV　授業の戦略
12　多人数のクラスで教えるための準備　　121
13　講義の仕方　　135
14　明確な説明　　146
15　多人数のクラスを打ち解けた雰囲気にする　　152
16　講義を補い，講義の代わりとなる方法：学生の参加を促す　　159
17　限られた資源を使用してティーチングの質を保つ　　170

V 共同学習や体験学習の戦略
- 18 共同学習：グループによる作業や学習チーム　　179
- 19 ロール・プレイングとケース・スタディー　　194
- 20 フィールドワーク　　203

VI 学生の学習態度と動機づけの強化
- 21 学生の学習を支援する　　215
- 22 学習のスタイルおよび好み　　224
- 23 学生の動機づけ　　233

VII 文章力および宿題
- 24 すべての授業で学生の文章力の向上を援助する　　247
- 25 効果的な作文課題を企画する　　258
- 26 学生の文章作品を評価する　　269
- 27 宿題：練習問題　　279

VIII 試験および成績評価
- 28 小テスト，テストおよび試験　　289
- 29 テストに関する学生の不安を軽減する　　305
- 30 多肢選択テストおよび組み合わせテスト　　317
- 31 短答式テストおよび論述式テスト　　329
- 32 成績評価の実例　　341
- 33 成績評価の計算および割り振り　　349
- 34 勉学上の不正行為を防ぐ　　363

IX 教育用のメディアおよび器材
- 35 黒板　　381
- 36 フリップ　　386
- 37 オーバーヘッド・プロジェクター　　389
- 38 スライド　　396
- 39 映画およびビデオ　　403

40　コンピューターおよびマルチメディア　　407

X　ティーチングの向上のための評価
　　41　迅速なフィードバック　　419
　　42　自分の授業をビデオ録画で見る　　431
　　43　自己評価およびティーチングの調査書　　439

XI　教室外でのティーチング
　　44　オフィス・アワーを設ける　　447
　　45　学部生に学問上の助言や指導をする　　453
　　46　TA の教育，訓練および監督について　　465

XII　仕上げ
　　47　最後の数回の授業　　475
　　48　学生による授業評価の形式　　480
　　49　推薦状を書く　　492

まえがき

　学部学生の教育の質をいかにして向上させるかについては，さかんに議論がされていますが，その中心となる重要な問題は2つあります．それは，「何を教えるべきか」と「あるカリキュラムを最もよく教えるにはどうしたらよいか」です．『授業の道具箱』（Tools for Teaching）では，後者の問題を扱い，授業の内容と進め方の立案から最終的な成績の割り振りにわたる大学におけるティーチングの主な局面に焦点を当て，ティーチングの戦略について概略を示します．

　本書の目標は，教員の奮起を促し，自分たちがどのように教えているか，どうしたらもっと効果的に指導できるかについての意識を喚起し，教員が効果的に指導するための手だてとなるものを提供することにあります．新しい教員として初めてティーチングをする人にとって，新しい授業をどのように企画し，提示するか，試験問題をどのように作成し，成績をつけるか，多人数クラスの授業での指導と管理に伴う責任にどのように対処するかなどについての有力な提言が含まれています．経験を積んだ教員であっても，困難な教育上の問題に直面したり，燃え尽き症候群やマンネリ化を懸念する人にとっては，授業を再活性化するためのさまざまな方法の説明が含まれています．大学院生のTA（Teaching Assistant：教育補助学生）および学部生のTAにとっても，『授業の道具箱』に書かれているアイデアから得るところが多くあることでしょう．

　本書の構想に際しては，読者を次に示すように想定しています．

- ティーチングと学生を大切にし，学生の知力や認識力の発達を助けるために必要な能力を向上させることを望んでいる．
- 他の教員が有効に利用し，教育研究者が効果的だと認めている，さまざまな教育の戦略を身につけたいと望んでいる．

- 自分で判断することができる。すなわち，提示された戦略の要点を，個々の環境や要件に合わせて応用したり，あるいは自分の置かれた状況には適さないものとして却下したりできる。
- 多忙で，ティーチングや学習についての新しい文献に目を通している時間がない。短時間のうちに，自分のティーチングと学生の学習を向上させるための情報や考え方について知りたい。（詳しい資料を読みたい人のために，各項目ごとに参考資料の一覧を付してある）

『授業の道具箱』で取り上げたアイデアの多くは，そのまま取り入れられるものです。それ以外のものは，授業の構想の段階から計画に含めるか，または構想の多少の訂正を必要とします。すべての提言が同等の重要性を持つわけではありません。1人の教員が実際に利用できる提言は，全体の半分にも及ばないし，また，全体の半分もの提言を実際に利用したいと考える教員はいないでしょう。それよりも，1つひとつの項目は，ティーチングについて考える際の刺激となるように選ばれています。『授業の道具箱』は，事実，道具箱であって，そのなかから教員のティーチングのスタイルや学生の要件に合ったアイデアを選択し，適用するためのものです。実際のところ，本書の前提の1つは，優れたティーチングには都合のよい答え，手っとり早い裏技，確実な処方はなく，ティーチングの技術を磨くための無限の方法だけがあるということです。

『授業の道具箱』の成り立ち

毎日，全国各地の教室で，教員はティーチングについての有効な知識を手に入れています。本書は，これらの教室で試されたアイデアや戦略を，迅速に参照できるように，目を通しやすく，読みやすい形でカタログ化したものであるといえます。『授業の道具箱』の執筆にあたり，私は幾百のティーチングの技術，戦略および概念についての資料を読みました。そして，幅広い専門分野の学生の学習や知的な発達を促進するための，最も賢明で価値のあるものを選び出しました。

『授業の道具箱』に示したアイデアの出典は，主に次の5つです。（1）カリ

フォルニア大学バークレー校での教員たちとの会話，ならびに教員の授業の観察。彼ら教員たちのアイデアの一部は，The ABCs of Teaching Excellence (1983)（邦訳：香取草之助監訳『授業をどうする！』東海大学出版会，1995年）に載せてあります。この本は現在では品切れとなっていますが（訳者注：邦訳は購入できます），バークレー校のコンピューター・ネットワーク，INFOCALを使用すれば，資料を入手することができます。(2) カリフォルニア大学バークレー校ならびにその他の短大や大学の教員たちによる記事および出版物。(3) 高等教育におけるティーチング，学習や教育理論についての研究文献。(4) 優れたティーチングについてのニュースレター，プリント資料，ガイドブック，その他の不定期刊行物を出版した経験豊かな教員能力開発コンサルタント諸氏の著作。(5) ティーチングや学部教育の向上のために教員たちが行っていることを取り上げた新聞や雑誌の記事。

　私は，各項目のもととなった出版物がある場合には，その出典を明らかにし，参考資料から詳細を伝える引用を行うために最善を尽くしましたが，引用した出典が必ずしも該当する技法の創始者であるとは限りません。しかし，場合によっては，本書に示したアイデアが，教員にとって一般的な知識やごく普通に行われていることの一部であり，特に誰の発案であるということもなく私が知ることになったり，私自身のティーチングや他の教員とともにした仕事の体験から導き出されたものであることがあります。

　『授業の道具箱』は，研究や理論の実質的な総体から得られたものですが，私としては，研究上の発見について論じるのは最小限にとどめて，読者がテキストを読み進めやすいようにすることを重視しました。最善のティーチングでは，あるティーチング技術を用いる場合にはその意図がどこにあるかを尊重します。そこで，私はそれぞれの手だてを示した項目ごとに設けてある参考資料一覧を利用する時間と意欲のある人たちが，特定の分野の背景にある事情をより深く掘り下げてくださることを希望しています。また，すべての読者に，単に技術だけを拾い上げ，何の配慮もなく授業に取り入れるのではなく，ティーチング技術の機能や影響を考慮して，そののちに，すべての優れた教員がして

いるように，その効果を評価することをお勧めします。

『授業の道具箱』の解説および構成

　『授業の道具箱』は，リファレンス・ブックとして利用できるように作られた実用的な資料集です。二度や三度で全部読み終わるようには作られていません。すべての原理や提言は教室での体験ならびに教育に関する研究や理論から得られたものですが，ティーチングに関するさまざまな対処法については，提言を理論的に裏づけることよりもむしろ，それを用いて教員に何ができるかの方に焦点を当てています。

　理論や哲学に関する議論，優れたティーチングについての論文，教室での体験についての個人の回想録，典型的な教育状況のケース・スタディーを求める人は，他の資料を読まれるとよいでしょう。実際に，このようなテーマについての有益な資料があります。たとえば，優れたティーチングについてのいくつもの論文が，Gullette（1983）によってまとめられています。ティーチングの経験についての個人的な記述は，The Teaching Professor および College Teaching といった出版物や，Teaching of Psychology および Journal of College Science Teaching といった大学教育に関する専門的な定期刊行物で読むことができます（Cashin and Clegg が1993年に，大学教育に関する定期刊行物のリストをまとめています）。Christensen and Hansen（1987）は，学生との間で学習についての取り決めを交わす，学生の尊敬を得る，ディスカッションを導くといった話題に関する事例を扱った教科書を作っています。指導に関する理論，モデルおよび選択可能な見解については，Axelrod（1973），Jackson（1986），その他が示しています。

　『授業の道具箱』は上に示したような他の資料とは異なるものです。本書では，ティーチングに関する49の技法を，おおまかに実際のティーチングの手順に合わせて配列し，大学教員のティーチングのポイントとなる職務や活動を表す12の項目に分けて示してあります。項目は，個々の仕事（授業のシラバスの作成）から幅広い社会的な問題（学内の多様性への対処）まで広い範囲にわた

っています。

　それぞれの技法のなかには，短い導入部，一連の一般的な戦略，教員が自分の状況に合わせて試すことのできる実際的な考え方の簡便な説明が含まれています。この様式によって，主要なポイントを容易に効率よく見つけ，手早く目を通すことが可能となっています。さらに，個々の技法を他の技法から独立したものとして読むことができ，どのような順序で読むことも可能です。

　読んでいくうちに分かることですが，各章の技法のグループ分けは，ある程度任意に決められたものです。たとえば，「明確な説明」という項目は第Ⅳ章「授業の戦略」にありますが，すべての種類の授業に関連があることは明らかです。目次，複数の技法の項目を相互参照することが，必要な事柄がどこにあるかを手早く見つけるのに役立ちます。次に，12の章の概要を示しておきましたので，どの章を特によく読む必要があるかを判断するために利用してください。

　第Ⅰ章「準備」では，計画立案についての問題点を扱っています。新しい授業の企画や既存の授業内容の改訂をどのようにするか，シラバスをどのように作成するか，授業第1日目をどのように行うかといったことについてです。第Ⅱ章「多様な学生集団への対応」では，障害のある学生，他民族の学生，文化的に教員とは異なる背景を持つ学生，長期にわたる不在ののちに大学に戻ってきた年齢の高い学生を教える際に生じる問題を扱っています。この章の最後に示してある対処法は，学力の幅がさまざまに異なる学生を教える場合の授業について扱っています。

　続く3つの章では，異なる授業形態でのティーチングの戦略に焦点を当てています。第Ⅲ章「ディスカッションの戦略」では，生産的なディスカッションを導き，興味を起こさせる質問を工夫し，学生の参加を促すにはどうしたらよいかについての考え方を示しています。第Ⅳ章「授業の戦略」では，講義による方法のすべての側面，特に多人数クラスでの講義について扱っており，準備

の仕方，効果的な講義の仕方，非人間的な印象を与える大規模な講義室で積極的な授業環境を作り出す方法を示しています。この章では，講義を補い，講義の代わりとなるものについて説明するとともに，学生をより能動的な形で授業に引き込み，一方的なコミュニケーションという受け身の姿勢を克服させる方法を示しています。能動的な関わりという主題は，第Ⅴ章「共同学習や体験学習の戦略」でも継続して扱われています。この章では，すべての規模の授業でのグループ学習の利点について書かれており，ロール・プレイング，ケース・スタディー，フィールドワークといった，学生が実際の活動を通して学習する方法について示しています。

第Ⅵ章「学生の学習態度と動機づけの強化」では，学生が学習したり，より自信を持って自力で授業の教材を習得できるように支援するためのティーチングの戦略を，現在の学習理論に従って示しています。この章では，すべての学生が最善を尽くせるように動機づけをするうえでの困難な問題についても取り上げています。

第Ⅶ章「文章力および宿題」では，すべての学部の教員たちが，どのようにして学生の文章力の発達を支援することができるか，その一方で学生の提出物の成績をつけるのに膨大な時間を費やさずにすませるにはどうすればよいかについて説明しています。この章では，どのようにして問題を作成し，成績をつけるかについての有用なヒントも示してあります。

多くの教員たちにとって，試験や成績評価はティーチングの最も難しい側面となっています。第Ⅷ章「試験および成績評価」では，試験を円滑に進め，試験に対する学生の不安を軽減し，さまざまな成績評価の方法の特徴を見極めるうえでのポイントを示しています。

第Ⅸ章「教育用のメディアおよび機材」では，コンピューターやマルチメディアについての説明に加えて，黒板のような従来からある用具についても言及しています。

おそらく，本書で最も重要な章は，第Ⅹ章「ティーチングの向上のための評価」です。というのは，より影響力のある教員になるためには，学生に対して効果のあるものと，ないものを知る必要があるからです。この章では，学生の反応をただちに知るさまざまな方法について説明するとともに，ビデオ録画，同僚による観察，自己評価といった方法を紹介しています。

　学生に関する教員の実質的な仕事は，授業の前後に生じるものですから，第Ⅺ章「教室外でのティーチング」では，オフィス・アワーを設ける，学部生への助言，大学院生の教育補助学生との仕事の進め方などに関するアイデアについて述べています。

　最後に，第Ⅻ章「仕上げ」では，授業の復習，学生による授業評価，推薦状といった学期末の仕事を扱っています。

　『授業の道具箱』は非常に大部で広範囲を扱った書物であるにもかかわらず，いくつかの種類の教室状況（実験室でのティーチング，外国語講座，新入生セミナー，個別指導およびグループ指導）については扱うことができませんでした。一部の事柄については，1つの技法として扱うのではなく，いくつもの技法のなかで論じています。たとえば，「クラス内での迷惑な態度の取り扱い」は，独立した技法にはなっておらず，「ディスカッションへの学生の参加を促す」，「多人数のクラスで教えるための準備」および「クラス内の多様性と複雑性：人種，民族，性別について」の技法のなかで関連する戦略を示しています。

　それぞれの対処法は，独立した内容として読めるように企画されていますが，ある技法と別の技法の間に，ある程度，重複する部分がありますので，そのことが注意深い読者にとって混乱や読みにくさを招かねばよいと願っています。さらに，すべての提言に，まったく矛盾がないわけではありません。提言には，さまざまな革新的な戦略が示されていますので，そのなかから，読者が自分の状況に最も適したものを選択することができます。

読者が新任の教員である場合には，まず第Ⅰ章「準備」，第Ⅲ章「ディスカッションの戦略」，第Ⅳ章「授業の戦略」を重点的に読んだうえで，自分の独自の状況に合わせてさらに深く掘り下げた対処法を選択することをお勧めします。授業の期間中を通じて，通常のティーチングを行ううえでの参考として『授業の道具箱』を参照されるとよいでしょう（たとえば，ディスカッション中に学生の発言を促す方法について）。すべてのことをすぐに実行しなければならないと考える必要はないので，多くの項目のなかから選択して，始めはそのうちのいくつかを試みることを勧めます。

　自分のティーチングはおおむね順調だが，授業に刺激を取り入れたいと考えている場合には，本書にざっと目を通して新しく試したい項目を選択することをお勧めします。第Ⅲ章「ディスカッションの戦略」，第Ⅴ章「共同学習や体験学習の戦略」，あるいは「講義を補い，講義の代わりとなる方法：学生の参加を促す」，「すべての授業で学生の文章力の向上を援助する」ための技法を参照するとよいでしょう。どれも，学生を授業に能動的に引き込むための考え方を含んでいます。

　改善したい部分がどこか，すでに分かっている場合には，その部分に直接に関係のある手だてを読んでください。

　自分のティーチングの長所や短所について確信がない場合には，自分のティーチングを詳細に評価することから始めましょう。過去の授業での学生の成績を見直す，自分の授業をビデオ録画で見る，同僚や相談係に自分の授業を見て意見を寄せてもらうことによって，自分がよくできている部分や変更したほうがよい部分を評価する手がかりとなります。評価方法として利用できるその他の方法については，第Ⅹ章の「自己評価およびティーチングの調査書」で説明してあります。初期の評価を行ったら，目次で関連のある項目を探すとよいでしょう。

　すべての教員にとって「迅速なフィードバック」という対処法が有益です。

この項目では，授業の教材に対する学生の理解をどのように評価するかについて，教員のティーチングの長所や短所に関する学生の意見をどのようにして引き出すかについて，新任の教員や経験豊かな教員の両方にとって実際に役立つ提言が示されています。

『授業の道具箱』をどのように利用する場合でも，試してみたい提言を見つけたら，必ず計画を書いてみるとよいでしょう。Weimer（1990, p. 19）が助言しているように，「ティーチングに関する文章を読む場合には，読んだことの結果として取り入れる行動の概要を示す，やるべきことのリストを必ず同時に準備すべきです」。

効果的なティーチングとは何か

　何百年もの間，大学でのティーチングの代表は，ノートをとりながら聞いている学生に対して，教授が講義を読み上げるというものでした。教授の職務は，権威ある講義を書いて，披露し，学生の知識を試験して，等級をつけることでした。しかし，過去30年間に，このような形は，大学レベルでの効果的なティーチングはどのような要素からなるかについての新しい考え方に取って代わられました。学生の学業の成功や知的な発達，学習力や認識力の発達の理論に関する研究によれば，能動的な学習や共同学習に重点を置き，学生を知的な発見に取り組ませるようなティーチングの形態に効果があることが示されています。このような見地から，教員の職務は，学生に新しい情報を獲得させ，新しい技術を練習させ，学生の持っている知識を再構成してさらに広げることを可能にするような方法で，学生との相互作用を図ることです。1つの示唆として言えることは，唯一の最善のティーチング方法はないということです。効果的なティーチングがどういうものかは，学生，背景，主題，専門分野によって決まります。それでも，優れたティーチングに関する研究および報告（Angelo and Cross, 1993; Centra and Bonesteel, 1990; Chickering and Gamson, 1991; Educational Testing Service, 1992; Murray, 1991; Ramsden, 1992; Reynolds, 1992; Schön, 1987; Shulman, 1987），ならびに学生の到達度および学業の成功に関する調査（Mow and Nettles, 1990; Noel, Leviz, Saluri, and Associates, 1985;

Pascarella and Terenzini, 1991; Tinto, 1987）によれば，学生の学業の到達度を上げるティーチングの技術，戦略および態度は，次に示す4点にまとめることができます。

1．学生の能力に適した方法で教材を編成し，説明する。効果的なティーチングの要点は，教員が教材を理解していることです。しかし，主題となる事柄についての知識は必要ではありますが，それで充分とは言えません。優れた教員はある主題や概念のどこが学生にとって難しいかも理解しており，扱う主題を平易で分かりやすい言葉で説明できるものです。さらに，学生が背景として持っている知識および経験を判断し，学生の進歩をどの程度期待できるかを合理的に判断し，適切なティーチングの方法や教材を選択し，鍵となる箇所を明確にする事例や類似例を用意し，ある主題を別の主題と関連づけて，学生が教えられた内容を習得しているかどうかを評価することができることです。

2．学習環境を作る。実力のある教員は学生との関係を確立して維持し，学生の必要とすることにきめ細かく応じ，すばらしい期待が持てることを伝え，学生の作品に対して適切にフィードバックし，多様な才能や学習方法を尊重します。力のある教員のティーチングでは，手助けや学生が能動的に学習できるようにするための戦略に重点が置かれているのです。

3．学生が独立した自律的な学習者になれるよう支援する。実力のある教員たちは，学生が教えられた内容を習得できるという確信を含めて，学生に自分の目標や期待を伝え，学生が授業の内容と自分との関連を確立し，発展させていけるように方向づけ，学習の過程を共同事業と見なし，学生の知的な関心と熱意を刺激します。

4．ティーチングを省みて評価する。実力のある教員は，自分がなぜ今やっている方法をとっているのかということと，自分のしていることの学生への影響を批判的に検証するのに時間を割きます。学生との会話や学生の観察に基づいて，自分のティーチングを向上させ，学生が遭遇している問題を解決する手助

けをする方法をいくつも思い浮かべることができます。

　本書にあるすべての技法は，以上に示した領域での技術を評価し，改善するのに役立つように企画されています。もちろん，単にいくつかの新しい技術や戦略を取り入れるだけで，ただちに堂々とした教師に変身できるわけではありません。しかし，すべての教員がこれらの鍵となる技術を発展させ実行することによって，より影響力を強める方法を身につけることができます。

　読者自身の研究生活のなかで最も影響を受けた教員のことを考えると，おそらく，主題について知ってはいるが，学生がどのように学んでいるかについてはほとんど意識していなかった教授を思い出すことでしょう。教授がこのような人であるからではなく，このような人であるにもかかわらず，自分は勉強していると感じることはなかったでしょうか。そして，読者よりも積極的でない学友たちにとって，その教授からはほとんど得るところがなかったのかもしれません。『授業の道具箱』は，ティーチングに関する優秀教員たちが知り，使用してきたティーチングの戦略のレパートリーを読者に提供することを意図しています。

お願い

　本書の主題は，向上のためには評価が欠かせないということですから，『授業の道具箱』に示したアイデアについて読者のご意見がいただければ，著者としては感謝に堪えません。何が効果的であるか。何が役に立たないか。読者の見解をお知らせ願いたいし，ご自分の授業で役立てている優れたアイデアをお寄せいただきたい（電子メール：oed@violet.berkeley.edu または bgd@uclink.berkeley.edu）。

謝辞

　本書は実に多くの人々の貢献なしでは書き得なかったし，1人ひとりの方の支援と励ましに負うところが多い。

　優れたティーチングについての考えを惜しみなく共有してくれたことに対し

て：カリフォルニア大学バークレー校の教員たち。バークレー校には，数多くの傑出した著名な教員がおり，個々に名前をあげることができません。彼らの本書への貢献に対して，ここにまとめて感謝いたします。

さまざまな段階で原稿に目を通し，意見を述べてくれたことに対して：カリフォルニア大学バークレー校の多くの教員たち，管理担当者が，さまざまな技法について初期の原稿を検討してくれました。筆者は彼らの有益な提言や建設的な批評に感謝します。一部ですが，特に名前を挙げて感謝の意を表します。フレデリック・C・クルーズ（Frederick C. Crews），サム・デイビス（Sam Davis），マリアン・ダイヤモンド（Marian Diamond），W・ラッセル・エリス（W. Russell Ellis），サリー・フェアファクス（Sally Fairfax），デブラ・フォング（Debra Fong），オール・ホールド（Ole Hald），ゲイリー・ハンドマン（Gary Handman），マイケル・ハーディー（Michael Hardie），フランシスコ・ヘルナンデス（Francisco Hernandez），シェイラ・ハンフリーズ（Sheila Humphreys），ヘレン・ジョンソン（Helen Johnson），ピーター・カーナー（Peter Kerner），マット・コンドルフ（Matt Kondolf），クリスティン・ルーカー（Kristin Luker），フローラ・マクマーチン（Flora McMartin），マルガリータ・メルビル（Margarita Melville），ウィリアム・K・ミュア（William K. Muir），ケビン・パディアン（Kevin Padian），デービッド・パターソン（David Patterson），マシュー・レービン（Matthew Rabin），ビンセント・レッシュ（Vincent Resh），K・V・S・サストリー（K. V. S. Sastry），マイケル・スクリブン（Michael Scriven），ダニエル・スペルマン（Daniele Spellman），リチャード・サッチ（Richard Sutch），ロナルド・タカキ（Ronald Takaki），ステファン・K・トレフソン（Stephen K. Tollefson）およびジョアンヌ・ワイル（Joanne Wile）。次に示す研究室のスタッフも貴重な提言を提供してくれました。障害のある学生プログラム（Disabled Students' Program），広報室（Office of Media Services），学生学習センター（Student Learning Center），就職および卒業相談室（Pre-Professional and Pre-Graduate Advising）および大学作文プログラム（College Writing Program）。

すべての原稿を読み，意見を述べてくれたことに対して：ラリー・ブラスカンプ（Larry Braskamp），ジョー・ケローズ（Jo Keroes），ジョン・オリー（John Ory），メアリ・アン・シー（Mary Ann Shea），メアリ・ディーン・ソルシネリ（Mary Deane Sorcinelli），マリラ・スヴィニキ（Marilla Svinicki）およびジョーン・ウェルギン（Jon Wergin）。

編集上の支援に対して：エイミー・エインソーン（Amy Einsohn）。

書誌編纂，調査および製作上の支援に対して：ナタリー・ボズワース（Natalie Bosworth），チェリー・チャイチャーン（Cherry Chaicharn），レイフ・クラウス（Leif Krauss），ミシェル・マッティングリー（Michele Mattingly），ローズ・ナッシュ（Rose Nash），デービッド・パランボリウ（David Palumbo-Liu），マックレー・パーカー（McCrae Parker），クリスティ・ズミッチ（Christi Zmich）および特に，始めから終わりまで関わってくれたデブラ・フォング（Debra Fong）ならびにジャーナ・ウーダード（Jana Woodard）。

デザイン上の支援に対して：チャック・ビルネ（Chuck Byrne）。

進行に関する助言および事実確認に対して：サム・デイビス（Sam Davis），リタ・ベロー（Rita Berro），カレン・グロス・マクロバーツ（Karen Gross McRoberts），エイミー・エインソーン（Amy Einsohn），ステファン・K・トレフソン（Stephen K. Tollefson），ラリー・ブラスカンプ（Larry Braskamp），オール・ホールド（Ole Hald），ダニエル・スペルマン（Daniele Spellman），モリー・マクロバーツ（Molly McRoberts）およびサム・マクロバーツ（Sam McRoberts）。

この分野において有益な参照文献となっている以下の書物の著者に多くを負っていることについて謝意を示します。Kenneth E. Eble, The Craft of Teaching (2nd ed., 1988); Barbara Schneider Fuhrmann and Anthony F. Grasha, A

Practical Handbook for College Teachers (1983); Joseph Lowman, Mastering the Techniques of Teaching (1984); および Wilbert J. McKeachie, Teaching Tips (8th ed., 1986)。

最後に，私の夫であるサム（カリフォルニア大学バークレー校，建築学教授，学部長）の，私が本書を完成することを可能にしてくれた，いつも変わらない励まし，実質的な貢献，およびかなりの忍耐に特別に感謝します。

References

Angelo, T. A., and Cross, K. P. *Classroom Assessment Techniques: A Handbook for College Teachers.* (2nd ed.) San Francisco: Jossey-Bass, 1993.

Axelrod, J. *The University Teacher as Artist: Toward an Aesthetics of Teaching with Emphasis on the Humanities.* San Francisco: Jossey-Bass, 1973.

Cashin, W. E., and Clegg, V. L. "Periodicals Related to College Teaching." *Idea Paper,* no. 28. Manhattan: Center for Faculty Evaluation and Development, Kansas State University, 1993.

Centra, J. A., and Bonnesteel, P. "College Teaching: An Art or a Science?" In M. Theall and J. Franklin (eds.), *Student Ratings of Instruction: Issues for Improving Practice.* New Directions for Teaching and Learning, no. 43. San Francisco: Jossey-Bass, 1990.

Chickering, A. W., and Gamson, Z. F. (eds.). *Applying the Seven Principles for Good Practice in Undergraduate Education.* New Directions for Teaching and Learning, no. 47. San Francisco: Jossey-Bass, 1991.

Christensen, C. R., and Hansen, A. J. *Teaching and the Case Method.* Boston: Harvard Business School, 1987.

Educational Testing Service. PRAXIS (Project to assess teacher performance). Described in "Classroom Performance Assessments: Creating a Portrait of the Beginning Teacher." *Educational Testing Service Developments,* 1992, *38* (1), 2–4.

Gullette, M. M. (ed.). *The Art and Craft of Teaching.* Cambridge, Mass.: Harvard University Press, 1983.

Jackson, P. W. *The Practice of Teaching.* New York: Teachers College Press, 1986.

Mow, S. L., and Nettles, M. T. "Minority Student Access to, and Persistence and Performance in, College: A Review of the Trends and Research Literature." In J. C. Smart (ed.), *Higher Education: Handbook of Theory and Research.* Vol. 6. New York: Agathon Press, 1990.

Murray, H. G. "Effective Teaching Behaviors in the Collage Classroom." In J. C. Smart (ed.), *Higher Education: Handbook of Theory and Research.* Vol. 7. New York: Agathon Press, 1991.

Noel, L., Levitz, R., Saluri, D., and Associates. *Increasing Student Retention: Effective Programs and Practices for Reducing the Dropout Rate.* San Francisco: Jossey-Bass, 1985.

Pascarella, E. T., and Terenzini, P. T. *How College Affects Students: Findings and Insights from*

Twenty Years of Research. San Francisco: Jossey-Bass, 1991.

Ramsden, P. *Learning to Teach in Higher Education*. New York: Routledge, 1992.

Reynolds, A. "What Is Component Beginning Teaching? A Review of the Literature." *Review of Educational Research*, 1992, *62* (1), 1–35.

Schön, D. A. *Educating the Reflective Practitioner: Toward a New Design for Teaching and Learning in the Professions*. San Francisco: Jossey-Bass, 1987.

Shulman, L. S. "Knowledge and Teaching: Foundations of the New Reform." *Harvard Educational Review*, 1987, *57* (1), 1–22.

Tinto, V. *Leaving College: Rethinking the Causes and Cures of Student Attribution*. Chicago: University of Chicago Press, 1987.

Weimer, M. "Study' Your Way to Better Teaching." In M. D. Svinicki (ed.), *The Changing Face of College Teaching*. New Directions for Teaching and Learning, no. 42. San Francisco: Jossey-Bass, 1990.

著者紹介

　バーバラ・グロス・デイビスは，カリフォルニア大学バークレー校で副学長（教育開発担当）を務めている。心理学で学士号（B. A.）を取得（1968年），教育心理学で修士号（M. A.）を取得（1973年），やはり教育心理学で博士号（Ph. D.）を取得（1976年）している。学位取得はすべてバークレー校におけるものである。

　デイビス氏の主な研究対象領域は，プログラムとカリキュラムの評価，ティーチングの改善，教授陣の教育開発で，すべて高等教育を対象としている。氏は，ティーチング，学習および評価に関するテーマでワークショップおよびセミナーを行っており，教授陣の評価およびティーチングの向上についての著作がある。

　氏の著作には，Evaluation of Composition Instruction（1987, with M. Scriven and S. Thomas）および Evaluating Intervention Programs（1985, with S. Humphreys）がある。

1
準備

1．新しい授業の準備や授業の改訂

2．授業のシラバス

3．授業第1日目

新しい授業の準備や授業の改訂　　1

　新しい授業の準備や従来の授業を改訂する場合，教員は少なくとも次の3つの重要な決断に迫られることになります。何を教えるか，どのように教えるか，教えた事柄を学生が習得したかどうかをどのように確認するかということです。多くの場合，授業の準備や改善で最も難しいのは，全体を扱いやすくするために，どのテーマを省くかを決めることです。多くの教員は，そのテーマについて自分が知っているすべてのことを学生に伝えようとするために，あまりにも多くの教材を盛り込もうとします。ここに示す提言は，授業内容の制限，学習方法や学習課題の構造化と配列化，方針の決定，授業運営の取り扱いなどの参考に用意されたものです。

一般的な戦略

前からある授業を担当する場合には，前の担当者に話を聞く。同僚に頼んで，シラバス，課題，配付資料，試験問題を見せてもらってください。そして，教材について学生が遭遇する典型的な問題は何か，教員が遭遇する困難な点は何かを見つけましょう。可能であれば，これまでの受講者の成績評価を参考にして，その授業の長所や短所を見つけるようにしてください。

以前になかった授業を担当する場合には，教科書を読んで授業の内容を確認する。教科書に目を通すと，授業で扱うことになる主題についておおまかな感じを把握することができます。このことは，自分の専門以外の分野における授業を準備する場合には，特に役立ちます。(Brown, 1978)

以前に担当したことがある授業の場合には，関連するあらゆる物を集めることから始める。シラバス，教科書と課題図書，配付資料，試験問題，毎回の授業の覚え書き，これまでの個々の学生の成績評価などを集めます。成績評価に目

を通して，講義の長所と短所を把握します。そのうえで，学生の意見や感想，取り扱う分野の進歩状況，教員自身の興味の移り変わりに配慮しながら，授業に関するさまざまな教材を参照するようにしてください。("Course Materials Review," 1987)

授業で教える際の条件を明らかにする。授業を計画する際，以下の点に配慮します。教えるのに使える時間は何時間か。受講学生は何人か。主に専門課程の学生か。学生の水準はどの程度か。学生がすでに知っているものと仮定できる教材は何か。学生がすでに修了している科目は何か。並行して学生が受講する科目は何か。TA（Teaching Assistant：教育補助学生）を使えるか。教室にはどんな機材があるか。このようなことを明らかにします。(Brown, 1978; Ory, 1990)

学科のカリキュラムのなかでの他の授業との関連を考慮する。この授業が，次の段階の授業の導入としての役割を持つのか。専門課程以外の学生にとって，この分野について学習する唯一の機会となる一般教養の授業なのか。専門課程の学生向けの高度な内容の授業かなどを考慮します。

何を達成目的とするかを決める

目標を設定する。授業を受けた結果として，学生が何をすることができるようになるか，何を作り出すことを期待するかなど目標を書き出してみることは，少なくとも次の4つの理由から重要です（Erickson, n.d.）。（1）これによって，教員が学生に何を達成させることを望んでいるか明らかになる。（2）目標のリストは，適切なティーチングの方法，教材，課題などの選択に役立つ。（3）目標のリストを使って，教員が期待していることを学生に伝えることができ，学生は何を達成するよう期待されているかを知ることができる。（4）目標のリストがあれば，この授業の受講を前提条件としている科目の指導にあたる同僚の役に立つ。ただし，McKeachie（1986）は，何をするかという目標を詳しく書き出すことに，教員はとらわれてはならないと警告しています。目標を書

き出す主な目的は，授業の計画立案に役立てることと，教員が何をしたいかを確認することです。

学習内容に関わる目標と，それ以外の目標を区別する。Fuhrmann and Grasha (1983) は，学習内容に関わる目標，たとえば，「日本の経済力の発展に影響を与えた要因を解析する」と，それ以外の目標，たとえば，「チームの良きメンバーとして他の学生と共同で学習する」，「ものの見方の対立に耐える姿勢を身につける」を区別することを勧めています。彼らは教員に，全体的なリストを作ることから始め，次第に目標を細分化して具体的なものにしていくように勧めています。学生に何を期待するか，学生は目標を達成したことをどのように示せばよいか，合格点に達するには，どんな要素が揃っていればよいか。たとえば，主な内容の目標が，経済大国としての日本の発展を理解することであれば，学習内容に関わる具体的な目標のひとつは，日本の経済的優位に科学技術がどのように影響を与えたかを，深く分析することとなります。また，学習内容の目標以外の具体的な目標のひとつは，学生が3人のグループで教室外の研究を行い，共同でレポートを作成することとなります。

授業の目標を書き出す場合，「大きな絵」を頭に描く。たとえば，この授業を受けて卒業を迎えた上級生が，この授業がなぜ自分たちが受けた授業のなかで最も価値のあるひとつに数えられるかを話し合っているところを，陰でそっと聞いている場面を想像してみましょう。彼らはこの授業について，何と言うでしょうか。何人かの教え子が将来，地方で，あるいは全国規模で活躍する株式のバイヤーになる，あるいは学生の半数が大学を中退してフルタイムの仕事に就かなければならないと想像してみましょう。そのとき，あなたは授業におけるティーチングの方法を変えるでしょうか。あなたが学生に身につけてほしいと思うことに何か違いが生じるでしょうか。それは何故でしょうか。(Bergquist and Phillips, 1977)

目標のリストを現実的なものに改める。先に立てた理想的な目標を，学生の能力，興味，期待および授業に使える時間数を考慮して調整します。使える時間

のなかで，学生はいくつの目標を達成できるでしょうか。(Lowman, 1984)

授業内容を定め制限する

すべての項目を予備リストに「まとめた」あとで，積み過ぎの部分を見つける。
授業計画は，大陸間横断旅行の計画を立てることに似ています。まず，旅行中に必要になるかもしれないすべての物をいくつもの大きなスーツケースに詰め込むのと同じように，学生が知っていたほうがよいと思われるすべての重要な事柄をリストにします。それから，荷物を1つか2つに絞り込むのと同じように，リストに含めた項目を厳しく削ってゆきます。詳細な事項が多すぎたり，多くの項目を盛り込みすぎると，学生が教材そのものを理解するうえで妨げになることが研究結果から分かっています。(Beard and Hartley, 1984）

必ず理解する必要のある内容と選択が許される内容を区別する。授業で扱う概念や項目を3つのグループに分けます。基本的な内容は，すべての学生が理解する必要があります。推奨される内容は，主題とする事柄について高度な知識を得たいと考えるすべての学生が理解する必要があります。また，選択が許される内容は，専門的な興味と才能のある学生が理解する必要があります。講義や試験は，授業の基本的な要素を中心とすべきです。推奨内容や選択が許される内容は，学生にそのことが分かるようにしたうえで，講義，課題図書，参考資料のなかで取り上げることができます。

中心となる概念を強調する。ある教員は次のように指摘しています。工学には何千という公式がありますが，これらすべては非常に限られた数の基本的な概念や理論の応用です。学科の授業で学生が千個の式と出会ったとしても，それらを機械的に暗記するのは無駄なことです。なぜなら，そんなに数多くの等式を覚えていられる人はいないからです。その代わりに，教員は，千個の式が十個余りの基本的な式の中に埋め込まれていることを学生に示しながら，基本的な事柄を繰り返し強調すればよいのです。

古典的な論点や長年にわたって変わらない価値観や真理に重点を置く。現役の学生にとって最も興味深い論点や主題は，教員自身をはじめにこの分野に引きつけたものである場合が多いのです。

追求の対象を絞る。最も重要な技術や理念を残して，それ以外の部分を削ります。たとえば，数学上の問題を解決する場合に，最も重要な仕事は問題を設定することであって，それ以外のことは技術的な部分で，すべての問題を最後まで解く必要はありません。(Svinicki, 1990-1991)

主要な考え方や事実に関する情報の位置づけを理解させるために，概念的な枠組みを学生に与える。初めての者にとって，授業で扱う分野は，論理性や統一原理を欠いた大量の事実の寄せ集めに見えるかもしれません。単に個々の事柄を何十も覚えるのではなく，さまざまな概念の関係を理解するには，学生にとって，ひとつの枠組み，基本的な理論，主題，類型，もしくは論争を引き起こしている論点が必要です。この枠組みに何度も触れることで，学生に枠組みが分かるようにします。

詳細なシラバスを用意する。シラバスを配付して，この授業の枠組み，論理，構成を学生に知らせます。「授業のシラバス」の項を参照してください。

授業を構造化する

授業の内容の論理的な配列の仕方を考える。教材は年代順に並べることもできますし，テーマ別や種類別，具体的なものから抽象的なものへ，その逆に，理論から応用へ，技能の水準や複雑さを高めながら並べたり，その他の考え方に従って並べることもできます。一部の授業，特に歴史や文学では，年代順の配列が必要となる場合が大部分です。ここでは，その他の場合の教材の並べ方について示してみます。(Bergquist and Phillips, 1977, pp. 146-149)

微視的／巨視的：大規模で複雑な現象の説明（巨視的視点）から始めるか，

その現象のひとつの側面の詳細な分析（微視的視点）から始めます。幅広い全般的な知識と情報の基礎を確立する（巨視的）か，あるいはある特定の事象や関係に焦点を当てます（微視的）。

遠大／身近：学習する分野に関連する，身近で差し迫った問題を示すことから始める（身近な視点）か，あるいは起源，受け継いできたものや背景の説明から始めます（遠大な視点）。主題となっている事柄に関連したことから始める（身近な視点）か，あるいは歴史的や理論的な視点から始めます（遠大な視点）。

現象／構造化・理論化：個々の重要な出来事，人々，思想の説明を強調するか（現象），理論，主題，世界での適用状況の説明や分析を強調します（構造化・理論化）。固有の状況のもとにある特定の作品，事件や人物に焦点を当てるか，さまざまな作品，事件，人物が共有し，表現している一般的な型や概念に焦点を当てます（構造化・理論化）。

Starkら（1990）は，上に示した以外の配列方法をさらに提示しています。それによれば，講義で取り上げる項目は，次の点に考慮して配列することができます。

- 現実の世界でどのようにして関係が生じるか
- 学生が，それぞれの社会的，個人的，職業的背景のもとで，どのようにその情報を利用するか
- その分野内で主要な概念や関係がどのように関連づけられるか
- どのように学生が習得するか
- その分野で知識がどのように形成されてきたか

授業時間のすべてをリストにする。予定表に大学の休日，祝祭日，休暇，もし適切であれば，授業より優先される学内の行事を書き込みます。この予定表に各授業時間に扱うテーマを書き込み，試験日を書き込みます。「ダウン」を含

めて，学期ごとのリズムを考慮に入れること。それぞれの試験の前の授業時間の最後の部分は空けておき，遅れを取り戻したり，復習のために使えるようにしておきます。複雑なテーマや難しいテーマについては，余分の時間をとっておきます。学期の半ばには時間をとって，授業がうまく進んでいるかどうかについて，学生の意見，感想を聞くようにしましょう（「迅速なフィードバック」の項を参照）。また，授業第1日目（「授業第1日目」の項を参照），試験の直前の授業，最後の2，3回の授業には，特に配慮が必要です。最後の2，3回の授業は，授業で扱ったいくつもの主題をまとめて，系統立てるのに利用できます（「最後の数回の授業」の項を参照してください）。

それぞれの授業時間に最適なティーチングの方法を選択する。「授業時間に私は何をするか」と考えるのではなく，「学生は何をするのか」と考えましょう（Bligh, 1971）。どの項目には教室でどういう種類の学習方法が合うかを考慮して，それぞれの授業時間ごとに1つかそれ以上の学習方法を組み合わせる必要があります。学習方法には，講義，少人数グループによるディスカッション，個人作業，模擬実験，ディベート，ケース・スタディー，ロール・プレイング，実演，実習，技術指導，共同実習などがあります（これらの方法について詳しくは，本書の各項を参照）。各項目ごとに，どのようにしてティーチングを受ける態勢に持っていけばよいか（復習や予習を通して），どのようにして新しい概念を示せばよいか（講義，実演，ディスカッションを通して），どのようにして学生に習得したことを応用させればよいか（ディスカッション，授業時間内の作文，共同作業），学生が学習したことを修得できているかどうかをどのようにして評価するか（試験，ディスカッション，問題解決，その他を通して）を決定します。

授業での課題や宿題を用意する。「効果的な作文課題を企画する」，「宿題：練習問題」，「共同学習：グループによる作業や学習チーム」，「講義を補い，講義の代わりとなる方法：学生の参加を促す」の項目を参照してください。

教科書や課題図書の選択

授業の目標が反映されている教科書と課題図書を選択する。教科書は，学生が何を学ぶかについて，ティーチングの方法よりも大きな影響力を持っています。(McKeachie, 1986)。学生に，課題図書が授業の目標と方法にどのように関連するかを説明します。授業で扱った教材を繰り返す内容の図書を課題として出す（あるいは，その逆に課題図書にあった内容を繰り返し教材として授業で扱う）教員がいますが，これは授業の内容を補強するためです。課題図書は，応用例や実例を示して講義の内容を広げるもの，授業で扱った教材に加えて，補足的な教材を提供するもの，授業で示した視点と対照的な視点を与えるものの何れであってもよいわけです。("Selecting a Textbook," 1987)

課題図書の選択には一定の評価基準を設ける。授業の目標に適したいくつかの教科書，レポート，論文などがある場合には，そのなかから次の判断基準に従って，選択します。(Lowman, 1984; "Selecting a Textbook," 1987; Wright, 1987 より抜粋)。

- 内容が正確で新しい
- 内容が首尾一貫して明晰
- 学生に合った難易度や興味の水準（易しくはないが，不適切なまでに難しくはない）
- 経費
  同等の質のものである場合には，より安価なものを選ぶ
  ハードバックよりもペーパーバックのものを選ぶ
  一部のものは図書館に用意することで，授業を受けるのに必要な書籍の全体経費を抑える
- 大きさ（重くて大型の教科書は持ち運びにくい）
- 印刷形式やレイアウト（読みやすいもの）

MacKeachie（1986）は教員の主張に合った教科書を選択することを勧めています。そうでないと，教員が教科書と異なる見解を示したときに，学生が混乱してしまうからです。ただし，主の教科書を補い，学生に幅広い視点に触れさせるために，教員とは異なる視点を示している論文や短い教科書を選択することはかまいません。

教科書と論文を取り混ぜ，最近のものも含めて指定する。上級の講座では，新聞，雑誌の論文，評論，研究レポート，講座の課題図書の複写を含めるのが一般的です。しかし，初級の講座であっても，学生は，少なくとも2，3の最近の出版物や新聞，雑誌の論文を読む機会を持つべきです。ある経済学の教員は，毎週，火曜日の『ウォールストリート・ジャーナル』の社説を課題に出しています。彼女はこの社説に基づいてディスカッションを行い，試験では，社説と教科書の見解を学生に比較させる問題を出しています。

在学期間中を通じて，読書の習慣を育てる。課題として出すもの以外の読み物も，進んで読むように学生に勧めます。Eble（1988）は，研究室に短くて主題に関連があり，学生が興味を持ちやすい本を集めたコーナーを作ることを勧めています。学生がそれらの本を見て，借りられるようになっていると好都合です。

著作権法を守る。課題図書を複写して独自の副読本を作る場合には，必ず著作権法を守る必要があります。著作権法は，図書館や複写機貸出し業者のもとで閲覧することができます。著作権のある資料の複製許可を求める教員の要求を取り扱う仕事が，世間に登場しています。たとえば，マサチューセッツ州セイラムのAnthology Permissions Serviceは，出版社との総括的契約のもとに，著作権を持つ教材の複写を認可しています。PUBNET Permissionsは，全米出版協会で運営しているシステムであり，電子メールによる許可要求を処理することで，著作権を持つ資料を教員が迅速に簡単な手続きで複製するのに役立っています。（Blum, 1991）

出版の新しい技術を有効に利用する。全国規模の出版社であれば，大学の教員が出版物を注文で製作することができます。出版社が，自社の教科書のさまざまな章や補足的な論文を組み合わせ，教員の希望する順序で配列して製本してくれます。場合によっては，1冊の教科書の数章だけを選んで注文すれば，1冊全部の価格より安くできます。一部の出版社では，さらに一歩進めて，複数の異なる教科書，雑誌論文，ケース・スタディー，その他の資料から各章を個別に取り込んだデータベースを開発し，教員がそれを元にして教科書を注文製作できるようになっています。資料の編集，索引作成，ページづけおよび製本は48時間以内に行われます。その他にも，学習のための設問，多色刷りの図版といった余分な部分を省いた，廉価版の教科書を売り出している出版社もあります。データベースを利用すれば，学術刊行物の内容を電子的に入手することができますので，学生はコンピューターで学内のネットワークにアクセスするだけで，すべての課題図書に目を通すことが可能です。(Miller, 1990; "Stalled Economy Leads to 'No-Frills' Textbooks," 1992; Watkins, 1991)

学習量に配慮する。ほとんどの大学では，教室での1時間の授業に対して，学生が教室外で2，3時間の学習をすることを期待しています。簡単な教科書の場合，学生は1時間に約20ページ読めるものと見積もってください。しかし，明らかにこの値は，学生の能力や読む対象の性質によって異なります。

授業の方針を設定する

「特別加点」の課題を設ける。特別加点の課題を出す場合には，授業時にそのことを伝えて，学生全員がその方法を選択できることを知らせておきます。通常の課題において充分な成果（C，またはそれ以上）をあげている学生にのみ，特別加点の課題に取り組むことを許している教員もいます。以下に，特別加点の課題例を示します。("Extra Credit — Taking Sides and Offering Advice," 1991, pp. 5-6)。

- 試験の1，2週間前に，学生にその単元で学習した項目に関するワーク

シートを配ります。特別加点を得るためには、学生はワークシートを完成させて、教員の研究室に持参し、ディスカッションを行って採点を受けます。
- 特定の活動をすることで、特別加点としてあらかじめ何点と定めた点数を与えます。たとえば、該当する分野の専門家の会議への出席、該当する分野の著作に関する書評の提出などがあります。
- 教科書の宿題に出されていない問題を解くことに対して特別加点を与えます。
- 課題図書以外に学生が読んだ、授業の主題に関連のある新聞や雑誌の記事、本、専攻論文の記録をつけることに対して特別加点を与えます。

出席点。シラバスに示すか、または授業第1日目に、学生がきちんと授業に出席するのを期待していることを伝えます。授業時間を出席する価値のあるもの（本当の授業が行われる時間）にするために最善を尽くす必要があります。授業時間中に論じられる項目だけが試験に出ることが分かっているほうが、学生は出席する意欲を持ちやすいようです。たいていの場合、出席を条件にしたり、採点のひとつの要素にしたりすべきではありません。成績評価は、学生が授業の内容を習得したかどうかに基づいて決めるべきであって、出席したかどうかという非学問的な要素によって決めるべきではありません。「成績評価の実例」の項を参照してください。教員が出席の必要があると考える場合には、学生が授業に来たかどうかを教員がどのようにして判断するかを、学生に知らせる必要があります。欠席を理由に減点するのではなく、すべての授業に出席したか、あるいはそれに近い場合に褒美として点数を与えることが望まれます（Professional and Organizational Development Network in Higher Education, 1989）。数字上の結果は同じことですが、学生は欠席を罰せられるよりも、出席を評価されるほうが、気分がよいのです。学生が出席するかどうかに加えて、教員の行動にも注意を払いましょう。教員が早めに教室に行き（教員が授業に興味を持っており、学生の手近なところにいるということを学生に分からせることができます）、時間どおりに授業を始め（時間どおりに来た学生に報いる）、授業終了時刻より遅くまで残る（学生からの質問に答える）ことを勧める研究

者がいます。(Heine and others, 1981)。

追試験。追試験についての説明の仕方，ならびに追試験をしないですむようにする方法については，「小テスト，テストおよび試験」の項を参照してください。

提出の遅れ。期日に遅れても提出物を受け取るかどうか，締め切りを守らなかった場合の罰則について明らかにしておきます。教員のなかには，宿題の提出が遅れた日数に応じて，減点する者もいます。また，宿題の回数を多めにして，学生が1回か2回，提出しなくても罰（成績が低いことや，宿題をしないことによる罰）を受けることがないようにしている場合もあります。さらに，期限に遅れることについて，学生に2日分の猶予を与えている場合があります。この場合には，1つの宿題を2日遅れて出しても，2つの宿題を1日ずつ遅れて出しても許されます（Marincovich and Rusk, 1987）。

成績評価。成績評価については「成績評価の実例」の項を参照してください。

授業運営上の事務処理

本は早めに注文し，問題が起きることを予測して対策を立てる。学期が始まる1カ月ほど前に，注文が順調に処理されているかどうかを，書店に再確認します。本が来たら，書店に連絡して，あと何冊，在庫があるかを確認します。どんなに注意をしても，授業開始までに本が届かないことは起こり得ます。最初の2週間の授業は，本が手に入らなくてもできるようにしておくことが，教員にとっても学生にとってもよいことです。本が手に入らなくても，教員が資料を配ったり，前もって図書館に予備として確保しておいた本を使用したり，学生がコピー業者から購入した資料を使用するなどしています。

学期が始まる前に資料を確保しておくか，資料をセットにして学生が購入できるようにする。学内図書館の司書に，資料を予備として確保する方法について相談します。どの図書館に資料があるか，どれくらいの期間にわたって借りら

れるか，何冊，確保してあるかを学生に知らせます。学生の85％が，資料を図書館で読むよりは，資料を借り出して自分用に複写しますので（"Two Groups Tackle Reserve Book Problems," 1992），学生に資料を購入することを提案することも考慮してはいかがでしょうか。（Janes and Hauer, 1988; "Two Groups Tackle Reserve Book Problems," 1992）

前もって器材の手配をしておく。学期が始まる前に視聴覚機器，ビデオ，OHPのシートを注文し，ゲストの講師と連絡をとり，学外見学の手配をしておきます。

References

Beard, R. M., and Hartley, J. *Teaching and Learning in Higher Education*. (4th ed.) New York: HarperCollins, 1984.

Bergquist, W. H., and Phillips, S. R. *Handbook for Faculty Development*. Vol. 2. Washington, D. C.: Council for the Advancement of Small Colleges, 1977.

Bligh, D. A. *What's the Use of Lecturing?* Devon, England: Teaching Services Centre, University of Exeter, 1971.

Blum, D. E. "Use of Photocopied Anthologies for Courses Snarled by Delays and Costs of Copyright Permission Process." *Chronicle of Higher Education*, Sept. 11, 1991, A-19 — A-20.

Brown, G. *Lecturing and Explaining*. New York: Methuen, 1978.

"Course Materials Review." *Teaching Professor, 1*(6), 3-4, 1987.

Eble, K. E. *The Craft of Teaching*. (2nd ed.) San Francisco: Jossey-Bass, 1988.

Erickson, B. L. "Instructional Objectives." Unpublished manuscript, Instructional Development Program, University of Rhode Island, n.d.

"Extra Credit — Taking Sides and Offering Advice." *Teaching Professor*, 1991, *5*(3), 5-6.

Fuhrmann, B. S., and Grasha, A. F. *A Practical Handbook for College Teachers*. Boston: Little, Brown, 1983.

Heine, H., and others. *The Torch or the Firehose? A Guide to Section Teaching*. Cambridge: Undergraduate Academic Support Office of the Dean for Student Affairs, Massachusetts Institute of Technology, 1981.

Janes, J., and Hauer, D. *Now What? Readings on Surviving (and Even Enjoying) Your First Experience at College Teaching*. Littleton, Mass.: Copley, 1988.

Lowman, J. *Mastering the Techniques of Teaching*. San Francisco: Jossey-Bass, 1984.

Mckeachie, W. J. *Teaching Tips*. (8th ed.) Lexington, Mass.: Heath, 1986.

Marincovich, M., and Rusk, L. *Excellence in Teaching Electrical Engineering*. Stanford, Calif.: Center for Teaching and Learning, Stanford University, 1987.

Miller, M. W. "Professors Customize Textbooks, Blurring Roles of Publisher, Seller and Copy Shop." *Wall Street Journal*, Aug. 16, 1990, pp. B1, B3.

Ory, J. C. *Teaching and Its Evaluation: A Handbook of Resources*. Urbana: Office of Instructional Resources, University of Illinois, 1990.

Professional and Organizational Development Network in Higher Education. *Bright Idea Network*, 1989. (詳しくは, David Graf, Iowa State University, Ames まで)

"Selecting a Textbook." *Teaching Professor*, 1987, *1*(7), 2.

"Stalled Economy Leads to 'No-Frills' Textbooks." *Academic Leader*, 1992, *8*(9), 6.

Stark, J. S., and others. *Planning Introductory College Courses: Influences of Faculty*. Ann Arbor: National Center for Research to Improve Post-secondary Teaching and Learning, University of Michigan, 1990.

Svinicki, M. D. "So Much Content, So Little Time." *Teaching Excellence*, 1990-1991, *2*(8). (Professional and Organizational Development Network in Higher Education, Teaching and Learning Center, University of Nebraska, Lincoln の出版物)

"Two Groups Tackle Reserve Book Problems." *Academic Leader*, 1992, *8*(9), 3.

Watkins, B. T. "San Diego Campus and McGraw-Hill Create Custom Texts." *Chronicle of Higher Education*, Dec. 6, 1991, p. A 25.

Wright, D. L. "Getting the Most Out of Your Textbook." *Teaching at the University of Nebraska, Lincoln*, 1987, *8*(3), 1-3. (ニュースレターは, Teaching and Learning Center, University of Nebraska, Lincoln から入手できる)

授業のシラバス 2

　詳細な授業のシラバスは，授業の第１日目に配り，その授業で何が扱われるのか，学生にどのような学習をすることが期待されているか，どのように評価されて学生の成績がつけられるかがすぐに分かるようにします。普通シラバスでは，授業日程，テーマごとの課題に関する資料や学習方法を示し，授業の方針や運営についての情報を提供します。

　すべての授業で，シラバスを書くことは価値があります。シラバスを準備することが，どれだけのテーマを扱うか，どのような速さで進めるかを決定するうえで役立ちます。さらに，授業運営を文字による説明にして配付することで，課題の期限，成績評価の基準，試験を受けなかった場合の方針についての誤解を最小限にくい止めることができます。最後に，授業のシラバスをきちんと用意することによって，教員が授業に真剣に取り組んでいることを学生に伝えることができます。

一般的な戦略

他の教員のシラバスに目を通す。シラバスには，さまざまな形式および内容があります。所属の学部に基準となる形式がない場合には，同僚のシラバスをおおまかな手本として使いましょう。Birdsall（1989）は授業のシラバスの例を示しています。

学生の頭に浮かぶ全質問を予測する。授業について，学生は何を知りたいと思うだろうか，授業の第１日目に学生が関心を持つ最も多い３つの事項は，課題をこなすことができるだろうか，この教授が好きになれるだろうか，級友とうまくやっていけるだろうかということです（Knefelkamp, in Rubin, 1985）。授業そのものに関する情報として，学生が望むことが多い事項は，授業で扱うテ

ーマ，試験と課題の種類，成績評価のつけ方，教科書と課題図書，出席，遅刻や補習についての方針，授業の目的，授業の種類，単位を修得するために必要な準備や基礎知識の程度です（Wilkerson and McKnight, 1978）。さらに，Rubin（1985）は，学生が自分自身に対して次のような質問をしている場合があることを指摘しています。なぜ自分はこの授業を受けなければならないのか，この授業がカリキュラム全体または一般教養科目全体のなかでどのような位置づけになるのか，知識面や実用面でどのようなことを身につけることができるのだろうか。

シラバスの融通性を保つ。進み方の速いクラスもあれば遅いクラスもあります。また，特定のテーマで脇道に逸れるクラスもあります。こういった違いを予測して，テーマを授業時間ごとに示すよりも，週単位で示すほうがよいかもしれません。あるいは，特定のテーマについて学生の関心が高まった場合を考えて，学期の半ばに手直ししたシラバスを出すように計画しておくことも考えられます。

シラバスの作成

情報が少ないよりは，多くを含めるようにする。シラバスには，ここに示すすべての情報を含める必要はありませんが，詳細なシラバスは学生にとって貴重な学習の手だてとなり，授業に対する学生の最初の不安を少なくすることができると経験豊かな教員たちは言っています。一覧表，形式ばらない言葉，見出しを使用して主要なテーマを強調するなど学生が情報を探すのに役立つようにします。シラバスが長くなった場合には，目次をつけましょう。（Birdsall, 1989; Lowther, Stark, and Martens, 1989; Rodgers and Burnett, 1981）

基本的な情報を提供する。年度，学期，授業名，科目番号，単位数，時間割，授業場所を含めます。普段の教室以外の場所で行う予定の日があれば，そのことを記載します。教員名，研究室の所在（研究室の場所が分かりにくい場合には，地図を含める），研究室の電話番号（ボイス・メールを備えているかどう

かを示す），電子メール・アドレス，ファックス番号，オフィス・アワーを表にします。オフィス・アワーについては，学生が事前に申し込みをする必要があるか，あるいは行きたいときに行ってよいかを示します。自宅の電話番号を示す場合には，制約条件があるかどうかを示します（たとえば，「午後10時以降は電話しないでください」）。TAや実験室助手がいる場合には，その電話番号も含めてください。(Altman and Cashin, 1992; Birdsall, 1989)

受講の前提条件を説明する。教員が学生に身につけていることを期待する知識，技術，経験，学生が修了している必要のある科目を一覧表にすると，この授業を受ける準備が学生自身にできているかどうかを現実的に判断する助けとなります。学生自身がこの授業を受ける準備ができていると確信が持てない場合に，どのようにすればそれを補うことができるかを助言するようにします。(Rubin, 1985)

授業の目的の概要を示す。主題の事柄を紹介し，この授業が大学や学部のカリキュラムのなかでどのような位置を占めているかを示します。この授業では何について扱うか，なぜこの教材を学習するのかを説明します。ある教員は授業の目的についての論文を書いて，シラバスに含めています。彼は，学期中に，定期的にその論文に言及するように努めているそうです（Shea, 1990）。

学習目標あるいは目的を段階的に示す。教員が学生全員に努力することを期待する3個から5個までの主要な目標をあげます。この授業の終了後に学生がどんな知識を身につけ，どんなことがよりよくできるようになるか，教員がどんな技術または能力を学生に身につけさせたいと望んでいるかなどです。(Johnson, 1988)

授業の概念的な構造を明確にする。学生は，教員がなぜテーマをこの順序で配列したのか，テーマや概念を選択した論理を理解する必要があります。

授業の形式，授業運営を説明する。授業にフィールドワーク，調査プロジェク

ト，講義，能動的な参加を伴うディスカッション，その他が含まれるかどうかを学生に示します。そのうちのどれが単位取得に必須であり，どれが必須ではないが推奨されるものであるかを示します。

教科書，課題図書を著者，版を明らかにして指定する。個々の課題図書について，選択の理由を示します。可能であれば，特に，教科書の特定の章を課題としている場合には，課題図書と授業の目標との関連を示します（Rubin, 1985）。授業の前に課題図書を読む必要があるかどうかを学生に知らせます。学生が本，授業用の資料を購入することになる場合には，価格，それらの資料を置いている近隣の書店の名前を示します。課題図書を図書館に確保してある場合には，資料番号を示します（McKeachie, 1986）。資料番号が入手できない場合，資料番号を入れると課題図書の一覧表が煩雑になりすぎると考えられる場合には，学生への最初の課題として，課題図書の資料番号を調べる仕事を与えます。こうすることにより毎週の課題図書の所在を調べることが容易になり，さらに重要なことには，図書館の電子的なカード・カタログを利用する練習ができることを学生に知らせることができるのです。

授業に必要な補助教材，用具を示す。たとえば，実験器具や安全用具，美術材料，計算機，コンピューター，製図用具が必要かどうか。（Altman and Cashin, 1992）

課題，学期末レポート，試験を明示する。課題の種類・形式，論文の長さ，提出期限を示します。試験の日付，試験の種類（多肢選択式，論文，短答式，課題提出）を簡単に示します。授業の学習目的と課題がどのように関連しているか，教員は作文に何を期待しているかも合わせて示します。シラバスを作成するにあたって，学生の負荷が学期中を通して平均的に配分されるように配慮しましょう。(Lowther, Stark, and Martens, 1989)

どのように評価されるか，成績がどのようにして決定されるか示す。最終的な成績評価の決定要素，個々の決定要素（たとえば，宿題，学期末レポート，中

間試験，最終試験）の占める比重を含めて，成績評価のつけ方を示します。学生は，学習時間の配分計画を立てるために，各決定要素の比重を知ることを望んでいます（Altman, 1989）。成績評価に際して，相対評価をとるか，または絶対評価をとるか，特別加点課題を受け入れて成績を上げることがあるか，小テストの結果によって成績が下がることがあるかなど示しておきます。詳しくは，「成績評価の実例」の項を参照してください。

その他の要件を示す。たとえば，学生はオフィス・アワーに出たり，研究グループに参加する必要があるか。

授業運営の方針を示す。授業への出席，課題の提出の遅れ，宿題未提出，テストや試験の欠席，追再試，特別加点，学外教育プログラムの申請，病欠の連絡，カンニングや盗用に関する教員の方針を明確に示します。一部の教員は，この種の情報をQ & Aで示しています（Schlesinger, 1987）。学生「追再試は最終試験のある週にしか行われないのは本当ですか」，回答「そうです。6ページを見てください」。学習過程における学生の責任，教員とTAの責任の説明も含めてください。教室内で認められる行為，認められない行為もあげておくとよいかもしれません（「教員にとっても他の学生にとっても迷惑なので，授業中に物を食べるのは遠慮してください」）。

特に必要のある学生はオフィス・アワーに教員と連絡をとるように勧める。なんらかの身体的な障害や学習上の障害があって，調整が必要な場合には，どのような変更が必要かを話し合うために教員との面談の時間を設定する必要があることを，学生に知らせます。

授業のカレンダーや予定表を示す。予定表には，授業のテーマ，事前の準備・課題図書，課題の提出期限を含めます。課題図書については，章だけでなくページを示すと，学生が学習時間の配分を計画するのに役立ちます。テーマと学習内容の日付は変更の可能性があるものとしておいたほうがよいのですが，試験の日付は確実に決めておく必要があります。必要に応じて，改訂したカレン

ダーを配付するようにします。

学生からの迅速なフィードバックを得るための時間を予定に入れる。 学期の半ばに，それまでの授業に対する学生の反応を得るための時間を設定します。学生からフィードバックを得る方法については，「迅速なフィードバック」の項を参照してください。

履修の取り消しの期限を示す。 授業の予定表に，ペナルティーなしで履修を取り消すことができる最終の期限を示してください。

学生の学習量を見積もる。 授業にどれだけの予習・学習が必要であるかを学生に把握させます。課題図書の割り当て，問題設定，実験レポートや調査に何時間かかると考えておけばよいかなどです。

学生が単位取得に役立つ補助教材を示す。 たとえば，次に示すいずれかの情報を与えることが考えられます。

- 勉強方法，ノートのとり方，授業で実力を発揮するために役立つヒント
- 授業で使用する専門用語の用語集
- 特定のテーマについてさらに深く知りたい場合の参考資料
- 学生が授業に使用する教科書が易しすぎる，または難しすぎると感じた場合に使用できる，難易度の高い，または低い補足的な資料の参考書目録
- 過去の試験の写し。学生は学期の始めに，最終的にどれだけのことを知ることが期待されているかを知っておくことができる
- 授業を録画したビデオテープを入手できるかどうかについての情報
- コンピューター室を含めて，個別指導サポート・学術的サポートとして利用できる学内の設備の一覧表
- 授業に関連する学内の講義，演劇，催し物，展覧会，その他のカレンダー

2，3人の級友の氏名と電話番号を記入する欄を設ける。学生に，授業に欠席した場合や，一緒に学習したい場合に連絡できる相手を，クラス内で見つけるように勧めます。("What Did You Put in Your Syllabus?" 1985)

シラバスの用い方

教員の手元のシラバスにメモを記入する。手持ちのシラバスに，授業第1日目に特に言う必要のある詳しい事項を書き込んでおきます。授業が進むにつれて，次回のシラバスの変更を書き込みます。たとえば，割り当てられた時間内で触れられなかったテーマに印をつけ，授業の途中で生じてきた新しいテーマを追加するなどします。

授業第1日目にシラバスを配る。要点を読み直して，授業に必要な条件，方針に関する質問に答える準備をします。シラバスに重要な変更を加える場合には，追加事項を書面で配付します。

始めの数週間の授業には，シラバスの予備を持っていく。シラバスをなくした学生，第1日目以後に授業に参加した学生に，予備のシラバスを配付するようにします。

References

Altman, H. B. "Syllabus Shares 'What the Teacher Wants.'" *Teaching Professor*, 1989, *3*(5), 1-2.
Altman, H. B., and Cashin, W. E. "Writing a Syllabus." *Idea Paper*, no. 27. Manhattan: Center for Faculty Evaluation and Development, Kansas State University, 1992.
Birdsall, M. *Writing, Designing and Using a Course Syllabus*. Boston: Office of Instructional Development and Evaluation, Northeastern University, 1989.
Johnson, G. R. *Taking Teaching Seriously*. Collage Station: Center for Teaching Excellence, Texas A & M University, 1988.
Lowther, M. A., Stark, J. S., Martens, G. G. *Preparing Course Syllabi for Improved Communication*. Ann Arbor: National Center for Research to Improve Postsecondary Teaching and Learning, University of Michigan, 1989.
McKeachie, W. J. *Teaching Tips*. (8th ed.) Lexington, Mass: Heath, 1986.

"Preparing a Course Syllabus." *Illinois Instructor Series*, no. 3. Urbana: Instructional and Management Services, University of Illinois, n.d.

Rodgers, C. A., and Burnett, R. E. *Student Manuals: Their Rationale and Design*. Syracuse, N. Y.: Center for Instructional Development, Syracuse University, 1981.

Rubin, S. "Professors, Students and the Syllabus." *Chronicle of Higher Education*, Aug. 7, 1985, p. 56.

Schlesinger, A. B. "One Syllabus That Encourages Thinking, Not Just Learning." *Teaching Professor*, 1987, *1*(7), 5.

Shea, M. A. *Compendium of Good Ideas on Teaching and Learning*. Boulder: Faculty Teaching Excellence Program, University of Colorado, 1990.

"What Did You Put in Your Syllabus?" *Teaching at the University of Nebraska, Lincoln*, 1985, *7*(1), 2. (ニュースレターは, Teaching and Learning Center, University of Nebraska, Lincoln から入手できる)

Wilkerson, L., and McKnight, R. T. *Writing a Course Syllabus*. Chicago: Educational Development Unit, Michael Reese Hospital and Medical Center, 1978.

授業第1日目 3

　授業第1日目で，その学期全体の雰囲気が決まります。学生にとっても教員にとっても，期待，興奮，不安，とまどいがあるのは当然のことです。学生の興味と期待を盛り上げるには，教材に対する教員の熱意を伝え，学期中に取り扱うテーマに対する学生の好奇心を刺激することです。学生の不安ととまどいを少なくするには，探求と参加が可能なリラックスした開放的な授業環境を作り，教員が彼らに何を期待しているか，教員とその授業から何を得ることが期待できるかを学生に示すことが効果的です。以下の提言は，スムーズに授業を始めるために参考となることを意図していますので，第1日目にするべき重要な3つのことについて述べたものです。それは，授業運営の事務処理，開放的で親しみやすい授業環境を作ること，授業で期待されることと要求される水準を示すことです。

一般的な戦略

最初の授業の前に教室を下見する。照明，ブラインド，換気装置の操作法を確認しておきます。使用する視聴覚機器（マイク，スライド，オーバーヘッド・プロジェクター）があれば，試しておきます。電球が切れたり，機器の一部が故障した場合にどのようにして修理を依頼するかを確認しておきます。教室で聞きやすい話し方ができるように，教員の声がどれくらい通るかを試しておきます。黒板の文字が後ろの席から読めることを確認しておきます。(Johnson, 1988)

クラスに共同体意識を作り出す。一般に，学生は，知的好奇心が刺激され，積極的に関係が持て，参加できる授業において，熱心に勉強し多くのことを学びます。第1日目には，お互いに学生同士で話をさせるか，問題を共同で解決させる機会を与える方法を計画します。教員がクラスを名前の分からない大勢の

集まりと見るよりも，個人の集まりと見なすほうが，学生は熱心に勉強し，積極的に反応します（Wolcowitz, 1984）。そこで，始めから学生の名前を覚えるように努力し，授業の期間中，彼らとともに学ぶことに興味を持っていることを示します。

学生の疑問に答える。学生はいくつかの疑問を抱えて新しい授業に臨みます。これは自分に適した授業だろうか，教員は能力のある公平な人だろうか，どれだけ勉強する必要があるのだろうか，どのように評価されるだろうか。第1日目を利用して，授業が学生のニーズにどれだけ応えられるか示し，学生が学ぶ場合の支援を教員が引き受けることを伝えます。

その学期の雰囲気を決める。学生が教室に入ってきたときに，言葉をかけるようにします。授業は時間どおりに始め，時間どおりに終えるようにします。質問を奨励し，学生に話す機会を与えるようにしましょう。授業後すぐに退出せず残って質問に答えたり，学生に研究室まで一緒に来るように誘います。

授業時間に価値をつける。授業運営の説明が終了した後は，一気に実質的な授業内容に入ります。このことが，教員が学生の時間を価値のあるものにするように真剣に努め，毎時間，進歩を期待していることを，学生に伝えることになります。

多少扱いにくい出来事が起こるのを覚悟しておく。教員全員，特に新任教員は，授業第1日目の前は不安で落ちつかないものです。自信ある態度をとるように最善を尽くしましょう。神経質な態度が学生にはエネルギーと熱意として受け取られる傾向があるということを覚えておきましょう。授業第1日目は早く教室に行き，学生と形式ばらずに話をすると教員の気持ちはほぐれるかもしれません。（Marincovich and Rusk, 1987）

> **授業運営上の業務**

授業の前に授業名と授業番号を黒板に書く。これによって教室を間違えた学生が，授業が始まる前に教室を出ることができます。(Hilsen, 1988)

出席をとる。出席簿の名前を読み上げるか，学生に記入させます。対応できる人数を上回る学生が登録を希望している場合には，当面の処理計画を立てます。所属学部に問い合わせて，優先的な登録に関する方針があるかどうかを調べます。卒業を控えている学生に優先権を与えている教員たちもいます。学生が受講の前提条件を満たしていることを確認したうえで，抽選で登録者を選択している教員たちもいます。この科目が選択科目である場合には，適切に対応できる人数より少し多い学生を受け入れるように計画します。若干の学生が，授業を放棄することがあるからです。

学部としての授業運営の方針を示す。登録待ちリストの仕組み，授業への参加と放棄等について説明します。これらに関する問題の生じた学生がどこへ問い合わせればよいかを教員が知っておく必要があります。

授業の班分けについて説明する。授業を班に分けて進める場合には，すべての学生が，自分がどの班に属しているか，自分を担当するTAが誰であるか，班の会議がいつ，どこで行われるかを知っていることを確認しておきます。授業と班との関係，班の運営がどのように行われるかを説明しておきます。TAに自己紹介をさせます。

受講の前提条件を確認する。学生に期待されている能力，知識，経験や授業での学習がそれに代わるものとして認められるかどうかを学生に示します。前提条件とされている能力をまったく身につけていない学生が利用できる支援システムがあるか，授業にコンピューターによる作業が含まれる場合に，訓練が受けられるかどうか。

学生の参加に対する期待を示す。課題をすべて提出し，試験を受ける以外に，授業中に教員が学生に何を期待するかを示しておきます。「ディスカッションを導く」の項を参照してください。

不正についての大学の方針を述べておく。教員の期待を述べ，教員がどのようなことをカンニングと見なし，何を許されない行為と見なすかを学生に知らせておきます。「勉学上の不正行為を防ぐ」の項を参照してください。

シラバスを配付して説明する。ある教員は学生にシラバスを読み上げさせ，それからグループを作って授業や教員に関する質問を考えさせています（Serey, 1989）。授業第1日目にこのようにして出された質問を聞くことによって，教員は学生がどのようなことに最も関心を持っているかを即座に知ることができます。

オフィス・アワーを利用するように学生に勧める。研究室がどこにあるかを学生が知っていることを確認し，質問や授業に関連した問題がある学生は研究室に立ち寄るように勧めます。身体的な障害や学習上の障害があって，学習に関する調整の必要を感じている学生には，特に強調して，適切な手配ができるように教員と相談するように勧めます。

安全に関する注意事項を事前に確認する。授業に実験室での作業やフィールドワークが必要な場合には，設備や機器の使用に関する安全を確認し，緊急の場合の手順を話し合っておきます。設備や機器の安全で適切な使用方法を学生に見せておきます。（Johnson, 1988）

緊急時の手順を確認する。火災，暴風雨，地震，避難，その他の緊急事態の際にとるべき処置方法を学生に知らせておきます。

第1日目に，必要な教科書を持っていき，入手方法を示す。学内の書店以外に教科書を扱っているところがあるかどうかを確認しておきます。中古の教科書

が手に入るか,図書館に教科書が確保してあるかなども確認しておき,学生に知らせます。

可能であれば授業を録画や録音しておく。授業第1日目に出席できない学生のために,第1日目の授業を録画や録音したテープを用意して,学生があとで利用できるようにしておきます。これで,学生が授業に新しく参加した場合に,同じ内容を繰り返す必要がなくなります。録音や録画が実際的でない場合には,授業第1日目より後に登録した学生には,第1日目に出席していた学生からノートを借りるように勧めます。

クラスに積極的な雰囲気を作る

教員が自己紹介をする。教員が学生からどのように呼ばれることを望んでいるかに加えて,自分の生い立ちについても話をします。最初にどうして授業の主題に興味を持ったか,この主題が自分にとってどのような重要性を持っているか,なぜこの授業を担当するのか。この分野や主題に対する意気込みを伝えます。多くの学生にとって,授業内容に対する教員の熱意が,学習の動機の鍵となります。("The First Day of Class," 1989; Wolcovitz, 1984)

学生に自己紹介カードを書いてもらう。学生に,氏名,現住所,電話番号,電子メール・アドレス,学年,専攻分野を記入させます。さらに,これまでに受講した関連科目,この受講の前提条件となる科目を習得しているか,今学期に登録している他の科目,この授業に登録する理由,この授業で何を学びたいか,進路の計画,他の分野に関する興味,趣味,現在の職業なども書いてもらいます。2回目以降の授業から,この授業に登録する学生にも自己紹介カードを同様に書いてもらいます。

学生の名前を覚える。学生の名前を覚えれば,学生との交流が促進され,気持ちのよいクラス環境を作ることができます。学生の名前を知っていれば,教員が個人としての学生に興味を持っていることを学生に知らせることができます。

出席をとるときに，名前の正しい発音，学生がどのように呼んでほしいかを聞きます。登録する学生が40人未満の場合，数回の授業で出席をとって，学生の名前を覚えるのに役立てます。学期中は，宿題や小テストを返すときに学生を名前で呼び，授業中にもしばしば名前を呼ぶようにします。名前を呼ばれない学生には，名乗り出るように言いましょう。次に，学生の名前を覚えるさまざまな方法を示します。

- 写真：第2週目の授業で，学生を何人かずつにまとめてポラロイド写真を撮ることを考えてみましょう。1枚の写真で4, 5人を撮ることができます。写真のポーズをとることで，雰囲気は和やかになり，くつろいだ雰囲気をつくりだすことができます。そして写真を学生に回して，自分の写真の下の余白に名前を書かせます。カメラを使用できない場合には，学生に自分の小さな写真（自販機式のインスタント写真，運転免許証や学生証の写真など）を提出させます。写真はコピーでもかまいません。この写真を学生の情報カードや自己紹介のカードに貼っておきます。写真は，面談の前，または，後に推薦状を書くように依頼されたときに，写真を見て記憶を辿り，学生を思い出すのに役立ちます。
- ネームカード：ゼミナール形式のクラスでは，それぞれの学生の前に国際規格のネームカードを置きましょう。スタジオや実験室での授業では，それぞれの学生の作業場所の上に学生の名前を貼り出します。
- 座席表：始めの数週間は，決まった席に座るようして，座席表を用意します。あるいは，正確な座席の位置を書く代わりに，教室内をおおまかなブロックに分けた図を書き，学生の名前を該当するブロックに書き込むようにします。授業ごとに，4, 5人ずつの学生の名前を覚えるようにします。
- ネームゲーム：少人数の授業の場合は，1人目の学生に名前を言わせます。2人目は，1人目の名前と自分の名前を言い，3人目は，始めの2人の名前に続けて自分の名前を言うようにします。これを，最初の学生に戻るまで続けますが，教員は最後に近いところに入るようにします。(Scholl-Buckwald, 1985)

● 自己紹介：多人数クラスの授業では，各授業の始めに6人から8人の学生に自己紹介をさせます。

互いを知り合う機会を学生に与える。 3～5人のグループに分かれるようにして，自己紹介をさせます。あるいは，学生寮ごと，生活区域ごとのグループに分かれて自己紹介をさせると，近所に住む勉強相手を見つけることができます(Heine and others, 1981)。あるいは，教員が教室を回って，すべての学生に同じ質問をします。たとえば，「この授業で本当に最も学びたいと思っていることは何か」，または「この授業の何が最も魅力がありますか」といった質問です。このような質問は，学生の専攻分野や学年を聞くよりも興味深いものです。

教室外で互いにインタビューをさせる。 授業に作文の要素が含まれている場合，自分の組んだ相手について短い説明文を書くようにします。インタビューの質問をあらかじめクラスで決めておいてもよく，あるいはそれぞれの学生が独自の質問事項を考えてもかまいません。(Scholl-Buckwald, 1985)

少人数の授業の場合に「尋ね人」を行う。 学生に，5～10個の質問と，それぞれの質問の傍らにサイン欄のある記入用紙を渡します。質問は，クラスの学生に関するもので，個人に関する特徴や学問に関する特徴のいずれかとします。「仕事をしながら通学している人」，「（関連のある授業名）の授業をとっている人」，「すでに教科書を買っている人」，「左利きの人」，「惑星の順序を知っている人」（あるいは，その他の内容に関する質問）。学生は10分間という時間の中で，できるだけ多くのサインをするようにします。教員はほんの数分間を使って報告を受けるだけで，クラスの概要を把握することができます。あるいは，集まった情報をまとめ，次の授業で配付することで，学生たちが級友についての情報を持てるようにすることができます。(Erickson and Strommer, 1991; Weisz, 1990)

学生を小グループに分ける。 ある英語の教員はクラスを6人のグループに分けて，グループの1人ひとりに六行詩の1行ずつを渡します。学生はもとの六行

詩を組み立てて，その詩の意味を話し合うようにしているそうです。ある社会学の教員は，学生たちをグループ分けして，歴史上で最も重要と思われる10の出来事（または人物）をリストアップさせ，提出させます。10分から15分後に各グループの回答を貼り出して，論議や解釈をさせるそうです。(Erickson and Strommer, 1991)

学生に電話番号を教え合うように勧める。全学生の同意が得られれば，氏名，電話番号，電子メール・アドレスを書いて，自分たちで名簿を作るように依頼します。授業を欠席した場合，宿題について，学習グループのことについて，電話で話し合うように勧めます。あるいは，全国統一規格の3×5インチのカードに氏名，電話番号，電子メール・アドレスを記入して，2，3人の学生とカードを交換させるようにします。("The First Day of Class," 1989)

授業への期待と到達水準を設定する

授業の目的を話し合う。できるだけ具体的に，教員が何を達成したいと考えているか，その理由を合わせて伝えます。その一方で，学生が教員から何を学び，どういった問題に取り組みたいのかを聞きます。この場合，必ずすべての発言に対して答えるようにします。学生のアイデアに教員が注意を払うことが，学期中を通して学生の参加を促すことになります。(McKeachie, 1986)

この授業を受講することで達成したい目標をあげさせる。小グループや個人で3個から5個までの目標を，知識，能力，認識，興味，態度について箇条書きの形であげさせます。目標は，達成が困難な程度によってランクづけさせることもできます。このランクリストを用いて，クラスの興味と予想される問題点を知っておくことができます。(Angelo and Cross, 1993)

授業時間の使い方を説明する。授業はどのように構成されるか，ディスカッションをどのように行うか，質問の時間が別にあるか。授業中いつでも質問をしてよいのか，時間のかかる質問は，オフィス・アワーに聞きにゆくのか。

どのように勉強すればよいか，授業の準備はどうすればよいかを分からせる。
勉強の戦略は慣れない学生の授業では特に重要です。学生が質問しそうな事柄，教材への取り組み方等の例を示します。授業の学習にはどれだけの時間が必要かを伝え，学習に関する学内の支援サービスについても知らせておきます。

できれば，簡単な事前の診断テストを行う。診断テストは成績には含まれず，習得できているテーマ，復習が必要である分野についての情報を得るものであることを説明します。基本概念，事実と数字，主要な考え方などを並べて，それぞれについてどれだけのことを知っているかを書かせます。文章作成の授業では，教員が学生の長所と短所を判断できるような短いエッセイを課題にしてもよいようです。

学生にグループで話し合わせる。授業のテーマから1つのキーワードを選んで，学生に連想される言葉や関連するアイデアを考えさせます。学生の答えを黒板に書き，学生が授業のテーマの概要を把握できるようにそのリストを利用します。(Wright, 1989)

授業内容が分かる問題を解かせたり，教材の一部を考えさせてみる。授業への参加の仕方を最初の日から教えます。授業の第1日目で，実際の学習を行わせることで，この授業がどのようなものかが学生に分かります。基本となる考え方を簡単に示したり，典型的な問題を出したり，学習用のサブグループを作るように言ってもよいでしょう。(Scholl-Buckwald, 1985)

次の授業までの課題を出す。直ちに最初のテーマに入ることによって，この授業は価値があり，うまく構成されており，しかも適切な速度で進められることを示すことができます。ただし，始めの1週間は学生の出入りがあるので，この課題が成績に含まれないことを示しておく必要があります。(Johnson, 1988; Povlacs, 1986)

第1日目の感想を聞く。授業の最後に2分間の時間をとって，授業のどこがよいか，どんな質問があるかなど，無記名で意見を書かせます。(McKeachie, 1986)

References

Angelo, T. A., and Cross, K. P. *Classroom Assessment Techniques: A Handbook for College Teachers.* (2nd ed.) San Francisco: Jossey-Bass, 1993.

Erickson, B. L., and Strommer, D. W. *Teaching College Freshmen.* San Francisco: Jossey-Bass, 1991.

"The First Day of Class: Advice and Ideas." *Teaching Professor,* 1989, *3*(7), 1-2.

Heine, H., and others. *The Torch or the Firehose? A Guide to Section Teaching.* Cambridge: Undergraduate Academic Support Office of the Dean for Student Affairs, Massachusetts Institute of Technology, 1981.

Hilsen, L. "A Helpful Handout: Establishing and Maintaining a Positive Classroom Climate." In E. C. Wadsworth, L. Hilsen, and M. A. Shea (eds.), *A Handbook for New Practitioners from the Professional and Organizational Development Network in Higher Education.* Stillwater, Okla.: New Forums Press, 1988.

Johnson, G. R. *Taking Teaching Seriously.* College Station: Center for Teaching Excellence, Texas A & M University, 1988.

McKeachie, W. J. *Teaching Tips.* (8th ed.) Lexington, Mass.: Heath, 1986.

Marincovich, M., and Rusk, L. *Excellence in Teaching Electrical Engineering.* Stanford, Calif.: Center for Teaching and Learning, Stanford University, 1987.

Povlacs, J. T. "101 Things you Can Do the First Three Weeks of Class." *Teaching at the University of Nebraska, Lincoln,* 1986, *8*(1), 1-4.(ニュースレターは，Teaching and Learning Center, University of Nebraska, Lincoln から入手できる)

Scholl-Buckwald, S. "The First Meeting of Class." In J. Katz (ed.), *Teaching as Though Students Mattered.* New Directions for Teaching and Learning, no. 21. San Francisco: Jossey-Bass, 1985.

Serey, T. "Meet Your Professor." *Teaching Professor,* 1989, *3*(1), 2.

Weisz, E. "Energizing the Classroom." *College Teaching,* 1990, *38*(2), 74-76.

Wolcowitz, J. "The First Day of Class." In M. M. Gullette (ed.), *The Art and Craft of Teaching.* Cambridge, Mass.: Harvard University Press, 1984.

Wright, D. L. "The Most Important Day: Starting Well." *Teaching at the University of Nebraska, Lincoln,* 1989, *11*(1), 1-3. (ニュースレターは，Teaching and Learning Center, University of Nebraska, Lincoln から入手できる)

II

多様な学生集団への対応

4．障害のある学生のための調整

5．クラスの多様性と複雑性：人種，民族，性別について

6．再入学の学生

7．学問的に多様な学生を教える

障害のある学生のための調整 4

　障害を持つ学生，特に学習上の障害を持つ学生が，大学では急速に増加しています。正確な数字をあげることは困難ですが，大学生の3％から10％が，身体的障害や学習上の障害を持ち，教室で障害を補う調整が必要であると報告されています（City University of New York Committee for the Disabled, 1988; Project EASI, 1991; Smith, 1989）。このような調整を行うことは困難ではなく，他の学生にとって迷惑なことでもありません。実際には，こういう調整を行うことが，すべての学生にとって学習をより容易にする場合があります。

一般的な戦略

特に必要なものがあれば，はっきり言うように求めます。毎回，学期の始めに，全員に対して次のことを言っておきます。「身体的な障害や学習上の障害のために，調整を望んでいる学生がいれば，授業のあとで私に言うか，私との面談の予約をするか，オフィス・アワーに私に会いにくるようにしてください」。学生と面談した際には，受講の要件を説明し，教室をどのように手直しすれば学生の役に立つかを尋ねます。学生自身が自分のことを最もよく知っているので，障害に必要な最も適した方法や改善の仕方を認識しています。

障害のある学生は，最初に学生であって，障害者であることは二次的なことであることに留意する。健常者が障害者と初めて出会えば，ためらったり落ちつかない気分になるのは自然なことです。しかし，精神的なもろさにおいて，障害者は健常者に比べて優りもしなければ，劣ってもいません。したがって，「見る」という言葉を口にしたからといって，目の不自由な学生の感情を傷つけるのではないかと心配する必要はありません。目の不自由な学生はアイデアや概念を「見ます」し，耳の不自由な学生は人の言おうとするところを「聞きます」，そして車椅子を使う学生は授業に「それで歩いてくるのです」。学生が援助を

求めた場合や援助の必要が一目で明らかな場合にのみ，物理的な支援を申し出ればよいのです。

出席や迅速さについては柔軟に対応する。車椅子を使用する学生は，物理的な障壁に阻まれて時間どおりに教室に着けない場合があります。（エレベーターの故障，車両による輸送の遅れ）。それ以外の学生では，彼らの障害や薬物治療の結果，ときとして疲労したり，集中するのが困難になることがあります。学生の身体的な問題と無気力とを見分けるように努めなければなりません。(City University of New York Committee for the Disabled, 1988)

「見えない」あるいは「隠れた」障害に敏感になる。次に示す3つの主要な種類の障害は，すぐには目につかないものです。

- 学習障害とは平均あるいは平均以上の能力を持つ学生の多様な情報処理回路の1つを阻害するということです。たとえば，読書障害の学生は，一連の文字や数字を誤りなく解釈することができないという知覚上の障害を持っています。学習障害は学生の知力，身体的，精神的健康，文化的や社会経済的背景を反映したものではないことを理解することが大切です。一般的に，多様なティーチングの形態を用いることでこういう学生の学習を強化することができます。多様なティーチングの形態を用いれば，特定のティーチングの形態だけでは習得できないような内容に習熟することが可能であり，このことはすべての学生に共通することです。大学生のほとんどが，どのような形式や様式の学習方法が自分にとって最善であるかを知ることができます。(City University of New York Committee for the Disabled, 1988; Smith, n.d.)
- 軽度から中程度までの感覚上の障害（低視力，軽度の難聴）については，座席の位置や教室の照明を適切に調整するようにします。
- 慢性疾患による障害（糖尿病，病気による発作，心臓または呼吸器系の状態，狼瘡，ガン，エイズ）は，体力，注意力の持続時間，機敏さを妨げる場合があります。病気にかかっている学生の出席状態や活動状態は

不安定になりがちで，課題の提出予定に関して柔軟な対応が必要な場合があります。

助言や指導を行うために学内の障害を持つ学生に関する教育プログラムについて確認をする。プログラムの担当者は，障害や学習に関する質問に対して，有益で役に立つ情報を提供してくれます。

通路の物理的環境

教室への通路を確認する。学内のほとんどの建物の出入口が，移動補助器具（車椅子，杖，松葉杖，歩行器）を使う学生が出入りしやすいようになっている必要があります。個々の教室や実験室の出入口はさまざまです。教室の割り当て部署に連絡して，出入りしやすい教室が使えるよう依頼します。

座席について配慮する。杖，松葉杖，歩行器を使う学生は出入口に近い座席に座ることを望んでいます。座席までの通路は平坦で段差がなく，床面が滑らかである必要があります。車椅子を使う学生には，平坦な，あるいは傾斜した通路が必要で，教室の机には足を入れられるだけの空間の余裕が必要です。実験室の机やコンピューター操作用の机は，車椅子使用者の手が楽に装置に届くように設置されている必要があります。

介助者も教室内の席に着けるようにする。障害のある学生は，普通の場合，自分で介助者（筆記者，実験助手，朗読者）を探してお願いしていますが，これは学内の障害学習プログラム部門の紹介によることが多いようです。たまには，教員がクラスの学生に向かって筆記者が必要であると伝えたり，あるいは障害学生に資格を持つ個別指導者や実験助手を紹介して，援助することもできます。学生と介助者は，どのような援助が必要であるかについて個々に取り決めをします。

教室外での活動に確実に参加できるように配慮する。フィールドワークのため

の旅行を計画したり，実験室での実験やコンピューター操作に関わる課題を出したり，美術館見学，学外の講演会や劇の公演，その他への参加を勧める場合には，その場所までの道筋の問題に配慮します。

講義や実験室の授業

優れた指導の実践を見習う。感覚面や学習面での障害を持つ学生に役に立つティーチングの技術の多くは，クラスの学生全員にとっても有益です。次にその例を示します。

- 毎回の授業の始めに，前回の授業の教材を簡単に復習し，今日の授業のテーマの概要を示します。授業の終わりには，要点をまとめます。
- 新しい語彙，または専門的な語彙は，口頭で伝えるだけでなく，視覚的に（黒板，スライド映写，配付資料）見せて強調します。
- すべての視覚的な実例（板書，実演，小道具）を，口頭で説明します。「これをここに加えて，あれで割るとこうなる」と言うのではなく，自分がしていることを，「すべての値を加えて，値の数で割ると，平均が出る」というように話します。
- 学生に，質問，整理，見直しの機会を与えます。（McGuire and O'Donnel, 1989; Smith, n.d.; Wren and Segal, 1985）

学生のカセット・レコーダーの使用に配慮する。教室でノートをとれない学生が，毎時間，講義を録音する場合があります。彼らのために，はっきりとマイクに近い位置で話してください。黒板に書いていることや実演して見せていることを言葉で説明します。聴覚に障害のある学生は，教員の声を増幅して聞くヘッドホンを使用するために，マイクを衣服に装着するように，教員に頼む場合があります。

話すときには，学生のほうに顔を向ける。耳が聞こえないか，聴覚に障害のある学生で唇の動きを読むことのできる者は，教員が背を向けたり，顔をよそへ

向けたりすると，講義や会話についていくことができません。板書したり，机の上で行う実演を説明する場合には，黒板や机の方向に顔を向けている間は話さないようにします。耳の聞こえない人が話し手の唇を読むことで受け取れる言葉は，英語の場合，実際に話された言葉の30％から40％であるということを認識しておく必要があります。顔の表情，身振り，ボディ・ランゲージを使って，彼らの理解を助けるようにしましょう。(Fisher, 1985; Smith, n.d.)

耳が聞こえないか，聴覚に障害のある学生のために専門用語の文章リストを配付する。なじみのない単語を，唇から読み取ったり，伝えたりするのは困難です。できれば，前もって，学生や通訳者に用語のリストを渡しておきます。(Smith, n.d.)

学生が課題図書のリストを事前に入手できるようにする。朗読者に頼ったり，点字，大きな活字の本，テープに録音された本を必要とする学生にとって，準備期間はできるだけ長いほうが望まれます。障害を持つ学生の多くは，学期の半ばまでに，次の学期に受講しようと考えている授業の課題図書リストを入手することを希望しています。

クラスへの参加

授業への参加，またはそれに代わる活動を設ける。手を挙げて質問に答えたり，質問をしたりできない学生は，クラスの中で孤立し，無視されていると感じる場合があり得ます。そのような学生と最初に個別面談をする際に，その学生が教室でどのような方法で発言をすることを希望するか尋ねておきます。指名されることを望む学生もいれば，授業の前後に定期的に教員と面談して，授業の内容について質問することを望む学生もいます。

授業中のディスカッションや会話では，学生のヘルパーや通訳者ではなく，学生に直接話しかける。耳が聞こえないか，聴覚に障害のある学生に話しかけるときには，通訳者がいても，学生本人を見て，話しかけます。車椅子の学生に

1，2分以上にわたって話しかける場合には，教員が腰を掛けて，同じ目の高さで話すのが最善の方法です。（Smith, n.d.）

必要に応じて参加者からの意見や質問を繰り返し，誰が話しているかを必要であれば明らかにする。耳が聞こえないか，聴覚に障害のある学生の視界の範囲外で学生が発言した場合には，その質問や意見を繰り返し，誰が話しているかを動作で示し，障害のある学生がディスカッションについてこられるようにします。視覚に障害のある学生に対する調整は，話している学生の名前を示すか，教員が話しかけている学生の名前を明らかにします。（Smith, n.d.）

発語に障害のある学生が話している場合には，注意深く聞く。学生の話の末尾を教員が言ったり，話を遮ったりしてはいけません。理解するのが困難な場合に，理解したふりをしてはなりません。そうするのではなく，教員が理解し得た内容を繰り返して，学生に反応を返してもらうようにします。（National Center for Access Unlimited, 1992）

必要であれば，口頭以外の選べる表現方法を用意する。口頭での表現は，発語に障害のある学生には困難な場合があります。援助なしで発言を望む学生に対しては，それを奨励すべきです。しかし，通訳者の援助のもとに発言したいと望む学生もいれば，発言を文字で書いて，通訳者や他の学生に読み上げてもらってクラスに伝えたいと考える学生もいます。

文字教材と試験

学生がスムーズに授業を受けられるために学問的な援助が得られるようにする。学生がヘルパー（ノートをとる人，手話通訳者，筆記者）を利用している場合でも，彼らは学問的な個別指導者ではありません。学習障害を持つ学生にとって，継続的な個別指導による援助が有益である場合が多くあります。

コンピューターのディスクを学生が使用できるようにする。教員がシラバス，

課題，配付資料をコンピューターで作る場合には，必要に応じて学生に使用したディスクのコピーを与えます。目の見えない，あるいは視覚障害のある学生は，コンピューターでディスクを使用して，その文書を点字で作成することができます。学内がネットワーク化されている場合には，電子メールで送信することによって，ディスクを使う必要がなくなる場合もあります。コンピューターや拡大複写機を使用して，弱視者用の課題図書リストやその他の配付資料の大きな活字版を作ることができます。

学生にコンピューターの利用を適宜奨励する。学習障害の学生や手先の器用でない学生にとって，コンピューターでレポートを書き，校正することが有効です。読書障害の学生や同様の情報処理上の障害学生は，スペル・チェック機能を備えたコンピューターの利用，最終原稿を準備する際に，校正者や編集者とともに作業を進めることを奨励するようにしましょう。弱視の学生はコンピューターの画面では大きな文字を使用し，テキストの様式を組み換えて用紙に印刷することができます。

受験の条件を適切にする。連邦の法律では，大学側に受験の際条件を調整するように命じています。身体上の障害や学習上の障害を持つ学生は，試験を受けるために，次に示すような種類の調整を必要とする場合があります。

- 教室内のヘルパーが試験問題を口頭で読み上げる，または学生が口述する試験問題の解答を記述する。
- 照明の状態，混乱を招く要素が少ない，特殊な設備（コンピューター操作卓，ビデオによる拡大装置，文書音声変換装置）を備えているといった点でより条件の良い別室を使用させる。
- 学生が文字を書く速度，ヘルパーに解答を口述するのに要する時間，情報処理速度の遅さに合わせて試験時間を延長する。
- 口頭試問を筆記試験に変えたり，筆記試験を口頭試問に変えたり，論述式試験を多肢選択式試験に変えたりという代替の試験方式を選べるようにする。

●試験問題を文書で示すか，口頭で示すかを選べるようにする。

　教師と学生は，お互いに授業における学生の進歩をどのように評価するかについて，早い段階で合意しておく必要があります。

支援できる教育用機器

障害を持つ学生に対して，大学がどのような技術的な支援を利用できるようにしているかを調べる。たとえば，目の見えない学生や視覚障害の学生が利用できるように，音声表示の計算機，音声で操作できるコンピューター，点字用ワークステーション，朗読機を備えている大学があります。ある大学では「速記マシン」を実験的に採用しています。これは，コンピューターに接続して使用するもので，聴覚障害の学生が，講師が話すと同時にコンピューター画面で読み取ることができる速記マシンです。("New Technology Boosts Hearing-Impaired Students," 1992）

障害を持つ学生が，障害者用に調整されたコンピューター設備を利用できることを確認する。障害のある学生用教育プログラム部門，コンピューター・センターに問い合わせて，情報や助言を得ておきます。運動能力に障害のある人用の支援に用いる技術としては，キーボードの変更，打鍵用の口にくわえるスティックや頭に取りつける棒，フロッピー・ディスクの取り扱いを容易にするフロッピー・ディスク・ガイドなどが含まれます。視覚障害を持つ学生のための設備としては，スピーチ・シンセサイザー，点字や大きな活字用の出力装置，画面の読み取りプログラムなどが含まれます。学習障害を持つ学生は専用のソフトウェアを利用することができます。Berliss（1991）は，コンピューター室やコンピューター設備を使いやすくするための助言や情報を提供しています。（Project EASI, 1991）

映画のフィルムやビデオを使用する場合には，詳しい字幕付きであることを確認する。大学のメディア・センターに提供される劇映画，短編映画，ドキュメ

ンタリー映画，教育映画が字幕付きか問い合わせておきます。(Smith, n.d.)

References

Berliss, J. R. "Checklists for Implementing Accessibility in Computer Laboratories at Colleges and Universities." Madison: Trace Research and Development Center, University of Wisconsin, 1991.

City University of New York Committee for the Disabled. *Reasonable Accommodations: A Faculty Guide to Teaching College Students with Disabilities*. New York: Professional Staff Congress/City University of New York, 1988. (Professional Staff Congress/City University of New York, 25 Westy 43rd St., New York, N. Y. から入手できる)

Fisher, M. (ed.). *Teaching at Stanford*. Stanford, Calif.: Center for Teaching and Learning, Stanford University, 1985.

McGuire, J. M., and O'Donnell, J. M. "Helping Learning Disabled Students to Achieve: Collaboration Between Faculty and Support Services." *College Teaching*, 1989, *37*(1), 29-32.

National Center for Access Unlimited. "Ten Commandments for Communicating with People with Disabilities." In B. P. Noble, "When Businesses Need Not Fret." *New York Times*, June 7, 1992, p. F25.

"New Technology Boosts Hearing-Impaired Students." *National On-Campus Report*, 1992, *20*(10), 3.

Project EASI (Equal Access to Software for Instruction). *Computers and Students with Disabilities: New Challenges for Higher Education*. (2nd ed.) Washington, D. C. EDUCOM, 1991.

Smith, D. G. *The Challenge of Diversity: Involvement or Alienation in the Academy?* Report No. 5. Washington, D. C.: School of Education and Human Development, George Washington University, 1989.

Smith, L. M. *The College Student with a Disability: A Faculty Handbook*. Sacramento: Health and Welfare Agency, California Employment Development Department, n.d.

Wren, C., and Segal, L. *College Students with Learning Disabilities: A Student Perspective*. Chicago: Project Learning Strategies, Depaul University, 1985.

5 クラスの多様性と複雑性：人種，民族，性別について

　1960年代に市民権運動がさかんになって以来，歴史的に高等教育を受ける機会の少なかった集団出身の学生の入学，教育，卒業をどのようにすれば最良であるかについてアメリカの大学では検討を続けてきました。女性，アフリカ系アメリカ人，メキシコ系アメリカ人，ラテン系アメリカ人，ネイティブ・アメリカン，アジア人の祖先を持つアメリカ生まれの学生，移民などといったところです。入学者の統計的割合が示すように，志願者の状況と大学の入学許可の方針がともに変化したことから，各クラスで多様性の度合いは非常に大きくなりました。（Levine and Associates, 1990）

　大学に入学すると，彼らの多くが自分たちは歓迎されていないよけい者として扱われていると感じ，微妙な偏見にあったことがあると言っています。(Cones, Noonan, and Janha, 1983; Fleming, 1988; Green, 1989; Hall and Sandler, 1982; Pemberton, 1988; Sadker and Sadker, 1992; Simpson, 1987; Woolbright, 1989)。有色人種の学生のなかには，この偏見を「無知と人を外観で見る問題症候群」と名づけるものがいます（Institute for the Study of Social Change, 1991）。Institute for the Study of Social Changeによって報告されているように，学生たちは些細な日常生活のなかでの冷遇といった微妙な差別を受けた例として次のようなものをあげています。歓迎されていない門外漢であること，白人の学生が「クラスを取り仕切って」有色人種の学生を無視して話をすること，自分たちの価値観やものの見方が理解も尊重もされていないことに気づかせるような態度。故意によるものではなく不注意によるものである場合が多いのですが，そのような態度が学生の疎外感を強め，人格面，学習面，職業面での発達を妨げます。

　クラスの民族，性別，文化の多様性への対応には，万能の解決法や個々の規則はなく，実践に関する最善の調査も限られています（Solomon, 1991）。実際に，

5 クラスの多様性と複雑性：人種，民族，性別について

この話題は複雑で，混乱しており，変動状態で，教員にとっては，不安，困難，気まずさをはらんでいる場合があります。この問題を乗り切るための原則は，思慮深く，敏感に，最も良いと思われることをすることです。本章の内容は，女性や有色人種の学生が特に敏感に感じていること，一部の教員や学生が言っていることの認識を高めるのに役立つように意図したものです。これらの問題の一部が存在してもすべての学生に悪影響を与えますが，教員と学生の間に民族や性別の相違がある場合に，さらに悪化する可能性があります。

全米の教員の教育実践，現在の社会学，教育学の研究に基づき，教員がクラスに登録した幅広い範囲の学生に対して効果的に指導を行うのに役立つように以下の考え方は示されたものです。

一般的な戦略

自分の中にしみ込んでいる偏見や固定観念を認識する。二者択一のような方法で学生に対話していませんか。たとえば，女性の学生が数量的な作業を必要とするプロジェクトに着手するのを思いとどまらせようとしていませんか。英語のアクセントが自分のものと異なる学生の発言を軽視していませんか。自分の大学ではアフリカ系アメリカ人，メキシコ系アメリカ人，ラテン系アメリカ人，ネイティブ・アメリカンの学生は，特別な入学プログラムのもとで入学したのだと決めつけていませんか。大部分の有色人種の学生は民族学を専攻していると決めつけていませんか。

個々の学生を個人として扱い，人格を尊重する。人はそれぞれ自分と同じ性別，人種，出身地，社会的・文化的な集団の人々と共通の特徴を備えていますが，どのような集団でも個人差が集団の共通的な特徴を上回っています。自分が属している集団については，このことを認識している場合が多いのです（「君が知っているすべての他のニューヨーカー／カリフォルニア人／テキサス人と私を一緒にしないでくれ」）が，ときとして他人についてはそのことを認識できない場合があります。しかし，いかなる集団でも，異なる社会的・経済的背景，

歴史的・世代的経験，意識の程度など個人差による幅広い個性が包含されています。1人の学生に対して，集団全体に対する経験，感情，期待を押しつけることのないように心がけます。ただし，一部の学生にとって，集団との同一性が非常に重要な場合があることも留意しなければなりません。彼らにとって大学が，初めて自分の国籍，民族，人種，文化面での同一性を肯定する機会となる場合があり，単一民族の組織や集団に参加することで思いが強められたと感じていることがあります。（Institute for the Study of Social Change, 1991）

ある集団を除外し，見下すような言葉づかいや事例があれば，訂正する。次の点に注意しましょう。

- 並列の集団について話をする場合に，男性と婦人よりもむしろ男性と女性といった同等の重みを持つ用語を使用しているか。
- 講義，ディスカッション，文書では彼および彼女の両方を使用し，学生にも同じことをするように奨励しているか。
- 学生が多様な社会的・経済的背景の出身であることを認識しているか。
- 学生の経験を決めつけるような言い方を避けているか。（たとえば，「君たちのご両親が大学にいた頃，……」）
- 学生の家族の状況を決めつけるような言い方を避けているか。（たとえば，「春休みにはご両親を訪ねるつもりですか」）
- すべての学生が異性愛であることを暗に前提としているような，社会的活動に関する発言を避けているか。
- 多様な文化的・社会的文脈からケース・スタディー，事例，逸話を引用するように努めているか。

用語について敏感であるように最善を尽くす。民族的，文化的集団が，自らの同一性，歴史，主流をなす集団に対する関係を定義し続けていくと，用語は時とともに変化します。たとえば，1960年代には，ニグロという言葉がブラックおよびアフロ・アメリカンにかわりました。1990年代には，アフリカン・アメリカンという語が一般的に受け入れられています。メキシコ人の祖先を持つア

メリカ人の大部分は，スペインの植民地である最後の名を残すヒスパニックよりも，チカノ，ラティノ，メキシカン・アメリカンという語を好んでいます。大部分のアジア系アメリカ人は，イギリス帝国主義の響きのあるオリエンタルという語に反発を感じ，多くは，大陸別の呼び方でなく，たとえば，タイ・アメリカン，ジャパニーズ・アメリカンというように，1人ひとりの祖先の出身国別の語で識別されることを望んでいます。カリフォルニアでは，現在，パシフィック・アイランダー，サウス・アジアンという語が，それらの地域出身の祖先を持つ学生に好まれています。学内でどういう用語が使用され，受け入れられているかを知るには，学生に問題を投げかけるか，全学規模の学生団体の一覧表を調べるか，教員の差別撤退措置担当者に問い合わせます。

学生がクラスの雰囲気をどのように感じているかを感じ取る。授業に学生を居心地悪くさせるような状況があれば聞かせてほしいと思っていることを学生に知らせます。学期中に，教員宛ての短いメッセージ（記名または無記名）を募るか，あるいは学期半ばに出す授業評価用紙で次の質問（Cones, Janha, and Noonan, 1983より抜粋）を1つ以上聞きましょう。

- この授業の教員は学生を平等かつ公平に扱っていますか。
- このクラスに参加して何を快適に感じますか。
- もしあるとすれば，あなたの民族性，人種，性別が教員との対話にどんな影響を与えていますか。クラスメイトとはどうですか。

学部の会議に，多様性に関するディスカッションを取り上げる。学部の会議の議題に，この問題に関連する教員たちは，教室の雰囲気，講座の内容および用件，卒業・就職の割合，課外活動，新入生のオリエンテーション，第2外国語としての英語（ESL）プログラムとの連携といった話題を議題にするよう求めることができます。

固定観念，偏見を克服する戦術

自分が属する以外の集団の歴史や文化についてよく知る。無知が原因で反発を引き起こすことを防ぐようにします。そのために，ある程度の「文化的しきたり」を身につけるように努力しましょう（Institute for the Study of Social Change, 1991）。自分と異なる文化集団における適切な態度や話し方と不適切な態度や話し方を承知しておきましょう。Broder and Chism（1992）は，各民族集団によって作成された大学での多民族的文化環境のもとでのティーチングについての資料の一覧表を提供しています。専門的な書物や記事だけでなく，自分とは異なる民族集団出身の作家のフィクションやノンフィクションの作品を読むようにしましょう。講演を聴いたり，講座を受講したり，民族学や女性学研究の専門家とともにチームを組んで教えてみましょう。単一・多民族文化の学生団体の顧問になりましょう。多様性をよしとする全学的な活動，または多様な民族や文化集団にとって重要な行事に参加してみましょう。自分の属する文化についてよく知らない場合，その歴史についてももっと学びたいと思うようになるかもしれません。

すべての学生の能力に対して，同じように尊重し，信頼する。調査研究によれば，多くの教員が無意識のうちに，学生の性別，言語の達者さ，社会的・経済的な状況，人種，民族，これまでの実績，外見などの要素に基づいて，成績への期待を形成しているということです（Green, 1989）。また，調査によれば，教員の期待は学生の自己達成の予言となっているそうです。自分が期待されていると感じている学生ほど，自分があまり期待されていないと感じている学生よりも，実際の能力とは関わりなく成績がよい傾向があるそうです（Green, 1989; Pemberton, 1988）。教員は学生たちに，教室では一生懸命に勉強することを期待していること，授業の内容に関して挑戦を受けて立ってほしいと考えていること，学生の学問上の到達度に関して高い水準を設けていることをすべての学生に伝えます。そのあとで，言ったことを実行します。学生に，一生懸命勉強すること，授業内容に対して挑戦を受けること，高い水準に到達するこ

とを期待するのです。(Green, 1989; Pemberton, 1988)

どのような学生の集団も「保護しよう」としてはいけない。 学生個々の学習上の結果に対して批判することを，民族性や性別を理由に避けてはならない。特定の学生の集団に，要求を低くし，ひいきをしたり，保護しようとする場合には，逆効果になります。このような扱いは，学生の自尊心や能力を徐々に損なうことになりがちです (Hall and Sandler, 1982)。たとえば，ある教員の１人は，自分のクラスにおいて有色人種の学生に余分な時間を課題に対して与えることが，彼らへの配慮であると誤って信じていました。彼女には，このような行為がすべての学生を傷つけることが，分からなかったのです。彼女が助けようとした学生は恩きせがましく感じ，他の学生は特別扱いを毛嫌いしました。

学生の優れた作品を公平に認める。 作品が立派であることを学生に伝え，出来ばえをほめます。しかし，必ずすべての学生の成果を認めるようにしてください。たとえば，あるメキシコ系アメリカ人の学生は，他の学生もよくやっているのに，教員が何度も彼女のレポートを模範として選ぶことについて不満を述べました。その教員のはばからない派手な称賛は，よかれと思ってしたことですが，この学生に居心地の悪い思いをさせ，よい成績を維持しなければならないと焦らせることになってしまったのです。

多民族性の複雑さを認識する。 多くの大学で，かつて重要視されていた問題は，アフリカ系アメリカ人の学生と教員たちをどのようにして募集し，大学にとどめるかということでした。しかし，より幅広い多民族文化の視点，従来は表面に現れなかった多くの集団を視野に入れ，同じ努力が今日必要であることは人口統計学からみても明らかです。異なる民族集団についての知識には，ばらつきがありますが，アフリカ系アメリカ人の学生についての研究結果から考えても，一般法則を引き出そうとすることはその複雑さからいって避けるべきです。

授業内容と教材

性別に関して中立的で，固定観念にとらわれていない教科書と課題図書をなるべく選択する。課題図書が，男性代名詞だけを使っていたり，固定観念が見られるものである場合，書かれた日付を示し，不備な点を教室で指摘し，さらにそのことについて討論する機会を学生に与えます。

包括的なカリキュラムを目指す。大学の理想的なカリキュラムは多元的社会という視点と経験を反映すべきです。包括的なカリキュラムを作るということのなかには，従来は表面に現れることのなかった集団に関する最新の調査研究を反映した教科書や課題図書を使用すること，教師の専門分野に対して，女性や多様な民族グループが行った貢献について討議すること，先駆者が克服しなければならなかった障害を検証すること，性別・人種・階級に関する学問が，近年どのように教員の専門分野に影響を与えてきたかを説明することが少なくとも含まれます。しかし，これら最低限の事柄だけでは，女性，有色人種，欧米以外の文化を脱線の話や特殊な話題として扱うことになりがちです。したがって，可能であれば，授業の内容を作り替えて，ひとつの集団の経験だけを標準や基準として掲げたり，それに基づいて他のすべてのものを定義することのないようにします。(Coleman, n.d.; Flick, n.d.; Jenkins, Gappa, and Pearce, 1983)

教員が親しんでいる文化的，文学的，歴史的な事柄をすべての学生が認識しているものと思いこんではならない。学生と教員の多様性が増すにつれて，教員と学生の間に共通の文化的経験，文学的表現，歴史的引用，比喩や類似点が少なくなったと感じていることでしょう。授業を滞りなく終わるために，特定の文化的教養が前提条件として必要である場合には，授業第1日目に診断プレテストを実施し，学生の知識を判定することを考慮する必要があります。もちろん，学生が知っていそうもない人物や出来事を故意にあげ，課題以外の読書を勧めることにしてもよいと思います。

課題が夜間や週末の作業となる場合には，学生の都合を考慮する。安全上，夜間に実験室やコンピューター室で作業することを好まない学生には，調整を行う準備をしておきます。子どものいる学生，特に独身で子どものいる学生は，夜間の実験室の作業や週末の実地研修旅行よりも，それに代わる作業をありがたく思うことでしょう，パートタイムで働いている学生も同様です。

ゲスト講師を依頼する。さまざまな民族グループに属する適当な教員，あるいは学外の専門家に，クラスでの講演を依頼すると，授業が幅広く，豊かなものになります。

クラス・ディスカッション

さまざまな方法や視点で考えることの重要性を強調する。教育の主要な目的のひとつは，学生にさまざまなものの見方があることを示し，自分の信条を評価することを試みさせることにあります。学生が，複数の解釈を比較することによって初めて理解できるような，いくつかの状況をつくり，人々の前提条件，観察や解釈が，社会的な自己同一性や背景にどれだけ影響されるかということを認識できるようにお膳立てします。調査によれば，白人の学生とアフリカ系アメリカ人の学生では，民族主義という用語についての見方が異なる傾向にあるということです。たとえば，白人学生の多くは，友好的にすることが好意と民族主義にとらわれていないことの証であると信じています。しかし，多くのアフリカ系アメリカ人学生は，個人的な偏見と組織的，制度的偏りの民族主義を区別しています。彼らにとって，友好的であることは先入観がないことの証ではあっても，必ずしも民族主義を全面的に否定する姿勢とは言えないのです（Institute for the Study of Social Change, 1991）。

すべての意見を認めることを明確に示す。学生は自由に意見を言い，それを弁護する力を持っていると信じる必要があります。教員自身の意見と違うからといって，意見の交換や討論を妨げることのないように努めます。他の学生の視点を無視していると思われた場合には，教員が割って入るようにします。たと

えば，男性の学生が女性の学生の発言を無視している場合には，無視された発言を紹介し直して，ディスカッションに取り入れるようにします。(Hall and Sandler, 1982)

すべての学生がクラス・ディスカッションに参加することを奨励する。学期の始めの数週間は，教員が別の視点からの発言を導くことで，ひとつのグループの学生がディスカッションを独占することを防ぐことができます。学生に，自分とは異なる見方の発言に耳を傾け，認めるように勧めます。学期の始めには学生を小グループで作業できるようにして，すべての学生が不安のない状況で参加できるようにします。こうすることによって，学生はより大規模な場でも話ができるようになります。「共同学習：グループによる作業や学習チーム」，「ディスカッションを導く」，「ディスカッションへの学生の参加を促す」の項を参照してください。

学生に対応する場合の教員自身の態度を見直す。調査研究によれば，教員は男性の学生と女性の学生とでは対話の仕方が異なり，(Hall and Sandler, 1982; Sadker and Sadker, 1990)，成績の良い学生と悪い学生，そうであると教師が認識している学生とでは対応が異なる傾向があると報告されています (Green, 1989)。これらのパターンは無意識の場合が多いのですが，自分が知的に不充分であるとか，疎外されているとか，あるいは学内で歓迎されていないと感じさせることで，学生の気力を挫くことになりかねません。

　教室で，次の点について公正であるように心がけましょう。

- 手を挙げたり，自主的にクラスに参加しようとする学生を認める（男性だけ，ひとつの民族グループの者だけに話しかけたり，発言を聞いたりするのを避ける）。
- 学生の発言や質問を注意深く聞き，直接に返事をする。
- 学生に正しい発音の名前で呼びかける。
- 学生がより完全な答えや説明を示せるように励ます。

- 学生が質問に答える時間を与えてから，次に進む。
- 発言を遮る，またはそのような傾向がある学生は級友にやめさせる。
- 教員のまとめでは，学生がした発言を認める（「アキムが発言したように……」）。
- フィードバックし，批判と褒めバランスに配慮する。
- 視線を合わせるようにする。

　固定観念に基づいた，ひいきのような援助の申し出を避けましょう。避けるべきものとして，ある経済学の教員が，「女性は数字に弱いから，特別に手伝ってあげるよ。ジェーン」といったような例があげられています。

　ビデオで自分の授業を観察して，グループによって異なるメッセージを意図しないまま送っていないか見てみましょう。Sadker and Sadker（1992）は，学生の扱いにおける性別や民族による差異を調べるために，自分の授業について問うべき質問の一覧表を示しています。(Hall and Sandler, 1982; Sadker and Sadker, 1990; Sadker and Sadker, 1992)

形式がいろいろである授業の教授法を見直す。研究者の観察によれば，ディスカッションのクラスでは，仮定に対して質問をし，視点に疑問を持ち，発言し，さらに活発に参加するような学生を積極的に評価する傾向が教員にはあります(Collett, 1990; Institute for the Study of Social Change, 1991)。しかし，権威ある立場の人に対して挑戦的な態度をとることは，尊敬を欠く，無礼であるという慣習のもとに育てられた学生もいることを認識しておく必要があります。自分が無知だという固定観念を強めるのではないかと恐れ，質問や参加をためらう学生もいます。多様な学生集団を教える場合の問題点は，断定的な言葉づかいをする学生，それとは別の様式や表現で知識を表す学生の両方に関心を寄せなければならないことです。すべての学生を能動的に参加させる方法に関する提言については，「ディスカッションを導く」，「ディスカッションへの学生の参加を促す」，「学習のスタイルおよび好み」の項を参照してください。(Institute for the Study of Social Change, 1991)

冗談であっても，不愉快な発言をした場合には，ただちに教員が口を挟む。人を見下したような発言を，気づかずに放置してはいけません。発言がなぜ攻撃的，配慮を欠いたものであるのかを説明します。人種差別的，性差別的，その他の差別的な発言は，教室では受け入れられないことを，学生に知らせます。たとえば，「あなたにそのつもりはないとしても，あなたの発言が私を不愉快にさせました。まるで……と言ったかのように受け取れます」と言うようにします。

学生をある集団の代弁者として選ぶことを避ける。 1人の学生に，彼または彼女の人種，文化，国家全体を代表して話すように求めるのは，公正でありません。これは，どのグループでもある内部の意見の違いを無視するばかりでなく，少数派のグループに属する人は誰でも自分のグループについて何でも知っていなければならないという誤った概念を強いることになりかねません（Pemberton, 1988）。避けるべき例として，集団遺伝学と人種による知能の理論について講義したあとで，ある教授がクラスのアフリカ系アメリカ人を選んで，この理論に対する彼の意見を求めたことがあります。これに関連したことでいえば，すべての学生が彼らの祖先の言語，伝統，文化，歴史について詳しい知識を持っていると決めつけてはならないのです。避けるべき例として，アメリカで生まれた中国系の学生に，「中国語ではどういう語彙を使いますか」と聞くこともあげられます。（Flick, n.d.; Pemberton, 1988）

課題および試験

母国語が英語でない学生に配慮する。 大部分の大学では，英語を母国語としない学生に，第1外国語としての英語講座を受講して会話力や文章力を身につけるように要請しています。学内の英語講座の担当者に，レポートの成績のつけ方への助言，学生の母国語に起因する誤りの典型的なパターンについての情報などを問い合わせます。たとえば，言語によっては2つの単語からなる動詞がない場合もありますので，そういう言語を話す学生が英語を習得しようとすれば，特別な援助や忍耐が必要となります。そのような学生が，たとえば，take after, take in, take off, take on, take out, take over といった言葉づかいを間違っても，減点されるべきではありません。

学生に，教室以外でも集まる学習チームを作ることを提言する。グループが集まる場所と時間を手配することで，学生が一緒に勉強することを奨励することができます。級友の支援が得られるかどうかは，学生が大学を続けられるかどうかにとって重要な要素ですが（Pascarella, 1986），有色人種の学生は，学生にとって有益で非公式なネットワークや学習グループから取り残される場合があります（Simpson, 1987）。一緒に勉強することで学生は，学問上の活動を向上させることができるとともに，多くの大学に共通している教室外の差別の一部を克服することができます。学習チームをどのように作るかについての提言は，「共同学習」の項を参照してください。

グループ作業や共同学習活動を課題として出す。学生は自然発生的な意義ある教育ボランティアや地域ボランティアの経験から，「副次的な効果」としてすばらしい出会いがあることと多様性について深く理解できることを報告しています（Institute for the Study of Social Change, 1991）。学生が，3〜5人で特定の仕事を完成させるグループ・プロジェクト，授業中の小グループ作業，2，3人で教材を開発する，小規模な調査研究を行うといった共同研究に取り組む機会を増やすよう配慮します。共同学習では，学生を2，3人ずつ無作為にグループにして，特定の問題を解かせる，特定の質問に答えさせるというような簡単なものでも結構です。グループ作業をティーチングに取り入れるためのアイデアについては，「共同学習」，「ディスカッションを導く」，「講義を補い，講義の代わりとなる方法」の項を参照してください。

学生の多様な背景，個々の興味を認識して課題を出し，試験を行う。専門分野として適切であれば，学術研究や学会で従来扱われていなかった集団の役割，状況，貢献，経験を，学生が調べることになるようなレポートのテーマや学期中のプロジェクトを展開することができます（Jenkins, Gappa, and Pearce, 1983）。たとえば，医療や保健の訓練の授業を担当している教授は，学期末レ

ポートのテーマとして，代替治療信用システムを含むさまざまなテーマを学生に提示しました。社会科学を担当するある教授は，女性のみ，男性のみ，男女混合の作業グループに比較させる課題を学生に出しました。

助言と授業以外の活動

学生と非公式に面談する。教員とたびたび，有意義な非公式の接触が持てるかどうかが，学生が自らの意志で大学を去るかどうかについてのひとつの強力な決め手となります（Tinto, 1989）。教室以外で継続的に接触することが，学生にとっては教室で良い成果をあげ，学内の幅広い社会的，知的生活に参加するための強い動機づけとなります。学生のグループをコーヒーや昼食に招くことに加えて，大学のオリエンテーション，学問上の助言プログラムに加わる，学生寮に住んでいる学生，その他の学生グループと，自主的に非公式に話をすることを考えましょう。「学部生に学問上の助言や指導をする」の項を参照してください。

オフィス・アワーに来るように学生に勧める。オフィス・アワーで配慮された一対一の会話の恩恵をすべての学生は受けることができます。大学で疎外されていると感じたり，教室で居心地の悪い思いをしている学生は，彼らの関心事を個人的に話し合いたいと思っている傾向があります。(Chism, Cano, and Pruitt, 1989)

教員自身の性別や民族グループに与える助言を，すべての学生に対しても必ず与える。Simpson（1987）の報告によれば，次のような不幸な出来事がありました。ある白人男性の教員が，女性のアフリカ系アメリカ人学生から，困難を感じている工学のクラスを履修放棄すべきかどうか聞かれました。もし履修放棄するように助言したら，自分がアフリカ系アメリカ人女性の知的能力に対する信頼を欠いていると受け取られるのではないかと心配して，彼は辛抱するように提言しました。その教員が認めたところでは，その学生が白人男性であったなら，嫌疑の恐れよりも学生の必要を重んじて，迷わず履修放棄するよう助

言したであろうということです。

自分自身の経験の外へ視野を広げるように学生に助言する。たとえば，他の民族グループの文学，歴史，文化を紹介する授業を受講するように勧めます。(Coleman, n.d.)

教員の研究や学問的な活動に学生を参加させる。教員が学生に自分の仕事を見せたり，貢献させたりすれば，ただ単に自分の専門分野の方法論や手順を教えるのみにとどまらず，教員の生活のさまざまな側面への理解を助け，学生に大学という社会の一員であるという感じを強めさせることになります(Blackwell, 1987)。独立して研究する学生の世話をしたり，研修生制度の手配をしたり，さらに学部生に研究に参加する機会を提供することを考慮しましょう。

学生が学部内の団体を設立するのを援助する。学部に学部生の団体がない場合には，学生に設立を勧めます。教員の支援があれば，学生団体が集会室を得て，公認されることが容易になります。学生団体は，社会的，学問的プログラムを提供するだけでなく，学生同士の個別指導や助言をすることができます。女性や特定の民族グループが伝統的に参加していなかった分野では，一部の学生が性別や文化的類似性に基づく会を作りたがる傾向があります。(たとえば，建築学における女性)。有色人種の学生にとって，集団としての同一性と個人に対する支援の基盤として，連携することが重要であると調査では報告されています。(Institute for the Study of Social Change, 1991)

すべての学生に，お互いを知り合う機会を提供する。調査によれば，アフリカ系アメリカ人学生と白人学生の両方が人種間の交流が増えることを望んでいます。アフリカ系アメリカ人学生が大学のプログラムや委託事業を好む一方で，大部分の白人学生は，個人的な接触の機会を好んでいます。(Institute for the Study of Social Change, 1991)

References

Blackwell, J. E. "Faculty Issues Affecting Minorities in Education." In R. C. Richardson and A. G. de los Santos (eds.), *From Access to Achievement: Strategies for Urban Institutions.* Tempe: National Center for Postsecondary Governance and Finance, Arizona State University, 1987.

Broder, L. L. B., and Chism, N. V. N. "The Future Is Now: A Call for Action and List of Resources." In L. L. B. Broder and N. V. N. Chism (eds.), *Teaching for Diversity.* New Directions for Teaching and Learning, no. 49. San Francisco: Jossey-Bass, 1992.

Chism, N. V. N., Cano, J., and Pruitt, A. S. "Teaching in a Diverse Environment: Knowledge and Skills Needed by TAs." In J. D. Nyquist, R. D. Abbott, and D. H. Wulff (eds.), *Teaching Assistant Training in the 1990s.* New Directions for Teaching and Learning, no. 39. San Francisco: Jossey-Bass, 1989.

Coleman, L. *The Influence of Attitudes, Feeling and Behavior Toward Diversity on Teaching and Learning.* Boulder: Faculty Teaching Excellence Program, University of Colorado, n.d.

Collett, J. "Reaching African-American Students in the Classroom." In L. Hilsen (ed.), *To Improve the Academy.* Vol. 9. Stillwater, Okla.: New Forums Press, 1990.

Cones, J. H., Janha, D., and Noonan, J. F. "Exploring Racial Assumptions with Faculty." In J. H. Cones, J. F. Noonan, and D. Janha (eds.), *Teaching Minority Students.* New Directions for Teaching and Learning, no. 16. San Francisco: Jossey-Bass, 1983.

Fleming, J. *Blacks in College.* San Francisco: Jossey-Bass, 1988.

Flick, D. *Developing and Teaching an Inclusive Curriculum.* Boulder: Faculty Teaching Excellence Program, University of Colorado, n.d.

Green, M. F. (ed.). *Minorities on Campus: A Handbook for Enriching Diversity.* Washington, D. C.: American Council on Education, 1989.

Hall, R. M., and Sandler, B. R. *The Classroom Climate: A Chilly One for Women?* Washington, D. C.: Association of American Colleges, 1982.

Institute for the Study of Social Change. *The Diversity Project: Final Report.* Berkeley: University of California, 1991.

Jenkins, M. L., Gappa, J. M., and Pearce, J. *Removing Bias: Guidelines for Student-Faculty Communication.* Annandale, Va.: Speech Communication Association, 1983.

Levine, A., and Associates. *Shaping Higher Education's Future.* San Francisco: Jossey-Bass, 1990.

Pascarella, E. T. "A Program for Research and Policy Development on Student Persistence at the Institutional Level." *Journal of College Student Personnel,* 1986, *27*(2), 100–107.

Pemberton, G. *On Teaching Minority Students: Problems and Strategies.* Brunswick, Maine: Bowdoin College, 1988.

Sadker, M., and Sadker, D. "Confronting Sexism in the College Classroom." In S. L. Gabriel and I. Smithson (eds.), *Gender in the Classroom: Power and Pedagogy.* Urbana: University of Illinois Press, 1990.

Sadker, M., and Sadker, D. "Ensuring Equitable Participation in College Classes." In L. L. B.

Broder and N. V. N. Chism (eds.), *Teaching for Diversity*. New Directions for Teaching and Learning, no. 49. San Francisco: Jossey-Bass, 1992.

Simpson, J. C. "Black College Students Are Viewed as Victims of a Subtle Racism." *Wall Street Journal*, Apr. 3, 1987, p. 1.

Smith, D. G. *The Challenge of Diversity: Involvement or Alienation in the Academy?* Report No. 5. Washington, D. C.: School of Education and Human Development, George Washington University, 1989.

Solomon, B. B. "Impediments to Teaching a Culturally Diverse Undergraduate Population." In J. D. Nyquist, R. D. Abbott, D. H. Wulff, and J. Sprague (eds.), *Preparing the Professoriate of Tomorrow to Teach: Selected Readings for TA Training*. Dubuque, Iowa: Kendall/Hunt, 1991.

Tinto, V. "Principles of Effective Retention." Paper presented at the University of California Student Research Conference, Asilomar, Calif., Apr. 23-24, 1989.

Woolbright, C. (ed.). *Valuing Diversity on Campus: A Multicultural Approach*. Bloomington, Ind.: Association of College Unions-International, 1989.

6 　　　　　　　　　　　　　　　　　　　　　　　再入学の学生

　2年間以上，大学教育から離れていた25歳以上の成人が，学部生に占める割合は年々多くなっており，多くの大学でその数が急速に伸びています（Schlossberg, Lynch, and Chickering, 1989）。この学生たちは幅広い年齢，意見，興味を示し，もはや，白人の中産階級の中年婦人という再入学学生の固定観念にあてはまらなくなっています。Bean and Metzner（1985）およびBishop-Clark and Lynch（1992）の報告によれば，再入学学生と若い学生の間には，いくつか相違点があります。層の幅は広いが，一般的に言って，再入学学生は大学の授業以外の社交的な生活に関係する度合いが少なく，教員を同輩として扱いがちです。学習への本質的な動機づけがあり，学習に対してより実践的な問題解決の方向性を示し，自分の教育目標についてより明確な考えを持っています。教員たちは，再入学学生がしばしば最も満足の行くティーチングの経験をさせてくれたことを報告しています。この学生たちは，学習に対する動機があり，興味を持っており，新鮮な気持ちで臨んでいます（Giczkowski, 1992）。次の提言は，再入学学生を教えるというやりがいのある機会に恵まれた際に役立つように企画されたものです。

一般的な戦略

再入学の学生が，大学に所属しているという感覚を持てるように援助する。 居心地がよく，大学の知的な生活にひたっていると感じると，すべての学生が生き生きします。再入学の学生は，特に，自分が大学にうまくなじめるか不安を抱いています。学生を大学に溶け込ませ，自分が大学の一部であると感じさせる方法については，「学部生に学問上の助言や指導をする」の項を参照してください。

一部の再入学の学生は，大学での学習への準備が充分でないと感じている場合

があることを認識する。大学で学んだことがない，最初に大学に入ったときに成績が振るわなかった再入学の学生は，自信を欠き，自分の学習能力について神経質になっている場合があります。この学生には，他の学生と同様に，安心させるような言葉をかけ，彼らの能力に対する信頼を示し，授業で居心地よく感じさせるように援助します。(Bishop-Clark and Lynch, 1992; Cross, 1981)

年齢の異なる学生には公正に接する。偏見や不公正を避けるための手引きについては，「クラスの多様性と複雑性」の項を参照してください。

学内の再入学プログラムに助言を求める。学内に再入学学生向けのプログラムがある場合には，その担当者の助言や支援を求めます。学内に該当するプログラムがない場合には，地域のコミュニティー・センターに問い合わせます。

クラスへの参加

学生がお互いに知り合うようにする。学生が知り合うようにすることで，年齢別グループの間の障壁をなくし，学生がお互いから学ぶ機会が多くなるようにします。提言については，「授業第1日目」の項を参照してください。

再入学の学生が直面する時間的制約に対して配慮する。若い学生よりも，再入学の学生は，家族としての責任，仕事による拘束，社交上や地域社会の義務，通勤といった，どれも重要で時間を割かなければならない多くの問題を抱えている場合があります。現地研修旅行，週末や夜間の学習は，これらの学生にとって特に問題となる場合があることに留意すべきです。

若い学生と年上の学生の間の関係に注意する。年上の学生と若い学生が必ずしも気持ちよくともに学習できるとは限りません。年上の学生が動機，知識があって，教授と打ち解けていることに気づいて，年上の学生を若い学生が嫌う場合があります。年上の学生は，親や権威のある立場の人のように振る舞って，若い学生と距離をおく場合があります。このような傾向に注意し，緊張関係が

表面化しないように最善を尽くすようにします。(Bishop-Clark and Lynch, 1992; Watkins, 1990)

ティーチングの戦術

参加型の教授法を採用する。 ディスカッション，作文，作業によって学習する能動的な授業の戦略は，すべての学生にとって有益です。しかし，再入学の学生には，特に受動的な講義には耐えられない傾向があります。彼らは，話を聞くよりも，さまざまな問題について話し合うことによって，より効果的な学習を期待して，ディスカッションを望んでいます。能動的な学習に関する提言については，「講義を補い，講義の代わりとなる方法」，「ディスカッションへの学生の参加を促す」，「すべての授業で学生の文章力の向上を援助する」の項を参照してください。

授業にグループ活動を取り入れる。 再入学の学生の人生経験が教室でのディスカッションを豊かにすることがあります。年長の学生は，しばしば，学生が資料で読んでいる理論や一般的な原理を説明するような実生活での例を提供することができます。学生が小グループでともに学習する共同学習法を課題に出して，クラスに蓄えられている経験を活用するようにします。グループ活動の考え方については，「ディスカッションへの学生の参加を促す」，「共同学習」の項を参照してください。

再入学学生の自己決定能力を利用する。 再入学学生の独立した自己決定能力のある大人の再入学生の自律的な学習を利用するようにします。課題として独立した学習の機会と方法を与えることで，学生の自律的学習能力と学習スタイルを認め，かつ強化することができます。

授業内容を示す方法を変える。 ある経営学の教員は，通常の年齢の学生には，新しい概念や考え方を導入する場合に，最初に理論について話し合ってから，いくつかの適用例を示すと言っています。年長の学生の場合には，これとは対

照的に，適用例から始めて，理論に移るそうです。この方法は，年上の学生にとって魅力的であるばかりでなく，動機づけにも有効です。(Watkins, 1990)

References

Bean, J. P., and Metzner, B. S. "A Conceptual Model of Nontraditional Undergraduate Student Attrition." *Review of Educational Research*, 1985, *55*(4), 485-540.

Bishop-Clark, C., and Lynch, J. M. "The Mixed-Age College Classroom." *College Teaching*, 1992, *40*(3), 114-117.

Cross, K. P. *Adults as Learners: Increasing Participation and Facilitating Learning*. San Francisco: Jossey-Bass, 1981.

Giczkowski, W. "The Influx of Older Students Can Revitalize College Teaching." *Chronicle of Higher Education*, March 25, 1992, p. B3.

Schlossberg, N. K., Lynch, A. Q., and Chickering, A. W. *Improving Higher Education Environments for Adults*. San Francisco: Jossey-Bass, 1989.

Watkins, B. T. "Growing Number of Older Students Stirs Professors to Alter Teaching Styles." *Chronicle of Higher Education*, Aug. 1, 1990, pp. A1, A12.

7 学問的に多様な学生を教える

　すべての授業に言えることですが，特に人数の多い学部生向けの導入や概論の授業は，学力，興味，技能，目標がバラバラの学生が受講します。教員にとって難しい問題は，学問的知識や理解に大きな差のある学生の授業ではどのようにすれば授業をスムーズに進められるかということです。非常に優秀な学生は，授業が知的に取り組みがいがあると感じなければ，退屈してしまうでしょう。逆に，能力の低い学生は，内容に圧倒されて興味を失ってしまうかもしれません。次の提言は，両方の学生の要求を満たすように意図されたものです。

一般的な戦略

学生がこの授業で単位を修得するために必要な，知識の水準を定める。教員が期待している内容を，授業の説明やシラバスではっきりと示し，授業第1日目にそのことを強調するようにします。

学生が，授業でスムーズに学習するのに必要な技術や知識を持っているかどうかを学生に分からせる。たとえば，授業第1日目に，学生が知っていると期待する事柄について，はっきり述べておきます。学生にさらに伸びを望む場合には，学生が知らないと思われる事項をいくつか演説の中に加えておきます。授業に作文の要素が含まれる場合には，学生の文章の一例を提出させます。必要な技術や知識を欠いている学生には，その技術を習得できる授業を紹介するか，学期の始めに補足的な課題を出すようにします。（Angelo, 1991; Angelo and Cross, 1993）

授業の学問的多様性に対処するための課題図書の一覧表を用意する。授業でスムーズに学習するための技術や知識を復習，獲得することが必要な学生のための図書，授業に必要な基本的な図書，特定の主題についてさらに深く掘り下げ

たいと願う学生のための詳しい内容の図書（テーマ別に並べる）の３つの区分に分けて，課題図書の一覧表を作成するとよいかもしれません。

授業で学習が困難になりそうな学生を早期に判別する。始めの２,３週間の間に，テストや試験を行って，どれだけ順調に進んでいるかを教員と学生がともに知ることができるようにすることは有効です。授業の出席状況も，注意深く見守りましょう。学生が授業でどうしていいか分からなくなったり，ついていけなくなった場合，欠席がちになる場合があります。

さまざまな学習法に適するような幅広い課題を用意する。それぞれの学生が好む学習法は異なります。学習法を４つにまとめると，次のようになります。抽象論的法：一般的な原理や概念に焦点を当て理論や仮説を学ぶ方法。具体的法：技術の習得に焦点を当てた現実的，具体的，実際的な仕事を学ぶ方法。個別的法：読書のような独立独行の孤独な作業に重点を置く学習や作業法。組織化法：授業での期待，課題，目標が同一化されるように教員によって組織化された学習方法。「学習のスタイルおよび好み」の項を参照してください。（Fuhrmann and Grasha, 1983）

学生が到達できると期待している水準に合わせて教える。大部分のクラスで，教員は教材を，良，中程度，Ｂレベルの学生に合わせています。疑わしい場合には，クラスの水準を低く見るよりは，実際より高めに評価するほうがよいようです。実際の水準より少し上のレベルで授業が行われている場合に，学生はより多くを学習する傾向があります。（Lucas, 1990）

授業内容をどれだけ修得しているかを見る

授業中に質問をする。学生が授業についてきているか，遅れているかの感じをつかむようにします。単に内容の理解を学生に聞くのではなく，理解した内容を答えなければならないような，ポイントを絞った質問を出すようにします。重要な概念や複雑な考え方に焦点を当て，学生にその考え方を定義させ，つな

がりを述べさせ，適用例をあげさせるようにします。学生に授業内容について説明させ，緻密さと正確さによって評価するようにします。必要であれば，教材をもう一度，見直すようにしてください。

授業中に簡単な課題をたびたび出す。たとえば，質問や問題を出し，回答させ，自分自身や隣の学生と答え合わせをさせるようにします。

学生に「Minute Paper」を書かせる。授業の終わり頃に，学生に2つの質問をします。「今日授業のポイントは何ですか」と「今日の授業の終わりに，どんな疑問がありますか」。学生に無記名で提出させれば，学生がどの程度授業内容を把握しているかを確認することができます。(Davis, Wood, and Wilson, 1983)

重要な概念や考え方をあげさせる。特定のテーマについてのディスカッションや講義を終えたあとで，学生に，そのテーマについての重要な概念や主要なアイデアを3つか4つ書かせます。そのリストを提出させれば，教員は内容を見直すことができ，学生には，そのまま取っておき試験前に見直すように言います。このリストは，クラスのディスカッションの糸口にすることもできます。(Angelo and Cross, 1993)

難しい概念を定義し，適用例をあげさせる。授業の終わりに，次に示すような簡単な質問紙を配ります。

- 私の理解では，今日の授業の主要な概念やポイントは……
- この考え方を適用した良い例としては……
- 今日の講義の主要なポイントは，概念，考え方，人，場所，経過，出来事，物と密接な関連がある（学生にいくつかの項目をあげさせる）。
  (Lancaster, 1974)

学生に主要な考え方を要約させる。授業の始めの5分間で，学生にその日の読

書課題の要約を書かせます。あるいは，授業の終わりの5分間で，講義やディスカッションの内容を要約させます。

学生の講義ノートを集める。どの考え方に学生がつまずいているか，クラスが授業についてきているかを把握するために，ときおり，学生の講義ノートを集めることを学生に伝えます。この方法により，学生にきちんとノートをとることを奨励することができます。

授業中に誰が最も多く発言するかに留意する。よくできる学生がディスカッションを支配しがちです。もしそうであれば，教員の発言をクラス全体に向け，すべての学生に対して確認のための質問をするようにします。詳しいことは「ディスカッションを導く」の項を参照してください。

学生の言葉以外の合図に注意する。学生がノートをとるのに苦労している，顔の表情がぼんやりしている，質問したそうな場合には，講義を中断して，「私は君たちを迷子にしかけているようですね。このポイントを別の方法で説明してみます」というようにします。

早めに教室に着く。授業前の時間を使って，学生が授業をどのくらい理解しているか学生と会話し，前回の授業内容や読書課題について質問があれば，それに答えるようにします。

困難を感じている学生を援助する

補足的な教材を用意する。読書課題が難しい，よく理解できないと感じている場合には，同じ概念を別の方法で説明している他の教科書を勧めます。重要な概念を表す用語を取り出して，短い定義や例を示した用語集を用意することを考慮しましょう。

オフィス・アワーに復習の時間を設ける。授業のペースを遅らせるのではなく，

特定のテーマについて問題を抱えている学生を，オフィス・アワーの時間内に設けたグループ形式の復習の時間に参加するように勧めます。研究室が狭すぎる場合には教室を使えるように手配します。

クラスに出した課題をどのようにすればよいかを見せる。問題を抱えている学生にとって，「もっと一生懸命，勉強しなさい」というような漠然とした忠告からは得るところがありません。彼らは特定の技術である雑誌の記事をどのようにして批判的に読むか，レポートを書く場合に，どのようにして個々の話題から主題に論点を移すのかなどについて援助を必要としています。Peters (1990) は，授業の第1週目に，教科書を読む，ノートをとる，学習する，試験を受けるという4つのテーマを扱う2時間のワークショップを行うことを提言しています。ワークショップでは，学生は実際の授業の教材を使って，技術的な練習をします。

成績が良（BまたはB＋）の論文，実験報告書，書評のコピーを配る。良い（しかし，特別に良いものではない）作品の写しを配れば，教員の求める水準や期待を理解するのに役立ち，自分の作品と見本を比較することができます。

学内や学部で利用できるシステムを紹介する。問題を抱えている学生が自力で援助を求められるとは限りません。問題を抱えている学生に研究室に来るように言い，学生が援助を求められるところを探すようにし向けます。個別指導やグループ指導を受ければ大いに得るところがあるものです。すぐに学生学習センターへ行って，何をしてもらえるか調べるように言います。来週の始めには，どんなことがしてもらえそうか結果を知らせるように言います。

学生が互いに教え合うように勧める。授業時間を使って，5，6人の学習グループができるように手助けをします。学習グループがどのように運営されるか，メンバーが何をすることを教員が期待しているか概要を示します。あるいは，プロジェクトの際に一緒に作業するクラスのパートナーを割り振るようにします。能力の高い学生は，教材を説明し，分析する技術を伸ばす機会を持ち，問

題を抱えている学生は，級友から教わる機会を得ることになります。詳しいことは「共同学習」の項を参照してください。レポートや論文を課題に出す場合には，クラスメイトと原稿を交換してお互いに批判を受けることを勧めてもよいでしょう。「すべての授業で学生の文章力の向上を援助する」の項を参照してください。

成績の良くない学生のレポートや答案用紙に「私のところに来なさい」と書いておく。成績がC未満の学生と教員が相談しようとしていることを，教室で公然と口にしてはいけません。そうする代わりに，作品に「もっと良い成績をあげるのに役立つくつかの助言をしたいと思います。オフィス・アワーに私に会いに来てください」という励ましの言葉を書き添えるようにします。

成績優秀な学生を励ます

高度な教材を用意する。成績の良い学生に，推奨図書，追加のレポートや問題，フィールドワークといった特別な課題を与えるようにします。余分な課題には応じない学生もいますが，特別な配慮を嬉しく思うことでしょう。

オフィス・アワーを使って，テーマをさらに深く追求する。オフィス・アワーにおいて，学生のグループに対して，授業では簡単にしか触れられなかったテーマを深く掘り下げて分析する時間を設けます。さらに学生が独自に掘り下げて学習するように提言します。授業のさまざまな事柄をより詳しく追求したいと思っている学生には，次の学期に独自の研究を扱う授業に登録するように勧めます。

References

Angelo, T. A. (ed.). *Classroom Research: Early Lessons from Success*. New Directions for Teaching and Learning, no. 46. San Francisco: Jossey-Bass, 1991.

Angelo, T. A., and Cross, K. P. *Classroom Assessment Techniques: A Handbook for College Teachers*. (2nd ed.) San Francisco: Jossey-Bass, 1993.

Davis, B. G., Wood, L., and Wilson, R. *ABCs of Teaching Excellence*. Berkeley: Office of Educational Development, University of California, 1983.

Fuhrmann, B. S., and Grasha, A. F. *A Practical Handbook for College Teachers*. Boston: Little Brown, 1983.

Lancaster, O. E. *Effective Teaching and Learning*. New York: Gordon and Breach, 1974.

Lucas, A. F. "Using Psychological Models to Understand Student Motivation." In M. D. Svinicki (ed.), *The Changing Face of College Teaching*. New Directions for Teaching and Learning, no. 42. San Francisco: Jossey-Bass, 1990.

Peters, C. B. "Rescue the Perishing: A New Approach to Supplemental Instruction." In M. D. Svinicki (ed.), *The Changing Face of College Teaching*. New Directions for Teaching and Learning, no. 42. San Francisco: Jossey-Bass, 1990.

III
ディスカッションの戦略

8．ディスカッションを導く

9．ディスカッションへの学生の参加を促す

10．質問の仕方

11．学生の質問への対処

ディスカッションを導く　　　　　　　　　　　　　　　　8

　クラスのディスカッションは，互いに情報，考え方，意見を交換することで，学生に知識や洞察力を獲得する機会を与えます。活発なやりとりのある優れたディスカッションでは，学生が自分の考え方をはっきりと口に出し，クラスメイトの論点に反応し，自分と他人の見解を評価する技術を身につけますので，他にない学習経験の場を作り出すことができます。活気のある生産的なディスカッションを引き出し，支えることは，教員の最もやりがいのある仕事です。

一般的な戦略

ディスカッションの目的に留意する。ディスカッションは，学生を能動的に学習に関わらせるうえで有効です。ディスカッションを通して，学生は問題を徹底的に考え，概念を組み立て，論拠と反論を明確に述べ，公的な場で自分の考え方を試し，自分と他人の見解を評価し，多様な視点に対して思慮深く，批判的に反応する訓練を積むのです。

各授業でのディスカッションをどのように誘導するか計画を立てる。刺激的なディスカッションは自然の流れで進み，予測のつかないものですが，優れたディスカッションを行うためにはきめ細かい計画が必要です。学生にディスカッションの準備となるような課題を出し，ディスカッションのガイドとしたり，焦点を明確にする質問のリストを作り，さらに，2人組の討論やブレインストーミングなど授業中での準備をするのもよいでしょう。ディスカッションの始め方を3通りか4通り考えておき，最初のやり方がうまくいかなければ，次のやり方をするようにします。20分ほどして学生の関心と参加意欲が薄れてきた時点で，学生の集中力を喚起し，動機づけを高めるために，雰囲気を変えるよう計画します（Frederick, 1989）。計画には，まとめの時間を含めて，学生自身がディスカッションしたことを総合的に把握できるようにします。

学期の始めに教員の期待することについてディスカッションする。第1日目の授業やシラバスのなかで，授業にディスカッションが果たす役割を説明し，学生のなすべきことを伝えておきます。教員は全員の参加を期待していること，自分の考え方を披露し批判を受けることができる授業は，新しい視点の確立や予測を行ううえで保証された「安全地帯」であること，学生が予習をしてくることでディスカッションはより価値のあるものになることを学生に知らせておきます。一部の教員は，クラスをどのように運営するかについての価値観，姿勢，考え方について教員と学生の間での取り決めを交わしています。(Hansen, 1991; Tiberius, 1990)

ディスカッションの流れを設定する

参加の基本的なルールを説明する。発言するには，手を挙げるのか。教員が学生に発言するよう指名した場合に，ペナルティーなしに「パス」する権利を学生が持っているのか。ある教員は，指名されたときに発言したくない場合に選択できる答え方を示しています。その答え方とは「今は発言したくありません」か「あとで私を指名してください」です (Hansen, 1992)。別の教員は，指名されたくない学生は前もって自分の名前を紙に書いて出すように求めています。このような学生については名簿に星印をつけて，指名しないための目印にしています。彼女によれば，この方法を選ぶ学生は少なく，確認することで学期中を通じて授業に対する心構えにいくぶん変化が見られるとのことです。

ディスカッションへの参加のポイントを示す。注意深く耳を傾けること，ものの見方の対立に耐えること，すべての立場からの意見が出そろうまで判断を保留すること，1つの正しい答えや結論が出ない場合がしばしばあること，ある概念や考え方を自分が理解していないと認識することの価値を認める必要があるなどです。Deemer (1986, p. 41) は，次に示すようなディスカッションの原則のリストを学生に配っています。

- 私は人ではなく考え方を批判します。私は考え方に挑み，論破しますが，

個人的に彼らを拒否するわけではありません。
- 私はできるかぎり最善の決定に到達することに重点を置いており，勝つことに重点を置いているのではありません。
- 私はすべての人が参加することを望んでいます。
- 私は，たとえ自分が賛成しない場合でも，すべての人の意見に耳を傾けます。
- 私は，もし誰かの発言が明確でない場合には，その発言を言い直します。
- 私は，すべての考え方やすべての立場を支えている事実をまず示し，合理的な方法でそれらをまとめるようにします。
- 私は問題の観点を理解しようとします。
- 私は，論拠が明確にそうすべきであることを示している場合には，考えを変えます。

Tiberius（1990）も，グループ・ディスカッションの技術について資料を配ることを勧めています。(pp. 67-68から引用)

- 他の人たちを納得させようとするよりも，最善の答えを探します。
- 以前からの考え方や先入観に自分の思考の自由が妨げられないようにします。
- 自分の考え方が不完全だと思われる場合でも，発言したいと思ったときには発言するようにします。(もちろん，他人の妨害にならないように)
- 前の発言者の意見に自分の考えをつけ加える前に，前の発言者の発言のポイントを自分の言葉で明確に述べようとすることで，意見を聞く訓練になります。
- 新しい問題を持ち込むことで思考の流れを中断することを避けます。今の話題が自然に終わるまで待ちます。新しい話題に入りたい場合には，自分がこれから話すことは新しい話題であるので，今の話題についてメンバーが意見を言い終えるまで待つつもりであることを伝えます。
- 主題に沿って，簡潔に話すようにします。
- 長い物語，逸話，例えは避けるようにします。

- 他の発言を促し，認めるようにします。
- 意見の相違点を明確にします。これによってディスカッションは豊かになります。
- 他の意見に共鳴したり，理解するようにしましょう。

　社会学を担当している教員は，主題に対する自分の意見を言う前に，（1）前の発言者の見解をその発言者が満足するように簡潔に言い直すことによって，前の発言者への理解を示すこと，（2）前の発言者に何かつけ加えることがないか尋ねるようにし向けています。この教員は，この手順が習慣化するまで，学生に対して繰り返し実行するように言っているそうです。(Thompson, 1974)

学生がディスカッションの予習をするのを支援する。学生が下準備をしておけば，ディスカッションはより活発な満足のいくものになります。一部の教員は，それぞれの読書課題ごとに4個から6個の予習問題を配っています。特定の概念や問題を明確にする具体的な論拠になる部分を教科書で見つける「論拠探し」の課題を出すこともできます（Clarke, 1988）。学生に教科書から，議論を聴きたいと思う1段落か2段落分の文章を選ぶか，いくつかの質問を用意してくるようにし向けます。Hill (1969, pp. 55-56) は，学生に，資料のすべてについて，次に示す1つ以上の事項を書き出すように勧めています。

- 知らない単語や専門用語のすべてのリストを作り，その語の定義を調べて書かせるようにする。
- 著者のメッセージや主題を自分の言葉で書かせる。
- 資料の中の二次的なテーマを見つけ，それぞれについて聞きたいと思う質問を考えさせる。
- 実証する，反対する，発展させる考え方として，資料の他にどのようなものがあるかを考えさせる。
- 資料に対する自分の意見や評価をまとめさせる。

ある経営学の教授は，特定のテーマについて1ページか2ページの「意見」レポートを毎週の課題にしています。レポートに点数をつけて，クラス・ディスカッションの資料としています。

うまくいったディスカッションの授業のビデオを見せる。いろいろな見方と政治的視点に立つ人たちが重要な問題を話し合うPBS（Public Broadcastig System）の番組を授業で見せることを考慮に入れましょう。その内容が授業の主題となっている事柄に関連しているビデオの場合，その影響はより大きなものとなります。

ディスカッションを始める

配った演習問題を活用する。演習問題の1つに取りかかるか，あるいはどの演習問題が最も興味を引くか，どれが最も答えるのが難しいかなどをクラスに聞くことによって，ディスカッションを始めます。

論題を募集する。ディスカッションの授業のために資料に関係する論題を1つか2つ用意してくるように次のように伝えます。「刺激的で面白い論題とその論題についてディスカッションを期待する理由を，1つか2つ書いて教室に持ってきてください」。これらの論題から，どれでも1つを選んでディスカッションを始めるようにします。あるいは，学生を小グループに分けて，それぞれの論題について話し合わせます。雰囲気を変えるには，授業中に学生を2人か小グループに分けて論題を作らせます。（Frederick, 1981）

学生を2人組にして，読書課題の教材について一問一答形式で話し合わせる。ディスカッションの授業に，小論試験の優れた問題のような複合的な質問を4つ作ってこさせるようにします。（小論試験の優れた問題のモデルを示す必要があるかもしれません）。授業中に学生を2人ずつに分けて，交互に問題を出し合わせます。各組をまわって，様子を聞き，ときおり参加するようにします。（McKeachie, 1986）

学生が気分よく答えられるような問題を考える。 Lowman（1984）と McKeachie（1986）は，学生が理解していることの証明にはなるが，正しい答えが1つではない問題を考えることを勧めています。たとえば，ある定義（「エントロピーとは何か」）を尋ねるのではなく，新しく学習したことを述べるように求める（「エントロピーについて何が思い浮かびますか」）か，概念の例をあげることを求めるようにします。

ディスカッションを開始するための課題を出して，答えを書くために数分間待つ。 学生が考えをまとめて書き始めれば，さらに次の問題や論題が浮上してきます。学生が書き終えてから，発表者を募るか，何人かの学生を指名します。(Clarke, 1988; Frederick, 1989)

学生に「重大な出来事」について話させる。 自分の人生のなかでの，ディスカッションのテーマに関連のある出来事を思い出すような質問をすることによってディスカッションを始めてください。何人かの学生が出来事について語ったあとで，それらの共通点と相違点を話し合い，そのディスカッションを課題に結びつけます。(Brookfield, 1990)

課題図書からそれぞれのイメージを思い浮かべさせる。 発言する学生を募って，課題図書から記憶に残るイメージ，場面，出来事，重要性を1つ言わせます。「Wounded Kneeの物語を読んでどんなイメージが心に残りましたか」に対する発言を黒板に書き並べ，そこから浮かび上がる主題を話し合うようにします。(Frederick, 1981)

思いつく可能なかぎり馬鹿げた問題を出させる。 この方法が学生の創造性を解き放ち，発言することへの恐怖を少なくすることを利用している教員がいます。学期の始めに何回かこれを出してからは，これがみんながやりたがるゲームとなっています。クラスの学生は，さまざまな問題を精査しながら，無関係な問題を排除し，優れた問題に焦点を合わせてゆきます。この方法の変形として，ある問題に対して，学生に「第1段階の発言」を求める方法があります。この

場合は，詳しい答えではなく，有用な情報のひらめきでよいのです。

共有の体験に基づく題材を出す。実地研修旅行，スライド映写，実演，映画，展覧会といった共有できる体験は，同じ事柄に対する認識や反応の違いを明らかにすることができ，意見交換を促すことになります。この場合，それぞれの認識がどのように，なぜ異なるのかにディスカッションの焦点を合わせます。

キー・ポイントのリストを作る。「課題図書のなかから，重要なポイントや特定の立場を支える論点を列挙するようにします」。それから，黒板にポイントを書き並べ，学生にどのポイントが重要で，どのポイントが重要でないかを聞いて，これをディスカッションの始まりとして利用します。

ブレインストーミングを利用する。ブレインストーミングを利用すれば，学生に，ある現象に関して考えうるかぎりの原因，成り行き，解決方法，理由，貢献している要素をある幅を持って考えることを勧められます。ブレインストーミングの次のルールを学生に知らせます。誰でも考えを述べることができ，どんなに奇妙な，無理なものであってもかまいません。そして，それぞれの考えを黒板に書きます。自由な連想，創造，考案をすることが目標です。どのような考えも，この時点では疑問を持たれたり，称賛されたり，批判されることはありません。一定の時間（たとえば，5分間）の経過後に，あるいは学生の考えが出尽くしたのちに，グループですべての考えを批判的に評価しはじめます。

論争を引き起こすような問題を出す。学生に，賛成か，反対かの立場によって，グループを作らせます。それぞれのグループに自分たちの立場を支える2, 3の論拠や強力な例をまとめさせるようにします。それぞれのグループがまとめた内容を黒板に書き，それから，ディスカッションを開始し，すべての学生に意見を求めるようにします。(Frederick, 1981)

「真実に関する声明文」を作る。学生をグループに分け，それぞれのグループに，ある特定のテーマについて3つの真実に関する声明文を作らせます。「マルキシズムが……というのは真実だ」，「高密度住宅は……というのは真実だ」，「大統領命令9066が……というのは真実だ」というように，各グループの答えを黒板に書き，クラス全体でディスカッションを始めます。(Frederick, 1981)

学生を小グループに分けて，教員が出した論題について議論させる。2人，3人，または少人数のグループに分かりやすい課題を与えます。「今日の読書課題と先週の読書課題の間の最も明白な違いを2つ見つけなさい」，「読書課題に共通の3つの主題を見つけなさい」，「10分間で，できるだけ多くの比較（または対比）のリストを作りなさい」といったものです。制限時間を設けて，クラス全体に報告する代表を選ぶようにします。(Frederick, 1981)

簡単な質問紙に答えさせる。いくつかの簡単な質問を示した質問紙を配り，学生の記名入りの回答をディスカッションの基礎とする。「エレン，君は最初の質問に否定的に答えている。ダニエル，君はエレンとは意見が違うね」，または「アンバー，第4問への君の答えは興味深い。もっと聞かせてくれないか」というように用います。(Davis, 1976)

学生によるパネル・ディスカッションを行う。それぞれの学生にパネル・ディスカッションの講師として異なる役割（たとえば，特定のテーマに関する専門家，特定の立場の代表）を割り振る。講師役の学生には1週間以上の準備期間を与え，教員が示唆した課題資料を読んだり，調査したり，その他の必要な活動をさせます。一部の教員は，学期中に必ずすべての学生が講師役を務めるようにしています。また，講師役をレポートや試験の代わりに選べるようにしたり，特別加点の対象とする教員もいます。

ストーリーボードを使用する。特定の課題を，3つから5つのサブテーマまたは課題に分け，それぞれのサブテーマや課題をめくるチャートに大きく書き，それを教室のあちらこちらに置いておきます。めくるチャートの数と同じ数の

グループにクラスを分けます。学生は，自分たちのめくるチャートに書かれている課題を読み，回答を紙やポストイットに1枚に1つずつ書いて，それをチャートに貼ります。10分後，グループは次のチャートのところへ移動して，また回答を書いた紙を貼ります。すべてのグループがすべてのチャートを終えるまで，これを続けます。この方法は，自由な考えの流れを促し，学生を能動的に関わらせ続けることができます。ここに，経営学の授業での課題の例を示します。「どうすればセールスマンは売上を増やすことができますか」，「未開拓の市場で新しい卸売商を募集するには，どんな方法がありますか」。("Storyboarding," 1988)

ロールプレイングをする。「ロール・プレイングとケース・スタディー」の項を参照してください。

ディスカッションを導く

おおまかな記録をとる。ディスカッションに現れるキー・ポイントをざっと書き留め，これを授業のまとめに使います。また，明確にする必要のある問題点，または次に続く論点につながる学生の発言も書き留めます。

ディスカッションが焦点から逸れないようにする。その日に出された問題，主題を黒板に書いて，クラスの学生がディスカッションの目指す方向を理解できるようにしておきます。盛り上がらないうちにディスカッションの流れを断ち切らないようにタイミングをはかって，簡単にディスカッションの中間のまとめをすると有効です。

流れを中断しないために，合図を利用する。たとえば，学生が別の学生の発言を遮るのを防ぐために，片手を挙げて待てと合図します。意見を述べている学生から少し離れて，他の学生の顔が見える位置に立ちます。目で期待を込めた表情を表したり，うなずいたり，手を軽く動かしたりして，学生に発言を促します。2人の学生間のやりとりが白熱してきた場合に，2人の間に教員が身を

置くようにします。クラスの雰囲気やディスカッションのペースを変えるために，教員は動き回ったり，腰を下ろしたり，何か書き留めたり，黒板に何か書いたりしてもよいでしょう。(Rosmarin, 1987)

ディスカッションを主題に戻す。ディスカッションが本題から逸れた場合には，中断して，何が起きているかを説明します。「私たちは本来のポイントを見失ってしまったようです。もう一度，……という概念を取り上げてみましょう」，「ピーター，君はいい点をついているが，それは検閲という問題に直接にあてはまることだろうか」，「これは非常に興味をそそる議論だが，我々は今日の授業が終わらないうちに，NEAの反応についても話し合う必要があると思うよ」というような具合に導きます。

学生の発言に注意深く耳を傾ける。次の点に気をつけます。

- 内容，論理，真意（その学生は自分の発表意見の長所と短所を分かっているか）
- 発言者の自信や疑念の度合い，感情や関わりの深さの度合いを含めた調子と語調（その学生は主題に正面から取り組んでいるか，または距離を置いているか）
- その発言はディスカッション全体にどのような関連があるか（その前の発言のポイントに基づいており，ディスカッションの流れを強めるものであるか）
- ディスカッションを前に進める機会（学生たちは，その発言に賛成か，反対か）
- クラス全体の雰囲気
- まだ言い残されていること

(Christensen, 1991; Jacobson, 1981)

学生の混乱を整理する。混乱を招くような情報でディスカッションが立ち往生しないようにする。「議論を続ける前に，この誤解を整理しよう」，「ここまでに，

いくつかの重要なポイントを話し合いました。このような考え方の筋道を納得しましたか，それとも混乱していますか」といった具合に行います。(Lowman, 1984)

ディスカッションが過熱した議論にのみ込まれないようにする。個人的な攻撃ではなく考え方に焦点を合わせ，見解の相違を認めることを学生に思い出させます。学生が互いの発言を遮ったり，関係のない発言をすることを許してはなりません。ディスカッションが無軌道に白熱した場合には，発言したいときは挙手させるようにします。冷静な言葉で，議論の過熱をおさめるように促します。

- ちょっと落ちつきましょう。
- 待ってください。1人の発言に5人が一度にまくしたてても有効ではありません。ラスにひと休みさせてあげましょう。
- 我々は，意見の合う範囲と合わない範囲を整理する必要があるようです。みんなの意見が一致する事柄から始めましょう。
- これではどこまでも結論は得られません。この点について話を続けたい人は，教室の外でやってください。新しいテーマに進みます。

意見の衝突を利用して，その場の興奮から距離を置いて意見を書くという宿題を与えることができます。(McKeachie, 1986)

ただし，意見の不一致が起きても，すぐにやめさせてはいけません。ある程度の不一致であれば，ディスカッションや思考力の刺激になります。活気のある意見交換は，「今，言われたことに賛成しないのは誰ですか」，「誰か，対立する視点や反対の立場の意見を発表してくれる人はいませんか」，「悪魔の代弁者だったら何と言うでしょうか」と尋ねることで始まることがよくあります。

ディスカッションが滞った場合には，課題を変える。ディスカッションには，一度や二度の中だるみがあるものと予想されます。学生には，自分たちの

発言を振り返る時間と，ひと息入れる時間が必要です。しかし，学生の注意力が散漫になった場合には，別の課題や方法に移ります。思考力をリフレッシュさせるために，2人組にして短時間の課題をさせたり，理論から適用に移したり，課題から結果へ移したりするようにします。

ディスカッションが不調に陥った兆しに敏感になる。 ディスカッションが順調に進んでいないことを示す兆しには，次のようなものが含まれます。

- 過度の屁理屈や細部へのこだわり
- 論点の反復
- 私語
- 意見が分かれ，妥協しようとしない
- 考えを言い終わらないうちに攻撃を受ける
- 無気力な参加状態

新しい課題や方法を取り込み，目先を変えてディスカッションを再開できる場合があります。なぜディスカッションが滞っているのか学生に質問して，問題に直接に立ち向かうことも役に立ちます。(Hyman, 1980; Tiberius, 1990)

ディスカッションの情緒的な傾向を変える。 ディスカッションに拍車をかけるには，一般的な質問をするよりは，むしろ具体的な質問をして，強固な意見を持つことで知られている学生に個々に発言をさせます。ディスカッションを落ちつかせるには，抽象的かつ理論的な問いを発して，教員の言葉のテンポを遅くし，個々の学生を指名しないようにします。たとえば，ディスカッションを熱気のあるものにするには，「ゲイやレズビアンは，軍隊に入れるようにすべきですか」と尋ねればよく，ディスカッションの熱を冷ますには，「軍隊におけるゲイやレズビアンに関する論議に影響を与える政治的・社会的要素は何ですか」と尋ねればよいのです。(Christensen, 1991; Rosmarin, 1987)

ディスカッションを締めくくる。 ディスカッションが終わろうとしていること

を知らせます。「いままでの考え方をまとめる前に，何か最後に発言したいことがありますか」。最後のまとめでは，ディスカッションがどのように進められたかを，2，3のキー・ポイントを強調し，次の授業の枠組みを伝えるようにします。学生たちの洞察力に富んだ発言を評価して，終了するようにします。(Clarke, 1988)

主要なポイントをまとめる役割を決めておく。 ディスカッションの始めに，1人か2人の学生を「まとめ役」として選び，ディスカッションのなかで出された主要な問題，関心，結論をまとめさせるようにします。この手法の1つの応用として，授業の最後に誰かを指名してまとめをしてもらうことを伝えておく方法があります。この戦略によって，まとめをするように指名された場合に備えて，より注意深く主要な考えに耳を傾けるように学生をし向けることができます。

一番聞きたいと思うことを書き出させる。 授業の最後の数分間で，今日のディスカッションの結果として，1つか2つ質問を書かせます。これらの質問を無記名で提出させて，次の授業の始めに利用します。

ディスカッションの評価

ディスカッションの結果として自分の考え方がどのように変わったかを簡単に書かせる。 今回のディスカッションと以前に話し合った問題のつながりを書かせることもできます。これを提出させて，学生が何を学んだかを知るための資料とします。

教員自身の非公式なディスカッションの評価をする。 すべての学生がディスカッションに貢献したか。教員がディスカッションをどの程度導くことができたか。学生の発言の質はどうだったか。どの質問が特にうまく機能したか。学生たちが，ディスカッションの進み方に，どの程度満足していたようだったか。学生たちはテーマについて新しい事柄を学んだか。

授業の終わりに時間を設けて，その日のディスカッションをときおり評価する。形式ばらないインタビューをするか，次に示す質問に答えさせます。

- ディスカッションに対して生産的，有用だった発言の例として，どんなものがありましたか。
- 議論が主題から逸れたのは，どんなときでしたか。
- 発言するときに誰を見ていますか。
- 発言したいと思った学生全員が，その機会を持てましたか。

(Davis, 1976)

ディスカッションをビデオに撮る。ディスカッションをどのように導けているかを詳しく分析したい場合には，授業をビデオに録画します。ビデオを分析するにはさまざまな方法がありますが，その1つは次に示す行動をとったのが誰であったかを調べることです。(Davis, 1976, pp.85-86より抜粋)

- 開始する：方法や手順を提案し，問題を定義し，方法の順序を示す
- 話を引き出す：情報を求め，反応を誘い，考えを引き出す
- 情報を提供する：情報を提示し，反応を表現し，事実を述べる
- 流れをせき止める：関係のないことを持ち込み，主題を変え，他者の能力に疑問を呈する
- 自分に閉じこもる：冷笑的な姿勢を表し，集中を妨げ，あげ足をとる
- 論点を明確化する：混乱を解明し，他人の意見を言い直し，問題や話題に対する別の見方を提案する
- 論点をぼやけさせる：混乱を招き，言葉は定義できないと主張し，故意に混乱を正さずにいようとし，些細な言葉の意味の違いにけちをつけ，問題を不明瞭にする
- まとめる：関連のある考え方をひとまとめにする，結論を提案する，他人の意見の示唆するところを述べる
- 解釈する：個々の発言とその意味するところに注意を喚起する
- 全体の合意事項を提案する：グループが1つの決定に近づいているかど

うかを問う，グループの合意事項の結論を提案する
- 全体の合意に逆らう：他のメンバーが決断を下したか，または興味を失ったあとになっても，あるテーマや議論に固執する，前の話題を蒸し返す，注意を要する些細な事柄を限りなく見つけ出す
- 調和を作り出す：意見の相違を一致させようとする，緊張をほぐすのにちょうどよいときにジョークを言う，活発でない参加者を励ます
- 掻き回す：グループ活動を妨げる，緊張を高めようとする，やんわりとした侮辱または脅しのためにジョークを言う
- 評価する：これまでの経過または題目にグループが満足しているかどうかを尋ねる，グループで使われている暗黙の基準や公然の基準を指摘する，代わりとなる方法や課題を提案する

学生および教員自身の態度を観察して，生産的な発言を多くし，非生産的な発言を減少させる方法を考えます。信頼する同僚や学内のFD担当者に，一緒にビデオを見て，分析してくれるように頼みます。

References

Brookfield, S. D. *The Skillful Teacher*. San Francisco: Jossey-Bass, 1990.

Christensen, C. R. "The Discussion Teacher in Action: Questioning, Listening, and Response." In C. R. Christensen, D. A. Garvin, and A. Sweet (eds.), *Education for Judgment: The Artistry of Discussion Leadership*. Boston: Harvard Business School, 1991.

Clarke, J. H. "Designing Discussions as Group Inquiry." *College Teaching*, 1988, *36*(4), 140-143.

Davis, J. R. *Teaching Strategies for the College Crassroom*. Boulder, Colo.: Westview Press, 1976.

Deemer, D. "Structuring Controversy in the Classroom." In S. F. Schomberg (ed.), *Strategies for Active Teaching and Learning in University Classrooms*. Minneapolis: Office of Educational Development Programs, University of Minnesota, 1986.

Frederick, P. "The Dreaded Discussion: Ten Ways to Start." *Improving College and University Teaching*, 1981, *29*(3), 109-114.

Frederick, P. "Involving Students More Actively in the Classroom." In A. F. Lucas (ed.), *The Department Chair's Role in Enhancing College Teaching*. New Directions for Teaching and Learning, no. 37. San Francisco: Jossey-Bass, 1989.

Hansen, A. J. "Establishing a Teaching/Learning Contract." In C. R. Christensen, D. A. Garvin, and A. Sweet (eds.), *Education for Judgment: The Artistry of Discussion Leadership*. Boston: Harvard Business School, 1991.

Hansen, F. "Laying the Groundwork for Class Discussions." *National Teaching and Learning Forum*, 1992, *1*(3), 6-7.

Hill, W. F. *Learning Through Discussion*. Newbury Park, Calif.: Sage, 1969.

Hyman, R. T. *Improving Discussion Leadership*. New York: Teachers College Press, 1980.

Jacobson, R. L. "Asking Questions Is the Key Skill Needed for Discussion Teaching." *Chronicle of Higher Education*, July 25, 1981, p. 20.

Lowman, J. *Mastering the Techniques of Teaching*. San Francisco: Jossey-Bass, 1984.

McKeachie, W. J. *Teaching Tips*. (8th ed.) Lexington, Mass.: Heath, 1986.

Rosmarin, A. "The Art of Leading a Discussion." In C. R. Christensen and A. J. Hansen (eds.), *Teaching and the Case Method*. Boston: Harvard Business School, 1987.

"Storyboarding: A New Way to Brainstorm." *Personal Report*, July 1988, pp. 2-3.

Thompson, G. W. *Discussion Groups in University Courses: Ideas and Activities*. Washington, D. C.: American Sociological Association, 1974.

Tiberius, R. G. *Small Group Teaching: A Trouble-Shooting Guide*. Toronto: Ontario Institute for Studies in Education Press, 1990.

ディスカッションへの学生の参加を促す　　9

　学生の熱意，関与，参加への意志が，学習の機会としてのクラス・ディスカッションの質に影響を与えます。教員が挑戦すべきことは，すべての学生を引きつけ，同じテーマについて互いに語り合わせ，教材に対する洞察力を発達させるのを援助することです。Roby（1988）は，うわべだけのディスカッション，つまり学生たちが語り合いはするが，自分自身の立場を発展させず，批判もしない，やりとりの過程や結果について熟考することのないような出会いに陥らないようにと警告しています。

　うわべだけのディスカッションの一般的な形としては，クイズ・ショー（正解を知っているのは教師）と小集団での自由討議（決まり文句，固定観念，空疎な一般論，意見を判定する基準の欠如，目的のない饒舌が特徴）の2種類があります。以下に示す提言は，学生が居心地良く安全だと感じ，冒険してみようという気持ちになり，考え方を試し，共有する心構えができるような教室の雰囲気作りに役立つことを意図したものです。

一般的な戦略

学生が互いに名前や興味を知り合うことを勧める。学生は，見知らぬ人のなかにいると感じるよりは友人に囲まれていると感じるほうが授業に積極的に参加します。そこで，学期の始めに，自己紹介をし，自分が興味のあることやその事柄に関する経歴を説明させます（Tiberius, 1990）。このような導入によって，教員も，学生の興味を引くディスカッションの課題を考える手がかりを得ることができます。学生が互いに知り合うための方法については，「授業第1日目」の項を参照してください。

クラスの規模に応じて，なるべく多くの学生を知る。30人以下のクラスでは，すべての学生の名前を覚えます。（「授業第1日目」の項には，名前を覚えるい

くつかの方法を示してあります）授業始めの数週間のうちには，学生が研究室を必ず訪れるようにしている場合には，学生の興味も知ることができます。学生が教員と形式ばらないで会話したのちに，授業への参加が積極的になることがしばしばあるものです。

ディスカッションしやすい座り方をする。教室の椅子を移動できる場合には，学生たちに，互いの顔が見えるように半円形に座るようにします。セミナー室にあるような長いテーブルの場合には，教師は両端の席ではなく，長いほうのどこかに座ります。必要であれば，名札に自分の名前を書いて机やテーブルに立てさせます。Beard and Hartley（1984）の報告によれば，人は向かい側に座っている人と話をする傾向があり，隣り合って座っている人とはあまり話をしない傾向があります。さらに，リーダーは最も中央に近い場所に位置するグループから現れやすく，また部屋の人の少ない場所に座る傾向があると言っています。

ディスカッションを始める前に，ウォーミング・アップの時間を与える。2，3分早く教室に行き，学生と雑談をすることを心がけます。あるいは，授業の始めに数分間，テーマに関係のある最近の出来事，学内の活動，管理的な事柄について話をするようにします。(Billson, 1986; Welty, 1989)

教員自身の発言を制限する。一部の教員は喋りすぎて，ディスカッションを講義や教員と学生の対話に変えてしまっています。Brown and Atkins（1988）はさまざまな研究者による一連の研究で，大部分のディスカッションの授業は教員によって支配されていることが分かったと報告しています。ある研究（p. 53）によれば，教員が全体の86％の時間にわたって話をしていたと報告しています。すべての学生の発言に答えたいという誘惑を退け，その代わりに，学生に自分たちの考えを発展させ，互いに応じ合うようにさせます。

学生の参加を多くする戦術

始めの2,3週間に,1人ひとりの学生がクラスで発言する機会を設ける。学生がクラスで発言しない時間が長くなればなるほど,発言するのが困難になります。学期の早い時期に小グループか2人組で作業をする機会を設けて,すべての学生が参加し,安心して自分たちの声を聞けるようにします。

学期の始めに和やかな雰囲気を作る活動を計画する。たとえば,文化地理学で植物の順化を教えているある教員は,他の文化や地域の果物と野菜を授業に持ってこさせています。ディスカッションは原産国と食物・文化の関係に焦点を当てたものとなるそうです。授業の終わりに,学生は自分の持ってきたものを食べます。その他の提言については,「授業第1日目」の項を参照してください。

効果的なディスカッションの特徴を学生に言わせる。学生に個人的に,または小グループで,彼らがこれまでに参加したことのあるディスカッションやセミナーを思い出し,やるだけの価値があったと思うものをあげさせます。さらに,よくなかったディスカッションの特徴をあげさせます。黒板に項目を書き出し,複数の学生やグループがあげたものには,それだけの数の印をつけます。クラス全体で,よいディスカッションに繋がる面を最大に生かし,よくないディスカッションに結びつく面を最小限にとどめる方法を考えるようにします。

定期的に学生を小グループに分ける。学生は,クラス全体に向かって話すよりも,3,4人のグループに話をするほうが,話しやすいことに気がつきます。学生を小グループに分けて,5分か10分,課題や論点について話し合わせ,それから全員のほうに戻します。「到達目標のない場合の評価における2つの重要な特色は何か」または「この実験は,なぜ失敗したのか」というような,焦点を絞った率直なテーマを選ぶようにします。各グループに報告させ,結果を黒板に書かせます。小グループで話をしたあとでは,学生はクラス全体に向かって話すのが以前ほど負担ではなくなっているかもしれません。

学生に役割を割り振る。学期中にしばらくの間，2，3人の学生にディスカッションの進行を依頼します。事前にディスカッション・リーダーと話し合いをして，彼らが用意した課題や彼らが考えているディスカッションの形式について確認をしておきます。ディスカッションの1週間前に，3個から6個の課題をクラスに配らせます。授業中は，リーダーがディスカッションを始め，スムーズに進める責任を持たせます。教員がリードするディスカッションでは，各回ごとに1人か2人の学生にオブザーバー役を割り振り，ディスカッションについての意見を言わせます。その他の学生の役割としては，定期的にまとめをする役（1回の授業中に，主要な本質的なポイントを2，3回まとめる），記録係（グループの記録係として働く），タイムキーパー（ディスカッションを予定通りに進める），指名による第1発言者が含まれます。(Hyman, 1980)

ディスカッションを活発にするために，引き換えチップや「発言カード」を利用する。ある教員は，彼女のクラスの学生1人ひとりに，引き換えチップを3枚ずつ配ります。学生が意見を言うたびに，チップを1枚，教員に返します。学生は学期の終わりまでにすべてのチップを使い切らなければなりません。この教員は，この戦略によって，ディスカッションを仕切りがちな学生を抑え，口数の少ない学生に発言を促すことができると報告しています。別の教員は，学生が優れた反応を見せたり，洞察力のある発言をした場合に「発言カード」を渡しています。学生は学期末にカードを戻しますので，教員は受講者名簿にそれぞれの学生が受け取ったカードの数を記録するようにします。(Sadker and Sadker, 1992)

電子メールを使って，ディスカッションを開始する。生物科学の担当教員は電子メールを使って課題を出し，学生に自分の考えや意見を書かせています。彼は，クラスのディスカッションを始める際に，すべてのメールを示したコピーを配っています。

学生に話を続けさせる戦略

学生との間に信頼関係を作る。 教師が学生の考えに興味があり，学生の意見を尊重すると言うだけでは充分でないかもしれません。さらに，学生の発言に対して肯定的に意見を述べ，良い点を説明的に言い換えたり，まとめたりして強調するようにします。ある学生が良い意見を述べたのに，クラスに無視された場合には，そのことを指摘します。「ありがとう，スティーブ。カレンもさきほどその問題を提起してくれたが，我々はそれを取り上げなかった。そのことをつけ加えておこう。我慢してくれてありがとう，カレン」と言うようにします（Tiberius, 1990）。Clarke（1988）は，重要な主張や課題に，エイミー議論やハルコ仮説というように，学生の名前をつけることを提言しています。ただし，Tiberius（1990）は，この方法を使いすぎることについて警告しています。いちいち，誰の課題を話し合っているのか考えることに，学生が疲れてしまう場合があるからです。

学生が授業外に言った意見を授業に取り入れる。 オフィス・アワー，廊下，学内のいろいろな場所で学生と話をします。彼らが優れた意見を述べた場合には，事前に学生にその考えをクラスで提案するか確かめてから，次のように言います。「ジャーナ，昨日，廊下でそのことについて何か話していたね。クラスの人のために，もう一度言ってくれないか」

参加を促すために，言葉以外の合図を利用する。 たとえば，学生が話しているときに，期待を込めて微笑みかけ，うなずくようにします。学生と絶えず目を合わせるようにし，くつろいで，興味を持っている様子を見せるようにします。

すべての学生をディスカッションに引き込む。 いま言われたことに賛成かどうか，ある点でそれを支持する例や矛盾する例をあげられる学生がいるかどうか質問することで，より多くの学生をディスカッションに引き込むことができます。「他の人たちはどう感じるか」，「まだ発言していない人で，誰か市民公園

の計画について意見を言いたい人はいませんか」と言うようにします。その他，発言している学生に近づくのではなく，むしろ遠のいたほうが，その学生が声を大きくして，皆を会話に引きつけようと広い範囲に向かって話しかけるようになります。そうすれば，その発言は「議論の場に提出された」ことになり，他の学生が反応しやすくなります。

発言しない学生に特別な励ましを与える。発言しない学生が必ずしもディスカッションに引き込まれていないわけではありませんので，彼らを引っ張りだそうとして過度に働きかける必要はありません。しかし，発言しない学生の一部は，怯えずに発言できる機会を待っている場合があります。このような学生を援助するには，次のような戦略を考えてみましょう。

- 小グループ（2人から4人の学生による）のディスカッションをさせます。
- 細部にわたって正確な答えをする必要のない，何気ない質問をします。「人々が投票しないいくつかの理由とは何でしょうか」，「この読書課題のなかで最もよく覚えているのはどんなことですか」，「記事のなかでは，どれが最も難しいと思いましたか」。(McKeachie, 1986)
- 発言しない学生には，範囲を限定した特定の作業を割り当てます。「キャリー，次の授業までに昨年のチリのGNPを調べてきてください」
- 発言の少ない学生には，笑顔で報います。
- 学生の発言を黒板に書いて，自信を強めさせます。(Welty, 1989)
- まだ発言していない学生の隣に立つか，または腰掛けるようにします。教員が近くにいることで，ためらいがちな学生をディスカッションに引き込むことができるかもしれません。

ディスカッションを独占する学生を阻む。40人未満のクラスでは，授業中におけるすべての意見交換の75％を，4，5人の学生が行っていること，40人以上のクラスでは，意見交換の51％を，2，3人の学生が行っていることをKarp and Yoelsが報告しています（"The One or Two Who Talk Too Much," 1988）。

仕切る学生に対処するいくつかの方法を，次に示します。

- クラスを小グループに分けるか，2人組に作業を割り振るようにします。
- 教員の質問に対する答えを全員に書かせ，答えを言う学生を選ぶようにします。
- 仕切る学生ばかりが挙手している場合には，より多くの学生の参加を願っていることを　もう一度伝えます。「クラスの他の人の意見を聞きたいですね」
- よく発言する学生と目が合うのを避けるようにします。
- 1人の学生がディスカッションを仕切っている場合には，彼の意見に賛成か反対かを他の学生に聞くようにします。
- ディスカッションがあまりにも一方的になっていることを説明し，独占している学生に黙ることでディスカッションを進行させるようにします。「ラリー，我々は話を進めなければならないので，君の意見を手短かにまとめてくれたまえ。そのあとでグループの他の人たちの意見を聞こう」
- 仕切っている学生に，発言を減らすような特定の役を割り振ります（たとえば，定期的に経過をまとめる役）。
- 時間的な制約があることを伝えるようにします。「ジョーン，時間がなくなってきました。今から，すべての人の発言を30秒ずつに制限します」
- 独占者のことが深刻な問題となっている場合には，授業の後やオフィス・アワーに彼らと話をするようにします。その学生に，参加する姿勢を評価していることを告げ，もっと多くの学生に発言してほしいと望んでいることを伝えます。この学生の意見が優れている場合には，そのことを伝えるとともに，その一方で，学習の成果は意見交換の結果として得られるものであり，幅広い意見やものの見方を聞くことがすべての人にとって有益であることを指摘するようにします。

間違った答えを如才なく訂正する。どのような言い方であれ，やり込めたり，非難すると，学生の発言を妨げ，学習を妨げることになります。学生の答えの洞察力や創造性を示す側面について肯定的なことを伝えてから，基本から外れ

ている側面を指摘するようにします。ヒント，提言，補足的な課題を与え，学生が自分の誤りを理解して，訂正できるようにします。Billson（1986）は，「いいね，さあ，もう一歩先へ進んでみよう」，「そのまま続けなさい」，「その通りだとは言えないけれども，そのことについてよく考えてみてごらんなさい」というような助言の仕方を提案しています。

参加に対して報いるが，点数をつけてはならない。一部の教員は，参加の仕方に基づいて点数をつけたり，学生の参加を最終的な成績評価の際に特別加点を与えるようにしています。Melvin（1988）は，クラスメイトや教員の評価に基づく成績評価のつけ方を説明しています。学生は，クラスメイトの参加について良い，普通，悪いの評価をします。クラスメイトによる評価の中央値が，教員の評価より高い場合には，2つの評価を平均するそうです。クラスメイトによる評価のほうが低い場合には，教員の評価をつけるそうです。他の教員たちの，参加に基づく成績評価は不適切です。つまり，主観的なものであり，異議を唱えられた場合に，防護できないと思っています。このような方針をとれば，自分の無知が分かることや，点数稼ぎと思われることを恐れて，学生が発言をためらいがちになり，自由で開かれたディスカッションを阻まれることがあり得ます。さらに，彼らは，思慮深い沈黙は非生産的ではないし，内気な学生が内気であるということだけで不利な立場に置かれるべきではないと思っています。

　参加を奨励し，これに報いるには，点数を与える以外の方法があります。良い点を言葉でほめ，評価できる発言を認め，ディスカッションに大きく貢献した学生には書面でそのことを伝えても結構です。ある教員は，学生が優れた意見や課題を出したときに，そのことを認めるために宝くじの券を使っています。このことは事前には知らせず，最初に渡す宝くじがびっくりプレゼントとなります。宝くじは，学期中に15枚から20枚個人や小グループに渡します。少人数のクラスの場合には，学生の参加状況について書き留めておいて，オフィス・アワーの一部を割いて，学生がものの見方を発表し，クラスメイトの発言に耳を傾ける技術を発達させる手助けをすることができます。（Hertenstein, 1991）

References

Beard, R. M., and Hartley, J. *Teaching and Learning in Higher Education*. (4th ed.) New York: Harper & Row, 1984.

Billson, J. M. "the College Classroom as a Small Group: Some Implications for Teaching and Learning." *Teaching Sociology*, 1986, *14*(3), 143-151.

Brown, G., and Atkins, M. *Effective Teaching in Higher Education*. London: Methuen, 1988.

Clarke, J. H. "Designing Discussions as Group Inquiry." *College Teaching*, 1988, *36*(4), 140-143.

Hertenstein, J. H. "Patterns of Participation." In C. R. Christensen, D. A. Garvin, and A. Sweet (eds.), *Education for Judgment: The Artistry of Discussion Leadership*. Boston: Harvard Business School, 1991.

Hyman, R. T. *Improving Discussion Leadership*. New York: Teachers College Press, 1980.

McKeachie, W. J. *Teaching Tips*. (8th ed.) Lexington, Mass.: Heath, 1986.

Melvin, K. B. "Rating Class Participation: The Prof/Peer Method." *Teaching of Psychology*, 1988, *15*(3), 137-139.

"The One or Two Who Talk Too Much." *Teaching Professor*, 1988, *2*(7), 5.

Roby, T. W. "Models of Discussion." In J. T. Dillon (ed.), *Questioning and Discussion: A Multidisciplinary Study*. Norwood, N. J.: Ablex, 1988.

Sadker, M., and Sadker, D. "Ensuing Equitable Participation in College Classes." In L. L. B. Border and N. V. N. Chism (eds.), *Teaching for Diversity. New Directions for Teaching and Learning*, no. 49. San Francisco: Jossey-Bass, 1992.

Tiberius, R. G. *Small Group Teaching: A Trouble-Shooting Guide*. Toronto: Ontario Institute for Studies in Education Press, 1990.

Welty, W. M. "Discussion Method Teaching." *Change*, 1989, *21*(4), 40-49.

10   質問の仕方

　質問をすることと質問に答えることは，学習の過程や効果的なティーチングにとって中心となる事柄です。しかし，研究によれば，教員たちが質問するのに割く時間は，授業時間の4％未満であり，教員たちが聞く質問が，学生が考えなければ答えられないものであることはめったにありません（Barnes, 1983）。出される質問の種類と，質問の順序は，学生の注意を引き，好奇心を起こさせ，重要な点を強調し，そして能動的な学習を促すようなものでなければなりません。教員は，学生の答えに対して，どれだけ教材を学習しているかについて洞察することができます。ティーチングの他の側面と同様に，優れた質問をする技術を開発する能力は，学びとることができます。

一般的な戦略

鍵となる質問を事前に確認しておく。 授業の準備をするときに，質問を明確にしておき，学生の答えがどのような範囲のものになりうるかを予測しておきます。質問のリストを何らかの論理的な順序に整理します。たとえば，特定のものから一般的なものへ，単純なものから複雑なものへ，あるいは答えが1つに決まっているものから正しい答えがいくつもあるものへという具合です。Hyman（1982, p. 3）は，主要な質問の順序は注意深く計画する必要があると言っています。たとえば，フォークランド島紛争についてのクラス・ディスカッションの場合，彼はいきなり「なぜアルゼンチンはフォークランド島に侵攻したのか」という質問をしないようにと提言しています。その主要な質問を出す前に，「アルゼンチンによるフォークランド島に関する歴史的な主張はどんなものか。アルゼンチンとイギリスは，両者の間の論争を解決するために，以前にどのような試みをしてきたか。アルゼンチンは，自らの行動を誰が支持すると信じていたか。侵攻に対してイギリスがどのように反応するとアルゼンチンは信じていたか。侵攻はアルゼンチンにとってどういう働きをしたか」とい

う一連の質問を積み重ねるそうです。質問を考えるときには，どのように答えればよいかがはっきり決まっていないものもいくつか含めるようにします。学生の考え方に感銘を受けることがあるかもしれません。質問リストだけに固執せず，授業中に思いついた質問を追加したり，授業を進めながらリストを修正するようにします。

質問をするうえで戦略を練る。質問を出すさまざまな方法を考えます。質問をクラス全体に出すか，学生を2人組にして出すか，小グループに対して出すか，質問をブレインストーミングのためにするのか，合意の形成のためにするのか，議論を進めるためにするのかなどです。(Kasulis, 1984)

学生を個々に指名するか決める。教員の中には学生をディスカッションに引き込む必要があると信じている者がいます。一方，発言したくないと思っている学生を指名するのは，学生を萎縮させ，発言を阻むと固く信じている教員もいます。その他，妥協案として，いくつかの課題を配って全学生に答えを考えさせる教員もいます。この方法では，内気な学生も授業の前に答えを考えることができます。学生を指名する場合には，質問を出したあとで時間をおき，ランダムに指名するようにします。教室内を回りながら順番に学生を指名すると，一部の学生は自分の番になるまで注意力が散漫になる場合があります。

質問の仕方や答えの対応の態度に意識する。声の調子と言葉以外の顔の表現やしぐさが，言葉で言っていることに強く影響を与えます。兵士に尋問をしているのではなく，知識を探究しているのだという態度が必要です。

授業の記録をつける。授業の後の毎回2,3分を使って，発言した学生の名前，誰が誰の意見に対して発言したか，最も活発な意見交換を生み出した質問がどんなものであったかを書き留めておきます。この情報を今後の授業の準備に役立てるようにします。(Kasulis, 1984)

質問の水準と種類

質問の種類がバランスのとれたものにする。単純な質問から，考える必要のある質問へ移します。ディスカッションの経験の豊かな教員は，次に示すような質問の類型や目録を開発して役立てています。

- 調査的質問では，事実や基本的な知識を調べる：「ガンにかかりやすい人格の理論を支えているのはどのような研究による証拠ですか」
- 挑戦的な質問では，仮説，結論，解釈を検証する：「この実験で分かったことについて，他にはどのように説明できますか」
- 関係的質問では，主題，考え方，問題の比較を求める：「最高裁判所はブラウン対教育委員会裁判の判決を下すに際して，プレッシー対ファーガソン裁判のどのような前例を破棄しましたか」
- 診断的質問では，動機や原因を検証する：「なぜジョーは新しいアイデンティティを仮定しましたか」
- 行動的質問では，結論や行動を引き出す：「カリフォルニア・ホールでの座り込みに対して，学長は何をすべきですか」
- 因果関係的質問では，複数の考え方，行動や事象の間の因果関係を問う：「政府が小麦の生産者補助金を停止したら，パンの価格はどうなるでしょうか」
- 拡張的質問では，議論を広げる：「この意見は，我々が前に言ったこととどのような関係がありますか」
- 仮説的質問では，事実や問題に変化を与える：「グレッグが貧乏ではなくて金持ちだったとしたら，結果は同じだったでしょうか」
- 優先を問う質問では，最も重要な問題を探求する：「我々が話したすべてのことのなかで，アメリカの競争力低下の最も重要な原因は何でしょうか」
- 総括を問う質問では，まとめを引き出す：「今日の授業から，どんな主題や教訓が明らかになりましたか」（Christensen, 1991; Jacobson, 1981;

Rosmarin, 1987)

質問が求める水準を変える。異なる質問に答えるには，それぞれ異なる水準の思考が必要です。より水準の低い質問は，学生の準備状態や理解度を見極めたり，あるいは内容を復習したり，まとめる場合に適しています。より水準の高い質問は，学生に批判的に考え，問題を解決することを奨めます。研究者たちが認識力の面から質問を分類する方法を開発しています。Bloom（1956）によって思考力の低いものから高い水準へ分類された方法が古典的な体系となっています。

- 知識力（定義，原理，公式など，以前に学習した教材を覚えていること）：「分割支配を定義してください」，「ピアジェの発達段階はどんなものですか」
- 理解力（覚えている教材の意味を理解していること，通常は言い換え，または例をあげることで示される）：「有糸分裂の過程を説明してください」，「頭韻の例をあげてください」
- 適用力（情報を新たな文脈で使用して，問題を解決する，質問に答える，作業を行う）：「価格流動の概念で，オート・ブランの価格をどのように説明しますか」，「調査のサンプル数が少ないとすれば，このデータをどのように分析しますか」
- 分析力（ある概念を部分に分けて，各部分の相互関係を説明し，関係のある材料と関係のない材料を区別する）：「ガソリンの価格に影響を与えている要素は何ですか」，「シェルビー・スティールが，肯定的な行動に関する彼の主張を展開するのに使用している主要な議論を指摘してください」
- 統合力（部分を合わせて新しい全体を形作る，創造性や独創性を必要とする問題を解決する）：「優秀指導者賞を受賞したことが，教員集団におけるその後の昇進に及ぼす効果を示す実験をどのように計画しますか」，「認識科学の新しい研究結果に照らして，ブルームの分類をどのように再構成しますか」

- 評価力（一定の評価基準を使用して，何かの価値を合理的に判断する）：「ここで提案されている増税制度は，歳入不足をどの程度，解決するのでしょうか」，「コカインが公認されたとしたら，このことが公的な保健機関にどのようなかかわり合いをもたらすでしょうか」

勘，直観的な飛躍，教育に基づく推量を求めるような質問も含めます。質問の知的な方向性を変化させることで，学生の思考を刺激するようにします。

効果的な質問の戦略

1回に1つの質問を出す。ときおり，答えを出させようと，教員が質問を別の言葉で言い直して，質問を明確にしようとすることがあります。しかし，多くの場合，言い直すことによって質問がまったく新しいものになります。質問は簡潔で明確なものにしましょう。長く複雑な質問は，クラスを混乱させる場合があります。たとえば，「ラカンとフロイトはどのように似ていますか。両者は無意識の見方において似ていますか」「彼らの精神分析療法についてのアプローチはどうですか」などと聞くよりも「ジャック・ラカンの理論は，フロイトの理論と，どのように類似していますか」のほうが優れています。(Hyman, 1982; "Successful Participation Strategies," 1987)

イエス／ノーで答えられる質問は避ける。学生が自分で物事を考える方向に導くような，「なぜ」や「どうして」という質問をするようにします。「ラドンは汚染物質であると考えられますか」ではなく，「なぜラドンは汚染物質であると考えられるのでしょうか」と質問するようにします。答えるのに，単音節や短い語句しか必要としない質問をすると，ディスカッションを進めることができません。

1つの正しい答えしかない質問を避ける。ある歴史学の教員は，一定数の仮説が同等に真実らしく思われるような質問，たとえば，「18世紀中頃のイギリスで，なぜ出生率が上昇したのか」，「なぜナポレオン3世は，カブールの計画に賛成

したのか」という質問を含めています。彼女は，これらの質問に対する答えは，論争の的，学者の間でも謎であると学生に強調し，クラスで独自の仮説を立てるように求めています。彼女は，歴史学者の理論をつけ加え，導かれる方向が異なれば，この質問に対してどれだけさまざまな異なる答えが生まれるかを示すことで，学生の提案を補足しています。彼女は，この質問に対する答えは解決されないままであることを強調して，結論としています。

焦点を絞った質問をする。「ベルリンの壁の崩壊をどう思うか」というようなあまりにも幅広い質問をすると，授業が題目から大きく逸れる場合があります。「ドイツ統一は，ヨーロッパの経済状況にどのように影響したか」と質問すればよいでしょう。

答えを誘導するような質問は避ける。「地球温暖化は，我々が直面する最も重大な環境問題だと思いませんか」というような質問は，環境に対する脅威についての，範囲を限定しないディスカッションには結びつきません。同様に，たとえば，「なぜ，ここでカイ二乗検定を利用しないのだろうか。細胞が小さすぎるからだろうか」というように，教員自身の答えを言うことも避けます。

質問をしたあとは，静かに答えを待つ。沈黙を恐れず，我慢します。待つことは，教員が，よく考えたうえでの参加を望んでいるしるしです。学生が考えている間，心のなかで数を数えます。沈黙が10秒以上続くことは稀です。教員が期待しているという雰囲気を伝えれば，普通は，たとえ「私は質問が理解できません」と言うだけであるとしても，誰かが沈黙を破るものです。沈黙がさらに続く場合には，「みなさん静かですね。なぜですか」と沈黙が何を意味しているのか学生に尋ねます。あるいは，「最初に口を開くのは難しいですね」と言って，学生を促します。誰かが意見を言うか，または返事をするでしょう。最初に自主的に発言する学生を指名しなければならないと考える必要はありません。答えを急いで考えなくてもよいことを学生に知らせるために，何人かが手を挙げるまで待ってもよいのです。これまでの発言の最も少ない学生を選ぶことを考慮に入れます。最初の学生の発言が終わったら，もう手をおろしてい

ても，さきほど手を挙げていた他の学生を指名するようにします。(Kasulis, 1984; Lowman, 1984; Swift, Gooding, and Swift, 1988)

正しい答えへの合意を求める。ある学生が直ちに正しい回答をした場合には，他の学生にどう思うか聞いて念を押します。「君は賛成ですか，ハドリー」と聞くのは，学生をディスカッションに引き込む良い方法です。

学生が理解している内容を示す必要のある質問をする。「理解していますか」，や「評価の利用について質問がありますか」と聞くのではなく，「君たちの評価の結果を利用してほしいと考える場合に，留意することは何でしょうか」と聞きます。「このコンピューター・ソフトウェアを理解していますか」と聞くのではなく，「番号を大きい順にではなく，小さいほうから順番に整理したい場合に，指示をどう変更すればよいでしょうか」と聞くようにします。「みなさん，私がどうやってこの答えを得たか分かりますか」と聞くのではなく，「なぜ私は δ の値をこの等式に代入したのでしょうか」と聞きます。「何か質問がありますか」と聞きたい場合には，「どんな質問がありますか」と言い直します。後者の質問には，質問があると教員が予期していて，質問するように学生を促しているという含みがあります。

質問は，学生同士のやり取りを奨めるような仕組みにする。「サム，そのことを，さっきモリーが言ったことに関連づけてくれないか」。サムがモリーの言ったことを思い出すのを手助けする用意をしておきます。学生は互いに対応し合う必要のある質問が出されたときのほうが，より注意深く耳を傾ける傾向にあります。(Kasulis, 1984)

遠慮がちな学生や発言したがらない学生を引き出す。教員の考えごとのように見せかけた質問が，発言するのに抵抗を感じている学生をその気にさせる場合がたまにあります。たとえば，「ジョン・デューイの著作の基本的要素や主題は何ですか」と聞く代わりに，「ジョン・デューイの著作を行動による学習であると説明するのは正確なんだろうか」と言うことで，学生に追い詰められた

感じを抱かせずに，発言の機会を与えることができます。

ディスカッションのテンポと方向性を変えるために質問を利用する。Kasulis（1984）は，質問を利用するいくつかの方法を次のように示しています。

- 見方を設定する。「1つの要素だけを取り上げるとしたら……」，または「一言で，……の最も重要な理由を言ってください」。この質問の形は，おしゃべりな学生を封じるのにも利用できます。
- 抽象から具体へ，あるいは一般から特定へ進む。「君が一般法則を引き出すとしたら……」，または「いくつか具体的な例をあげることができますか」。
- 前の優れた発言を評価する。「サンドラ，この点でフランシスコに賛成しますか」。
- まとめを引き出すか，または終わりにする。「ベス，今日，最も多く出された2つの主題を取り上げるとすれば，何だろうね」

探査型質問の戦術を使用する。探査型質問とは，学生の最初の答えに含まれている考え方の過程に注意を向けさせるような，掘り下げた質問のことです。探査質問では，特定の事実，解明，結果，詳細，類似例，他の問題との関係や説明を求めることができます。探査型質問は，自分では確信のないときでも，学生が自分の知っていることを見つけ出し，表現するのに役立つので，重要です（Hyman, 1980）。次に，Goodwin, Sharp, Cloutier, and Diamond（1985, pp. 15-17）から引用した探査質問の例を示します。

教員：エネルギー危機を解決する方法にどんなものがありますか。
学生：公共事業各社がピーク時利用価格を設定すればよいです。
教員：その解決方法を提言するうえで，消費者の行動についてはどのように想定していますか。
教員：ドルの値下げをするとは，何を意味しますか。
学生：確信はありませんが，それは，ええと，昨年はドルで一定量の品物

が買えたのに，今年はそれほど買えなくなること。これが値下げということですか。
教員：では，別の概念について少し話しましょう。インフレーションのことです。インフレーションは，ドルにさきほどのような影響を与えますか。

教員：神経症とは何ですか。
学生：（応答なし）
教員：神経症の人の特性は何ですか。

教員：3秒後に，どのくらい離れたところにボールが落ちましたか。クリスティ。
学生：分かりません。
教師：では，クリスティ，どのようにして距離を測りますか。

学生をディスカッションに参加させるために，教室内を歩き回る。ある学生が質問をした場合には，教員はその学生のほうへ移動するのが自然ですが，このことが他の学生を除外することに普通は気づきません。他の学生を会話に引き込むには，発言している学生を見ながら，その学生から遠ざかることです。

教員の質問に対する学生の答えに応じるための戦略

学生の話を聞く。学生が正しくない結論に向かって進んでいても，学生の答えを遮ってはいけません。遮れば，教員の忍耐力のなさを示すことになり，参加が妨げられます。遮るのではなく，学生が答えたあと1，2秒待って，学生の発言が終わったことを確認します。

教員がよく聞いていることを示すために，言葉以外のしぐさを利用する。発言している学生と目を合わせます。頷き，顔の表現や手のしぐさで学生に話し続けるように促すか，あるいは先へ進む用意ができていることを示す物理的な状

態をとるようにします。

学生の答えに対する反応に変化をつける。学生の発言が終わったら，次に示す方法で反応するようにします。

- 発言者が言ったことを言い直して，ポイントを強調する。
- 説明を求める。「……についてもっと具体的に述べてください」
- 学生にさらに詳しく述べるように促す。「……についてもっと聞きたいですね」
- 学生の発言を広げる。「それはまったく正しい。そして君が言ったことにつけ加えるなら……」
- 学生の発言を評価するが，別の見方を求める。「君は，子どもの語学能力については正しいが，子どもの社会性の発達についてはどう思いますか」
- 学生の考え方の独創性を評価する。「自己選択要因がこの結果の原因であることについて，私は考えつかなかった」
- 頷くか，または興味を示すが，何も言わない。

すべての学生に言葉で反応する必要はない。頷くか，手で学生を指し示すことによって，学生の反応に焦点を当て続けることができ，教員のほうへ注意を逸らさずにすますことができます。学生の意見を集め，それらを濃縮し，まとめ，互いに関連づけてください。学生が答えるたびに教員の意見を望んでいると思う必要はありません。(Hyman, 1982; "Successful Participation Strategies," 1987; Yelon and Cooper, 1984)

正しい答えをほめる。学生は教員に指導と支援を望んでいます。学生の反応に無関心を示したり学生を懲らしめるようでは，参加が得られなくなります。平凡な「結構」，「はい」，「その通り」という返事よりは，熱意を込めて，「素晴らしい答えだ」，「きわめて正しい」と言って応えるようにします。ただし，一度答えが正しいと言ってしまうと，学生は質問について考えるのをやめてしま

うことに気をつけましょう。さらなる反応を引き出したい場合には、「自然燃焼、それはいい答えだ。他にどのような結果が起こる可能性がありますか」というような言い方をします。しかし、Tiberius（1990）は、すべての答えをほめることについて警告しています。なぜなら、そうすると、教員は八方美人になってしまい、学生が不明瞭な、または無関係な答えをした場合に都合が悪くなるからです。（Hyman, 1982）

誤った答えを手際よく訂正する。答えを訂正するのであって、学生を正すのではありません。「ミシェル、君は間違っている」と言うのではなく、「その答えが正しいとは思えない」と言うようにします。答えの向こう側にある思考過程に目を向けましょう。「これは、把握しにくい概念です。一度にワンステップ進むようにしよう」、「君は部分的には正しいところもあるが、残りの部分も一緒にして考えてみよう」学生に、答えを言い直させるか、訂正するように促します。学生が答えに援助を必要としている場合には、教員が助けるよりも、別の学生に援助させるようにします。

References

Barnes, C. P. "Questioning in College Classrooms." In C. L. Ellner and C. P. Barnes (eds.), *Studies of College Teaching*. Lexington, Mass.: Lexington Books, 1983.

Bloom, B. S. (ed.). *Taxonomy of Educational Objectives*. Vol. 1: *Cognitive Domain*. New York: Mckay, 1956.

Christensen, C. R. "The Discussion Teacher in Action: Questioning, Listening, and Response." In C. R. Christensen, D. A. Garvin, and A. Sweet (eds.), *Education for Judgment: The Artistry of Discussion Leadership*. Boston: Harvard Business School, 1991.

Goodwin, S. S., Sharp, G. W., Cloutier, E. F., and Diamond, N. A. *Effective Classroom Questioning*. Urbana: Office of Instructional resources, University of Illinois, 1985.

Hyman, R. T. *Improving Discussion Leadership*. New York: Teachers College Press, 1980.

Hyman, R. T. "Questioning in the College Classroom." *Idea Paper*, no. 8. Manhattan: Center for Faculty Evaluation and Development in Higher Education, Kansas State University, 1982.

Jacobson, R. L. "Asking Questions Is the Key Skill Needed for Discussion Teaching." *Chronicle of Higher Education*, July 25, 1981, p. 20.

Kasulis, T. P. "Questioning." In M. M. Gullette (ed.), *The Art and Craft of Teaching*. Cambridge, Mass.: Harvard University Press, 1984.

Lowman, J. *Mastering the Techniques of Teaching*. San Francisco: Jossey-Bass, 1984.

Rosmarin, A. "The Art of Leading a Discussion." In C. R. Christensen and A. J. Hansen (eds.), *Teaching and the Case Method*. Boston: Harvard Business School, 1987.

"Successful Participation Strategies." *Teaching Professor*, 1987, *1*(7), 5-6.

Swift, J. N., Gooding, C. T., and Swift, P. R. "Questions and Wait Time." In J. T. Dillon (ed.), *Questioning and Discussion: A Multidisciplinary Study*. Norwood, N. J.: Ablex, 1988.

Tiberius, R. G. *Small Group Teaching: A Trouble-Shooting Guide*. Toronto: Ontario Institute for Studies in Education Press, 1990.

Yelon, S. L., and Cooper, C. R. "Discussion: A Naturalistic Study of a Teaching Method." *Instructional Science*, 1984, *13*(3), 213-224.

11 学生の質問への対処

Rosmarin（1987）が指摘しているように，良い質問をするのは難しいが，質問に答えるのはもっと難しいものです。教員は自分で考えて，学生の好奇心を育て，知的能力の発展を促すような方法で質問に答える必要があります。

一般的な戦略

学生からの質問を募る。次のように促すことで，教員が学生に質問させることに純粋に興味を持っていることを示します。「1934年のタイディング・マクダフィー法について，どんな質問がありますか」学生に質問を考える時間を与え，誰かが手を上げたのを見逃さないように教室を見回ります。

教員の態度やふとした発言が，学生の質問の意欲を決めることを意識する。学生は，教員に質問を聞く気がないと感じると，質問を差し控えます。「そのことは前回，話し合ったよ」，「その質問は的を得ていない」というように，学生の質問に対して，教員が否定的な答え方をすると，後は質問が出にくくなります。他にも，質問をしにくくさせる教員の態度としては，学生が質問しているときに時計を見る，目を合わせようとしない，質問にあわただしい答え方をする，不完全な答え方をする，質問を学習過程に役立つものとしてではなく，邪魔になるものとして扱うという態度があげられます。（Hyman, 1982）

質問に答える戦略

質問をしたことに対して学生に感謝し，称賛する。「いい質問だ」，「そのことを聞いてくれてありがとう」という言い方は，学生の意欲をつなぎ止め，質問をする意欲を強化させます。一部の教員は，授業で扱った教材について鋭い質問をした学生に特別点を与えるようにしています。たとえば，化学の多人数ク

ラスを教えているある教員は，質問を書いて出してもらい，そのうちの良い質問について次の授業で論じるようにしています。彼は，学期の終わりに，質問を出した学生に特別点を与えています。(Watkins, 1990)

質問の意思表示をした順序で質問者を指名する。「デビーが最初で，その次がレイフ，それからマックレー」。こうすれば，学生は自分の番があることが分かります。何人かの学生が発言を求めた場合には，順番のリストを書いて，それに従うようにします。学生は挙手すると，頭のなかで授業に参加するのを中断して，自分の言いたいことを考えるものだということに留意する必要があります。しばらくの間，挙手をしていた学生には，「君の発言を通りすぎてしまったかね」と尋ねるようにします。(Rosmarin, 1987)

学生の質問が全員に聞こえることを確認する。必要であれば，質問を繰り返し，長いか，込み入った質問は手短かに言い直します。場合によっては，教員が言い直すことが，学生が音で聞きながら考え，自分がした質問に自分で答えを出すのに役立つかもしれません。しかし，すべての質問を繰り返したり，言い直すことは，避けたほうがよいようです。そのような繰り返しは，学生が教師の言うことを聞くために，級友の発言を聞かなくなる傾向を招きます。さらに，クラスを飽きさせる恐れもあります。(Goodwin, Sharp, Cloutier, and Diamond, 1985)

学生の質問を明確にする。学生の質問が理解できない場合には，分かりやすく説明するよう求めます。「例をあげてください」，「……と言いたいのですか」と言うようにします。あるいは，「君の質問は明確でない」と言う代わりに「すまないが，君の質問が私には理解できない」と言うようにします。

学生の質問に直接に答える。学生が質問をするのは，教員からの返事がほしいからです。直接に答えることで，その質問に価値があることを学生に示すことになります。直接の答えを短い文にして，答えの最初や最後に言うようにします。「そうです，私は歴史学者たちが『涙の跡』を不正確に記述してきたと考

えます」。質問をクラス全体に向けて出し直す場合には，その質問を避けたり，うやむやにしようとしているのではないことを質問者に知らせます。「みんなの意見を聞いてから，私がつけ加えることがあるかどうか考えます」。(Hyman, 1982)

自分の質問の答えを出すように奨励する。答えの方向を示すような方法で，学生の質問を言い直してもときおり効果があります。あるいは，「レスリー，……について考えたことがありますか」と尋ねて，ヒントを提供することもできます。建築学の教員は，設計の問題に関する学生の質問を，その学生に振り向けています。学生が「台所は北側にするべきでしょうか，それとも南側にするべきでしょうか」と聞いた場合には，教員はその学生に「なぜ，君は台所を北側にしたいと思うのですか」と尋ねています。あるいは，いくつかの学生の質問をクラス全体に向けることができます。「他の人たちは，グァダルーペ・イダルゴ条約が無視された理由は何だと考えますか」。この方法によれば，学生の参加をさらに奨励できるだけでなく，クラスメイトが情報源となることを知らせることができます。誰も答えられない場合には，その困難な問題を深く調べることができます。

質問に答える場合には，クラス全体に話しかける。質問者だけに焦点を合わせるのではなく，教室全体を見て，すべての学生に向けて発言するようにします。

学生がテーマと関係が薄い複雑な質問をした場合には，授業後に待たせる。学生は，次のテーマを予期した質問，詳細を求める質問，新たな問題を提起する質問というような，ディスカッションのテーマから逸れた質問をすることがときとしてあります。そのような質問は，その学生にとっては重要でも，現在のテーマとは関係がない場合，その場で答えてもよいのですが，普通の場合は，答えが長くなるような質問，テーマから逸れる質問については，授業の後か，オフィス・アワーに答えるのが適当でしょう。

後で取り扱う内容に関する質問は，先に延ばす。質問の内容が後の授業で扱う

ことになる場合には，そのことを言って，適切なときに元の質問に戻るようにします。該当する主題にたどり着いた時点で，その質問を覚えていることを学生に知らせます。「ここに，君が前にした質問の答えがありますよ，リン」

答えを受け取ったことを確認するために，学生に聞き返す。答えを示したあとで，質問の答えが満足なものであったか学生に確認する。「君が質問していたことはこれかね」，または「君の質問には答えられましたかな」

難しい質問や質問者を扱う戦略

外交手腕を発揮する。学生を話の種にしてユーモアを効かせたり，あるいは質問者を慌てさせたりしたい衝動を慎む。Sprague and Stuart（1988）が指摘しているように，クラスの学生たちは質問者に神経を集中しています。神経質になったり，混乱している質問者の気持ちを楽にさせようと努力することが，クラスの学生の好意を勝ち取ることになります。Sprague and Stuartから引用した，次の2組の対応方法を考慮してみてください。

 してはいけない例：「だが，私がすでに言ったように……」
 したほうがいい例：「あのグラフをもっとゆっくり見てみよう」

 してはいけない例：「君は完全に核分裂と核融合を混同している」
 したほうがいい例：「こういう問題の多くが核分裂に関連している。核融合の反応は極めて異なっている。こんなふうに作用する……」

答えを知らないときには，そのことを認める。学生の質問に対する答えを知らない場合には，そのことを告げます。「それについて私は知りません。それはよい質問です」。そうすれば，次に示す方法のいずれかで補足することができます。

- クラスで誰かその質問に答えられる学生がいるかどうか尋ねる（次の授業の前にその答えを確認する）。
- 学生が自分で質問に答えられるようになるような資料を紹介する（ただし，自分の質問に対する答えを自分で探させると，学生からの質問が減る場合がある）。
- 答えにたどり着くまでの考え方の筋道を声に出して学生に示す。
- 教師自身が答えを探り出して，次の授業でクラス全体に報告するようにする。

同様にして，答えに自信がない場合には，誤った答えを示して，後に自分で訂正するよりも，「確信が持てないので，考えさせてください」と言うほうがよいようです。(Goodwin, Sharp, Cloutier, and Diamond, 1985)

教員がすでに答えた質問をする学生に対しては，忍耐強く接する。 あるテーマについて，すでに話をしたり，同じような質問に答えたりした後でも，その時点では，そのことが理解できない学生がいる場合があります。時間が経って，教材の意味が分かると，個々のポイントが理解できるのです。繰り返しの質問に答える場合には，言い方と例を変えて，学生が退屈しないようにします。あるいは，クラスの別の学生にその質問に答えさせるようにすることもひとつの方法です。

話の長い質問者の質問を先取りする。 質問をする際，その機会を利用してさまざまなテーマに触れて自分の見方を披瀝しようと，授業の妨げになる学生が時としています。1つの対応の仕方としては，話に割り込み，その学生の質問の主なポイントだと思われることに答えて，別の学生を指名する方法があります。たとえば，「君は，なぜ大学が地位剥奪を拒むのか知りたいと思っています。理事の立場は，サリバンの法則で充分だというものです。フローラの質問を聞きましょう。彼女はもう長い間，手を挙げています」。(Sprague and Stuart, 1988; Watkins, 1983)

会話を続けたがる学生を遮る。一部の学生は発言権を手放したがりません。彼らは補足的な質問をし，意見をつけ加えます。最善の戦略は強制的に会話を打ち切ることですが，ほめ言葉や研究室への誘いの言葉をつけ加えます。「君は優れたポイントをいくつも提起してくれた。後で研究室に来て，もっと私と話をしてもよいだろう」。「君は良い発言をいくつもしてくれた。他の人の発言も聞いてみよう」。(Sprague and Stuart, 1988)

References

Cashin, W. E., Brock, S. C., and Owens, R. E. "Answering and Asking Questions." Manhattan: Center for Faculty Evaluation and Development in Higher Education, Kansas State University, 1976.

Goodwin, S. S., Sharp, G. W., Cloutier, E. F., and Diamond, N. A. *Effective Classroom Questioning*. Urbana: Office of Instructional Resources, University of Illinois, 1985.

Hyman, R. T. "Questioning in the College Classroom." *Idea Paper*, no. 8. Manhattan: Center for Faculty Evaluation and Development in Higher Education, Kansas State University, 1982.

Rosmarin, A. "The Art of Leading a Discussion." In C. R. Christensen and A. J. Hansen (eds.), *Teaching and the Case Method*. Boston: Harvard Business School, 1987.

Sprague, J., and Stuart, D. *The Speaker's Handbook*. (2nd ed.) Orlando, Fla.: Harcourt Brace Jovanovich, 1988.

Watkins, B. T. "Credit for Ingenious Questions About Chemistry." *Chronicle of Higher Education*, July 5, 1990, p. A16.

Watkins, K. "Handling Difficult Questions and Situations." *Innovation Abstracts*, 1983, 5(24), 1-2.

IV

授業の戦略

12．多人数のクラスで教えるための準備

13．講義の仕方

14．明確な説明

15．多人数のクラスを打ち解けた雰囲気にする

16．講義を補い，講義の代わりとなる方法：学生の参加を促す

17．限られた資源を使用してティーチングの質を保つ

多人数のクラスで教えるための準備   12

　多人数クラスのティーチングに含まれる仕事の少なからぬ部分が，授業第1日目よりずっと以前に生じます。たとえば，セミナーの場合には，その場で決めて課題を出すことができますが，多人数のクラスでは文章にして指針を示す必要が生じることもあります。少人数のクラスでは，宿題を授業中に提出させることは容易です。しかし，多人数のクラスでは，貴重な授業時間を無駄にしないように，どうやって書類を配り，集めるかを決めなければなりません。これらの仕事はすべて計画と仕組みが必要です。多人数クラスのティーチングに関する以下の提言の多くは，少人数のクラスを教える場合にも役立つものです。優れたティーチングの実例は，あらゆる種類のクラスに適用できます。

一般的な戦略

教材に慣れる。 導入的な概論の授業では，教員自身の専門領域以外のテーマを扱う場合があります。これらのテーマに関する資料に目を通して，入門段階の学生が聞きそうな質問を予測します。以前この授業を担当していた教員の教材，課題，課題図書のリストを見直します。多人数の授業を特に効果的に教えている同僚の授業に出席して，どのような考え方，技術が効果的か見学します。あるいは，授業を担当した経験について彼らの話を聞くことを検討します。

授業時間いっぱい講義をする計画は立てない。 平均的な学生の集中力の持続時間は10分から20分です（Penner, 1984）。その時間が過ぎると，学生は話し手に集中するのが困難になります。各講義において，だいたい15分ごとにペースを変え，単調に陥ることなく，学生の興味をつなぐようにします。たとえば，学生に座席で，または2，3人のグループで問題を解かせたり，実演をしたり，視聴覚的手段を使ったり，物語や逸話を語ったりするようにします。

講義を行うことにより何を合理的に達成できるかを明確に把握する。研究によれば，講義は情報を伝達するためには，ディスカッションなどの他のティーチングの方法と同様に効果的ですが，独立した思考を促進したり，学生の思考力を発達させるには，効果の面で劣っています（Bligh, 1971）。事実を示すことに加えて，複雑な知的分析，いくつかの考え方の統合，論争を呼んでいる問題の解明，異なる視点の比較対照を取り入れるように試みてみましょう。

慎重に時間配分の計画を立てる。多人数のクラスを教えるには，大量の時間とエネルギーを必要とします。週単位の仕事の予定を立て，学期半ばや学期末の忙しさに対して準備ができるようにしておきます。できれば，他の仕事を少なくする方法を探し，このような授業におけるティーチングの複雑さに対処する時間が持てるようにします。

授業の構成

どのような内容を扱うか決める。学部の指針や手本となるカリキュラムを検討してから，授業のおおまかな目標を設定します。入門的な概論の授業の目標には，その分野に対する学生の興味を刺激し，その興味を追求していくのに充分な基礎を与えることが含まれています。次に，重要さから考えて授業で扱いたいテーマのリストを作ります。これらのテーマを扱うのに必要な時間を見積もり，学生からの質問に答える時間，多人数の集団では避けられない時間のロスを考えて，見積もった時間をさらに50％増やします（Christensen, 1988）。授業の期間に合わせてテーマの数を減らす方法については，「新しい授業の準備や授業の改訂」の項を参照してください。

テーマを意味のある順序に並べる。あるテーマから別のテーマへとりとめなく移ると，学生にとっては教材を消化し，記憶することが困難です（Dubrow and Wilkinson, 1984）。授業のテーマを，主題別，年代順，占める空間の順に，原因と結果，問題と解決の組み合わせで，その他の概念的な原理に従って配列するようにします。次に，授業の構成パターンの例を示します。

- テーマ別：ある心理学の授業では，社会学習理論，発達理論，心理分析理論，認識理論の4つの理論家のグループが人間の行動をどのように取り上げるかを検証しています。
- 因果関係：ある経済学の授業では，労働市場，税制，投資方針，社会流動性といった富の分配に影響を与えるさまざまな要素を探っています。
- 順序：ある米国の教育に関する授業では，学校制度について，就学前から小学校，中等学校，大学，大学院の順で扱っています。
- 記号や図形：ある統合生物学者は，授業の開始時に，毎回，同じ人間の脳の図をオーバーヘッド・プロジェクターで投影します。彼女は，そこに透明なシートを重ねて，その日の講義で取り扱う細部の構造を書き入れています。
- 形式：ある生理学者は解剖学的系統をいつも同じ一貫した形式で論じています。器官，器官の機能，どのようにしてその器官が調整されるか，その系統と他の系統の関係，その他という形式です。
- 問題―解決：ある工学の授業では，さまざまな種類の建築物の一連の構造的欠陥について考察しています。

学期中を通じて，授業の構造を学生に分かるように知らせる。授業の始めや学期中を通じて，シラバスに示した授業構造の組み立てを説明します。定期的に授業の時間の一部を割いて，より広い視野へと導くようにします。

講義の種類を変える。内容に適する形式を選びます。(Frederick, 1986, pp. 45-47より抜粋)。

- 説明的な講義は，単一の質問や問題を扱うもので，主要なポイントや小さいポイントを階層的に構成するのが典型的な方法です。この方法では，幅広い概念や事実に関する情報を効果的に示すことができますが，学生を受動的な見物人にしてしまう恐れがあります。
- 対話的な講義は，質問や呼びかけ（「DNAについて知っていることを言ってください」）に学生が考えを述べる秩序正しいブレインストーミン

グを軸に展開します。教員とクラスで，出された答えを種類別に分類します。例と反例，一般論と明細な説明，あるいは規則と例外という流れによって，学生が課題に能動的に取り組むことが促進されます。

- 問題解決，実演，証明，失敗談は，質問，逆説，または「もし……だったら何が起きるだろうか」と，学生の興味をそそるような謎を提示することから始めます。授業時間内に緊張感に満ちた答えが解きあかされ，学生は能動的，あるいは受動的に解決法を予想したり，指摘したりするのです。
- ケース・スタディー方式では，現実的な状況を段階的に見ながら，一般的な原理や問題解決の戦略を説明します。学生の水準に応じて，教員が主導権を握るか，学生に自分で質問や原理を考えさせるようにします。
- ディスカッションを挟んで短い講義をする方式では，教員はエネルギーを学生に移し替えることができます。教員は始めに20分の講義をして，何らかの問題のお膳立てをしてから，15分間，さきの講義の意味や影響についてのディスカッションを行い，もう一度，主な主題や論点をまとめる短い講義をして締めくくるようにします。多人数のクラスでは，ディスカッションの部分を3人か少人数のグループに分けて話し合いにかえても結構です。(Bligh, 1971; Brown, 1978; Brown and Atkins, 1988; Frederick, 1986; Lowman, 1984; Penner, 1984)

学生の能力や興味を考慮する。授業の準備をする場合，「クラスの学生は主題となっている事柄についてどのくらい知っているか」，「彼らは教材にどんな興味を持っているか」，「主題に引き込むのに利用できるどのような経験や心構えを持っているか」ということを考えるようにします。

学生のために詳細なシラバスを準備する。より多くの情報を文章で与えれば，後に生じる問題が少なくてすみます。学期中には，授業の予定を守るようにします。予定から逸れるときには，どの時点で，なぜ予定から外れるのかを伝えるようにします。

学期が始まる前に，TAと打ち合わせをする。授業の手順，TA（Teaching Assistant：教育補助学生）の職務，成績評価，班を教える最も効果的な方法について話し合うようにします。詳しくは「TAの教育，訓練および監督について」の項を参照してください。

最初の授業の前に教室を下見する。教壇，照明のスイッチの位置，黒板，その他の細かい点を確認します。OHP，マイク，スライド映写機といった必要な教育用の設備があれば手配をしておきます。教室を下見するときには，講義をする場所に立ち，設備の使い方を練習し，黒板に文字を書いてみます。教室の後ろから，板書した文字が見えるかどうか，確認します。(Johnson, 1988)

講義ノートの準備

慎重に講義の準備をする。準備の徹底により，講義直前の頭痛を予防することができます。要点を整理し，例を展開し，定義を書きつけ，方程式を解き，その他もろもろの仕事をするには，時間が必要です。一部の教員は余裕を持って講義を準備し，学期中に，済んだ講義に対する学生の反応を考慮して講義を手直ししています。他の教員は，授業が終わった直後が，うまくいったこととうまくいかなかったことの経験が新鮮に残っているので，講義を準備するには最善の時だと信じているそうです（Eble, 1988）。新任の教員の場合は，授業開始前に準備のための資料を大量に読んでおいて，学生よりも1，2週間分早く講義を準備していくのが典型的な準備の仕方です。(Dubrow and Wilkinson, 1984)

原稿と一字一句同じ講義をするのは避ける。用意したノートをただ単に読み上げていては，考えないまま教材について話していることに自分でも気づくでしょうし，また，学生のほうでも同様に感じることでしょう（Day, 1980）。そればかりか，読むことで，アイコンタクトが妨げられ，ノートに向かって下向きに声を出すので，声が上方に向かって伸びず，講堂に響きません。講義をそのまま書くには，時間がかかります。講義を書いておく必要があると感じる場合

には，完成した文章を削って，キーワードによる簡単な骨組みだけにするようにし，この骨組みを使用して講義をするようにします。目で読むのではなく，耳で聞くために，より自然な形で文章を考えることができ，学生にとっても教材を把握しやすくなります。詳しくは「講義の仕方」の項を参照してください。

講義ノートについては，さまざまな形式を試みる。特定の主題や分野に適した形式があります。（Day, 1980, pp. 101-104 より抜粋）

- 大要は，話を構成し，付属するポイントとその推移における全般的な構成の枠組みを見るのに特に役立ちます。
- 主要ポイントのリストは，詳細な概要というよりも即興のスピーチメモのようなものです。この形式は，教員が教材を熟知している場合に適しています。
- 樹木図（フローチャートやネットワークのような図）は，重要なポイントを網羅した筋道に，任意選択の寄り道，脇道，有益な説明，例を添えた全体を示すものです。

Honjo（1989）は，工学担当の教員が，セッションごとの輪郭を1枚の紙に描いていることを報告しています。彼は左上の枠にその日の講義の概要を書き込んでいます（この概要と同じものが黒板に書かれます）。残りのそれぞれの枠は，黒板に書くことに対応しており，すべての例を見れば，黒板にどのようなことを書いていけばよいかが分かるようになっています。

話を進めるのに役立つような形で，覚え書きを準備する。キーワードやフレーズで概要を書く場合には，小型のカードや用紙を用いるよりも5×8インチの索引カードが便利です。難しい点，主要な例の区別，重要な情報の強調などの覚え書きを色分けしておきます。一息入れる箇所，質問をする箇所，声を大きくする箇所などにも印をつけます。行間に，「これを黒板に書く」，「学生に座席で意見を書かせる」，「この時点で残り時間が10分未満であれば，カード7へ進む」などと書き込んでおきます。赤線で囲んだ例は，「学生が私の言ってい

ることがよく分からないようであれば，これを話に含める」という印にしています。

参照しやすいように，事実や公式を書き出しておく。講義の覚え書きか，別の用紙に，鍵となる事実，引用，計算，複雑な分析をすべて写し取っておきます。

強く訴える例を書き出す。明確で単刀直入な記憶に残るような例があれば，伝えようとするポイントを強めることができます。ベテランの教員たちは，学生の混乱や質問に対処するために気をつかうよりも，例，図，実演の準備に特別に注意を払うことを勧めています（Erickson and Strommer, 1991）。調査によれば，効果的なティーチングを行う教員の重要な特性は，難解な概念を取り上げ，比喩，類推，例を使って，その概念を学生に理解しやすいように変形させる能力であるといっています（Schulman, 1987）。詳しくは「明確な説明」の項を参照してください。

読むものとしてではなく，聞くものとして講義を準備する。口頭発表は文書による発表とは大きく異なります。教員の話を聞く場合には，学生は分かりにくい文を後戻りして「読み直す」ことや難しい言葉を辞書で引くことができません。次の技術を，口頭発表による理解を容易にするために利用してみてください。

- 人称代名詞や短縮形も含めて，短い，単純な言葉と日常的な言葉を使うようにする。
- 短い，単刀直入な文章で，簡潔に話す。
- 「第3の目的は」，「この議論を別の角度から見てみましょう」，「これと対照的に」，「これまで見てきたように」，「では，……に目を向けましょう」というように，話の変わり目や構成を表す道しるべを示すようにする。
- キーポイントを言い直し，定期的にまとめをするようにする。

さらに，学生が受動的に聞くだけの状態に沈み込まないように，講義のなかで終始，質問を挟んで学生が能動的な姿勢を保つようにします。

講義の予行演習をする。通し稽古をしてみると，教材と講義時間の長さがどのような感じであるかを知ることができます。時間を節約するために，始めと終わりの最も難しい部分だけを実際に練習するようにします。

講義を構成する

聞き手や主題となる事柄に合わせて講義を構成する。扱う情報の量，どのくらい詳しく触れるか，学生に示す例の数を決める場合は，教材の難しさと学生の能力水準を考慮するようにします。

主要な論題と，なぜ学生がそれについて学ばなければならないかを書き出すことから始める。扱うテーマに関して，学生に何を一番覚えてほしいかを特定します。学生が覚えていられそうもない情報で学生の頭を一杯にするよりも，2つか3つの主要なポイントを充分に教えることが望ましいことです。Brown and Atkins（1988, pp. 36-39）は，次に示す手順で講義を書くことを勧めています。

- 1つまたは複数の主要なテーマを特定する。
- 頭に浮かんだ言葉，事実，考え方，質問を自由に連想するようにする。
- 自由に連想した事柄を分類し，それに基づいて，作業の表題や総合的な質問を示す。
- 1ページの講義の下書きを用意する。
- 必要に応じて資料を選択的に読み，重要な考え方や全体の構成についての覚え書きをする。
- 講義の概要を構成し，例や説明で肉づけして，キーポイントを判別する。
- 出だしと終わりを確認する。

教材に合った進み方を示す。講義には年代順や規則的な系列に沿った進め方が有効な場合があります。その他に，一般的な原理から個々の事例に進んだり，部分から全体へ積み重ねたり，ひとつの考え方を時間や空間を追って位置づけたり，問題を説明して解決法を示したり，命題を示してから議論の証明を行ったりという進め方があります。

最も重要な内容を記憶できるように講義を構成する。研究によれば，学生の記憶力は授業開始直後の15分間が最も大きく，時間の経過につれて低い水準になり，最後に終わりを期待してわずかに上がるということです（Ericksen, 1978）。学生が最も集中できる時間に重要な論点が来るように，授業の計画を立てます。次に示す点を考慮して，主要な論点を組み立てます。

- 注目を集める導入部
- 取り扱う主要な論点の簡単な概要
- 背景やつながりの手早い説明
- 3個以下の主要な論点の詳細な説明，最も重要なものの最初の説明，10分か15分ごとの調子の変化
- 鍵となる主題を強調するための結論づけるまとめ

講義を10分か15分のブロックに分けて計画する。それぞれのブロックで，1つの論点に例を添えて扱い，簡潔なまとめと次の項目へのつなぎで締めくくります。時間が足りないことに気づいた場合には，1つのブロック全体を削るか，いずれかのブロックの中ほどの部分を短縮するようにし，まとめを駆け足ですませることは避けるようにします。

質問の時間を設ける。表立って質問の時間を設けるかどうかによらず，学生が教材の反復や補足的な情報の提示を求める時間をとっておきます。一部の教員は，授業の始めに学生の質問を求め，それらを黒板に書いておいて，授業時間内に順次，回答しています。

始めと終わりにまとめを述べる。継続性と締めくくりが重要です。学生は，次の週にどこまで学ぶのかということだけでなく，新しいテーマがすでに学んだこととどのような関係があるのかを知る必要があります。講義のポイントを深く理解させるには，授業の始めと終わりのまとめで異なる言葉や例を使用するようにします。

多人数クラスの授業の管理

学生の授業態度について，合理的な規則を確立する。多人数クラス担当の教員は，遅刻者，授業中の飲食や私語，その他の授業の邪魔になる事柄に関する方針を伝えることが一般的に授業運営に役立つと感じています。早い時期に教員の設けている規則を説明し，協力と配慮の価値を強調しています。たとえば，一部の教員は，「午後２時まで君たちは私のものだ」，「オーバーヘッド・プロジェクターに漫画が現れたら退席してよろしい」，または「授業中に教材についての優れた質問が３つ出されたら，学生は退席してよろしい」と言って，学生が荷物をまとめて退席してよい時間の制限を設けています（Hilsen, 1988）。学生には時間どおりに教室に着くことを教師が期待していることを知らせますが，努力しているにもかかわらず遅れる学生のことを考慮して，始めの数分間は関連のある問題を論じるようにしています。たとえば，ある地理学担当の教員は，各国の気候について論じるようにしています。Shea（1990）によれば，ある政治学担当の教員は，授業の始めに関連のある時事問題に関するディスカッションをしています。

宿題の評価と返却方法について計画を立てる。宿題が授業の不可欠な要素であって，TAがいない場合には，時間を節約するために，宿題のサンプルの成績評価をするようにします。成績評価を伴わない宿題については，模範解答を配って学生が自分で採点できるようにします。TAがいる場合には，班単位で宿題の提出と返却を行うようにします。あるいは，宿題の提出を研究室に鍵のかかる箱を用意して行います。講堂の脇に，アルファベット順の仕切りのある箱を置いて，宿題の返却を行うようにします。１回に１つか２つの頭文字を指定

して，名字がその文字で始まる者が宿題を受け取るようにします。あるいは，座席の列の番号のラベルをつけた封筒を用意して，学生にはいずれかの列を選び，学期中を通じて試験を受けるとき，宿題を出すとき，宿題の返却のときには所定の列に座るようにさせます。

論文や研究レポートの提出期限の日付をずらす。ある教員は，300名の学生全員に学期中に1つレポートを出させますが，学生の書くレポートはいくつかのテーマに分かれており，提出期限も異なるようになっています。学期の始めに，クラスを無作為に，30人ずつ10のグループに分けます。それぞれのグループごとに，レポート提出の日付を告知します。すべての学生が，提出期限の2週間前にレポートのテーマを知らされます。この方法を使用すれば，教員は300のレポートのすべてを読み，対応して返すことができ，しかも1週間に30を超えるレポートを読む必要がないわけです（Erickson and Strommer, 1991）。

可能であれば，多肢選択方式の試験を行う。機械による採点ができる多肢選択方式の試験を行えば，時間を節約できるし，成績評価の誤りを最小限にとどめることができますが，学生には記述の練習や複雑な質問への取り組みが必要です。そこで，可能であれば，2, 3問は，数行分の説明や分析を必要とする問題を含めるようにします。

追試験や再試験は避ける。追・再試験の日程を組むことは実際問題として困難で，時間もかかります。その代わり，試験や小テストを何回か行って学生が最低点はとれるようにします。一部の教員は学期末試験を早めに行って，最後の授業を追・再試験にあてています。「テストに関する学生の不安を軽減する」の項を参照してください。

学生による試験検討委員会の設置を考慮する。この委員会はクラスから選ばれた4, 5人の学生によって構成され，個々の試験問題についてクラスの学生にとって問題点がなかったかどうかを判断し，対処の仕方を提示する責任を負うものです。試験中に，学生は簡単な意見用紙に無記名で記入して，試験の解答

とともに提出します。学生による試験検討委員会は，試験が実施されたあとで集まって，試験を検討し，学生が提出した意見用紙に目を通します。その後，彼らは教員と会って，調整が可能かどうかを話し合います。たとえば，クラスの半分以上が，問題3は公正でないと感じた場合には，委員会はその問題を除外することを提案します。その後の調整については，クラスのすべての学生が知ることができるようにします（Holmgren, 1992）。

コンピューターによる記録保存や通信システムの使用を利用する。 BIJOU（Wiseman, 1986）などのソフトウエアを使用すれば，学生の班登録，教材の準備，送信，名簿や成績の記録の保持に関する情報の保存や検索が容易になります。

講義の概要のサンプル

次に示すのは，DNAに関する講義の概要のサンプルです（Scott, 1990, p. 35より抜粋）。

出だし：DNAについてはよくしっているかもしれませんが，その構造，二重螺旋構造をめぐる物語は，史上最高の探偵小説のひとつだということを知っていましたか。

主題：クリックとワトソンの遺伝コードの発見によって，すべての生命体に対する我々の見方は根本的に変化しました。

つながり：他の科学の授業を受講する計画であれば，このテーマは遺伝学や分子生物学を理解するうえで測り知れない価値があります。たとえこれが人生で最後に受講する科学の授業であるとしても，君たちの体内のDNAは君たちの生命や寿命に影響を与えるものです。遺伝コードは，生命を脅かす病気の治療の鍵を握っており，特に人間胎児の遺伝子の変更に向けた努力に関して，倫理的な分岐点に差しかかっています。

要点：私が論じたい要点は，次の3つです。
 a. 二重螺旋
 b. ヒトゲノム
 c. ライフプロジェクトの本

本論：（上に示した3つのテーマを詳しく論じ，授業中に小グループによる作業の機会を設けます）

まとめ：（3つのテーマのそれぞれを要約し，なぜ発見が重要であるかを簡単に述べる）

締めくくり：1つの質問で授業を締めくくります。野菜や果物の遺伝子を変えられるとしたら，何を変えたいですか。それはなぜですか。

References

Bligh, D. A. *What's the Use of Lecturing?* Devon, England: Teaching Services Centre, University of Exeter, 1971.
Brown, G. *Lecturing and Explaining*. New York: Methuen, 1978.
Brown G., and Atkins, M. *Effective Teaching in Higher Education*. London: Methuen, 1988.
Chism, N. V. N. "Large-Enrollment Classes: Necessary Evil or Not Necessary Evil." *Notes on Teaching*. Columbus: Center for Teaching Excellence, Ohio State University, June 1989, pp. 1-7.
Christensen, N. "Nuts and Bolts of Running a Lecture Course." In A. L. Deneff, C. D. Goodwin, and E. S. McCrate (eds.), *The Academic Handbook*. Durham, N. C.: Duke University Press, 1988.
Day, R. S. "Teaching from Notes: Some Cognitive Consequences." In W. J. McKeachie (ed.), *Learning, Cognition, and College Teaching*. New Directions for Teaching and Learning, no. 2. San Francisco: Jossey-Bass, 1980.
Dubrow, H., and Wilkinson, J. "The Theory and Practice of Lectures." In M. M. Gullette (ed.), *The Art and Craft of Teaching*, Cambridge, Mass.: Harvard University Press, 1984.
Eble, K. E. *The Craft of Teaching*. (2nd ed.) San Francisco: Jossey-Bass, 1988.
Ericksen, S. C. "The Lecture." *Memo to the Faculty*, no. 60. Ann Arbor: Center for Research on Teaching and Learning, University of Michigan, 1978.
Erickson, B. L., and Strommer, D. W. *Teaching College Freshmen*. San Francisco: Jossey-Bass,

1991.

Frederick, P. J. "The Lively Lecture — 8 Variations." *College Teaching*, 1986, *34*(2), 43-50.

Hilsen, L. "A Helpful Handout: Establishing and Maintaining a Positive Classroom Climate." In E. C. Wadsworth, L. Hilsen, and M. A. Shea (eds.), *A Handbook for New Practitioners from the Professional and Organizational Development Network in Higher Education*. Stillwater, Okla.: New Forums Press, 1988.

Holmgren, P. "Avoiding the Exam-Return Question 'Wall' — Working with Your SERC Committee." *Journal of College Science Teaching*, 1992, *20*(4), 214-216.

Honjo, R. T. *Speak of the GSI: A Handbook on Teaching*. Berkeley: Department of Mechanical Engineering, University of California, 1989.

Johnson, G. R. *Taking Teaching Seriously*. College Station: Center for Teaching Excellence, Texas A & M University, 1988.

Lowman, J. *Mastering the Techniques of Teaching*. San Francisco: Jossey-Bass, 1984.

Marincovich, M., and Rusk, L. *Excellence in Teaching Electrical Engineering*. Stanford, Calif.: Center for Teaching and Learning, Stanford University, 1987.

Penner, J. G. *Why Many College Teachers Cannot Lecture*. Springfield, Ill.: Thomas, 1984.

Scott, M. D. *Agents of Change: A Primer for Graduate Teaching Assisstants*. Chico: College of Communication, California State University, 1990.

Shea, M. A. *Compendium of Good Ideas on Teaching and Learning*. Boulder: Faculty Teaching Excellence Program, University of Colorado, 1990.

Shulman, L. S. "Knowledge and Teaching: Foundations of the New Reform." *Harvard Educational Review*, 1987, *57*(1), 1-22.

Wiseman, M. "The BIJOU Teaching Support System." *Perspectives in Computing*, 1986, *6*(1), 5-13.

講義の仕方　　　　　　　　　　　　　　　　13

　講義とは，単にクラスの学生の前に立って，知っていることを唱えることではありません。教室での講義は，声，身振り，動作，顔の表現，視線によって内容が補足されることもあり，減じられることもある特殊な伝達の形式です。テーマの如何によらず，教員の話し方が学生の集中力と学習に及ぼす影響は測り知れません。教授陣によるティーチングの実例や言葉による伝達に関する調査研究に基づく次の提言を利用して，学生の興味を捉え，記憶力を高めるのに役立ててください。

一般的な戦略

自分をビデオ録画で見る。我々は自分の良い行動をもっと伸ばすために見てみる必要があり，自分の望ましくない行動を直すためにも見る必要があります。人前での話し方の技能を向上させたいと思うなら，自分自身のビデオ録画を見るのがそのためのかけがえのない手段となります。「自分の授業をビデオ録画で見る」の項を見てください。

原稿を読まないで講義する方法を身につける。最善の状態では，学生の１人ひとりが，教員が自分１人を聴衆として話をしているように感じ，講義は教員と学生の間の自然で自発的な会話に似ています。しかし，原稿を読んで講義をすれば，対話的な雰囲気はなく，講義は形式的で，堅苦しく，よそよそしいものに思われます。精力的な読み方ができたとしても，教員が原稿にしがみついていては，素朴な語りの表情，活気，やりとりの自然さが失われます。覚え書きをもとに読み上げる場合も，クラスの学生を会話に引き込む機会が少なくなり，目を合わせながら話すことが妨げられます。授業は原稿を読んでしてはいけないという点については，すべての優れた教員の意見が一致しています。講義の覚え書きの準備については「多人数のクラスで教えるための準備」の項を参照

してください。

感情の面で授業の準備を整える。一部の教員は講義の前に気分を盛り上げる音楽を聞いています。15分から30分の時間をかけて，1人で覚え書きを見直す教員もいます。さらに，空いている教室を歩き回って気持ちを引き締める教員もいます。熱意と自信を持って話すのに必要なエネルギーと集中力をもたらしてくれる準備の仕方を自分自身で見つけるようにします（Lowman, 1984）。

講義を始める

「冷たい始まり方」を避ける。教室には少し早く行って，学生と形式ばらずに話をします。あるいは，学生と一緒に戸口から入って，彼らと会話するようにします。講義を始める前に，打ち解けた雰囲気で声を出しておくと，話の調子を会話調に保つのに役立ちます。

緊張を最小限にとどめる。特に，話を始める直前には，多少，緊張するのは正常なことです。教員自身の気分をほぐすために，講義を始める前に深呼吸をするか，または爪先から顎までの筋肉をいったん緊張させてから緩めます。一度，始めてしまえば，緊張感は収まるものです。

出だしで，学生の注意を引きつける。刺激的な質問，驚くような発言，変わった類推，著しい例，個人的な逸話，劇的な対比，強力な引用，簡潔な質問，実演，最近の出来事の話で講義を始めます。次に，始め方のサンプルを示します。

- 「カリフォルニア州で，毎週，何人の人が刑務所に送られると思いますか。50人以下だと思う人は手を挙げてください。51人から100人だと思う人。101人から150人。150人以上。（答え）実際には，250人以上の人が毎週，拘置されます」（社会学の講義）
- 「フレディーは4年近く会社におり，良い働き手だと思われています。しかし，最近，彼は問題を抱えています。彼は仕事に遅れ，無愛想に振

る舞い，不機嫌な様子をしています。ある朝，彼は事務所に入ってくると，積み重ねてあった書類を突き倒し，床に散らばったままにしておきました。彼の上司が「フレディー，誰かが踏まないように，それを拾ってくれないか」と言いました。フレディーは，はっきりと「自分で拾え」と言いました。もし，君が上司だったら，次にどうしますか」（経営学の講義）

- 「アメリカ人の恐怖の第1位は，死の恐怖より恐ろしい，人前で話すことだ」（修辞学の講義）
- ある経済学者は，燃えている小麦畑に何台ものトラックから牛乳を撒いている農夫のスライドを映写して，「どうして人々はこんなことをするのか」と聞くようにしています。（経済学の講義）
- 「空気を逃がしたらこの風船に何が起きるか，見ていてください」（物理学の講義）
- 「私が配っている質問用紙にある○×をつける10題を，2分間で完成してください。君たちの答えを今日の講義の一部として使用します」（心理学の講義）
- 「君たちのうちの何人が，高層住宅は高密度住宅だと信じていますか」（建築学の講義）
- 「暴行の4分の3，自殺未遂の3分の2，自殺の2分の1，婦女暴行の2分の1は，どんな薬物の影響による人ですか。クラックのせいだと思う人は何人ですか。ヘロイン，マリファナ，これらのいずれでもないと思う人は。正解はアルコールです」（社会福祉学の講義）

始め方に変化を持たせる。どんなに劇的な技術も，繰り返すと衝撃が失われます。

授業の目的を知らせる。教員が授業で何を達成することを期待しているかを学生に話すようにするか，教員の目的を黒板に書き並べます。その日の講義を前回の授業内容と結びつけることで，全体の流れを示すようにします。

学生との信頼関係を確立する。温もりと信頼感は，すべての聴衆にとって前向きの効果があります。出だしの数分間が個人的，直接的，会話的であれば，学生は授業により深く引きつけられたと感じることでしょう。

学生の興味を捉える

授業中は，聴衆である学生のことを考え，よく見る。少人数のグループに話しているようなつもりで，学生に焦点を合わせます。1対1で目を合わせると，学生の集中力は増し，学生の顔の表情や身体の動きを観察して，話し方が遅すぎたり，速すぎたりしないか，もうひとつの別の例を示す必要があるかを知るための目印を見てとることができます。講義をする教員が陥りやすい，一般的な誤りは，教材に熱中しすぎて学生が集中しているかどうかに気づかないことです。

学生の集中を保つには，話し方を変化させる。学生の集中を保つことが，学生の学習を援助するうえで最も重要なひとつです（Penner, 1984）。研究によれば，受動的な聞き取りを10分間すると，大部分の人の注意力は失われるそうです（Wolvin, 1983）。学生の集中できる時間を延ばすには，次のようにするとよいようです。

- 戦略的なポイントで質問をするか，主題に関する発言や意見を求める。
- 討論のために故意に異議を唱えるか，教員の見方に反論するよう学生に求める。
- 学生個々に問題を解かせるか，2人組か4人組の小グループに分けて質問に答えさせるか，テーマについてディスカッションさせるようにする。
- スライド，図，グラフ，ビデオテープ，映画といった視覚的な素材の助けを借りる。

講義の構成を示す。講義を始める前に黒板に概要を書いて，それぞれの考え方に触れるごとに展開の様子を示すか，講義の主要なポイントやテーマを示した

資料を学生に配ります。概要を示しておけば，講義の進み具合に集中するのに役立ち，ノートをとるうえでも有用です。集中が途切れた場合にも，目の前に概要が示されていれば，学生が講義に追いつくことが容易です。

教員自身が講義に熱意を持っていることを伝える。自分が学部生だったときにどんなことに感銘を受けたか，現在の専門分野に入った理由を思い起こすようにします。あるテーマにほとんど興味が持てない場合でも，新たな捉え方を見つけて学生の注意を促すためにできるだけの手を尽くすようにしましょう。教員がテーマに興味がない様子であれば，学生は急速に関心を失うものです。

会話的に講義を進める。会話的な抑揚と声の調子で話し，普段の会話でするようにピッチを変化させます。自分が話していることの意味に集中すれば，本能的により表情が豊かになるはずです。形式ばらない言葉を選び，自然で直接的に講義をするよう努めましょう。

具体的，単純，色彩豊かな言葉を使う。一人称，二人称の代名詞（私，私たち，君たち）を使い，形容詞は劇的なものを選びます。たとえば，「主要なポイント」と言うより「決め手となるポイント」，「次の問題」と言うより「興味深い問題」と言います。専門用語，意味のない単語，不要な限定詞（「ちょっとした」，「いわゆる」，「一種の」）を削除するようにします。

講義に逸話や物語を組み込む。物語を語る態勢になると，声が会話的になり顔の表情が豊かになり，学生がよく聞くようになる傾向があります。キーポイントを説明する場合には逸話を利用するようにします。

メモに顔を向けて話さない。講演台を使っていない場合にメモのカードを見る必要が生じた場合，頭を下げるのではなくカードを持ち上げ，頭を動かさないで素早く視線を下げてカードを見るようにします。メモを簡潔に大きな文字で書いておくと，この動作が容易にできます。(Bernhardt, 1989)

クラスの学生と目を合わせるようにする。一度に1人の学生と目を合わせていくと，それぞれの個人に向かって話している感じを与えることができます。1人の学生を見つめる時間は3秒から5秒とします。それより長くなると，大部分の学生は居心地悪く感じるようになります。目的もなく視線を泳がせたり，頭を前後に揺すったりしないように気をつけます。頭のなかで講堂を3つから5つの部分に分け，中央後部から始めて，講義が終わるまでの間に，それぞれの部分に向けて意見を述べ，質問をし，視線を合わせるようにします。親しみやすい顔を拾いながら見てゆきますが，聞いていない者にも目を向けるように努めます。しかし，興味を持っていない学生を引き込もうとして時間を費やす必要はなく，よく聞いている者に集中的に目を向けます。実際に目を合わせると自分の集中が妨げられる場合には，2人の学生の間を見るか，額を見るようにします。(Bernhardt, 1989)

動作で学生の注意を引きつける。動く物体は制止している物体よりも興味をそそるものです。ときどき，教室内を移動します。物を掲げて見せたり，袖をまくったり，周到な目的のある巧みな身振りをするようにします。学生の質問を求める場合には，開放的な何気ない態度をとるようにします。ただし，神経質に足を踏み替えたりするような，目的なく気を散らすような身振りをしないように気をつけます。

重要な論点を強調する場合，新しいテーマに入る場合に，動作を利用する。一部の教員は，議論の一方側の意見を述べるときには，教卓や講演台の片側に立ち，それと対立する側の意見を述べるときには，反対側に移動しています。この動作によって学生の注意を引くだけでなく，2つの視点の対立が強調さます(Harris, 1977)。また，脇道に逸れた話をするときには，教室の端のほうに遠ざかってそのことを示す教員もいます(Weimer, 1988)。

感情を伝えるには，顔の表現を利用する。自分が知っていることを学生に話す場合，熱心で夢中になっているように見えれば，学生は熱心に聞こうとする傾向があります。目，眉，額，口，顎といった顔の各部分を使って，熱意，確信，

興味，思慮深さを伝えるように試みます。(Lowman, 1984)

間違ったときには，声をあげて自分を笑う。単語の発音を間違えたり，覚え書きを落としたりした場合には，その状況の面白みが分かる能力があることを示すことによって，すべての学生をくつろいだ気分にすることができます。小さな間違いで，自信を揺るがされる必要はありません。

時間を意識する。1つひとつの論点を扱うのにどれだけの時間がかかっているか。授業時間の半分までに，教材のどこまで進んでいればよいか。時間がなくなってきているようであれば，何を残せばよいか。時間がない場合には，覚え書きにあるすべての事柄を扱うために，進め方を速めてはなりません。何を除外するかについて事前に，「この見出しの項目まで来たときに，あと15分しかなければ，例は1つだけ示し，それ以外の例を示した資料を配る」というように，計画を立てておくようにします。

話し方の技術を身につける

話す速度を変化させる。新しい情報を吸収し，ノートをとるために学生には時間が必要ですが，話す速度が遅すぎると，学生が退屈してしまいます。教員の語り口，メッセージなど話し方の速さを聞き手に合わせて変えるようにします。たとえば，重要なポイントは逸話的な例よりも慎重に話すようにします。早口になりがちな場合には，主要な点を繰り返して，学生が吸収できるようにします。

学生に声が聞こえるかどうか尋ねるか，TAを後ろの隅の席に座らせて，話し声が大きくて明確であるか聞いてもらう。語尾で声量が落ちないように努めます。マイクロフォンを使っている場合には，通常の声で話し，マイクロフォンのほうに屈み込む必要はありません。

声を変化させる。話の速度，声量，言葉を繋ぐ長さ，抑揚，声の強さについて

考慮するようにします。朗読することで，発声の技術を試すようにします。Lowman (1984, chap. 4) は，声の通り，滑らかさ，質を向上させるための一連の発声の訓練法を説明しています。

間をとる。間は，人前における話し方の決め手となる最も重要な要素の1つです。間は，注意を集めるための重要な手段で，句読点として，思考，文章，段落の区切りを示すこともでき，鍵となる概念や考え方の前と後で強調するために使うこともできます。話の途中で突然，話を中断すると，学生はノートから目を上げて，何が起きたのか見ようとします。あらかじめ計画して間をとると，教員も学生も一息入れることができます。ある教員は，学生に歩みを止めて考えてほしい事柄を話した後で，コーヒーや水を一口飲むようにしています。また，ある教員は意図的に間をとり，「これは本当に重要な考慮すべき事項です」と言って，話を進める前に，もう一度，間をとるようにしています。

声を出しながら間をとる癖に気をつける。「あー」，「えー」，「ねえ」，「それで」，「そして」と言うのを避けるようにします。黙って間をとるほうが効果的です。

自然に話す姿勢をとる。爪先と踵を床につけて，両足に均等に体重をかけます。左右の重心の移動や，無意識に前後に身体を揺する癖に気をつけます。膝の緊張を多少，緩め気味にし，肩の力を抜いて下におろし，肘を曲げて，手は腰の高さになるようにします。教卓を使う場合には，肘を突っ張って台の両脇を掴むのではなく，肘を折り曲げて両手を台の上に軽く載せて，意図的な身振りができるように備えます。(Bernhardt, 1989)

普段どおりに呼吸する。普段どおりに呼吸することで，話し方の速さと声の質に影響を及ぼす声の緊張を防ぐことができます。肩の力を抜いて，首を緩め，目を大きく開いて，顎の力を抜くようにします。

講義を締めくくる

授業の結論を何らかの形で引き出す。それまでの時間で一定の目的がかない，何かが得られたことを学生が理解できるように援助します。よく計画された結論は，講義をまとめ，途中で途切れた話の始末をつけ，内容を深める方法であることを学生に示し，学生に講義が終わったと感じさせる働きをします。

力強く終わる。講義が先細りな形で終わったり，話の途中で時間切れになったり，最後の数分というところで「ああ，言い忘れるところだった，……」と言うことのないようにします。印象的な終わり方は学生の心に残り，次の授業の準備が促進されます。思考を刺激するような質問や問題，本質的な主題を浮き彫りにする引用，今回，聞いた講義のお陰で学生が理解した主要な問題の総まとめ，次回のお楽しみの予告等で講義を終わるようにします。たとえば，ある物理学の教員は有志の学生に，前に出て壁を背にして立ち，爪先に触ろうとしてみるように試させて講義を終わります。彼女は，なぜこの学生たちがうまくできないか考えるようにクラス全体に質問しました。このようにすれば，次の講義の重力が主な事柄となるテーマが，鮮明に記憶に残る方法で紹介されることになります。講義が数分早く終わっても，心配する必要はなく，切りのよいところに来たと説明すればよいのです。ただし，それが習慣にならないようにしてください。

声を大きくして講義を終わる。顎の先を上げ，目を聞き手に向けて，声を大きくするようにします。授業の後，数分間，教室にとどまって学生の質問に答えることを忘れないようにしてください。

講義のスタイルを向上させる

毎回，講義の直後に自分用のノートをつける。時間配分，事例の効果，説明の分かりやすさ，その他を考慮します。学生の質問，彼らから出た意見があれば

書き留めておきます。このノートは，次回の講義を効果的に行うために役立ちます。

カセット・テープレコーダーを使用する。実習の授業や講義そのものを録音します。自分の声の抑揚，速度，声の調子による強調の仕方，間の使い方を注意して聞くようにします。話の調子は会話的か，話の変わり目が明確か，声を発しながら間をとること（「あー」，「えー」，「ねえ」）が最小限にとどめられているかも注意して聞きます。Lowman（1984）は，自分の会話のスタイルと講義のスタイルを比較するための次のような手順を示しています。1人の友人にあまり広くない部屋で会話をしてくれるように頼みます。席について，レコーダーを作動させ，自分の名前，年齢，出身地を言ってから会話を始めます。それから，好きな本，映画，レストラン，展覧会，趣味などについて4，5分間話をし，友人にいくつか質問をしてもらいます。それから，教室に移り，立って，友人に向かって短い講義（5分から8分間）をします。何日かたってから，録音を聞くそうです。

- 最初は，テープを止めたり，ノートをとったりしないで，そのまま通して聞きます。聞こえる声の全体的な印象はどうかに注目します。
- 会話の録音を再生して，自分の声を最もよく表現する言葉を書き留めます。
- もう一度，会話を再生して，今度は，無関係な言葉の使い方，声に表れているくつろいだ感じや滑らかさの度合い，呼吸の仕方，速さ，強調の仕方，歯切れの良さに注目します。
- 次の日に，講義の録音を再生して，それについてノートをとります。
- ノートを見直して，2つの録音の違いを判別します。スタイル，言葉づかい，速さ，声量，滑らかさ，表現力，その他を考慮します。気がついた相違点は，どのように向上すればよいかを決めるうえで役立ちます。

ビデオ録画を使用する。自分の講義のビデオテープを見直す場合には，テープをそのまま再生して見ることも，音を消して見ることも，見ないで音だけを聞

くこともできます。ビデオテープを見直して分析する場合には，前に示したのと同じ手順に結構です。ほとんどの部分については，楽しい驚きを感じることでしょう。講義の間中，神経質になっていたとしても，ビデオテープを見れば，クラスの学生にはそうは見えていないことが分かります。自分をビデオテープで見ることは，自信を持つためのよい手段です。「自分の授業をビデオ録画で見る」の項を参照してください。

話し方のコンサルタントのもとで練習する。話し方のコンサルタントは，効果的な伝達の技能を開発するのに役立つ場合があります。学内の教授陣能力開発担当部門で，コンサルタントの名前，講義の仕方に関するワークショップの予定を聞いて下さい。

References

Bernhardt, D. Workshop on Public Speaking, University of California at Berkeley, Aug. 1989.
Harris, R. J. "The Teacher as Actor." *Teaching of Psychology*, 1977, *4*, 185-187.
Knapper, C. K. "Presenting and Public Speaking." In M. Argyle (ed.), *Social Skills and Work*. New York: Methuen, 1981.
Lowman, J. *Mastering the Techniques of Teaching*. San Francisco: Jossey-Bass, 1984.
Penner, J. G. *Why Many College Teachers Cannot Lecture*. Springfield, Ill.: Thomas, 1984.
Weimer, M. G. "Ways and Means of Communicating Structure." *Teaching Professor*, 1988, *2*(7), 3.
Wolvin, A. D. "Improving Listening Skills." In R. B. Rubin (ed.), *Improving Speaking and Listening Skills*. New Directions for College Learning Assistance, no. 12. San Francisco: Jossey-Bass, 1983.

14 明確な説明

　説明に入る前に，学生に前後の繋がり，構成，新しい概念を理解し，すでに知っていることと結びつけるのに必要な用語について説明します。学生が本質的なポイントを把握するように繰り返しや例を上手に使います。一時にあまりに多くの新しい概念を紹介することは避けるように心がけましょう。

一般的な戦略

授業の流れの中に，紹介する概念を位置づけるようにする。 学生につながりと意味を伝えるために，今扱うテーマがこれまでの教材とどのように関連しているかを話すようにします。手短かで強烈な要約は，学生が新しい概念が適切であること，新しい概念と授業の主題との関連を理解するのに役立ちます。

学生に理解の地図を与える。 学生には，「なぜ教員がそんな話をするのか」，「そのことはどこに繋がるのか」という疑問に戸惑って時間を費やしてほしくはないものです。そこで，授業の始めに，黒板に授業の概要を示すか，学生が授業についてくるのに役立つような資料を配ります。学生が話の変わり目，いくつかの要点の関係を見逃さないように，その概要を説明します。一部の教員は授業中に出される質問のリストを学生に配っています。配付資料には，新しい用語，複雑な式，公式，授業中使用するOHPやスライドを含めると効果的です。

自分が知っていることをすべて学生に話すことは避ける。 あまりに多くの情報を示されると，学生は混乱し，迷い，不安になり，あるいは退屈します。選択的に，最も本質的な情報を扱いやすい分量ずつに分けて伝えるようにします。

適切な速さで説明する。 学生がノートをとっているとき，新しい概念，複雑なテーマ，抽象的な問題を説明するときには，ゆっくり話をします。物語を語る

とき，前回の講義を要約するとき，例を示すときには，速く話すようにします。

学生の理解を助ける

学生が知っているものと決めない。専門用語だけでなく，普段は使わない語句や表現についても定義し，前回の講義に出てきた用語を見直すようにします。新しい用語は，一度に1つずつ紹介し，それぞれを黒板に書くようにします。

理解の難しい概念は，その難しさを認める。最も難しい概念については，「ほとんどの人がこれには苦労しますから，よく聞いてください」と言って，学生に合図を出すようにします。学生の集中の度合いは，常に変化しますので，難しいポイントを説明する前には，全員に注意深く聞くようにさせることが重要です。

聞き手のために，全体の構成が分かるようにする。書いた文章では，全体の構成を段落分けや見出しで示すことができます。講義では，自分の声で講義の構成を伝える必要があります。次の場合には，声で合図を出します。

- これから論じることを予告する。「今日は，なぜ米国諸州が高等教育で学んでいる学生に評価を委任しているかについての，3つの理由を論じたいと思います」
- 考え方の展開のどの段階にいるかを示す。「第1の理由は，社会や教育プログラムに使える基金の減少です。2番目の理由を見ましょう。時代遅れの政策です」
- 主要な考え方を言い直す。「私たちは，大学に評価の手続きを開始するように求める3つの圧力を見てきました。限りある資金で最大の効果を得ようとする州議会の意向，"より良い教育"というような選挙運動スローガンの訴え，ならびに教育全般に対する人々の夢が醒めたことです。私たちは大学がこれに対して出せる2つの可能な答えも見つけました。譲歩か対決かです」

一般的な論述で始め，順次個々の例をあげる。調査によれば，始めに全般的な規則を簡潔に論述し，そのあとで個々の例，図表，適用例を示すと，学生は事実や原理を覚えていると一般的にいえるそうです（Bligh, 1971; Knapper, 1981）。難しい考え方や抽象的な考え方を示すには，経験豊かな教員は，まず学生に原理を説明するために平易な例を示し，次に一般的な論述と原理の説明をし，そのあとでさらに複雑な例や図表を示すことを勧めています。最後に，特定条件や詳細な説明があれば，それを示します（Brown, 1978）。

単純なものから複雑なものへ，馴染みのあるものから馴染みのないものへ進むようにする。最も基本的な考え方をまず示し，それから複雑なものを紹介します。学生が知っていることから始め，次に新しい領域に移るようにします。

キーポイントや例を示す

1回の講義で扱うポイントの数を制限する。調査によれば，学生は50分間に吸収できる要点は3個から5個，75分間の授業では4個から5個の要点を吸収できるに過ぎないと報告されています（Lowman, 1984）。最も集中力のある学生でも，新しい情報をごく僅かしか記憶できないそうです（Knapper, 1981）。授業で扱う要点を削るにあたっては容赦なく，議論を証明し，明確にするための例や図表については気前よく削除します。1つひとつのテーマの内容を濃縮するよりも，テーマそのものを削るようにします。必要に応じて，学生がさらに詳しい取り扱い方を学べるような資料を配って講義を補足します。

導入的な授業では，複雑な訓練は避ける。学部生の入門クラスでは，混乱を避けるために，基本的な事項に焦点を合わせ，一般原則を扱い，原則から外れる例外を多く取り上げないようにします。

複雑な概念は，単に説明するよりも実演する。学生にどのようにして論理的な議論をするかを説明するよりも，論理的な議論をしてみせて，学生がそれを分析するのを補佐します。どのようにして問題を解くかを説明するよりも，黒板

で問題を解き，解き進みながら，段階を示すようにします。

記憶に残る例を用いる。鮮明な例を取り上げれば，学生が教材を理解し，思い出すのに役立ちます。時間をかけて，考え方とイメージを結びつけるさまざまな例を展開するようにします。次に示すような例を用います（Bernstein, n.d., pp. 27-28より抜粋）。

- 学生の経験を取り上げるか，学生の生活に関連のあるものを用いる。減価償却を説明するのに，ある教員は新しい教科書対中古の価格低下の例を使用しています。
- 同一の現象を表すものを用いる。空気力学の振動を説明するのに，ある教員は走っている自動車の窓からスカーフを出した場合，エアコンのそばに薄い紙を置いた場合，強風であおられる吊り橋の場合を例に引いています。
- 概念を劇的に誇張する。身体の特定の器官を定義するのに，ある教員はその大きさや外見を，クルミやグレープフルーツといった身の回りの物に例えています。ある経済学の教員は1兆を「1兆秒を数えるには31700年かかります」と言って定義しています。
- 学生の感情に訴える。「あなたがハムレットだと想像してください。毒はどんな感じがしますか。あなたの話し方にどう影響しますか」

比喩，類似，逸話，鮮明なイメージを豊富に用いる。学生は言葉よりもイメージを長く覚えている傾向があります（Lowman, 1984）。教員は抽象的な内容を鮮明なイメージや具体的な連想と組み合わせて，重要な概念を学生に記憶させることができます。速度を説明するのに，物理学の教員は進んでいく銃弾の例を使っています。

最も重要な点に注意を喚起する。教員が知らせなければ，学生はその箇所の重要性が把握できない場合があります。「これは本当に重要なことですから，よく聞いてください」，「覚えるべき最も重要なことは，……」，「これは皆さんの

1人ひとりが額に入れて枕元に掛けておく必要があるほど，重要です」，「この授業のすべてのことを覚える必要はありませんが，……は，覚えてください」，あるいは「これは何度も使うことになるので，特に注意してください」と言うようにします。なぜ特定の箇所がそれほど重要なのかを説明して補足することも役に立ちます。重要だと言うだけでは充分でない場合があります。

繰り返しを有効に使う

重要な教材は繰り返しで強調する。学生の集中力は授業中を通じて変化します。調査によれば，学生が講義の内容に実際集中しているのは，授業時間の50％から60％に過ぎません。ある論点の重要さを強調するには，2回以上そのことについて話す必要があります（Pollio, 1984）。

同じ箇所を繰り返すのに異なる言葉を使う。1回の説明だけでは，すべての学生にとって明確であるとは限りません。主要な点を数回，違う言い方で繰り返すことによって，すべての学生が最終的に理解する機会を最大限に確保することができるのです。一部の分野では，同じ要点を，数学的，言語的，図式的といった2，3種類の形態で説明することができます。また，同じことを，正式な言い方と日常会話的な言い方の2回にわたって言うのも有効です。

反復を利用して，学生が教材に追いつくようにする。学生は，1つめのテーマに取り組んでいる間は，2つめのテーマを理解するのは困難です。重複，繰り返し，間をとることで，学生が授業に追いつく機会を与えます。

References

Bernstein, H. R. *Manual for Teaching.* Ithaca, N. Y.: Center for the Improvement of Undergraduate Education, Cornell University, n.d.

Bligh, D. A. *What's the Use of Lecturing?* Devon, England: Teaching Services Centre, University of Exeter, 1971.

Brown, G. *Lecturing and Explaining.* New York: Methuen, 1978.

Knapper, C. K. "Presenting and Public Speaking." In M. Argyle (ed.), *Social Skills and Work.*

New York: Methuen, 1981.
Lowman, J. *Mastering the Techniques of Teaching*. San Francisco: Jossey-Bass, 1984.
Pollio, H. R. "What Students Think About and Do In College Lecture Classes." *Teaching-Learning Issues*, 1984, *3*, 3-18. (この出版物は, Learning Research Center, University of Tennessee, Knoxville から入手できる)

15 多人数のクラスを打ち解けた雰囲気にする

　100人以上の講義の授業は，特別難問です。多人数の講義では，学生は自分が無名の存在，孤立していると感じ，互いに知り合い，支え合ってグループ学習をすることが困難です。多人数の授業には，さまざまな能力の学生が参加しており，もともと個別に注目される機会はほとんどないものです。次の提言は，自分の存在が認められ，重視されていると感じるように，教員が学生を励ますのに役立つものです。

一般的な戦略

授業計画の許す限り，弾力的にする。「温かい」教室の環境を作るようにします。学生の発言を歓迎し，質問には即座に答える時間の余裕を持つようにします。

教員の人格と関心を伝える。最高の講演者は，彼が数人の友人と話をし，ユーモアと専門分野に対する熱意を共有しているような印象を与えます。教員は，教室の枠を越えて関心，感情，価値観を持っていることを学生に分からせます。授業を始める前に，ある音楽の好きな科学担当の教員は，誕生日がその日に近い作曲家や音楽家の音楽を演奏しています（Marinovich and Rusk, 1987）。

教室の物理的な環境にきめ細かく配慮する。照明がノートをとるのに充分か，学生が黒板を見るのに，光の反射が妨げにならないか，室温は快適か。必要に応じて，ブラインドを閉める，窓を開けるというように教室の環境を調整することを奨めます。

使用する空間を小さくする。広い教室も，教員が演台の後ろではなく，前に立てばより狭く見えます。講義をしながらできれば通路を使って動き回ります。TAがいる場合には，彼らと一緒に教材を配るようにします。（Gleason, 1986）

共同体的な感覚を作る

学生が互いを知り合うことを奨励する。個人が認められない教室では，級友や教員に対する責任を感じる割合が低くなります（Gleason, 1986）。クラスで自分が無名の存在だと思っている学生は，学習の動機づけが比較的弱く，必要な作業もしない傾向があります（Brock, 1976）。逆に，クラスに共同体の感覚を抱いている学生は，より集中し，参加の割合も高くなっています。授業第1日目に，近くに座っている1人か2人の学生と自己紹介をするようにします。班分けのないクラスでは，学習グループの効果を説明して，授業時間を割いてグループを作るようにします（「共同学習」の項を参照してください）。短時間でできるグループ課題を与えて，学生が互いに知り合うようにします。クラスで2，3人のチームを作らせて，テスト問題を提出させたり，授業時間内のプロジェクト作業をさせるようにします。学生に少なくとも2人と電話番号を交換させるようにします。「授業第1日目」の項を参照してください。

学生と形式ばらずに会話をするように努める。多人数の講義では，すべての学生と会話をすることは不可能かもしれません，また，そうしなければならないと感じる必要もありませんが，何人かの学生と知り合っておくことは有益です。喫茶店に寄ってコーヒーを飲みながら話そうと，学生に自由参加を呼びかける教員もいます。無作為に週に2，3人の学生を名簿から選んで，昼食に招く教員もいます。また，学期中，研究室で午後のお茶の会を開く教員もいます。ある教員は，野球の安価な外野席券を25枚買い，先着25名の学生にそれを与えています。券がなくなった後は，自分で券を買えば，他の学生もグループに参加できます（Padian, 1992）。

何人かの名前を覚えて，学生を名前で呼ぶように努める。多人数の授業では，すべての学生の名前を覚えることは不可能ですが，教員が数人でも学生の名前を覚えようとすることを学生は評価します。要点を指摘した学生がいた場合には，その学生の名前を尋ね，その要点や質問を彼らのものとして引用します。

このような個人的な呼びかけの効果は、すべての学生に波及するものです（Benjamin, 1991）。

学生に自伝的情報用紙の記入をさせる。授業の第1週の間に、1枚の用紙に氏名、住所、学年、出身地、受講の理由、期待すること、趣味、職業の経験、その他を学生に記入させます。この情報を利用して、授業に取り入れる活動を選んだり、学生の興味に合う例を取り上げたりします（Benjamin, 1991）。

学生たちが「クラス」としての共通の認識を作り上げるようにする。それぞれのクラスには、学期中に特徴的な性格が生まれます。学生集団が独自の雰囲気を作り出すことを奨励します。たとえば、ある教員は学期中を通じて毎回、授業の始めに「君たち起きているかい。勉強の用意ができているかい」と尋ね、すべての学生が声に出して返事をするまで待つようにしています。

授業のニュースレターを配る。3週間前後の間隔で1ページのニュースレターを電子的に配付するか、ハードコピーで配れば、お知らせ、授業で扱ったテーマの詳しい説明、正誤表、励ましの言葉、学習のヒント、その他を伝える共通のメディアとなります。教員のメールボックスに、研究室の扉にテープで貼った封筒に、あるいは電子メールで、意見や質問を寄せるように学生に促します。学生の質問にニュースレターで答えるようにします。

「お助け室」や「授業センター」を設ける。以前のテストや宿題の課題（解答をつける）、補足的な教科書、課題図書、その他の教材を学生が利用できるようにして、授業の内容を見直し、試験に備えることができるようにします。可能であれば、TAや上級生を待機させ、問題を抱えている学生への支援や質問への対応をさせます。（Brock, 1976）

新入生や転入生のために、授業時間内にオリエンテーションを行う。多人数の低学年向けの講義を担当しているある科学の教員は、第2週の授業時間の一部を用いて、新しい学生と話し合いをしています。彼は20分早く授業を終わり、

新しい学生に教室に残るように勧めています。その時間で，彼はもう一度，自己紹介をし，TAを紹介し，オフィス・アワーや受講の要件について確認し，新しい学生の経歴について少し話を聞き，さらに，学習の仕方，授業に出席することの重要性，学習グループを作る必要，援助はどこで得られるか，大規模な大学でどのようにして教員と知り合うかについての実用的な助言をするようにしています。(Padian, 1992)

教員と学生の距離を縮める

学生に無名の聴衆のなかの1つの顔ではないことを知らせる。 多人数の授業では，学生たちは自分たちの教室での態度（飲食，私語，居眠り，新聞を読むこと，遅刻，早退）が気づかれていないと思っている場合が多いようです。教室で何が起きているか気づいていることを学生に言い，そのように行動するようにします。

教室内の特定の列には座らないようにさせる。 たとえば，ある数学担当の教員は，1列目，2列目，4列目，5列目，7列目，8列目，それに準ずる列に座らせるようにしています。3列目，6列目，9列目が空いていますので，彼は列の間を通って，学生の中を歩き回ることができます。このことは，学生たちが着席したまま作業をする場合に，特に重要です。もちろん，この提言は授業が最大限の人数まで登録されていたり，あるいは申し込み超過になっておらず，教室の広さが充分である場合にだけ，実施可能です。

授業以外の場での，学生の功績を認める。 学内報に目を通し，学生部長賞のリストを調べ，学部生の表彰に注意を払い，学生に自分が彼らの業績に興味を持っていることを示します。

実験の班やディスカッションの班に時々加わる。 班に加わると，学生と会話したり，小さい規模で質問に答える機会となります。

適切であれば，外部の出来事や状況を利用する。世界の主要な出来事や学内の出来事を教室で扱うテーマや教室外での学生の生活と結びつけるようにします。予定表を配るか，授業時間を割いて，主題となっている事柄に対する学生の理解を深めるような，演劇，講演，公演，実演，その他の地域の行事や催しを紹介するようにします。

早めに教室に着いて，学生と話をする。授業の進み具合はどうか，課題図書を楽しんでいるか，講義に取り入れてほしい事柄があるかなどを尋ねます。あるいは，授業の後で研究室まで一緒に来るように学生に奨めます。

課題や試験の幾つかを読む。TAに大部分の成績評価をしてもらっている場合には，教員が課題や試験の一部に目を通して成績評価をすることを学生に知らせます。

成績がふるわない学生を見つける。評価がC以下のすべての解答用紙に，「君はもっと良い成績がとれると思う。オフィス・アワーに会いに来てください」と書きます。困難を抱えている学生には，早めに手助けをするようにします。

成績が優秀な学生を認める。評価A以上のすべての解答用紙に，「よくできました。授業の後でお話をしましょう」と書きます。授業の後で，短時間，成績優秀な学生に賛辞を伝えます。一部の教員は，学期末に「A」の学生にお祝いの手紙を送っています。

オフィス・アワーにテーマの予定を組む。学生が研究室に来ようとしない場合には，自由な形式の時間をとるよりも，定期的に特定のテーマに関する「支援講習」の予定を組むようにします。「オフィス・アワーを設ける」の項を参照してください。

前の学期に学生がした質問について話をする。以前の学生がした個々の質問に触れ，それらの質問がなぜ優れているかを説明します。これによって学生は，

教員が質問を真剣に受けとめており，自分たちのした質問が今後の授業に役立つことを知ることができます。(Gleason, 1986)

すべての質問を注意深く聞き，直接に答える。質問に対する答えが，授業のこれからの部分に含まれている場合には，その質問が的を射ていることを認めたうえで，学生にその質問をしばらく保留してくれるように求め，該当する主題にたどり着いたところで，ただちにその質問に答える。「学生の質問への対処」の項を参照してください。

初学者に対しては難しさを強調するよう努める。すべての学生が，教員自身が学生だったときのように強い動機を持って，授業で扱う分野に興味を抱いているわけではないことに留意すべきです。複雑な考え方を説明する場合には，話をゆっくり進め，特定の概念や演算についてはその難しさと重要さを強調します。自分が初めてその概念と出会ったときのことを思い出すように努め，自分にとってどのような例，戦略，技術が理解に役立ったかを思い出すようにします。自分とその概念との出会いや結果について学生に話すことで，概念自体を説明するだけでなく，学ぶことの努力とその成果を伝えることができます (Gleason, 1986)。

学生の進歩を観察する

質問する。質問することによって，学生を授業への能動的な参加者にすることができ，学生の興味や理解の度合いを感じとることができます。授業の終わりの10分か15分間を学生の質問のために残し，あるテーマについていくつかの質問が出た場合には，次の講義にそのテーマについての短い説明を組み込むようにします。自由なディスカッションをするにはクラスの人数が多すぎる場合には，教室を区切って参加者を制限して（あるときは教室の北東へ，別のときは教室の南西の一角へ），その日のグループをディスカッションに引き込むようにします。○×式の質問や多肢選択式の質問を出して，学生に声や指の合図で（親指を上に向けるか，下に向けるか，あるいは指1本はAを示し，2本はBを示すという方法）答えさせれば，クラス全体に質問をすることができます。

反応を見て，学生が論点を理解しているかどうかを知ることができます。
(Gleason, 1986)

特に講義の鍵となる箇所では，学生の様子を見る。聞き手の関心が薄れていることを示す言葉以外の反応に注目します。たとえば，要点を聞き逃して，近くの学生に話しかけている学生がいるか。そうであれば，質問や発言を求めるか，学生に対して説明を求めるようにします。

TAがいる場合には，学生が抱えている問題についての報告を定期的に求める。たとえば，TAに，担当のディスカッション班で学生が最も困難を感じた点を2，3書き出させます。彼らに，自分の講義に対する学生の反応について聞くのもよいでしょう。

小テストをたびたび行い，中間テストを2回以上行う。小テスト（成績評価を伴う場合も，伴わない場合も）をたびたび行えば，授業で良い成果をあげる機会が増え，教員は学生の進歩の具合を継続的に感じ取ることができます。

学期中フィードバックのために資料を集める。学生の進歩を確認し，何をどれだけ習得しているかを推し量る形式ばらないさまざまな方法については，「迅速なフィードバック」の項を参照してください。

References

Benjamin, L. T. "Personilization and Active Learning in the Large Introductory Psychology Class." *Teaching of Psychology*, 1991, *18*(2), 68-74.

Brock, S. C. *Practitioners' Views on Teaching the Large Introductory College Course*. Manhattan: Center for Faculty Evaluation and Development in Higher Education, Kansas State University, 1976.

Gleason, M. "Better Communication in Large Courses." *College Teaching*, 1986, *34*(1), 20-24.

Marincovich, M., and Rusk, L. *Excellence in Teaching Electrical Engineering*. Stanford, Calif.: Center for Teaching and Learning, Stanford University, 1987.

Padian, K. "Three Suggestions for Improving Contact with Students." *Journal of College Science Teaching*, 1992, *21*(4), 205-206.

講義を補い，講義の代わりとなる方法：学生の参加を促す　16

　従来の講義には，一方向の伝達で，学生が受動的な参加者，つまり単なる聞き手になってしまうという大きな欠点がありました。自分たちが読んだことについてディスカッションするとき，学習したことを実習するとき，概念や考え方を適用するときなど，能動的な役割を果たすときに学生は最もよく学習するものです。次に示したテクニックは，いろいろな分野の教員たちが，多人数の学部生の授業で学生と学生，学生と教員のやりとりに使用し，学習効果を高め，講義という形態のはらむ退屈さの打破に成功したものです。多人数クラスの授業向けの内容ですが，これらの考え方はどんな規模の授業にも取り入れることができるものです。

クラスを小グループに分ける

学生を2人組や3人組に分ける。 授業の始めに，回りに座っている人と2人組にさせます。授業中は，自分の組んだ相手と教材について話し合ったり，問題を解決させるようにします。そして，相手の学生たちに用語を定義すること（「ドップラー効果について自分の相手に説明しなさい」），読書課題から「なぜ」，「どのようにして」で始まる質問を作ること，問題を解くこと，教員が出した質問に答えること，講義の主要なポイントを識別することなどをさせるようにします。2人組の持っている間違った情報が訂正されないままにならないように，クラス全体に対して，手短かに要約や解答を示します。このテクニックを用いている教員は，学生が時間を有効に使い，お互いから効率よく学び，誰もが同時に話している騒音の中でも集中できることを報告しています。このようにして授業のペースを変化させることで，学生の集中力をつなぎ止めることができるのです。(Pestel, 1990)

2人組による学習を利用する。 クラス全体に次の授業までの課題を出します。

この課題は，読書，一連の問題を解くこと，実地研修旅行や実験室での実験，その他の学習活動とします。たとえば，「なぜ議会は1935年の本国送還法を通したのか」というような，課題についての質問を4つか5つ書いた用紙を2枚用意させます。次の授業では，用紙の1枚を教員に提出し，教員はそれを学生の出来ばえを評価するのに用います。学生を2人組にして，お互いに自分が用意した質問を聞き合わせます。学生は質問者と回答者の役割を交代で務め，授業ごとに組む相手が変わります。(McKeachie, 1986)

少人数のサブグループを作る。3，4人のサブグループを作らせ，グループが2，3分で解決できるような質問や作業を与えます。たとえば，特徴を説明するようなイラストの例を考える，項目の序列を考える，出来事や事件の発生理由を確認する，何かを校正するか変化させる方法などを課題とします。認知心理学の授業で，教員はサブグループにロボット，熟練システム，パターン認識，自然言語といった人工知能のどの面が最も私たちの生活に影響を与えるかを証明させています。数学の授業で，ある教員はサブグループに短時間で解ける問題を配り，問題を解かせています。グループごとに1枚の問題用紙を配りますので，学生たちはそれぞれ独自に問題を解くのではなく，話し合い，協力することになります。クラスの規模が適切であれば，グループごとに答えさせることを伝えます。クラスの規模が大きすぎる場合には，1つか2つのグループに結果を報告させ，どれだけのグループがそれに賛成するか尋ねるようにします。サブグループを作ると，学生が受動的に聞くことから能動的に学習することへ移行する機会を与え，教員は講義に一息いれることができ，学生はお互いを知り合う機会が与えられます。

ディスカッションに雪ダルマ式のテクニックを用いる。クラスの学生を2人組にし，最もその分野の事情に疎い学生でも，いくつかの考えが浮かぶような一般的な質問を出します。たとえば，「家を建てるのに建築家以外にデザイン，資金の融資，組み立てなど専門家にはどんな人がいますか」というような質問にします。指示した時間内（3，4分）にできるだけ多くの答えを考えさせ，1人が答えを紙に書くようにします。時間が来たら，近くの組と一緒に4

人のグループを作らせます。その4人組みで考え方をまとめて1つのリストを作り、新しい考えもそこにつけ加えます。可能であれば、4人組みを組み合わせて、8人のグループを作るとよいでしょう。最後に、クラス全体に向けて報告する記録係兼発表係をグループの中から1人選びます。このテクニックは、学生に主題となる事柄について考えさせることができ、学生がこの分野についてどれだけのことを知っているかを見ることができ、多人数クラスの孤立感や非人道的な雰囲気を克服するのに役立ち、学期を通じて学生が授業に参加できる環境を設定できるので、学期の始めに特に効果的です。学期が進んだ段階では、さらに専門性の高いテーマについて、同じ過程を繰り返して用いることができます。

同時進行のディスカッション・グループを作る。学生をいくつかのディスカッション・グループ（20人から25人）に分けて、講堂のそれぞれの隅に集めるか、隣り合って空いている教室に分かれて集まらせます。クラス全体で共通の課題を始めさせ、教員は各グループに短時間ずつ参加して、質問に答え、テーマについて説明し、グループの活動を始めさせ、軌道に乗せるようにします。ディスカッションへの参加の仕方の手引きを資料にして配ると役に立つでしょう。（「ディスカッションを導く」の項を見てください）場合によっては、クラス全体を元の席に戻して、グループ活動のまとめをしてもよいでしょう。

25／5規定を用いる。グループの25％が授業中の作業を完了したら、残りのグループは、あと5分で作業を仕上げるようにします。（Michaelsen, 1983）

クラス全体を引きつける

学生にブレインストーミングをさせる。一部の教員は、最高で400人のクラスでも、クラス全体に対していくつもの答えが考えられる質問を出し、学生たちにブレインストーミングをさせ、答えが正しいかどうかにこだわらずに、できるだけ数多くの提言をさせるようにしています。たとえば、「OPECの形成に貢献した要素は何か」といった質問を出しています。ブレインストーミングの

手引きとして，次の点を学生に伝えます。

- 批判は除外させる：誰も他人の提言を批判してはいけません。
- 目茶苦茶な提言を歓迎します。
- 量が望まれる：考え方が多ければ多いほど，良い考え方が得られる可能性も高くなります。

学生の考えを，黒板かOHPの透明フィルムに書きます。発言のつど，大まかに分けて（たとえば，社会，経済，政治的要素）書いておき，彼らの提言から出た項目や主題を後で分類するようにします。あるいは，書き出したリストを，教員が自分で並べ替え，関連のある考え方と結びつけて，結論をまとめてもよいでしょう。ブレインストーミングの応用としては，講義を中ほどでやめて，ここまで論じられてきた主題についての考えを書かせる方法もあります。(Frederick, 1986)

問題を示す。学生に質問や問題を出させるところから，学期の授業を始めます。出された質問や問題を黒板に書きますが，質問に直接的には答えないで，学生が問題点を明らかにするのを手助けするようにします。質問や問題が出そろったら，それぞれを関連のある項目に分類します。数が多く，時間に限りがある場合には，どの問題から先に扱うかをクラスで決めさせます。それから，教員が質問に答えるか，サブグループに質問を割り当てます。質問を示すことの利点は，参加の機会が増すこと，問題を明らかにし，問題を未解決の証と見なすのではなく，挑戦すべき課題と見なすことで問題解決の姿勢が強まること，そして学生同士が互いに助け合うことを通して自信が養われることがあげられます。(McKeachie, 1986)

学生が授業中に記入する質問用紙を作成する。授業で，論争の的になっているテーマ（理論，調査による発見，問題に対する立場）を取り上げた短い質問用紙を作ります。論争を呼んでいる意見に対して，大いに賛成，賛成，どちらでもない，反対，大いに反対の5つの回答項目を設けます。授業の始めにこの質

問用紙を配り，授業後に記録をとります。学期中を通じて，講義や読書課題で扱った新しい概念や主題に関連のあるテーマについて，この調査の結果を示します。調査結果の概要と詳細にわたる情報をクラスの学生に示し，それぞれが自分の見方と級友の見方がどう違うか知ることができるようにします。時間が許せば，クラスで「大いに賛成」と「大いに反対」に回答した学生に自分の意見の理由や証拠を手短かに話させます。このようなディスカッションは，論争を活気のあるものにし，学生は級友の意見や論証を聞くことに強い関心を示すものです。

問題を考える時間を設けたり，質問を出して，講義に間をとる。学生に数分間の時間を与えて，自分の席で問題を解かせます。答えを説明してから，講義を続けます。あるいは，正誤問題や択一式の質問を出し，口頭や挙手で学生に答えさせます。クラスの規模が適切であれば，学生に色分けした索引カード（黄色，白，青）を渡しておき，定期的に，ある問題についての考え方を，一斉にカードで投票させるようにします。また，「1, 1, 2, 3, 5, 8，というフィボナッチ数列の次の数字は何か」，または「『楽園追放』を描いたのは誰か」といった，1語や2語で答えられる質問を手早く，活発な調子ですることもできます。質問をするときには，教室の中を動き回り，学生と直接，目を合わせながら呼びかけるようにします。(Gleason, 1986; "Participation in Large Classes," 1990; Povlacs, 1986)

成績評価に含めない作文で，講義に間をとる。形式ばらない授業中の作文のさまざまな方法については，「すべての授業で学生の文章力の向上を援助する」の項を参照してください。

キーワードについての専門家にならせる。学期の始めに，鍵となる概念，考え方，人物，組織，出来事のリストを配ります。1人ひとりの学生に1つの言葉を選ばせます（非常に人数の多いクラスの場合には，学生のグループごとに同じ言葉を選ばせても結構です）。学生に与える最初の課題は，選んだ言葉について，用紙1枚分の定義を提出させることにします。学期中を通じて，学生に

は自分の選んだキーワードについて資料を読み深く調べ，講義にその語が出てきた場合には，専属の専門家としての役割を果たさせるようにします。(Christensen, 1988)

学生に質問をするように促す。クラスの人数が多すぎて口頭での質問を受けられない場合には，学生に講義の間に質問を紙に書いて，通路側に出させるようにします。質問の数が少なければ，その場でより分けて，答えることができ，受けた質問の数が多い場合には，次の授業で答えることを学生に伝えるようにします。(McKeachie, 1986)

お昼の「トーク・ショー」を上演する。ある教員は，グループでのロール・プレイングに参加することが，特別加点を得る機会となるようにしています。グループは5，6名の話し手が「ドナヒュー・ショー」のように，論争の的となっているテーマについてディスカッションする役割を学生が演じます。たとえば，あるグループのテーマは，「すべての煙草と酒の広告は禁止されるべきである」というものでした。学生たちは，アメリカ市民自由連合の弁護士からアメリカ肺協会の広報担当者，煙草会社の代表取締役まで，さまざまな役割を演じます。自分の演じる立場について調べたあと，学生たちはトーク・ショー参加者の役割を演じるわけです。教員は司会者として，マイクロフォンを持って質問をさばきながら「聴衆」の間をまわります。(Geske, 1992)

多人数グループのディスカッションを行う。数百人の学生でディスカッションを行う場合には，意見の相違を中心に扱います。ある学生が自分の見方を発言したあとで，学生に賛成かどうかを表明させます。「皆さんの中の何人が，これが無理のない見解だと考えますか」と尋ねます。始めに挙手で賛成を確認してから，不賛成や違う考え方の者を挙手で確認します。多数派の見方を支持する発言を促すよりは，異なる考え方を探すことで，ディスカッションを続けて進めるようにします。(Maier, 1963)

定期的に，講義を早めに終わらせる日を作る。たとえば，ときどき講義を30分

早く終わらせ，その時間を形式ばらないディスカッションにあてます。ある教員は，その30分間の出席は任意としています。退室する学生もいますが，とどまる学生に関しては，講義，課題図書，学問分野について活発なディスカッションが行われるそうです。（Padian, 1992）

授業の終わりになって，深刻なディスカッションを始めることは避ける。授業が終わりに近づくにつれて，回りの者の授業が終わることに対する期待の圧力によって，学生の質問や発言は，抑えられがちになります。

授業のまとめを書く時間をとる。授業の終わりには，その日の講義のキーポイントを2つか3つ，あるいは自分の頭に一番強くひっかかっている疑問を書かせます。それらの回答を集め，学生が何を学んだかを確認するためのサンプルとして，それらを検討するようにします。

講義に代わる方法を駆使する

ゲストスピーカーを授業に招く。外部のゲストや仲間で，関連のある専門知識を持っている，あるいは実際の経験のある人を授業に招くようします。ある英語の教授は，ときおりプロの俳優を招いて，学生が学んでいる劇の場面や役割の解釈について話してもらうようにしています。ゲストスピーカーに講義をしてもらう代わりに，教員や2，3人の学生がみんなの前でゲストにインタビューしてもよいと思います。ゲストの仕事ぶりが学生にもよく知られている場合には，ゲストに対する質問を学生から出させることができます。可能であれば，授業の後で，教員とゲストとともにコーヒーを飲むように学生に呼びかけるようにします（McKeachie, 1986）。次の授業では，ゲストの貢献度を強調するようにします。

　ゲストの礼儀として，事前に充分な打ち合わせをし，授業や学生についてのバックグランドを示す情報を提供します。授業の形式についても話し合い，日時や場所を確認し，学内の地図を渡し，学内の駐車場を手配します。さらに，

ゲストには早めにお礼の手紙を送るようにします。("The Guest Lecturer," 1991)

授業中に電話会議を行う。講義内容に関する専門家，課題図書の著者，選ばれて公職にある人，授業で見た映画の作者や監督と学生が電話で話をするようにします。オープン・マイクとスピーカーと電話を接続して，用意してきた質問を学生にさせるか，教員が学生からの質問を相手に取り次ぎます。この目的に使用できる電話会議の設備を備えている大学もあります。("Phone Interviews," 1989)

討論を取り入れる。2人がものの見方について話し合うのは，1人が話をする場合よりも，クラスの学生の集中力をはるかに効果的に引きつけることができます。同僚の教員を招いて，授業に関連のある問題について討論をしてもらいます。あるいは，クラスを半分に分けて，すべての学生を討論に参加させます。学生は，たまたま座った場所によって，教室の半分はその問題に対して支持するようにします。あるいは，どちらの側を支持するかを前もって考えて教室に来て，討論の一方の側を支持する席に着くようにしても結構です。また，次に示すような指示を与えて，何らかの問題に関する小グループでの討論を行わせてもかまいません。(Deemer, 1986, p. 41)

> グループで，知能テストの利用を違法とする（または，必須とする）ことの確かな論拠を4つ示す必要があります。それぞれの考えをお互いに伝え合うところから始めて，異なるすべての論拠をリストにします。この時点では，出された論拠を批判したり，評価してはいけません。どのように荒唐無稽に思われるものでも，各人が自分の考え方をまとめて，伝えられるように互いに助け合うことにエネルギーを注ぎます。論拠が出尽くしたと思われるところで，始めから見直して，4つの確かな論拠を選びます。使える時間は，約30分です。

クラスの規模によって，有志を募り賛成側の意見を述べさせ，次に反対側に

ついても同様にします。テーマによっては，賛成側，反対側，中立の3つのグループを作るようにします。(Frederick, 1986)

ロール・プレイングを行う。「ロール・プレイングとケース・スタディー」の項を参照してください。

シミュレーション・ゲームを行う。シミュレーション・ゲームや教育ゲームは，ある物理的，社会的，歴史的，政治的環境の特定の状況を設定して，学生に現実の状況に近い行動をさせます。シミュレーション・ゲームは，経営，国際関係，歴史，社会学，都市計画といった分野で開発された方法です。たとえば，ロシア革命のシミュレーション・ゲームでは，学生は自発的に4つの党派のいずれかに属し，来るべき1917年の選挙に向け，幹部会を開いて，とるべき行動を決定するよう求められます（McKeachie, 1986）。囚人の葛藤というゲームでは，学生は逮捕され，重罪で告訴されます。このシミュレーションでは，学生は嘆願の交渉，自己の利益と社会の利益の対立に基づく決定，刑事裁判のシステムの働きを学ぶことになります（Hyman, 1981）。また，別のシミュレーションでは，学生は，経済的，社会的役割の安定している社会の市民となったり，あるいは国際的な交渉に当たっている政治家になったりします。

典型的なシミュレーション・ゲームでは，いくつかのグループに分かれて競い合い，完了するのにおよそ1，2時間はかかります。学生がこのゲームから何を学んだか，特定の劇の流れの中からどんな一般論を引き出すかについて，徹底的にディスカッションする時間を確保することが大切です。

調査によれば，シミュレーションは学生の動機づけや学習への関わりに好ましい影響を与えることが分かっています（McKeachie, 1986）。しかし，シミュレーションは，意図した目的を達成するうえで，従来の方法を上回る効果をあげるわけではありませんので，他のティーチング方法の補助的な手段として利用するのが最善です。シミュレーション・ゲーム，教育ゲーム，コンピューター・シミュレーションについては，専門誌（Simulation and Games）ばかりで

なく，各分野の教育雑誌（たとえば，Teaching Sociology, Teaching Political Science, Journalism Educator）にも報告が載せられています。Abt（1970）およびBratley, Fox, and Schrage（1987）は，多様な専門分野でのシミュレーションの概要を示しています。Ramsden（1992）は，電子メールを使用したシミュレーションについて説明しています。シミュレーション・ゲームの開発について興味のある方は，Fuhrmann and Grasha（1983, chap. 9）に，開発の手順が説明されています。

References

Abt, C. *Serious Games*, Washington, D. C.: University Press of America, 1970.

Bratley, P., Fox, B. L., and Schrage, L. E. *A Guide to Simulations*. (2nd ed.) New York: Springer-Verlag, 1987.

Christensen, T. "Key Words Unlock Students' Minds." *College Teaching*, 1988, *36*(2), 61.

Deemer, D. "Structuring Controversy in the Classroom." In S. F. Schomberg (ed.), *Strategies for Active Teaching and Learning in University Classrooms*. Minneapolis: Office of Educational Development Programs, University of Minnesota, 1986.

Frederick, P. J. "The Lively Lecture — 8 Variations." *College Teaching*, 1986, *34*(2), 43-50.

Fuhrmann, B. S., and Grasha, A. F. *A Practical Handbook for College Teachers*. Boston: Little, Brown, 1983.

Geske, J. "Overcoming the Drawbacks of the Large Lecture Class." *College Teaching*, 1992, *40*(4), 151-154.

Gleason, M. "Better Communication in Large Courses." *College Teaching*, 1986, *34*(1), 20-24.

"The Guest Lecturer: Do's and Don'ts." *Teaching Professor*, 1991, *5*(6), 2.

Hyman, R. T. "Using Simulation Games in the College Classroom." *Idea Paper*, no. 5. Manhattan: Center for Faculty Evaluation and Development in Higher Education, Kansas State University, 1981.

McKeachie, W. J. *Teaching Tips*. (8th ed.) Lexington, Mass.: Heath, 1986.

Maier, N. R. F. *Problem-Solving Discussions and Conferences*. New York: McGraw-Hill, 1963.

Michaelsen, L. K. "Team Learning in Large Classes." In C. Bouten and R. Y. Garth (eds.), *Learning in Groups*. New Directions for Teaching and Learning, no. 14. San Francisco: Jossey-Bass, 1983.

Padian, K. "Three Suggestions for Improving Contact with Students." *Journal of College Science Teaching*, 1992, *21*(4), 205-206.

"Participation in Large Classes." *Teaching Professor*, 1990, *4*(2), 3.

Pestel, B. C. "Students 'Participate' with Each Other." *Teaching Professor*, 1990, *4*(5), 4.

"Phone Interviews." *Teaching Professor*, 1989, *3*(2), 7.

Povlacs, J. T. "101 Things You Can Do the First Three Weeks of Class." *Teaching at the University of Nebraska*, Lincoln, 1986, *8*(1), 1-4.（ニュースレターは，Teaching and Learning Center, University of Nebraska, Lincoln から入手できる）

Ramsden, P. *Learning to Teach in Higher Education*. New York: Routledge, 1992.

17 限られた資源を使用してティーチングの質を保つ

今日の多くの大学の財政状況からすれば，教員はしばしば困難な条件のもとに多人数クラスの指導に直面することになり，その困難さは次第に増しつつあります。ゲストの講師，教材のコピー，メディア資源，実験室での実験，実地研修旅行の費用はなくなりつつあります。もはや，TAや添削者を慣例上当然のこととして授業で用いることはできません。単に，課題作文の数を減らし，班や小グループのディスカッションをやめることに代わる方法があるのでしょうか。どうすれば，予算の引き締めに会っても，質の高い教育を提供しつづけることができるのでしょうか。

予算の縮小に対処する1つの方法として，学部単位で，提供する授業の規模や性質の構造的変更を考慮することです。別の戦略としては，TAや添削者に頼らないティーチングの技術を採用します。たとえば，「多人数のクラスを打ち解けた雰囲気にする」や「講義を補い，講義の代わりとなる方法」の項に，TAを中心とした班による学習活動ができなくなるか，縮小されても，学生にディスカッションの機会を与えるための多くの方法が示されています。

添削者やTAの支援を得ないで試験や成績評価を行う

グループによる試験を考慮する。「小テスト，テストおよび試験」の項を参照してください。

学生にテスト問題を作らせる。この技術を使った教員は，中間試験に学生の作った問題を採用して，一定の成功をあげています。「小テスト，テストおよび試験」の項を参照してください。（Buchanan and Rogers, 1990; Fuhrmann and Grasha, 1983）

テストの採点に読み取り機を使用する。多肢選択式のテストでは，単純な知識や複雑な概念の両方を測定することができます。読み取り機を使用すれば，採点を容易に行え，信頼性もあります。「多肢選択テストおよび組み合わせテスト」の項を参照してください。

添削者やTAの支援を得ないで作文課題による試験を行い，成績評価する

すべての学生の作文を自分が読んで成績をつけなければならないと考える必要はない。学生が作文するのは，まず1つの主題について学習するためです。教員が学生の作文にいちいち目を通すことができないとしても，作文をさせないよりは，させたほうがよいのです。学生たちに授業中にお互いの作文を分析させたり，小グループで自分たちの作文を批評させても結構です。あるいは，単に自分のために作文を書かせて，フィードバックをしない方法もあります。学生たちは，自分たちがより明確に考えるために書くのであって，成績をもらうために書くのではないことを学ぶことでしょう。また，学生の作文を集めて，ざっと目を通す方法がとれることにも記憶にとどめておきましょう。(Watkins, 1990)

授業中に短い作文課題を出す。あるテーマについてディスカッションする前に，その主題についてすでに知っていることは何か，どんな意見を持っているかを手短かに書かせます。この場合は，教員は作文を集める必要はありません。学生の集中を促すことが目的です。あるいは，教員が授業中に出した質問に対する短い答えを，書かせることもできます。問や題は，これまでに扱った教材を見直すものでも，学生が課題図書の内容をどのくらい覚えているかを試すものでも結構です。(Tollefson, 1988)

授業中に，3分間作文の時間をとる。定期的に，特定の問題やテーマについて3分間の作文を書かせます。思い浮かんだことを自由に書き，文法，綴り，言い回し，構成を気にする必要がないことを伝えます。作文の専門家は，この種の自由作文は，学生が多様な考え方を統合し，自分が理解していないポイント

を判別するうえで役立つと信じています。このような練習の場合には，作文を集める必要はありません。(Tollefson, 1988)

クラスメートによる評価グループを利用する。クラスを3,4人の学生のグループに分けます（これより人数が多くならないようにします）。学生に，自分のレポートの下書き原稿を，グループのメンバーに渡す分コピーして持ってこさせます。学生に，互いの原稿についての感想を述べ合う際の手引きを配ります。「すべての授業で学生の文章力の向上を援助する」の項を参照してください。

添削者やTAの支援を得ないで演習を出し，成績評価する

宿題をたびたび出しても，すべての課題について成績評価をする必要はない。成績評価するのは，たびたび出す課題のうちの1つか2つとし，どれについて成績評価するかは事前に学生には言わないようにします。あるいは，1週間に2,3の練習問題を集めます。一部の教員は，学生に宿題を1冊のノートに書かせ，ときおりそのノートを集めて調べるか，課題として出した練習問題のなかから小テストを行い，その成績を評価するようにしています。成績評価しない課題については，提出期限の日に正解を配り，学生が自分で答え合わせできるようにします。(Committee on the Teaching of Undergraduate Mathematics, 1979)

学生に協力し合って宿題をするように奨励する。学生はともに学習することで，お互いから学ぶことができます。成績評価を容易にするために，学生に小グループで1つの宿題を提出させます。(Marincovich and Rusk, 1987; Reznick, 1985)

一部の課題については，合否の基準で評価する。すべての宿題について，AからEまでの段階による評価を下す必要はありません。合否という方法や点検済，点検済良，ゼロという方法も考慮にいれます。

ディスカッションの班分けがされていない多人数クラスで共同体感覚を作る

学生が互いに知り合うようにする。授業の第1日目には，近くに座っている1人か2人と自己紹介をさせます。短い時間でできるグループ課題を出して，学生がお互いに知り合うようにします。クラスで4人から6人の学習チームやグループを作らせて，テスト問題を作って提出させたり，授業中のプロジェクトで作業させたりします。学生に，クラスの少なくとも2人の学生と電話番号を教え合うようにさせます。

教室の外で，学生のグループと談話する。学生に教員と教室外の場所で会って，リラックスした会話をしたり，クラス名簿から週ごとに2,3人の学生を無作為に選んで昼食に誘うようにします。あるいは，オフィス・アワーの一部を自由参加のお茶の時間とします。すべての学生と談話することはできませんが，教員の努力はクラス全体から評価されます。

インターネットで学生と接する。たとえば，学内がネットワーク化されている場合には，非公式なニュースレターを送ります。授業に登録している学生のための電子メールの場を設定して，互いにやりとりできるようにします。「コンピューターおよびマルチメディア」の項を参照してください。

学部で提供する授業とその内容を再構築する

可能であれば，クラスの規模を縮小する。登録できる学生の数を減らすことは，支援が得られなくなった場合，特に多人数のクラスでTAや添削者の支援が得られない場合に，それを埋め合わせるための1つの方法です。300人から400人の学生が登録する多人数で低学年の授業については，数人の教員がそれぞれのバージョン（100人前後の学生が登録する）を担当することで，同じ科目を複数のバージョンで同時に行うことができます。高学年では，一部のクラスで学生をその学部を専攻としている者だけに制限することが考えられます。しか

し，ある授業で登録人数を減らせば，他の授業の登録人数が増えることに留意する必要があります。

学生が受講の要件を満たすうえで，代替となる条件を見つける。特定の授業が，他の授業を受けるうえで主要な要件となっている場合には，学生が他の方法で要件を満たせるようにする可能性を検討します。他の学部や他の大学の科目で，その授業の代わりとして受け入れられるものを示すか，夏期講義や他の研究機関で開設されている科目で要件に合うもののリストを学生に配ります。

登録者の少ない授業を打ち切る。学部として，登録希望者の少ない授業よりも希望の多い授業を優先し，たとえば，多人数クラスの班の数を増やすなど教員を配置し直すことを考慮してもよいでしょう。

ディスカッションの班に代わる方法を提供する。資金が不足して，専属のTAが参加する少人数による班会議を毎週開くことができない場合には，クラスの学生が誰でも出席したいときに出席できる，やや規模の大きい自由参加の班を，班の数を減らして作るようにします。

References

Buchanan, R. W., and Rogers, M. "Innovative Assessment in Large Classes." *College Teaching*, 1990, *38*(2), 69–73.

Committee on the Teaching of Undergraduate Mathematics. *College Mathematics: Suggestions on How to Teach it*. Washington, D. C.: Mathematical Association of America, 1979.

Deemer, D. "Structuring Controversy in the Classroom." In S. F. Schomberg (ed.), *Strategies for Active Teaching and Learning in University Classrooms*. Minneapolis: Office of Educational Development Programs, University of Minnesota, 1986.

Fuhrmann, B. S., and Grasha, A. F. *A Practical Handbook for College Teachers*. Boston: Little, Brown, 1983.

Marincovich, M., and Rusk, L. *Excellence in Teaching Electrical Engineering*. Stanford, Calif.: Center for Teaching and Learning, Stanford University, 1987.

Padian, K. "Three Suggestions for Improving Contact with Students." *Journal of College Science Teaching*, 1992, *21*(4), 205–206.

Reznick, B. A. *Chalking It Up: Advice to a New TA*. New York: Random House, 1985.

Tollefson, S. K. *Encouraging Student Writing*. Berkeley: Office of Educational Development, University of California, 1988.

Walvoord, B. F. *Helping Students Write Well: A Guide for Teachers in All Disciplines*. (2nd ed.) New York: Modern language Association, 1986.

Watkins, B. T. "More and More Professors in Many Academic Disciplines Routinely Require Students to Do Extensive Writing." *Chronicle of Higher Education*, 1990, *36*(44), pp. A13-A14, A16.

V

共同学習や体験学習の戦略

18. 共同学習：グループによる作業や学習チーム

19. ロール・プレイングとケース・スタディー

20. フィールドワーク

共同学習：グループによる作業や学習チーム   18

　学生が最もよく学習するのは，学習過程に活動的に参加しているときです。調査によれば，主題が何であるかによらず，小グループで活動している学生のほうが，同じ内容を別のティーチングの形式で教えた場合よりも，教えられていることをより多く修得し，より長く覚えている傾向があります。協力して学習するグループ内で活動した学生は，授業に満足しています。(Beckman, 1990; Chickering and Gamson, 1991; Collier, 1980; Cooper and Associates, 1990; Goodsell, Maher, Tinto, and Associastes, 1992; Johnson and Johnson, 1989; Johnson, Johnson, and Smith, 1991; Kohn, 1986; McKeachie, Pintrich, Lin, and Smith, 1986; Slavin, 1980, 1983; Whitman, 1988)

　こういうティーチングの形式にはさまざまな名称がつけられており，その間には，一定の区別があります。協力学習，共同学習，集団学習，学習共同体，級友による指導，級友との学習，相互学習，チーム学習，学習サークル，学習グループ，作業グループなどの名称があります。しかし，全体として，集団による学習には3つの一般的な種類があります。非形式的学習グループ，形式的学習グループ，学習チームです。(Johnson, Johnson, and Smith, 1991より抜粋)。

　非形式的学習グループは，1回の授業の間だけの臨時の学生の集団です。非形式的学習グループを始めるには，たとえば，近い席の学生のほうを向いて，2分間で教員が出した問題についてディスカッションをさせます。3〜5人のグループを作って，問題を解かせたり，質問を考えさせたりすることもできます。どのような規模のクラスでも，授業中のどの時点でも，非形式的学習グループを作って，学生が教材を理解しているかどうか確認したり，学習した内容を適用する機会を学生に与えたり，授業のペースを変えたりすることができます。

形式的学習グループは，実験室での実験を行う，レポートを書く，プロジェクトを実行する，意見書をまとめるというような特定の仕事を完成させるために作られるチームです。こういったグループは，1回の授業で仕事を完了する場合もあれば，数週間続く場合もあります。典型的な場合としては，学生は仕事が完了し，そのプロジェクトに対する成績評価がなされるまで，活動を共にします。

　学習チームは，長期的なグループ（通常，授業の期間中続く）であって，固定したメンバーで，メンバーの第1の責務は他のメンバーに受講の要件，課題を果たすための支援，励まし，補助などを与えることです。学習チームでは，メンバーの誰かが授業に欠席した場合に，講義や課題についての情報を伝えます。クラスの規模が大きくなるほど，また主題が複雑であるほど，学習チームが意味のある仕組みとなります。

　次の提言は，形式的学習グループや学習チームを立ち上げるうえで役立つものです。クラスでグループ活動をしたことがない場合には，まず非形式的学習グループで試したいと思われるでしょう。「ディスカッションを導く」，「講義を補い，講義の代わりとなる方法：学生の参加を促す」という2つの手だての項に非形式的学習グループを授業に取り入れるためのさまざまな方法が説明されています。「すべての授業で学生の文章力の向上を援助する」の項では，非形式的に共同で作文をする活動について論じています。

一般的な戦略

グループ活動の段階ごとの計画を立てる。 授業のシラバスを書くときに，どのテーマ，主題，プロジェクトを形式的グループ活動として行うかを決めます。どのようにしてグループを編成するか，グループの話し合いをどのようにして援助するか，グループに対するフィードバックをどのように提供するか，グループ活動の成果をどのように評価するかを考えます。

グループの運営の仕方，成績評価の仕方を学生にきめ細かく説明する。課題を出すときのように，グループの仕事の目的を説明し，関連のある概念があれば定義するようにします。仕事をはっきりと定義することに加えて，すべてのグループにとって，何らかの仕事を始めるための糸口，仕事が終わったことを知る方法，メンバーの参加の仕方に関する手引きが必要です。また，学生の成績評価をどのように行うかの説明も必要です。学生の成績評価を個々の相対評価で行う場合よりも，基準を設定して行う場合のほうがグループ活動がうまくいくことを考慮します。「成績評価の実例」の項を参照してください。(Smith, 1986)

グループ活動を円滑に行うために必要な技術を学生に授ける。学生の多くがグループで共同学習をしたことがなく，能動的で忍耐強く聞く，内容を理解するために互いに助け合う，建設的な批評をやりとりする，意見の違いに対処するといった技術の訓練を必要としている場合があります。これらの技術について学生と話し合い，授業のなかでそれらの技術を示し，強化するようにします。一部の教員は，いろいろの練習方法を使って，学生がグループ活動の技術を身につけさせます (Fiechtner and Davis, 1992)。小グループに参加するための手引きの例については，「ディスカッションを導く」の項を参照してください。(Cooper, 1990; Johnson, Johnson, and Smith, 1991)

書面で取り決めをすることを考慮する。一部の教員は，メンバーのグループに対する責務および仕事の期限に関する取り決めを，書面で学生に渡しています (Connery, 1988)。

グループ活動を企画する

互いの力を必要とするようなグループの仕事を考える。グループの学生は「浮沈を共にする」，つまり，個々のメンバーが他のすべてのメンバーに対して責任があり，メンバーを頼りにし，グループのすべての人が成功しなければ，1人が成功することはないのだという認識を持つ必要があります。クラスメイト

が自分を頼りにしていると知ることが，グループ活動の強力な動機づけの要素となります（Kohn, 1986）。相互依存を促進する戦略としては，グループ共有の賞を指定すること，仕事を分け合うよう促すこと，学生が合意に達しないと行えないような仕事を与えることがあげられます。(Johnson, Johnson, and Smith, 1991）

グループ活動を授業に関連のあるものとする。グループ活動が，単なる忙しい仕事ではなく，授業の目的との整合性のあるものだということを学生が認識している必要があります。一部の教員は，仕事の内容が判断を含むものであるほうがグループ活動を成功させると確信しています。Johnson, Johnson, and Smith（1991）によれば，たとえば，市が25台のバスを買うか，あるいは50台のバスを買うかを判断せよという問題を解く課題を教員がグループに与えます。それぞれのグループがレポートを準備し，代表として1人のメンバーを任意に選んで，グループの見解を発表するようにします。さまざまなグループの取り組みについて，クラス全体で比較し，話し合います。Goodsell, Maher, Tinto, and Associates（1992, pp. 75-79）は，共同学習の実例を専門分野別に示し，グループでの仕事や活動を展開するのに役立つ，詳しい文献目録を編纂しています。

学生の技術や能力に適した課題を考える。学期の始めには，比較的容易な課題を与えるようにします。学生の知識が増えるにつれて，難易度の水準を上げてゆきます。たとえば，調査方法を教えているある教員は，単に，さまざまな調査の企画やサンプリングの手順を学生に見つけさせるところから始めます。その後，チームのメンバーが独自の調査を企画します。学期の終わりには，各チームが1つずつの調査プロジェクトの提案を作成し，他のチームに提示して評価を受けます。(Cooper and Associates, 1990）

仕事を公平に分担しやすいグループ作業を課題とする。グループの各メンバーが等しく貢献ができるように，課題を構成するよう努めます。たとえば，ある教員はグループに代替エネルギー資源についてのレポートを書かせています。

グループの各メンバーが責任を持って1種類の資源を調べ，それからメンバー全員で作業し，1人ひとりの貢献が最終的なレポートに組み込まれるようにまとめます。別の教員は，「中世新聞」をグループで作らせています。学生は中世の生活のさまざまな側面を調べ，個々の学生が，出来事，人物，論説を含む新聞記事を1つずつ持ち寄ります。学生は個々に調査を行い，グループ会議で情報を共有し，記事を編集し，校正を行い，紙面割りを考えます。(Smith, 1986; Tiberius, 1990)

グループ間の「競争」を設定する。ある工学の教員は，実験室での実習に競争原理を導入しています。学生はグループで作業して，橋や円柱といった建築物の縮小モデルを設計し，建築します。彼らはモデルに負荷がかけられたときにどうなるかを予測し，それぞれのモデルが壊れるまで負荷をかけます。最優秀予測賞，最高効率賞，最優秀美術賞といったさまざまな部門を設けて，グループに賞を与えています。(Sansalone, 1989)

テストのグループ受験を提案する。グループ・テストでは，教室での試験の場合でも，持ち帰っての試験であっても，グループの点数を個々の学生が受けることになります。グループ受験で試験を行った教員は，グループは一貫して個人よりも高い得点を達成しており，学生は共同のテスト受験を楽しんでいることを報告しています。(Hendrickson, 1990; Toppins, 1989)。このティーチングの技術を用いている教員は，教室での試験を次に示す手順で行うことを提案しています。

- 学生がグループ活動の技術を発達させることができるように，学期の始めにグループの課題を割り当てます。
- 高水準の問題を含む多肢選択式のテストを行います。ディスカッションの時間をとれるようにするために，教室での50分の試験に25題の問題を出します。
- 学生を5人のグループに分けます。
- 学生たちに個々にテストを受けさせ，グループで集まる前にテストを出

させます。それから，教室内でグループが集まって，それぞれの問題についてグループの合意による解答を出させます。個人とグループの解答を採点し，各グループのメンバー個人の平均点，各グループ内の個人最高得点，グループの合意による解答の得点を示した表を用意させます。これまでの例からすると，95％の場合に，個人得点の平均よりもグループ得点のほうが高くなります。

グループ試験の詳細については，「小テスト，テストおよび試験」の項を参照してください。

学習グループの編成

どのようにしてグループを作るかを決める。男女，よく話す学生と口数の少ない学生，冷笑的な者と楽天的な者など，いろいろな学生が集まるようにするために，無作為に学生をグループに割り振る方法をよしとする教員もいます（Fiechtner and Davis, 1992; Smith, 1986）。また，この方法ではグループが打ち解けすぎて，学生が自分たちだけで固まってしまう恐れはありますが，誰と一緒に作業したいかを学生に選ばせる教員もいます（Cooper, 1990）。自分たちで選んだメンバーによるグループは，少人数のクラス，すでに互いに知り合っている上級の学生のクラス，規模の小さい寮制の大学のクラスで非常によく機能します（Walvoord, 1986）。さらに，学生のこれまでの成績，予備知識の水準，学習の習慣，民族，性別を考慮して，自分でグループを作っている教員もいます（Connery, 1988）。このような方法をとっている教員は，各グループのメンバーが成績の良い学生ばかりになったり，試験に受かるか受からないかの境界線上にいる学生ばかりになったりしないように提案しています。充分に訓練されている学生のグループ同士が一緒のグループになるようにすることが必要であるとの提案に対し，他の教員は，比較的能力の高い学生をまんべんなく各グループに分散させようという提案もあります（Walvoord, 1986）。これらの方法のなかで中庸を行く方法として，Walvoord（1986）は，学生に誰と一緒になりたいか，希望があれば出させたうえで，教師が割り振りをする方法を提案

しています。たとえば，学生に，一緒に作業したい3人の学生の名前を書かせて，これを参考に割り振るなどの方法です。

グループの大きさを意識する。一般に，4,5人のメンバーからなるグループが最もうまくゆきます。これより人数の多いグループでは，各メンバーが能動的に参加する機会が少なくなり，グループのメンバーの技術が低い場合ほど，グループの規模を小さくする必要があります。さらに，使える時間が短いほど，グループの規模を小さくする必要があります。（Cooper, 1990; Johnson, Johnson, and Smith, 1991; Smith, 1986）

グループを保つ。うまくいかないグループがある場合に，たとえそのグループから要請があっても，グループを壊すことを避けるようにします。作業を進めているグループのなかに，うまくいかなかったグループのメンバーが加わると，グループの積み重ねてきた過程が無駄になりかねないし，問題があって分かれたグループは，非生産的な意見のやりとりに対処する方法を学ぶことができないわけです。（Walvoord, 1986）

学習グループを導く

グループが作業の進め方の計画を立てるのを支援する。各グループに，誰がいつ何をするかの活動計画を立てさせます。グループの計画を書面で提出させて検討するか，各グループと会議をして計画について話し合うようにします。

グループ活動の進み具合を期間を決めて確認する。作業の期間が数週間にわたる場合には，グループとの間で作業を確認する期日を決めることが望ましいでしょう。グループに概要や原稿を提出させるか，教員と報告・検討会を持つようにさせます。

グループが非協力的なメンバーに対処するための仕組みを提供する。Walvoord（1986）は，グループ活動が完了したあとで，クラスの1人ひとりの学生に，

無記名でグループの他のメンバーの参加状況について，誰が余分に仕事をしたか，誰が仕事を怠けたかの評価を提出させるように提案しています。数人の学生が，ある学生について正当な割り当て分の仕事をしていないとした場合には，その学生はグループの他の学生よりも低い成績評価となる可能性があります。この仕組みが効果を発揮するのは，プロジェクトの半ばに，割り当てられた仕事をしていないメンバーがいるかどうかをグループで話し合う機会が得られる場合であると，Walvoordは言っています。怠慢であると認められたメンバーは，その時点で態度を改める機会が与えられます。怠慢者への対処について，他に選択できるいくつかの方法を次に示します。

- グループを3人の学生で保ちます。小グループでは，怠慢であることは困難です。
- グループでの非協力的な態度については，各グループで独自の対処法を見つける必要があることを明確にしておきます。
- グループが多数決により，正当な割り当て分の仕事をしていないメンバーを除外することができるようにします。グループから除外される学生は，グループに考え直すよう説得するか，受け入れてくれる別のグループを探すか，そのプロジェクトに関して不合格の成績となります。

　グループのすべてのメンバーに必ず同等の努力をさせるようにするための最善の方法は，労力の分担が明確で，グループの目的を達成するためには1人ひとりの学生が貢献しなければならないような活動を企画することです。(Connery, 1988; Walvoord, 1986)

グループ活動の評価

個々の学生の成績がつけられることと，メンバーが何をしているかグループに分かっていることを確認する。グループでは，課題を完成するためには誰が援助を必要としているかを知ることが必要であり，メンバーは，自分は何もしないで，他人にすべての仕事をさせてはならないことを認識していなければなり

ません。学生が責任を果しているかを確認する方法としては，個別に完成しなければならないことに警告したり，個々の学生を指名して自分のグループの進み具合を発表させるという方法があります。(Johnson, Johnson, and Smith, 1991)

学生に自分たちのグループの活動を評価する機会を与える。グループ活動の期間中に一度か二度，グループのメンバーに，「それぞれのメンバーがグループ内で役立つどのような活動をしたか」，「グループをさらに良くするために，それぞれのメンバーがどのようなことができるか」という2つの質問についてディスカッションさせます。プロジェクトの終わりに，グループやそのメンバーの活動振りについて簡単な評価用紙への記入を学生にさせます。評価用紙には，グループの業績全般，学生本人の果した役割，今後グループ活動を行う場合の変更箇所の提案といった項目を含めることが考えられます。Rau and Heyl (1990) は，中間または最終の評価に使用できる用紙を開発しています。(Johnson, Johnson, and Smith, 1991; Walvoord, 1986)

グループのメンバーの成績評価の方法を決める。一部の教員は，グループ活動についてはグループのすべての学生に同じ成績評価を与えています。教員たちが言うところでは，学生の成績を個別に評価すると，グループ内での競争が避けられず，グループ作業の利点がなくなります。個々のテストの点数，各メンバーの仕事振りに対するグループによる評価に基づいて各学生の貢献度の成績評価を行う教員もいます。グループ全員に同じ評価を与える場合には，その成績は，クラスにおける学生に対する評価のほんの一部を占めるにとどめるべきです（たとえば，B-（マイナス）のテストの点数をBに引き上げる程度の特別加点）。(Cooper, 1990; Johnson, Johnson, and Smith, 1991)

グループ活動に関する学生と教員の疑念への対処

「私が授業料を払っているのは教授から学ぶためで，それほど知識のない級友と一緒に勉強するためではない」。学期の始めに，グループ学習の技術を利用

することを学生に知らせます。不満が大きい学生はクラスをやめて別の授業を選ぶことができます。共同学習の効果の調査研究について学生に知らせ，この授業で共同学習が果たす役割について説明します。クラスをやめる前に，試しにやってみるよう学生に勧めます。(Cooper and Associates, 1990)

「私たちのグループはうまくいっていません」。グループを維持するように学生を粘り強く励まし，グループの顔ぶれを変えるのは，最終の手段とするべきです。「ディスカッションを導く」，「ディスカッションへの学生の参加を促す」の項にある情報のいくつかを要約して伝えて，学生がグループの有効なメンバーになるにはどうすればよいかを伝え，支援します。

「学生はグループで作業をしたがらない」。これまで学生たちが受けた教育の大部分は個人的な努力を基本に行われてきたので，他の学生を手伝ったり，助けを求めたりすることに抵抗を感じ，反対する学生はいるかもしれません。グループ学習を選んだ理由の説明，意義のある仕事の企画・構成，明確な方向性の提示，メンバーの貢献への期待と互いの働きかけへの期待の提示などを行い，試しにやってみるように学生に勧めることが最善の方法です。(Cooper and Associates, 1990)

「学生はグループではきちんと勉強しない」。教員が学期の始めに強い期待を植えつけ，それとなくグループの活動状態をチェックし，必要に応じて援助し，グループが自分たちの活動を評価する時間を与えれば，大部分の学生はグループ活動を熱心に行います。問題を抱えるグループがあっても，通常の場合，問題は解決できます。独断的な学生に対処し，発言しない学生を引き出し，すべての学生に能動的に参加させるための提言については，「ディスカッションへの学生の参加を促す」の項を参照してください。

「グループ活動をすると，講義で扱える分量の教材を学期内に扱うことができない」。その通りです。グループ活動を取り入れると，扱えるテーマの数は少なくなる場合があります。しかし，調査によれば，グループ学習をした学生は

問題解決能力が開発され，教材の理解が深まることが分かっています。教室で「扱える」教材が少なくなることを補うために，追加の宿題や読書課題を出したり，講義録を配っている教員がいます。（Cooper and Associates, 1990）

学習チームの編成

学習チームの利点について学生に伝える。学習チームは，授業以外に定期的に集まってともに学習し，授業の教材を読み，復習し，授業の課題を仕上げ，お互いの文章作品について意見を交換し，テストや試験の準備をし，授業での問題の解決を助け合います。学習チームにおいては，自分だけではできないことがグループではできる場合があり，みんなで教え合い，クラスメイトから説明を受け，意見を言われ，教えを受けることで学生が得るところが多いという考えに基づいて行われています。

学習チームの進め方を説明する。学習チームの進め方にはいくつかの方法があります。1つの形は，すべての学生が課題図書を読み，各メンバーが教材の特定の部分を分担してさらに深く調べた結果をグループに提供し，他のメンバーからの質問にできる範囲で答えるということが同意されているものです。

第2の形として，チームの活動が集まるたびに変化する方法があります。ある集まりでは各自の授業のノートを見直して，講義やディスカッションの最も重要なポイントが互いに一致しているかどうかを確認します。別の集まりでは，授業中に教員から出された質問やテストをやり直して，チームのすべてのメンバーがそれぞれの質問を明確に理解しているかどうかを確認し，特に，チームのメンバーが間違った答えを出した質問については詳しく扱うようにします。さらに，別の集まりでは，課題として出された問題をやり直したり，あるいはレポートの原稿を交換してクラスメイトに手を入れてもらいます。

第3の形としては，練習問題を学習チームの集まりの主な課題とする方法があります。学期の始めに教員やTA（Teaching Assistant：教育補助学生）が練

習問題をチームに渡します。3，4週間後にチームの各メンバーは，その週の講義の教材に関連のある練習問題をチームの集まりに持ち寄らなければなりません。問題に関してディスカッションを行い，ディスカッションを進めながら問題を訂正し，不要な問題を削除し，別の問題と入れ替えるなどします。集まりの終わりには，チームが最も価値のある問題を選び，教員に提出して検討してもらいます。学習チームをどのように構成するかは，学生自身が決めてもよく，教員が助言や提言を行うこともできます。（Guskey, 1988; Johnson, Johnson, and Smith, 1991; Light, 1992; "Study Groups Pay Off," 1991）

学習チームへの参加を任意選択とする場合には，参加した学生に特別加点を与える。たとえば，正式な学習チームのメンバーである学生には，グループ内における個々のメンバーの成績の平均に基づいて，各課題ごとに特別加点を与えることができます。（"Study Groups Pay Off," 1991）

学習チームのメンバーとしての責務を学生に知らせる。学習チームに参加する学生は，以下の事柄について同意するものとします。

- 学習チームの集まりの前に予習をします（たとえば，必要な読書や問題をします）。
- グループがメンバーに割り当てる仕事を完了します。
- すべての集まりに出席し，集合時間を守ります。
- グループの作業を進めるため集まり，能動的に参加します。
- お互いの学習や成功が促進されるよう援助します。
- グループのメンバーに援助，支援，励ましを与えます。
- 学習チームが順調に活動できているかを判断するための定期的な自己評価に参加します（要求される仕事の量が多すぎないか，学習チームの集まりで時間が有効に使われているか）。

毎回の集まりの議題や目的が明確であれば，学習チームの効果を向上させることができることを学生に伝えます。学期を通じての集合時間，活動時間，場

所といった活動予定が決まっていれば，より効率的に活動することができます。

学生が集まる部屋の確保を支援する。学部や大学の教室の割り振りについて担当者に連絡して，学習チームのために小さな会議室を使用できるようにします。適切であれば，学寮の集会室を使用することも考慮します。

グループの人数を6人以下に制限する。グループが7人以上になるといくつかの問題点が生じます。学生が能動的な参加者よりも受動的な観察者になる傾向があります。人数が多すぎて，学生に発言の機会が与えられない場合があります。大きなグループでは，学生の共同体感覚や責任感が弱められる場合があります。

多人数のクラス以外では，どの学習チームに入るかを学生自身に選ばせる。グループは学期中続けるもので，授業以外の時間に集まるので，3人から6人でグループを作る機会を学生に与えます。クラスに知り合いのいない学生のために，1つか2つの参加自由のグループを設けます。学生が自分の入るグループを選ぶ場合には，授業始めの3週間のうちに，小グループによる活動の課題をいくつか出し，暫定的なグループのメンバーが入れ替わるようにして，学習チームを組む前に，学生が互いの関心や能力を知ることができるようにします。小グループの活動の考え方，学生を互いに知り合わせるための援助の仕方については，「多人数のクラスを打ち解けた雰囲気にする」，「講義を補い，講義の代わりとなる方法」，「ディスカッションへの学生の参加を促す」，「授業第1日目」の項を参照してください。

クラスの学生数が非常に多く，学生に自分でグループを作らせるのが難しいと思われる場合には，特定の日時に集まるチームごとに学生に名前を記入させます。これによって，学生は学習チームにきちんと出席できるかどうかということだけに基づいて，グループを作ることになります。多人数クラス全体からグループを作ろうとするより，居住地域ごとにグループを作るように努めます。同じ地域の学生は，知り合う機会が多く，学習チームに対する責任感を持ちや

すいようです。(Walvoord, 1986)

授業時間の一部を割いて学習グループを作る。第3週または第4週の授業で学習グループを作ることを初めに知らせておきます。そのときに，学習チームや学生の責任の説明を文章で配り，自分たちでグループを作るか，特定の日時に集まるグループに名前を記入してグループを作るかを学生たちに話し合わせます。学習チームのすべてのメンバーが電話番号を交換し合うように提言します。学習チームの1人を，グループがどこで集まるかをメンバー全員に知らせる召集係として選ばせるようにします。

1回の授業を学習チームのためにあてる。学習チームで集まって，授業の教材を見直したり，来るべき試験や課題の準備をさせるようにします。この時間に各グループをチェックして，活動が順調に進んでいるかどうかを確認します。定期的に講義の代わりに学習チームの集まりを行う教員もいます。可能な範囲で，オフィス・アワーに学習チームとの集まりを持ったり，学期中に時期を見て，学習チームが提出した作品を検討したりします。

References

Beckman, M. "Collaborative Learning: Preparation for the Workplace and Democracy." *College Teaching*, 1990, *38*(4), 128-133.

Chickering, A. W., and Gamson, Z. F. (eds.), *Applying the Seven Principles for Good Practice in Undergraduate Education*. New Directions for Teaching and Learning, no. 47. San Francisco: Jossey-Bass, 1991.

Collier, K. G. "Peer-Group Learning in Higher Education: The Development of Higher-Order Skills." *Studies in Higher Education*, 1980, *5*(1), 55-62.

Connery, B. A. "Group Work and Collaborative Writing." *Teaching at Davis*, 1988, *14*(1), 2-4. (Teaching Resources Center, University of California at Davis の出版物)

Cooper, J. "Cooperative Learning and College Teaching: Tips from the Trenches." *Teaching Professor*, 1990, *4*(5), 1-2.

Cooper, J., and Associates. *Cooperative Learning and College Instruction*. Long Beach: Institute for Teaching and Learning, California State University, 1990.

Fiechtner, S. B., and Davis, E. A. "Why Some Groups Fail: A Survey of Students' Experiences with Learning Groups." In A. Goodsell, M. Maher, V. Tinto, and Associates (eds.),

Collaborative Learning: A Sourcebook for Higher Education. University Park: National Center on Postsecondary Teaching, Learning, and Assessment, Pennsylvania State University, 1992.

Goodsell, A., Maher, M., Tinto, V., and Associates (eds.). *Collaborative Learning: A Sourcebook for Higher Education*. University Park: National Center on Postsecondary Teaching, Learning, and Assessment, Pennsylvania State University, 1992.

Guskey, T. R. *Improving Student Learning in College Classrooms*. Springfield, Ill: Thomas, 1988.

Hendrickson, A. D. "Cooperative Group Test-Taking." *Focus*, 1990, *5*(2), 6. (Office of Educational Development Programs, University of Minnesota の出版物)

Johnson, D. W., and Johnson, R. T. *Cooperation and Competition: Theory and Research*. Edina, Minn.: Interaction Books, 1989.

Johnson, D. W., Johnson, R. T., and Smith, K. A. *Cooperative Learning: Increasing College Faculty Instructional Productivity*. ASHE-ERIC Higher Education Report No. 4. Washington, D. C.: School of Education and Human Development, George Washington University, 1991.

Kohn, A. *No Contest: The Case Against Competition*. Boston: Houghton Mifflin, 1986.

Light, R. J. *The Harvard Assessment Seminars: Second Report*. Cambridge, Mass.: Harvard University, 1992.

McKeachie, W. J., Pintrich, P. R., Lin, Y. -G., and Smith, D. A. F. *Teaching and Learning in the College Classroom: A Review of the Research literature*. Ann Arbor: National Center for Research to Improve Postsecondary Teaching and Learning, University of Michigan, 1986.

Rau, W., and Heyl, B. S. "Humanizing the College Classrooms: Collaborative Learning and Social Organization Among Students." *Teaching Sociology*, 1990, *18*(2), 141-155.

Sansalone, M. "Teaching Structural Engineering Through Case Studies and Competitions." *CUE*, 1989, *2*(2), 7. (ニュースレターは，Cornell University, Ithaca, N. Y. から入手できる)

Slavin, R. E. "Cooperative Learning." *Review of Educational Research*, 1980, *50*(2), 315-342.

Salvin, R. E. "When Does Cooperative Learning Increase Student Achievement?" *Psychological Bulletin*, 1983, *94*(3), 429-445.

Smith, K. A. "Cooperative Learning Groups." In S. F. Schmoberg (ed.), *Strategies for Active Teaching and Learning in University Classrooms*. Minneapolis: Office of Educational Development Programs, university of Minnesota, 1986.

"Study Groups Pay Off." *Teaching Professor*, 1991, *5*(7), 7.

Tiberius, R. G. *Small Group Teaching: A Trouble-Shooting Guide*. Toronto: Ontario Institute for Studies in Education Press, 1990.

Toppins, A. D. "Teaching by Testing: A Group Consensus Approach." *College Teaching*, 1989, *37*(3), 96-99.

Walvoord, B. F. *Helping Students Write Well: A Guide for Teachers in All Disciplines*. (2nd ed.) New York: Modern Language Association, 1986.

Whitman, N. A. *Peer Teaching: To Teach Is to Learn Twice*. Washington, D. C.: ASHE-ERIC Higher Education Report No. 4. Washington, D. C.: Association for the Study of Higher Education, 1988.

19 ロール・プレイングとケース・スタディー

　ロール・プレイングやケース・スタディーは，ほとんどの授業に組み込むことができますので，学習していることに適用する機会を与えましょう。

　ロール・プレイングでは，教員が学生に現実の状況や架空の状況，登場人物の配役を与えます。学生は与えられた状況や自分が扮している人物に対する自分の考え方に合った台詞や動作を即興で演じます。たとえば，文学のクラスでは，ある小説の結末のあとに生じる状況に対応して，さまざまな人物を演じさせます。語学のクラスでは，レストランで注文をする人など，日常生活における状況の人物の役を学生が演じても結構です。都市計画のクラスでは，海岸地域の建築物に関する問題を解決しようとしている役所の担当者と開発業者の役割を学生が演じてもよいでしょう。

　ケース・スタディーは，法学と医学のティーチングの方法として始められた手法（Boehrer and Linsky, 1990）で，その後，経営学のティーチングにしばしば用いられています。学者，研究者，開業医によって取り上げられた，現実生活のなかでの問題が学生に示されます。優れたケース・スタディーでは，現実的な状況を示すとともに，これに関連した背景，事実，争いや一連の出来事を，一定の判断や行動が必要となった時点までたどって提示します。学生はケースを分析し，ディスカッションするにつれて，鍵となる人物が踏んだ手順をたどり，批評し，結果を推論しようとします。

　次の指針は，ロール・プレイングやケース・スタディーを幅広い分野の授業に適用する方法を示すものです。

ロール・プレイング

形式ばらずに始める。クラスを2人ずつの組に分けて，すべての組に同時に活動させます。たとえば，政治学の授業では，すべての組に，市議会選挙についての陳情書への署名を求める請願人と，それに応じようとしない選挙名簿被登録者を演じさせています。学生がロール・プレイングに慣れてきたら，一部の学生に他の学生を観察させます。

意味のある状況を課題として出す。ロール・プレイングは，設定される状況が何らかの選択，判断，動機の宣告を含んでいる場合に，最も効果があります。個人間の争い，グループ間の関係，倫理的葛藤，個人的ジレンマ，歴史上または同時代の社会問題から状況を引き出します（Fuhrmann and Grasha, 1983; McKeachie, 1986）。ある建築学の教授は状況を次のように設定しています。

　我々は，建築家，建築請負人，建築主の責任について話してきました。この三者をすべて含む状況を見てみましょう。設定は，商店街の小売店です。建築請負業者が建築主と建築家に話をしています。「この設計図では，ディスプレイ用の建具のために特殊な金属の仕組みが必要です。配管業者は，これはパイプ工事だから自分の仕事だと言います。建具業者は，これは建物の一部ではなくてディスプレイなのだから自分の仕事だと言います。彼らは双方とも労働組合に加入していて，その仕事が獲得できなければ，このプロジェクトから手を引くと脅しています」。建築家は，「その仕事をどのようにするかを君たちに言うのは私の責任ではない」と言っています。建築主は，「私は誰がその仕事をしようとかまわないが，店は来週開店，私はこれ以上，金を使いたくない」と言う。次に何が起きますか。

　学生は，建築家，建築請負業者，建築主の役割を務めて，問題を解決しようとします。

参加者や観察者に情報を与える。経験の浅い学生には，さらに詳しい情報と組み立てが必要ですが，すべての学生に人物をどのように描くかについて多少の自由を与えます。学生の人柄に反した役柄を割り当てるようにします。たとえば，無口な学生に支配的な役を演じさせます。また，敵対する役柄を演じていた学生同士が入れ替わって，いままで反対していた人物の役を演じさせることも考えに入れておきます。（Christensen, Garvin, and Sweet, 1991）

最高潮に達したところでロール・プレイングを打ち切る。演じている状況が，一定の合意や解決を必要としない場合には，学生が続けたがっても，興味が薄れる前にロール・プレイングを中断します。このほうがディスカッションを活気のあるものにすることができます。典型的なロール・プレイングは，5分間から10分間ほどです。

　ロール・プレイングによって提起された重要な問題を明らかにするような，まとめのディスカッションを計画する。次に示すのは，ロール・プレイングを分析するための，一般的な質問の例です。（Shannon, 1986, p. 35より抜粋）

- 他の演者の行動や反応について，予測は，どの程度正確でしたか。
- 状況を解決するために，他にどんな方法をとることができましたか。
- 他の解決法や決定のほうがよかった，満足できた，現実的だったと思いますか。
- 演じられた状況はどのくらい現実的だったでしょうか。もし現実的でなかった，単純化されすぎていたように見えたのであれば，どうすれば，このロール・プレイングをより正確に，より現実に忠実にすることができたと思いますか。
- この役割を演じるのはどのような感じでしたか。

クラス全体をロール・プレイングに参加させる実験をする。Frederick (1981) は，クラス全体（30人以下）をロール・プレイングに参加させる方法を説明しています。学生が教室に入ってくると，歴史上の人物や文学の登場人物の名前が書

いてあるカードが席に置かれています。これから始まるディスカッションの間，学生はその人物になるのです。多人数のクラスでは，学生をいくつかのグループに分けて，同時にある特定の状況にある人々の役割を演じさせることを考えます（Erickson and Strommer, 1991）。この方法ではより多くの学生をロール・プレイングに参加させることができますが，人によって経験が違いますので，後のディスカッションが複雑になる場合があります。もうひとつの方法としては，ある特定の問題を出して，すべての学生に本質的に同じ役割，たとえば，大統領の閣僚，審議会の委員，コンサルタントのグループといった役割を演じさせる方法があります。(Erickson and Strommer, 1991)

ケース・スタディー

ディスカッションにつながるケースを用意する。優れたケースは，取り組みがいのある問題を提起できます。ケースは，裏づけとなる文書を含む10〜20ページにわたる詳細な記述であっても，特定の問題を簡潔に述べた1段落か2段落分の文章であっても結構です。ケースは，新聞，雑誌記事，定期刊行物の報告書，教員自身の経験，この分野の専門家や開業者の経験などから収集することができます。長いケースの場合には，それについて話し合う授業に先立って資料を配る必要があります。短いケースは，授業の始めに配り，始めの数分間に読ませることができます。(Boehrer and Linsky, 1990; Erickson and Strommer, 1991; Olmstead, 1974)

ケース・スタディーを集めた資料を参考にする。ケースの準備には時間がかかるので，はじめに他の研究者が開発したケース・スタディーに目を通して，適切なものがないか検討してみたいと思われることでしょう。（Lang, 1986より抜粋）

Christensen, C. R., and Hansen, A. J. *Teaching and the Case Method.* Boston: Harvard Business School, 1987.　大学でのティーチングに関連するケース。
Mandell, B. R., and Schram, B. *Human Services: An Introduction.* (2nd ed.) New

York: Wiley, 1993. この教科書には数多くのケースが含まれている。

Sasser, W. E., and others. *Cases in Operations Management: Analysis and Action.* Homewood, Ill.: Irwin, 1982. 経営に関するケース。

Silverman, R., and Welty, W. M. *Mainstreaming Exceptional Students: A Series of Cases.* New York: Center for Applied Research, Pace University, 1988. 障害を持つ学生の教育に関するケース。

HBS Case Services. Published by Harvard Business School, Boston, Mass., 02163. 会計，財務，経営全般，組織内の行動，市場調査ならびに生産管理および営業管理に関するケース。

Case Research Journal. Published by the North American Case Research Association, 1775 College Road, Columbus, Ohio, 43210. 経営に関するケース。

Kennedy School of Government, Harvard University. *Case Program Publication Series.* 79 John F. Kennedy Street, Cambridge, Mass., 02138. 政治分析，政策分析および国政運営に関するケース。

興味を引くケースを選ぶか，用意する。 Boehrer and Linsky（1990）および Lang（1986）が報告した調査によれば，優れたケース・スタディーを特徴づけている要素は，次のようなものです。

- ●「本当の」話が述べられている。
- ●思考を刺激する問題を提起している。
- ●葛藤の要素がある。
- ●中心的人物に共感できる。
- ●すぐに分かる，明確な正解がない。
- ●学生に考えて，何らかの立場をとるように促す。
- ●決断を必要とする。
- ●比較的簡潔である。

現実そのままのケースには独特のこれは本当に起きたことだという魅力があ

り，結末にもこれが最終的にこのケースに起きたことという魅力がありますが，仮定のケースにも学生の創造力と興味を引きつけるところがあります(Boehrer and Linsky, 1990)。Hansen（1987b）は，自分でケースを書く場合の実用的な助言をしています。さらに，学生にケースを書かせることもできると言っています。Zeakes（1989）は，そういう場合の手順を次のように説明しています。彼は学生に，これまで学習してきた寄生虫を扱った医学的なケースを，兆候と病状に重点を置き，寄生虫の名前は明かさずに書かせます。ケースを交換して，学生はそれぞれの例で説明されている寄生虫を識別するよう試みるのです。

ケースについて話し合うために，どのようにしてケースを読み，準備すればよいか，学生に教える。経験豊かな教員は，ケースを読み進めながら，学習のために利用できる質問のリストを学生に配ることを勧めています。たとえば，主人公の行動を決断の時点までを検証したり，鍵となる出来事を識別したり，何が間違っていたか，それはなぜかを特定させることができます。学生が学習グループを作って，授業に来る前にケースを見直すことを奨励しています。授業が始まるまでに，このケースでとるべき行動として，学生が勧める行動の概要を示した簡単なメモを用意させる教員もいます。次に示すケースに関するディスカッションの準備のコツを学生に伝えるとよいようです（Hansen, 1987a; McDaniel, n.d. より抜粋）。

- ケースにざっと目を通して，問題の全体の感じをつかみます。それから，ケースを注意深く読みます。
- ケースに書かれているすべてのことを文字通りに受け取らないようにします。たとえば，支配人がコミュニケーションに問題があると言っているからといっても，必ずしも実際にその通りだとはかぎりません。
- 次のような質問に答える心の準備をしておきます。「Kadyがしたことは，正確には何か」，「実際的で，実現可能な条件のもとで，Kadyは何をすることができたはずか」，「これからKadyは何をするだろうか」，「なぜか」，「あなたなら何をするか」，「何をするべきであったか」。(Boehrer

and Linsky, 1990; Hansen, 1987a; McDaniel, n.d.)

ケース・スタディーに関するディスカッションの準備をする。ケースの内容を知っているだけでなく，どのようにしてディスカッションを始めるか，キー・ポイントを強調するために出したいと思う質問をどのようにして引き出すかを計画する必要があります。経験豊かな教員は，ケース・スタディーに関するディスカッションを導く手順として，次のことを勧めています。

- ケースの資料を事前に渡していない場合には，ケースの資料を配って，学生に読ませます。
- 状況を手短かに要約し，主人公のジレンマを繰り返して，ケースを紹介します（あるいは，学生に紹介させます）。この時点では，ケースの分析，あるいは事実の提示以上のことはしないようにします。
- 「誰か，このケースから提起される問題を1つか2つ選択して，ケースの分析を始めてくれませんか」と聞きます。学生が自分の見解を述べた後，他の学生から説明や意見を出させます。このケースによって提起されたすべての問題を黒板に書いておき，あとで深いディスカッションをするための準備をします。
- ディスカッションが停滞した場合には，適切な質問をするようにします。「どんな行動の可能性がありますか」，「それぞれの結果はどうなりますか」，「最初の決断の時点で，Mikeは何をすべきでしたか」，「あなたがMikeの友人だったら，どんな忠告をしますか」，「どんな行動をするべきでしょうか」，「この分析からどんな概念，原理，理論が引き出されますか」。
- 学生のグループに，このケースのなかで視点の異なる立場に立って話させることを考えに入れておきます。
- ケース・スタディーでは多様な人物の役割を学生が演じます。ロール・プレイング活動を行うことを考慮しましょう。
- ディスカッションが進むにつれて，記録する価値のある事柄を黒板に書

いておきます。
- このケースに実生活のなかで結論が出ている場合には，その結論を学生に配り，そこから考えられることについて短時間のディスカッションを行います。あるいは，何が起きたのかを見つけるための証拠となる資料を探させます。実際の結論と，ディスカッションのなかで望ましいものとして出された結論を比較するようにします。
- ディスカッションの結びに，キー・ポイントを要約して，今日の授業の内容が授業全体とどのような関係があったか話し合わせるようにします。（Boehrer and Linsky, 1990; Hansen, 1987a; Lang, 1986; Olmstead, 1974; Welty, 1989）

指図ではなく，円滑に進行するように便宜をはかる。ケース・スタディーのディスカッションでは，教員は質問を出して，重要な点にディスカッションを導きたいと思うことでしょうが，講義をしたり，学生に「正しい」答えを示したりすることは避けるようにします。探りを入れ，質問をし，異議を唱え，別の言葉で言い直して，学生が自分で1つひとつのケースを分析するのを援助します。他のディスカッションと同様に，学生が気持ちよく思ったことを言葉に出せるようにする必要があります。「ディスカッションを導く」および「ディスカッションへの学生の参加を促す」の項を参照してください。（Boehrer and Linsky, 1990; Jacobson, 1984; Olmstead, 1974）

References

Boeher, J., and Linsky, M. "Teaching with Cases: Learning to Question." In M. D. Svinicki (ed.), *The Changing Face of College Teaching.* New Directions for Teaching and Learning, no. 42. San Francisco: Jossey-Bass, 1990.

Christensen, C. R. "Teaching with Cases at the Harvard Business School." In C. R. Christensen and A. J. Hansen, *Teaching and the Case Method.* Boston: Harvard Business School, 1987.

Christensen, C. R., Garvin, D. A., and Sweet, A. (eds.). *Education for Judgment: The Artistry of Discussion Leadership.* Boston: Harvard Business School, 1991.

Erickson, B. L., and Strommer, D. W. *Teaching College Freshmen.* San Francisco: Jossey-Bass, 1991.

Frederick, P. "The Dreaded Discussion: Ten Ways to Start." *Improving College and University*

Teaching, 1981, *29*(3), 109-114.

Fuhrmann, B. S., and Grasha, A. F. *A Practical Handbook for College Teachers*. Boston: Little, Brown, 1983.

Hansen, A. J. "Suggestions for Seminar Participants." In C. R. Christensen and A. J. Hansen, *Teaching and the Case Method*. Boston: Harvard Business School, 1987a.

Hansen, A. J. "Reflections of a Casewriter: Writing Teaching Cases." In C. R. Christensen and A. J. Hansen, *Teaching and the Case Method*. Boston: Harvard Business School, 1987b.

Jacobson, R. L. "College Teaching by the Case Method: Actively Involving Students Is the Aim." *Chronicle of Higher Education*, July 25, 1984, pp. 17, 20.

Lang, C. *Case Method Teaching in the Community Colleges*. Newton, Mass.: Education Development Center, 1986.

McDaniel, R. T*eaching with Cases*. Austin: Center for Teaching Effectiveness, University of Texas, n.d.

McKeachie, W. J. *Teaching Tips*. (8th ed.) Lexington, Mass.: Heath, 1986.

Olmstead, J. A. *Small-Group Instruction*: Theory and Practice. Alexandria, Va.: Human Resources Research Organization, 1974.

Shannon, T. M. "Introducing Simulation and Role-Play." In S. F. Schomberg (ed.), *Strategies for Active Teaching and Learning in University Classrooms*. Minneapolis: Office of Educational Development Programs, University of Minnesota, 1986.

Welty, W. M. "Discussion Method Teaching." *Change*, 1989, *21*(4), 40-49.

Zeakes, S. J. "Case Studies in Biology." *College Teaching*, 1989, *37*(1), 33-35.

フィールドワーク   20

　現場での経験に基づくティーチングは，学問的な探究と，学生が実際に行うことで学べる学外での活動を結びつけるものです。現場での経験に基づくティーチングには，少なくとも次の3つの形があります（Wagner, n.d.）。学生が民間や公共の組織・機関・事務所で，独自に作業する独立した学習形式です。学問的なセミナーと学外での研修や指示された現場での調査を結びつけた現場での経験に基づく学問的な授業で，典型的な場合には，学生にさまざまな場所が割り振られる形式です。現場でのフィールドワーク実習が宿題で，その実習が講義やディスカッションの授業に組み込まれる形式です。すべての場合において，学生はフィールドワークに対して学問的な単位が得られます。

　現場での学習の形式にかかわりなく，その目標は一般的に同じです。特定の専攻領域における理論と実際の統合によって，学部の授業で得られた知識を，広げ，発展させ，深めることです。知識を適用する経験を通して，学問的な仕事に対する学生の動機づけを強めることです。独立した学者や研究者としての技術を発展させるよう学生に奨励することです。授業にフィールドワークを組み込んだ教員は，そのことで教員としての経験が強化され，ティーチングの質が向上したと報告しています（Kendall and others, 1990）。

　ボランティア学習と呼ばれる現場学習の形式では，ボランティアと学問研究を結びつけ，ボランティアと学習が互いに効果を高める形でのプロジェクトに重点を置きます。学生はボランティア機関やプログラムでボランティアとして活動する間に，その機関が提供する人間に必要な要素の歴史的，社会学的，文化的または政治的側面を研究します。たとえば，地域の給食プロジェクトで作業をする学生は，貧困と飢餓に対して貢献や軽減するための経済的，政治的，社会的方針を模索することができます。ボランティア学習は，ボランティアと機関の人々の相互作用に重点を置いており，それぞれのグループにおいて相手

に対して思いやりが必要であることが強調されています。Kendall and Associates（1990）は，ボランティア学習の概要と教員への実際的な助言を示す全2巻の著作を著しています。教室での作業と地域でのボランティアを結びつけて，学生に市民としての責任を教える大学は増加しつつあります（Mangan, 1992）。授業にどの種類の現場での学習の形式を選ぶかにかかわりなく，次に示す提言は，フィールドワークに関する事務的な手続きを行い，学生にとって価値のある経験を計画するうえで役立つものです。

一般的な戦略

どのような種類の現場の経験でも，学習を第1の目的とする。 Dewey（Hutchings and Wutzdorff, 1988, p. 5 で引用）が指摘していますように，ただ活動するだけでは経験になりません。また，すべての経験が教育面での成長を促進するわけでもありません。現場での経験が学問的にも知的にも意義のあるためには，個々の学習目標に役立つように綿密に計画され，見守られ，構成され，事前にオリエンテーションや準備を充分に行った場合です。学生はフィールドワークの進行中に，自分が現場での経験から学んでいることについて能動的，批判的に考え，その結果を評価する機会が与えられる必要があります。（Baker, 1991）

学生を配置したり，送り込む前に，現場の状況を熟知する。 学生がどのようなことに出会うか感じをつかむために，それぞれの状況について充分に理解しておくようにします。それぞれの現場とよい連絡関係を確立して，将来，学生が歓迎されるようにします。大学の就職相談室や地域のプロジェクト担当部署に連絡して，実習場所を探すための援助を受けるようにします。全国的な資料としては，次のものがあります。

- *National Directory of Internships*（1991）は，National Society for Internships and Experienital Education（Raleigh, North Carolina）によって発行された，米国の内外の75カ所の現場における実習機会の一覧です。
- *Volunteer USA*（1991）は，Fawcett Columbine によって発行された，ボ

ランティアを受け入れる組織の一覧です。
- Brown UniversityのCampus Contactは，地域ボランティアと学生の教育体験とを結びつけることに関心を持つ，200の大学からなる事業遂行連合体です。

学生が行う個々のプロジェクトや一連の活動を判定する。単に学生を実習場所に野放しにしてはなりません。広範囲にわたる独立したフィールドワークや授業の一環としてのフィールドワークを学生に課す前に，該当する機関や事業所の代表と面談して，以下の項目について認識しておきます。

- その機関や事業所の要求と目的
- そこでの現場体験の結果として得られる成果や結果
- そのプロジェクトや活動が，学生の技能や学問的要求に合うか，教員の学習目標に適しているか
- そのプロジェクトが資金を必要とするか，資金源は何か
- 学部から提供できる資源があるか（たとえば，コピー機の利用）

学生のプロジェクトの例としては，授業の作業の一部として行ったプロジェクト（たとえば，低所得者が税金の還付を受けるための仕組みの開発，高校での破壊的行為を防止し，落書きを除去する計画の開発）の一覧があります。"Project Ideas for Combining Service and Learning for All Age Groups" (National Center for Service-Learning, 1990)を見てください。(Ramsay, 1990; Sand, 1986)

大学の年間予定に合わせてプロジェクトや活動を計画する。予定がぶつかるのを避けるために，フィールドワークの実習が大学の学期末より先まで延びたり，休暇にくい込んだり，学期末試験にかかることのないことを確認しておきます。(Sand, 1986)

同意書を作成する。当該機関のスタッフと学生の双方の役割や責任を明確にします。同意書には，監督や評価の必要性を含み，当該機関の学生に対する責任，

学生が引き受ける仕事の種類が書かれていることが必要です。(Johnson Foundation, 1989; Sand, 1986)

法的な問題に留意する。 学生を地域に配置することは，当該機関と大学にとって，法的な関わり合いが生じます。Goldstein（1990）は，すべての当事者の法的責任について説明し，実習場所での学生の行動の責任，損害の責任，学生を送り出している組織の法的な関わり合いといった事項についての助言を示しています。

学生の役割

学生の役割を明確にする。 学生が実習場所で何をするのか事前に明確になっていれば，学生，教員，実習場所の担当者にとって役立ちます。指針を文章にして，次の事項を含めるとたいへん有効です。(Lipschutz and Long, 1983, p. 2)

- 現場での学習の学習目的
- 学生の責任（活動，観察，報告書，時間数）
- 学生が教室での学習と現場での経験を統合する手段
- フィールドワーク日誌などの要件
- 現場でのプロジェクトの評価や大学の単位認定の手段

プロジェクトにおける学生の知識や技能を見積もる。 実施前の準備の一部として，実習場所で使える学生の技能を見積もる援助をします。この自己評価は，学生が自信を持つのに役立ち，現場で力を発揮するために克服する必要のある弱点を見つけるうえでも役立ちます。(Conrad and Hedin, 1990)

学生に記録や日誌をつけさせる。 フィールドワークの日誌は，毎日の活動の記録であるとともに，反省や考え方を書くものであってもよく，学生が自由に文章を書く機会となるものです。日誌には，その機関の略歴，異なるグループの役割，政治的・経済的状況，その他のテーマを課題として含めることができま

す（Lipschutz and Long, 1983）。Wutzdorff and Hutchings（1988）には，学生の記録の例が示されており，日誌の利用法については，Zimmerman and others（1990）で論じられています。

教員による学生へのフィールドワークの手引き

現場の経験を学問的探究に直接結びつける。学生が自分の経験を批判的に反省する機会を与え，次第に学生の仕事量が増加し，完成するような仕事を開発します。たとえば，まず詳しい観察記録をつけさせ，次に構成を考えたインタビューを始めさせ，最後に理論や仮説を試すための調査を企画させます。

実習プロジェクトの計画を立てる場合，必要であれば先頭に立つ。多人数クラス，予定が詰まっている場合，経験の浅い学生でフィールドワークを行う場合，綿密な構成と手引きが必要です。たとえば，プロジェクトの展望，目的，活動，組織の期待，教員の期待，期限を説明した資料等を配ります。時間の余裕があり，学生がすでにフィールドワークをした経験がある場合には，学生チームにプロジェクトや活動の実施についての提案を作成させる時間を与えます。教員が提供する手引きの分量は，学生の水準，活動の複雑さ，実施予定によって決まります。プロジェクトの実施に必要な手順の概要を学生に示すことを勧める教員もいます。（Sand, 1986）

学生に論点の明らかな課題を与える。たとえば，学生に日誌をつけさせる場合には，各週ごとに特定の課題に重点を置かせます。学習目標をリストにします。現場の機関や組織がボランティアの対象とする相手を観察し，記載させます。組織の見取り図を描き，事務所内の配置がさまざまな伝達を促進したり，妨げたりする様子を書かせます。今日，自分の持ち場で行ったことや感想を書かせます。自分の学習目標を達成するうえでの進捗状況についてチェックさせます。

　ある社会学入門の授業で学生は，フィールドワークで4つの課題が与えられています（Office of Instructional Development, 1991, p. 1）。

- 対象機関の様子，職員，ボランティアの対象となる人々をどのように説明しますか。
- 組織で働く人々にとって何の価値が重要だと思われますか，その価値は組織自体が重んじる価値と何が異なりますか。
- 参加者の方は人種と彼らが組織内で果たす役割に何らかの関連がありますか。
- 地域における社会の変化を促進するうえでの当該機関の役割を分析し，この機関が目標の達成に成功すると考える理由，またはしないと考える理由を説明してください。

日誌の利用のもう1つの例を以下に示します。(Conrad and Hedin, 1990, p. 93)

- 何をすべきか，言うべきか確信が持てなかった出来事，状況を説明します。
- 最初にしよう（あるいは言おう）と考えたことは何ですか。
- 他にできたかもしれない行動（あるいは言えたかもしれないこと）を3つあげてください。
- 上であげたことのうち，今，最善だと思えるのはどれですか。なぜですか。
- この状況の本当の問題は何だと考えますか。なぜその問題が生じたと考えますか。

課題を終えるのに必要な援助を学生に与える。たとえば，学生が実習場所について初めに受けた印象を書くことになっている場合には，他の場所を描写した社会学者や小説家の作品を読むように教えます。学生が一連のインタビューを行うことを期待されている場合には，インタビューの方法論の情報を与え，特に効果的なインタビューの例をいくつか示します。(Wagner, n.d.)

実習の進行中に現場での経験を批判的に分析する機会を学生に与える。現場で

の活動が授業の一部である場合には，授業時間の一部を使って学生のフィールドワークについて話し合うようにします。現場での活動についての短い報告を発表させ，同じ実習場所に配置された学生のグループに，現場での観察を授業のテーマに関連づけるように促します。グループ・ディスカッションは，学生にとって，関心，問題，成果，考察を共有し，互いに学び合う理想的な機会となります。(Johnson Foundation, 1989; Wagner, n.d.)

現場の監督者に授業のねらいと目的を理解させる。現場での経験に基づく学習をする学生にとって，現場の監督者はいろいろな意味で第2の教師となります。監督者に電話や文書で授業について知らせるようにします。適切であれば，話し手またはゲストとして現場の監督者を授業に招くようにします。(Wagner, n.d.)

進行中の連絡や事後の連絡の手順を確立する。実習期間中の適切な時期に，当該機関のスタッフと面談や電話連絡する計画を立てます。適切であれば，文書による状況報告を提供したり，要請したりします。

実質的な管理の手順を確立する。実習場所では自分が大学の代表であることと彼らのプロジェクトや活動が公表されることがあり得ることを，学生に思い出させます。最終的な成果が授業の水準に達し，公表に適するようになることを確実にするには，監視や再検討が欠かせません。

不慮の事故の際の計画を開発する。学生が大きな困難に遭遇した場合には，たとえば，仕事や活動の範囲を縮小するといった，何らかの代替の手段を示します。しかし，活動上の問題を長びかせてはなりません。学生が引き続き期限に遅れたり，言い訳を繰り返したり，怠慢であった場合には，そのような態度はすべての人への信頼性を損なうものなので，その学生の実習への参加を打ち切るようにします。(Sand, 1986)

フィールドワーク体験の評価

体験そのものではなく，現場での経験から学生が学んだ結果を評価する。 単に必要とされる時間数を実習場所で過ごしただけで，単位を取得できると期待する学生もいます。しかし，基準となるのは，消費された時間ではなく，その経験の結果として情報に基づく理解を深めたかどうかです。つまり，現場での経験に対してではなく，経験の結果として学習したことによって単位が得られるのです。(Wagner, n.d.)

学生の日誌を評価する。 学生の日誌の評価成績や評価の判断基準には，項目の正確性，徹底度，独創性，見出された主題の範囲の広さが含まれます(Zimmerman and others, 1990)。学期の始めに，日誌が評価されることを学生に知らせることは役に立ちます。学生に日誌の例や手本を与えても結構です。学生の文章作品への対処の仕方に関する提言については，「学生の文章作品を評価する」の項を見てください。

学生の学習の評価には多様な方法を用いる。 たとえば，一連の文献に詳しいことを示したり，授業の課題読書を現場での経験に関連づけることを学生に求めるような試験問題を作ります。クラス・ディスカッションでは，学生に授業の主題について理解している事柄を，現場での経験の批判的な分析に関連づけさせます。次の学期に同じ機関に配置される学生に対して，「コツのメモ」を書かせます。あるいは，その機関やボランティアが直面している特定の問題や主題についての報告書，フィールドワークについての批判的な論文を書かせます。フィールドワークに関する学期末の論述式テストは，従来からの学問的な判断基準にしたがって評価できます。テーマの重要な局面が既存の文献に関連づけられているか。学生の経験が，理論の情報に基づく理解に結びついているか。論文の焦点は，論文のもととなっている観察と合っているかなどです。(Conrad and Hedin, 1990; Wagner, n.d.)

現場の監督者に事後確認する。フィールドワークの終了後に，当該機関や事業所の代表と面談して，学生の活動とプロジェクトについての感想を話し合います。学生の経験や受け入れ側の経験を向上させる方法についての意見交換を行います。

References

Baker, B. "Group Equates Service with Education and Experience." *National On-Campus Report*, 1991, *19*(16), 3.

Conrad, D., and Hedin, D. "Learning from Service: Experience Is the Best Teacher, or Is It ?" In J. C. Kendall and Associates (eds.), *Combining Service and Learning: A Resource Book for Community and Public Service*. Vol. 1. Raleigh, N. C.: National Society for Internships and Experiential Education, 1990.

Goldstein, M. B. "Legal Issues in Combining Service and Learning." In J. C. Kendall and Associates (eds.), *Combining Service and Learning: A Resource Book for Community and Public Service*. Vol. 2. Raleigh, N. C.: National Society for Internships and Experiential Education, 1990.

Hutchings, P., and Wutzdorff, A. "Experintial Learning Across the Curriculum: Assumptions and Principles." In P. Hutchings and A. Wutzdorff (eds.), *Knowing and Doing: Learning Through Experience*. New Directions for Teaching and Learning, no. 35. San Francisco: Jossey-Bass, 1988.

Johnson Foundation. *Principles of Good Practice for Combining Service and Learning*. Racine, Wis.: Johnson Foundation, 1989.

Kendall, J. C., and Associates (eds.). *Combining Service and Learning: A Resource Book for Community and Public Service*. 2 vols. Raleigh, N. C.: National Society for Internships and Experiential Education, 1990.

Kendall, J. C., and others. "Increasing Faculty Involvement." In J. C. Kendall and Associates (eds.), *Combining Service and Learning: A Resource Book for Community and Public Service*. Vol. 2. Raleigh, N. C.: National Society for Internships and Experiential Education, 1990.

Lipschutz, M., and Long, R. "The Field Studies Development Program at UCLA." *The TA at UCLA Newsletter*, Winter 1983, p. 10.

Mangan, K. S. "In Dallas' Inner City, SMU Students Live Out Their Book Learning." *Chronicle of Higher Education*, Nov. 4, 1992, p. A28.

National Center for Service-Learning. "Project Ideas for Combining Service and Learning for All Age Groups." In J. C. Kendall and Associates (eds.), *Combining Service and Learning: A Resource Book for Community and Public Service*. Vol. 2. Raleigh, N. C.: National Society for Internships and Experiential Education, 1990.

Office of Instructional Development. "Integrating Community Service into the Curriculum." *Notes on Teaching at UCLA*, 1991, *11*, 1-2.

Ramsay, W. R. "Establishing Agency Relations." In J. C. Kendall and Associates (eds.), *Combining Service and Learning: A Resource Book for Community and Public Service.* Vol. 2. Raleigh, N. C.: National Society for Internships and Experiential Education, 1990.

Sand, P. "Organizing Community Studies." In S. F. Schomberg (ed.), *Strategies for Active Teaching and Learning in University Classrooms.* Minneapolis: Office of Educational Development Programs, University of Minnesota, 1986.

Wagner, J. *Teaching Students to Learn from Field Experience: A Guide for Berkeley Faculty.* Berkeley: Field Studies Program, University of California, n.d.

Wutzdorff, A., and Hutchings, P. "An Integrating Seminar: Bringing Knowledge and Experience Together." In P. Hutchings and A. Wutzdorff (eds.), *Knowing and Doing: Learning Through Experience.* New Directions for Teaching and Learning, no. 35. San Francisco: Jossey-Bass, 1988.

Zimmerman, J., and others. "Journals: Diaries for Growth." In J. C. Kendall and Associates (eds.), *Combining Service and Learning: A Resource Book for Community and Public Service.* Vol. 2. Raleigh, N. C.: National Society for Internships and Experiential Education, 1990.

VI
学生の学習態度と動機づけの強化

21．学生の学習を支援する

22．学習のスタイルおよび好み

23．学生の動機づけ

学生の学習を支援する　　　　　　　　　　　　　　　21

　認知心理学や教育心理学において，学習や動機づけに関する研究者は，学習，知的発達，情報認識について，多様な仮説，モデル，理論を提示しています。この研究は，我々の学習についての考えを再構築するものです。学習はとりわけ前後関係において能動的で建設的な営みです。新しい知識は以前の知識との関係において獲得され，情報は，何らかの形における枠組みの中で示されたときに意味を持ち，知識の獲得と適用は，社会との交流が有益です。学生の学習の仕方に関する疑問点は，次の4種類に分けられます。(Davidson and Ambrose)

1．学生はどのようにして知識を選択・獲得・構築するのか。
2．学生はどのようにして知識を統合・保持するのか。
3．知識を使うとき，学生はどのようにして知識を取り出すのか。
4．学生はどのようにして効果的な学習技能を開発するのか。

　以下の考え方は，研究による発見やそれらの発見をティーチングの向上に役立てるための適用例の概要です。学生の学習を強化するその他の考え方については，「学生の動機づけ」，「明確な説明」，「学習のスタイルおよび好み」の項や，講義およびディスカッションにおけるさまざまな方法についての項を参照してください。

学生の知的発達を促進する

知的発達のモデルを深く理解する。 William Perry（1970）は一般に9段階に概念化している学生の知的発達を，4段階にまとめています。最初の段階は，AかBかという思考（二元論）に支配されています。この段階にいる学生にとっては，正しい答えは1つであり，問いと答えは一組の真実です。教員はすべての正しい答えを知っている権威であり，教育は学生に対して権威ある説明をす

る教員によって成り立っていると確信しています。Belenky, Clinchy, Goldberger, and Tarule (1986) は，女性の認識論的な発達を調べて，この状況を「受け取った知識」，権威への依存と説明しています。Erickson and Strommer (1991) が指摘しているように，この水準にある学生は独立して考えたり，自分自身の結論を引き出したり，自分自身の見解を述べるように求められると不安になります。また，権威者の同意が得られなかった場合にも，不安になるのです。

権威者の間でも意見の一致しない領域があることに多く出会い，いろいろの解釈を比較し，誰もはっきりした答えを持たないテーマがあると気づくにつれて，学生は考えを改め始めます。この段階では，知識はもはや正誤からなるものではなく，知識はほぼ経験に基づいた意見となります。Perry (1970) は多様性と呼び，Belenky, Clinchy, Goldberger, and Tarule (1986) は主体的知識と呼んでいます。ここでは教授陣は意見を持った人々として見られ，学生もまた意見を持つ資格があります。すべての意見は最初の段階では同じく有効なものと見なされます。この思考は大学生の間で支配的です。(Kurfiss, 1988)

教員が繰り返し，学生に自分の論点を支える証拠を求めると，学生の思考は再び変化し始めます。学生が確固たる証拠とそうでない証拠の区別を学ぶにつれて，知識は前後関係や状況によるものだということを理解するようになります。人が「知っている」ということは相対的なもので，その人の価値観，姿勢，ものの見方の影響を受けます。曖昧さは人生の一部です。ここでは教員は，特殊な推論の手順を教え，代替となる視点を探し，比較を効果的に機能させるための分析方法を習得するのを支援する経験豊かな資源と見なされます。

最終的な局面では，学生は，自分の価値観，経験，知識を反映していると思われる独自の分析に基づいて，さまざまな主題について自分自身の立場をとり始めます。Perryは，ある立場で言明する必要があることを「相対主義における言明」と呼んでいます。Belenky, Clinchy, Goldberger and Tarule (1986) は，この水準について，他人から学んだ知識を自己の経験や自己反省から学んだ知

識と統合することによって構築された知識だと説明しています。(Belenky, Clinchy, Goldberger, and Tarule, 1986; Erickson and Strommer, 1991; Perry, 1970; Tiberius, 1990)

ティーチングを知的発達の適切な局面に合わせて変化させる。入門的な授業では学生がきめ細かい決まりを求める傾向にあります。彼らは「正しい」答えを求める傾向が強く、結末の定まらないディスカッションに対する耐性がない場合がほとんどです。学生の論文やレポートを成績評価する場合には、教員の判断基準を明示して、単に教員の「個人的な意見」が判断基準になっているのではないことを伝える必要があります。(Erickson and Strommer, 1991; Tiberius, 1990)

学生が高い認識水準の発達段階へ移行するように支援の計画を立てる。たとえば、教員が複雑な問題に単純なイエス・ノーによる答えを出すのを拒んだことに対して、新入生が苦情を言った場合、あるいは独立した思考を必要とする課題について新入生が不安を感じている場合には、彼らが「正しい答え」の先にあるものを見られるように支援します。

次に、Perry（1970）の示したモデルに合わせた、いくつかの提言を示します。(Schmidt and Davidson, 1983より抜粋、ならびにTiberius, 1990, pp. 44-47の引用)

- 他の視点を認めるよう支援します：学生の決まり文句に疑問を投げかけます。自分の意見を裏づける証拠を示すように学生に要求します。相手の視点を考慮することの価値を強調します。合理的な議論に基づき、自分の考えを変えてゆくことは正当なことだと気づき始めている学生を励まします。
- 異なる視点を評価するよう支援します：ある視点が他の視点よりも論理的になぜ強いのかを学生が認識することを奨励します。権威のある人たちの意見がなぜ一致しないのかを学生が認識するようにし向けます。矛盾している見解のどちらを選ぶかの判断基準を確認するようにします。

議論を構成要素ごとに分割します。すべての証拠が同等に有効なのではないことを強調します。
- 学生が判断の過程を理解するように支援します：条件が変化したとき，新たな情報が明らかになったときには，いつでも学生が自分の決定を再考することを奨励します。情報が不確実な場合にどのように決定を行うかを話し合います。根拠のある判断について説明します。確率論的な発言を奨励します。

代わりとなるものの見方が養われるような課題を作る。 学生をAかBかという知的発達の段階から先へ進めるように，生物学の教員は学生に，課題図書に基づいて作ったワークシートを完成させ，クラスを小グループ（5人から7人）に分けてそのワークシートについて話し合わせています。ワークシートでは，学生に次のことをさせます。(a) 著者の全体的な議論を要約し，要点をリストにする。(b) 著者の議論の妥当性を評価するのに使用する判断基準をリストにする。(c) 判断基準のリストに照らして全体的な議論や要点を評価する。(d) それぞれの要点，全体的な議論の妥当性を受け入れるか，拒むか，保留するかを決定する。(Grasha, 1990)

現実の社会での経験を授業に含める。 研修，フィールドワーク，実際の活動は，抽象的な学習と具体的な学習をつなぐもので，強固なあまりにも単純化された立場をとる学生をそこから解放することができます。(Kurfiss, 1988)

学生の苦労に対して敏感に対応する。 複数の視点を認識したり，誤った決定を下したり，AかBかという思考法を超えた不確定な要素を扱う不安に直面するとき，学生には手引き，共感，理解が必要な場合があります。(Kurfiss, 1988; Schmidt and Davidson, 1983; Tiberius, 1990)

新情報を前後関係に組み込む

学生がいろいろな方法で情報を学習，思考，処理することを認める。 学習は，

人それぞれの持つ意味において，きわめて個人的な過程なので，学生の学習の仕方や学習に要する時間は，人によって異なります。このような違いは，新しい情報が抽象的で複雑なものであれば，単純で具体的な場合よりも一層，顕著です。さらに，学習者は一律に進歩するわけではなく，ときには，学生が高原にたどり着いたときのように，学習の速度が低下することがあります（高原現象）。また，調査によれば，男性と女性では「認知の方法」が異なり，小グループによるディスカッションや体験学習といった特定の学習上の戦略に対しては，女性のほうがよく反応すると報告されています。(American Psychological Association, 1992; Belenky, Clinchy, Goldberger, and Tarule, 1986; Eble, 1988; Lowman, 1984; McCombs, 1991)

何を学ぶことが期待されているかを学生に知らせる。学生に授業の鍵となる概念やその日の授業の重要な点をはっきりと知らせます（「これは本当に重要です」）。

新しい事実の位置づけとなる枠組みを学生に与える。核となる概念と結びつけて，統合的な知識を獲得するためには，学生に意味のある構造が必要です。概説，練習問題，学習の手引きなどを使用して，関連する概念を位置づけるための幅広い概念的な枠組みや構造を提供するようにします。講義では，黒板に概要を書くか，資料にして配るなどします。(American Psychological Association, 1992; McKeachie, 1986; McKeachie, Pintrich, Lin and Smith, 1986; Svinicki, 1991)

学生の知識が，学習することに大きな影響を持つことに留意する。新しい教材に出会うとき，彼らはそのテーマについてすでに知っている事柄の枠組みに新たに学んだことを位置づけます。新しい教材のどの側面に注目するか，どのようにして新しい教材と結びつけるかにこの枠組みが影響を与えます。授業で扱う教材が，学生のこれまでに理解している事柄や固定観念と矛盾する場合には，以前からの枠組みにあてはまるように，新しい情報を歪曲することがあり得ます。(American Psychological Association, 1992; Pintrich, 1988)

意味が感じられるように教材を提示する。学生にとって価値や関わりがある，重要なものと，教えていることを関連づけることができれば，学生は新しい教材をよりよく理解し，記憶します。少人数のクラスでは，授業で示す例を学生の興味や経歴に合わせて調整することができます。すべての授業において，すでに知っていることと，今学習していることを結びつけるように学生に促すようにします。(American Psychological Association, 1992; Erickson and Strommer, 1991; Lowman, 1984; McKeachie, 1986; Svinicki, 1991)

提示する情報の量を制限する。学生は，一度に少しずつしか新しい情報を吸収できません。そこで，1回の授業で新しく示すポイントの数は3つか4つに制限します。

事実ではなく，概念に重点を置く。事実や細かいことよりも，幅広い概念のほうが理解しやすく記憶もしやすく，意味があります。教員が鍵となる概念を強調し，データや情報を少なくすれば，学生は情報量に圧倒される感じを抱くことがなくなります。(Ericksen, 1969)

学生が新しい情報を得て，活用するのを助ける

能動的な学習の機会を与える。能動的な学習は，学習したことを活用してみて，どれだけきちんと理解しているかを試す機会を学生に与えますので，学生は活用したり，書いたり，話し合ったり，行動したりすることで，最もよく学びます。たとえば，ディスカッションは，学生にとって自分の考えを他の学生の考えと比較検討し，自分の考えを誤解されないように明確に言葉にする機会となります。鍵となる概念を能動的に言い直したり，適用する機会を，学生にたびたび与えるようにします。新しい概念をいろいろの状況で適用すればするほど，その概念を思い出して利用することがスムーズにできるようになります。そこで，教員は，やってみせられることは口で言わないようにし，学生が自分でできることは教員がやってみせることは避けます。重要な考え方については，グループ・ディスカッション，小劇，ロール・プレイング，シミュレーション，

ケース・スタディー，課題作文といった方法を通して，学生に要約，別の言葉での言い換え，一般化などをさせるようにします。（American Psychological Association, 1992; Lowman, 1984; McKeachie, 1986）

共同学習，グループ作業，学生同士の教え合いを奨励する。級友との交流によって学習は強化されます。級友に教材を説明することは，説明する学生の学びの強化に実際役立ちます。多様な学生のグループ共同学習，共同プロジェクトでは，一歩進んだ思考や問題解決が促進されます。（American Psychological Association, 1992; McCombs, 1991）

学生がノートをとるのを奨励するような方法で，教室で教材を提示する。ノートをとることによって教室での学生の集中力が増し，ノートを見直すことで学生のテストの成績が向上します。学生が詳しいノートをとるのを奨励するような方法で，教材を提示するようにします。たとえば，学生が書き取る時間があるように，ゆっくり話したり，学生がノートをとりながら自分で構成を考えなくてすむように，全体の概要を示します。授業中のノートのとり方について，学生に特別に示唆を与えるようにします。たとえば，何が重要な点なのかを学生に知らせます（「この概念に下線を引いておきなさい」）。教員が黒板に書いたことの中から，何をノートに記録すればよいか判断する方法を学生に伝えます（「黒板」の項を参照してください）。学生にノートを見直す機会を与えるようにします。「我々がGrand Unification Theoryについて話し合ったのを覚えていますか。ノートに書いてあるはずです。何と書いてありますか」。あるいは，授業が終わる5分前に話をやめ，学生にノートを見直して鍵となる概念を強調するか，または下線を引かせるようにします。（Carrier, 1983; Kiewra, 1987; "Note-Taking Behaviors Prescribe Note-Giving Practices," 1987）

学生がうまくできていること，うまくできていないことを示す指針を学生に与える。個々の場合に，迅速に，たびたびフィードバックすることが学習するのに役に立ちます。一度に1つか2つの項目に焦点を絞ってコメントします。建設的な批評や進歩の証拠を示すことは，学生が学習し，苦労して課題をなし遂

げようとする動機の支えとなります。個々の学生に対する発言に加えて，優れた提出作品の例をコピーしたり，または問題の解答を配ったりして，学生が自分の出来ばえを一定の基準と比較できるようにします。大部分の学生は，非難よりも称賛と励ましに反応して，さらに努力をする傾向が見られます。(American Psychological Association, 1992; Lowman, 1984)

学生が効果的な学習技能を開発するのを支援する

効果的な学習上の戦略を選ぶ方法を学生に教える。与えられた学習作業の要件を理解し，適切な学習上の戦略を選べる学生は，より効率的に学習ができます。研究によれば，学習上の戦略を学生に教えることは可能であると言われています（McKeachie, Pintrich, Lin and Smith, 1986）。教員は，資料を理解し，記憶する力を向上させる方法，クラス・ディスカッションに参加する方法，テストに備えて学習する方法等を教えることで，学生が自己反省し自律的な学習者になるのを援助することができます。Davidson and Ambroseは，学生が効果的な学習上の戦略を開発するのを支援しようとする教員に対する助言として，次のことを示しています。

- 学生に，繰り返しによって新しい情報を修得する機会を与える。
- 学習する教材の量的な目標を設定するのを助けるようにする。
- 熟読する前にざっと目を通すことの価値を説明するようにする。
- 質問を考えることが，教材の焦点を絞るためにも，知っていることと知らないことを識別するためにも重要であることを強調する。
- 教員や友達にいつ援助を求めるかについて，学生に指針を与えておく。

References

American Psychological Association. *Learner-Centered Psychological Principles: Guidelines for School Redesign and Reform.* Washington, D. C.: American Psychological Association, 1992.

Belenky, M. F., Clinchy, B. M., Goldberger, N. R., and Tarule, J. M. *Women's Ways of Knowing: The Development of Self, Body, and Mind.* New York: Basic Books, 1986.

Carrier, C. A. "Note-Taking Research: Implications for the Classroom." *Journal of Instructional Development*, 1983, *6*(3), 19-26.

Davidson, C. I., and Ambrose, S. A. "an Introductory Guide to Teaching and Research." Unpublished manuscript.

Eble, K. E. *The Craft of Teaching*. (2nd ed.) San Francisco: Jossey-Bass, 1988.

Ericksen, S. C. "Learning Theory and the Teacher." *Memo to the Faculty*, no. 33. Ann Arbor: Center for Research on Learning and Teaching, University of Michigan, 1969.

Erickson, B. L., and Strommer, D. W. *Teaching College Freshmen*. San Francisco: Jossey-Bass, 1991.

Grasha, T. "The Naturalistic Approach to Learning Styles." *College Teaching*, 1990, *38*(3), 106-113.

Kiewra, K. A. "Notetaking and Review: The Research and Its Implications." *Instructional Science*, 1987, *16*(3), 233-249.

Kurfiss, J. G. *Critical Thinking*. ASHE-ERIC Higher Education Report No. 2. Washington, D. C.: Association for the Study of Higher Education, 1988.

Lowman, J. *Mastering the Techniques of Teaching*. San Francisco: Jossey-Bass, 1984.

McCombs, B. L. "Motivation and Lifelong Learning." *Educational Psychologist*, 1991, *26*(2), 117-127.

McKeachie, W. J. *Teaching Tips*. (8th ed.) Lexington, Mass.: Heath, 1986.

McKeachie, W. J., Pintrich, P. R., Lin, Y. -G., and Smith, D. A. F. *Teaching and Learning in the College Classroom: A Review of the Research Literature*, Ann Arbor: National Center for Research to Improve Postsecondary Teaching and Learning, University of Michigan, 1986.

"Note-Taking Behaviors Prescribe Note-Giving Practices." *Teaching Professor*, 1987, *1*(7), 6.

Perry, W. G., Jr. *Forms of Intellectual and Ethical Development in the College Years*. New York: Holt, Rinehart & Winston, 1970.

Pintrich, P. R. "Student Learning and College Teaching." In R. E. Young and K. E. Eble (eds.), *College Teaching and Learning: Preparing for New Commitments*. New Directions for Teaching and Learning, no. 33. San Francisco: Jossey-Bass, 1988.

Schmidt, J. A., and Davidson, M. L. "Helping Students Think." *Personnel and Guidance Journal*, 1983, *61*(9), 563-569.

Svinicki, M. D, "Practical Implications of Cognitive Theories." In R. J. Menges and M. D. Svinicki (eds.), *College Teaching: From Theory to Practice*. New Directions for Teaching and Learning, no. 45. San Francisco: Jossey-Bass, 1991.

Tiberius, R. G. *Small Group Teaching: A Trouble-Shooting Guide*. Toronto: Ontario Institute for Studies in Education Press, 1990.

22 学習のスタイルおよび好み

　学習のスタイルという用語は，個人が好む特徴的な情報の収集，構成,思考の方法を言います。独立して活動をするのが好きな学生もいれば，グループの中で力を発揮する学生もいます。読むことで情報を吸収することが得意な学生もいれば，能動的に扱ってみることで情報を吸収する学生もいます。1つの学習スタイルが他のものより優れていることもなければ，単一の学習スタイルがよりよい学習に結びつくということもありません。大学の教員にとって，学習スタイルについて理解することは，次の3つの理由から有益です。第1に，学習スタイルを知ることは，学生の間に見られる差異を理解し説明するのに役立ちます。第2に，個々の学生のそれぞれ異なる力に応じて，一定の幅のある指導上の戦略を開発することができます。第3に，学生がどれだけ異なる学修スタイルを持っているかを知っていることは，学生の学習上の戦略を広げることを助けることができます。

　Claxton and Murrell（1987）は，多様な学習スタイルのモデルを4種類に分類しています。人格モデルは，基本的な人格の特徴（たとえば，外向的：内向的）について記載します。情報処理モデルは，人が意味のない情報を拒否する処理方法を反映するものです。社会的交流モデルは，学生が教室でどのように交流し，どのような態度をとるか（たとえば，学習志向：成績志向）に焦点を合わせています。好みのティーチング方法のモデルは，学習の媒体（たとえば，聞き取り，読書，直接体験）に焦点を合わせています。少なくとも，16種類の学習スタイルのモデル（Claxton and Murrell, 1987）と20種類の認識の次元（Messick and Associates, 1976; Grasha, 1984）があるものとされており，ここで詳しく述べられる範囲をはるかに超えています。ここでは，研究の進んでいる2つのモデルとティーチングを向上させるための適用の仕方を記載します。

　学習スタイルや学習法の理解は，ティーチングの効率を強化します。学生は

自分の学習スタイルに合った方法で学習するとより満足し，より生産的になる場合があります。(Cross, 1976; Matthews, 1991)。しかし，Wilson（1981）が指摘していますように，教員が学習スタイルの情報を利用する場合，いくつか注意すべき点があります。第1は，学生を特定の種類の学習者であると決めつけないように注意することです。研究によれば，学習者は特定の戦略を使用する傾向がありますが，状況によってはあるスタイルや方向性から別のものに移行する場合もあります（McKeachie, Pintrich, Lin, and Smith, 1986; Ramsden, 1988）。第2に，ティーチングの方法を学生の学習スタイルに合わせなければならないと心配する必要はありません。そのようなことは，非生産的であると同時にほとんど不可能なことです。それよりも，多様なティーチングの方法や戦略を用いて，幅広い学生の学習スタイルに合うようにします。第3に，Pintrich（1988）が報告した認識に関する調査によれば，学生が授業の教材を学習，記憶，理解するに際しての認識過程に焦点を合わせるほうが，教員自身の人柄やティーチングのスタイルを変化させることよりも，大切です。

学習スタイルのモデル

Witkinによる場からの独立と場に対する敏感さ（人格モデル）。視覚パターン検査の実験から，2つの幅広い分類法が見出されています。場から独立している観察者は，あるパターンの中に一定の幾何学的図形を見出そうとする場合に，そのパターン全体の複雑さに混乱させられることはありません。場に敏感な（従来は，「場に依存した」という言い方をしていましたが，Claxton and Murrell, 1987によって呼び方が変えられました）観察者は，複雑なパターンの中の目に見える「視覚的雑音（障害）」を無視することができにくいので，幾何学的な図形を見つけることがより困難です。この区別の仕方を用いて，研究者は，場から独立している学習者は，全体を部分に分けて眺めたり，ある概念や考え方の特定の側面を見たりして，学習作業に分析的に取り組むと見ています。このような学習者は単独で学習することを好む場合が多いようです。場に敏感な学習者は，1つの考え方をより大きな繋がりの中で見ようとして，より全体的に学習作業に取り組む傾向があります。このような学習者は小グループの作業や

ディスカッションを好みます。Wilson（1981）および McKeachie, Pintrich, Lin, and Smith（1986）によって報告されているように，場からの独立という概念のモデルは単に，ある一定の尺度の空間認識能力に新しい名前をつけたに過ぎないと研究者によって批判されてもいます。（Claxton and Murrell, 1987; Erickson and Strommer, 1991）

Kolbの学習サイクル（情報処理モデル）。 Kolb（1984）は，学習の4つの局面を区別して，それぞれの局面が新しい情報や技能を獲得する場合の異なる過程や能力を伴うとしています。

- 具体的な経験（感覚）：新しい活動を直接に理解するために，活動に完全に熱中する。
- 思慮深い観察（注視）：経験を公平に，あるいは多くの異なる視点から観察する。
- 抽象的な概念化（思考）：観察と経験を理論的に統合する概念を作り出し，一般化できる説明や仮説を開発する。
- 能動的な実験（行動）：理論を使用して決定を下したり，問題を解決し，一般論を異なる状況の中で試して拡張する。

　Kolbは，主要な概念や考え方の1つひとつについて，学生が上に示した学習サイクルの4つの局面すべてを経過した場合に，新しい情報がより意味を持ち，より長く記憶されると主張しています。Svinicki and Dixon（1987）は，各々の局面にあてはまる活動を示しています。具体的な経験は，映画，ゲーム，フィールドワーク，実験室での実験や観察によって与えられます。思慮深い観察は，日誌，ディスカッションや質問によって達成されます。抽象的な概念化は，モデルの形成，論文執筆，類推によって開発されます。能動的な実験は，ケース・スタディー，プロジェクトやシミュレーションを含んでいます。Smith and Kolb（1986）は，学生が学習サイクルを次の局面に移行するのに役立つ文章課題として，学生に教室の内外の経験を選んで，それについて次の作業を行わせるようにしています。

- その経験の詳細を，起きた順序通りに記録する
- その経験についての考えや感想を排除する
- その経験を意味づけるか，多少の洞察を提供する概念や「理論」を展開する
- その経験から学んだことに基づく活動計画を作成する

　以上の4つの局面を拡張して，Kolb（1984）は次の4つの学習スタイルに分類しています。集中思考型の人は，抽象的な概念化と積極的な実験法に頼ります。彼らは具体的な答えを見出すことを好み，問題の解決方法を見つけようと迅速に行動します。彼らは，問題を定義すること，決断を下すことが得意です。拡散思考型の人は，具体的な経験や思慮深い観察を利用して，一定の範囲の考え方を生み出します。彼らはブレインストーミングや代替案を考えるのが得意です。同化型の人は，抽象的な概念化や思慮深い観察を元に考えます。彼らは幅広い情報を比較して，簡潔で論理的な形に作り替えることが得意です。彼らは計画立案，理論の開発，モデル作成に優れています。調整型の人は，具体的な経験や実験の活用に優れています。彼らは，試行錯誤や直観的な戦略で問題を解決することが多々見られます。彼らは危険を冒して問題に突進する傾向があります。

　教室での活動では，集中思考型の人は明確な答えのある問題を解くことを好む傾向があります。拡散思考型の人はグループ・ディスカッションやプロジェクトの共同作業から得るところが大きいようです。同化型の人は，観察，ロール・プレイングの観察，クラスでのシミュレーションを通して概念を作成することを好みます。調整型の人は，実際の活動を好むようです。（Claxton and Murrell, 1987; Erickson and Strommer, 1991; Fuhrmann and Grasha, 1983）

学生に自分の学習スタイルを認識させるようにする

　学生に自分の学習スタイルや好みについて考えさせる。学生が新しいこと（たとえば，新しいコンピューター・ソフトウエア）を学ぼうとするときに，新し

い情報や技能を獲得するために，自分がどのような行動をするかに注目させます。どのような種類の活動が最も心地よく，生産的であったかを考えさせるか，学期の始めに，自分の最も得るところの大きかった学習体験について短い随筆を書かせます。(Fuhrmann and Grasha, 1983; Grasha, 1984, 1990)

学生が自己採点できるような短い調査を行う。Fuhrmann and Grasha (1983, pp. 105-106) は，場からの独立性と場への敏感さを判断する練習問題と採点の方法を示しています。Kolb (1985) は，学生が自己採点できる筆記テストによる学習スタイル調査を開発しました。これらの調査は，学生を型にはめるためのものではなく，自分の学習の仕方をより意識させるためのものであることを学生に伝えます。(Bonham, 1989; Fuhrmann and Grasha, 1983; Grasha, 1984; Kolb, 1985)

チェックリストを記入させる。学生が自分で記入して，特定の技能や知識の領域を自分がどのようにして学習したかを理解するのに役立つチェックリストを研究者が開発しました。チェックリストの項目には，学習に要した時間，学習の動機づけ，採用した学習過程（行動，観察，実習），使用した認識過程（情報分析，法則に導かれた思考，原理の形成）が含まれています。(Grasha, 1990)

自分たちの学習過程について学生同士でインタビューさせる。次のような質問をするようにし向けます。課題図書や授業の準備をどのようにしていますか。試験勉強をどのようにしていますか。教室でどのように学習しているか説明してください。教材を学習するのに，特に役に立つこと，役に立たないことは何でしょうか。(Katz, 1989)

学生に問題を出して，グループで解かせる。「故障したトラックという課題」は，Baker and Kolb (1980) が開発した小グループ向けの練習問題です。この問題で学生は，高速道路の高架下で立ち往生している危険な廃棄物を積んだトラックを迅速かつ安全に除去する方法を考えなければならないものです。グループ

には，使用できる物（たとえば，CB無線，タイヤ・ジャッキ）の一覧表が与えられ，問題を解決するための重要度の順に使用できる物の項目に順位をつけさせるようになっています。この練習問題でどのようにして多様な学習スタイルを識別し，学習スタイルと問題解決を関連づけるかについての情報が教員のために提示されています。(Baker and Kolb, 1980)

学生が自分の学習スタイルを認識しやすくするために比喩を使用する。Grasha (1990) は，最近受けた授業で効果的だったもの，効果的でなかったものについて学生に考えさせるようにしています。その授業について思い浮かんだ言葉，イメージ，感情を列挙させています。効果的でなかった授業についての学生の答えを次に示しました。言葉：繰り返し，有益な情報が少ない，退屈，混乱を招く。イメージ：外国での生活，マフィア，牢屋。感情：飽きる，不満，怒り，ストレスが多い。言葉やイメージの感情をまとめた「手がかりとなる比喩」を学生は考えます。効果的でなかった授業について，学生が考え出した比喩を次に示しました。「車輪のないバイク」，「円形の軌道を走ってどこにも着かない列車」，「字幕のない外国映画」。次に，学生は手がかりとなる比喩に関連のある授業中のティーチングの例をあげさせます。「話し方にまとまりがない」，「質問を挟まない講義」，「学生の頭の上を教員の話が通りすぎる」。最後に，学生がその授業について変えてほしいと思う点や変更箇所のティーチングの意味をあげさせます。「教員は学生が理解しているかどうかを確認する」，「教員は質問を奨励する」，「教員は概念を明確に説明する」などとなります。(Grasha, 1990)

学習スタイルを調整する

教員自身のスタイルやティーチングの方法の影響を認識する。分析的なスタイルを持つ教員は，直観的で帰納的なスタイルを持つ学生に分かりやすい説明をしたいと考えます。非常に直観的なスタイルを持つ教員は，定義や体系を必要とする分析的な学生の興味を引くような授業の教材を開発することを望んでいます。("The Business of the Business," 1989)

ティーチングの方法を学生の学習スタイルに合わせる必要はない。ティーチングの方法を学習スタイルに合わせると学習効果があがるとの一致した研究成果は得られていません。学生の学習の好みにティーチングを合わせることが，何か利点を生むということはないと報告している調査もあります。あるスタイルの学生が，どのようなティーチングが行われているかにかかわりなく，他の学生より良い成果をあげることも，しばしば見られることです。(Bonham, 1989; Grasha, 1984; O'Neil, 1990)

学習スタイル，民族性，性別に対して敏感になる。いくつかの研究結果は，文化，概念構造と学習スタイルの間には何か関係があるかもしれないことを示唆しています（Anderson, 1988; Anderson and Adams, 1992; Chism, Cano, and Pruitt, 1989; Claxton and Murrell, 1987; Gordon, 1991）。さらに，学生のこれまでの教育経験，家族関係，社会的経済学的階級，学問的環境といったすべてが，その学生の学習スタイルに関係します（Anderson, 1988）。学習スタイルに関する研究のほとんどが，欧米の白人中産階級の視点に立って行われていることもあって，調査はおおまかで決定力を欠いています。一部の研究者は，スタイルと文化を結びつけることは，差別的な扱いにつながり，ステレオタイプを強要することになるとして反論しています（O'Neil, 1990）。

ティーチングの戦略，課題，学習の活動を変化させる。学生に，単独で作業するだけでなく，グループで作業する機会も与えるようにします。文章によるレポート，口頭による報告，ビデオテープなど，課題を選択できるようにします。同じ情報をいくつかの形態（講義，読書，視聴覚的教材，実際の活動）で示すようにします。(American Psychological Association, 1992; Chism, Cano, and Pruitt, 1989)

いろいろな方法で考えなければならないような試験をする。学生に特定の情報を示すか，選択肢の中から正しい答えを選択させる問題は，論理的な推理の思考を必要とします。答えが1つと決まっていない論述問題は，学生が問題の解決方法を考え出し，思考を逸脱させることを必要とします。学生に比較対照を

求める問題は,同化型の思考力を試すことになります。理論的な原理を実際に適用する必要のある問題は,調整型の思考力を養います。(Claxton and Murrell, 1987)

いろいろな学習スタイルや方向性を評価するように促す。学生は自分と同じ学習スタイルの人との作業を好みますが,一部の研究によれば,同じスタイルの学生はともに楽しく作業しますが,お互いの弱点を強め合いますので,学習効果は比較的少ないようです。多様な学習者と作業をすると,学習経験が豊かになることを示し,新しい長所を開発することができることを学生に伝えます。(Bonham, 1989)

References

American Psychological Association. *Learner-Centered Psychological Principles: Guidelines for School Redesign and Reform*. Washington, D. C.: American Psychological Association, 1992.

Anderson, J. A. "Cognitive Styles and Multicultural Populations." *Journal of Teacher Education*, 1988, *39*(1), 2–9.

Anderson, J. A., and Adams, M. "Acknowledging the Learning Styles of Diverse Student Populations: Implications for instructional Design." In L. L. B. Border and N. V. N. Chism (eds.), *Teaching for Diversity*. New Directions for Teaching and Learning, no. 49. San Francisco: Jossey-Bass, 1992.

Baker, R. J., and Kolb, D. A. *The Stuck Truck*. Boston: McBer, 1980.

Bonham, L. A. "Using Learning Style Information, Too." In E. Hayes (ed.), *Effective Teaching Styles*. New Direction for Continuing Education, no. 43. San Francisco: Jossey-Bass, 1989.

"The Business of the Business." *Policy Perspectives*, 1989 1(entire issue 3). (Newsletter of the Higher Education Research Program, sponsored by the Pew Charitable Trusts)

Chism, N. V. N., Cano, J., and Pruitt, A. S. "Teaching in a Diverse Environment: Knowledge and Skills Needed by TAs." In J. D. Nyquist, R. D. Abbott, and D. H. Wulff (eds.), *Teaching Assistant Training in the 1990s*. New Directions for Teaching and Learning, no. 39. San Francisco: Jossey-Bass, 1989.

Claxton, C. S., and Murrell, P. H. *Learning Styles: Implications for Improving Educational Practices*. ASHE-ERIC Higher Education Report No. 4. Washington, D. C.: Association for the Study of Higher Education, 1987.

Cross, K. P. *Accent on Learning*. San Francisco: Jossey-Bass, 1976.

Erickson, B. L., and Strommer, D. W. *Teaching College Freshmen*. San Francisco: Jossey-Bass, 1991.

Fuhrmann, B. S., and Grasha, A. F. *A Practical Handbook for College Teachers*. Boston: Little, Brown, 1983.

Gordon, E. W. "Human Diversity and Pluralism." *Educational Psychologist*, 1991, *26*(2), 99-108.

Grasha, A. F. "Learning Styles: The Journey from Greenwich Observatory (1976) to the College Classroom (1984)." *Improving College and University Teaching*, 1984, *32*(1),46-53.

Grasha, T. "The Naturalistic Approach to Learning Styles." *College Teaching*, 1990, *38*(3), 106-113.

Green, M. F. (ed.). *Minorities on Campus: A Handbook for Enriching Diversity*. Washington, D. C.: American Council on Education, 1989.

Katz, J. "Helping Faculty to Help Their Students Learn." In A. F. Lucas (ed.), *The Department Chairperson's Role in Enhancing College Teaching*. New Directions for Teaching and Learning, no. 37. San Francisco: Jossey-Bass, 1989.

Kolb, D. A. *Experimental Learning: Experiences as a Source of Learning and Development*. Englewood Cliffs: N. J.; Prentice-Hall, 1984.

Kolb, D. A. *Learning Style Inventry*. Boston: McBer, 1985.

McKeachie, W. J. Pintrich, P. R., Lin, Y. -G., and Smith, D. A. F. *Teaching and Learning in the College Classroom: A review of the Research Literature*. Ann Arbor: National Center for Research to Improve Postsecondary Teaching and Learning, University of Michigan, 1986.

Matthews, D. B. "The Effects of Learning Style on Grades of First-Year College Students." *Research in Higher Education*, 1991, *32*(3), 253-268.

Messick, S., and Associates. *Individuality in Learning*. San Francisco: Jossey-Bass, 1976.

O'Neil, J. "Making Sense of Style." *Educational Leadership*, 1990, *48*(2), 4-9.

Pintrich, P. R. "Student Learning and College Teaching." In R. E. Young and K. E. Eble (eds.), *College Teaching and Learning: Preparing for New Commitments*. New Directions for Teaching and Learning, no. 33. San Francisco: Jossey-Bass, 1988.

Ramsden, P. "Context and Strategy: Situational Influences on Learning." In R. P. Schmeck (ed.), *Learning Strategies and Learning Styles*. New York: Plenum, 1988.

Smith, D. M., and Kolb, D. A. *User's Guide for the Learning Style Inventory*. Boston: McBer, 1986.

Svinicki, M. D., and Dixon, N. M. "Kolb Model Modified for Classroom Activities." *College Teaching*, 1987, *35*(4), 141-146.

Wilson, J. D. *Student Learning in Higher Education*. New York: Wiley, 1981.

学生の動機づけ　23

　一部の学生は，根っから学習に熱意を持っているようですが，多くの学生は，教員が励まし，挑戦させ，刺激を与えることを必要とするか，あるいは期待しています。「教室における効果的な学習は，教員の能力に支配されます……そもそも始めに学生をこの授業に引きつけた興味を維持する教員の能力にかかっているのです」(Ericksen, 1978, p. 3)。学生が教室に来る際の動機づけがどのような水準のものであろうと，その動機づけは教室で起きる事柄によって，良くも悪くも変化していくものです。

　残念ながら，学生の動機づけに魔法の公式はありません。作業や学習に対する学生の動機づけには，次のような多くの要素が影響します（Bligh, 1971; Sass, 1989)。主題となっている事柄への興味，その有用性への認識，何かを達成したいという一般的な望み，自信や自尊心，忍耐と持続性。当然のこととして，すべての学生が同じ価値観，必要性，望みによって動機づけされるわけではありません。なかには，他者の称賛によって動機づけられたり，難問を克服することによって動機づけされる者もいるでしょう。

　研究者は，ティーチングの状況のなかでも，学生自身による動機づけを強化するような方法の開発を始めています（Lowman, 1984; Lucas, 1990; Weinert and Kluwe, 1987; Bligh, 1971)。学生が自分で動機づけのできる独立した学習者になるように支援するために，教員は次のことを行います。

- 自分はきちんとやれるという学生の自信を支えるような肯定的なフィードバックをたびたび迅速に与えるようにする。
- 易しすぎも難しすぎもしない仕事を課題として出し，学生が成功する機会を確保するように努める。
- 教材に個人的な意味と価値を見出すように学生を支援する。

- 開放的で肯定的な雰囲気を作るようにする。
- 自分が学習共同体の，価値を認められたメンバーであると感じるように支援する。

　研究によれば，動機づけに直接に訴える努力をするよりも，日々，優れたティーチングを実践するほうが学生の無気力に対して効果があることが示されています（Ericksen, 1978）。大部分の学生は，学生や学習内容に対して純粋な興味を持っている熱心な教員が教える周到に準備された授業に対して積極的に反応するものです。このように，教員が学習を促進するためにとる行動が，学生の動機づけに非常に役立ちます。

一般的な戦略

学生が現在，必要としていることを利用する。学生は，教室での学習の始まりが，自分が講座に登録した動機を満足するものである場合に，最もよく学習します。学生が教室で必要としていることは，特定の作業や活動をなし遂げるために必要な事柄を学ぶこと，新しい経験に出会うこと，技能を完全なものにすること，難問を克服すること，十分な能力を身につけること，力を発揮して成功すること，参加意識を持って他の人と交流することであったりするものです。こような必要性を満たすことはそれ自体が得るところがあり，そのような報いがあることで，成績で引きつけるよりも効果的に学習を支えることができます。課題，授業中の活動やディスカッションのテーマをこういった必要性に合わせて企画するとよいでしょう。（McMillan and Forsyth, 1991）

学習の場において学生を活動的に参加させる。学生は，行動し，作り，書き，企画し，作り出し，解決することで学習します。受動的な姿勢は学生の動機づけと好奇心を鈍らせます。質問する：学生に質問できることは教員のほうから学生に言ってはいけません。問題への取り組み方を提言し，実験の結果がどうなるか予想するように学生を促すようにします。小グループでの作業を利用する：活動的な参加に重点を置く方法については，「ディスカッションを導く」，

「講義を補い，講義の代わりとなる方法」，「共同学習」の項を参照してください。(Lucas, 1990)

クラスをもっと「動機づけ」できるか（できないか）を学生に分析させる。Sass（1989）は，最近の授業のなかから強く動機づけされた授業と動機づけが弱かった授業を1回ずつ思い出してもらいます。それぞれの学生が，その2回の授業が自分に動機づけを与えた場面をリストした後，小グループで集まって，動機づけの強さと弱さに寄与する特性について合意に達するまで話し合わせます。Sassの報告によれば，20科目以上の授業について，学生の動機づけに寄与する要素として，次に示す8つの特性が明らかです。

- 教員の熱意
- 教材の適切さ
- 講座の構成
- 教材の難易度が適切であること
- 学生が活動的に参加すること
- 多様性
- 教員と学生の信頼感
- 適切，具体的かつ理解可能な例の使用

学生の動機づけを強めるようなティーチングを取り入れる

学生に対する期待は高く，しかし，現実的に。 調査によれば，教員の期待は学生の成果に大きな影響を与えます。学生が動機を持ち，よく勉強し，授業に興味を持つことを期待しているように教員が行動すれば，学生はその通りになる傾向があります。課題を出し，講義をし，ディスカッションを行い，試験の成績をつける場合には，学生に対する期待を現実的に設定します。ここで「現実的」とは，教員の抱く基準が，学生に最高の成果をあげるような動機づけとなる程度に高いが，学生が期待に応えようとしても満たされるはずがないほどには高くはないということを意味しています。目標達成への意欲をかき立てるに

は，達成が可能であると信じる必要があります。つまり，教員は早い時期に成功の機会を与える必要があるのです。(American Psychological Association, 1992; Bligh, 1971; Forsyth and McMillan, 1991; Lowman, 1984)

学生に自分で達成可能な目標を設定させる。現実的でない目標を設定して達成できなければ，学生は失望し，不満をつのらせます。学生には，単に1回のテストや課題で良い成績をとることを目指すのではなく，継続的に向上することに焦点を合わせるように奨励します。学生が自分の作品を批評し，自分の長所を分析し，弱点を補うことを奨励して，学生が自分の進歩を評価できるように支援します。たとえば，1つか2つの課題について，自己評価用紙を提出させるのも1つの方法です。(Cashin, 1979; Forsyth and McMillan, 1991)

授業で成功するには何をする必要があるのかを学生に伝える。学生に自分が何を期待されているのかを理解するために苦労させてはなりません。学生に授業で良い成果をあげられること，そのために何をする必要があるのかを正確に伝えます。「この例題を解くことができれば，試験に合格することができます。この例題が分からない人は，私に聞きなさい」という程度のことを言うようにします。あるいは，「あなたは授業に遅れています」と言う代わりに，「ここに教材を学ぶよい方法が1つあります。それは私を有効に利用することです」と学生に伝えます。(Cashin, 1979; Tiberius, 1990)

学生の自分自身による動機づけを強化する。教員としての自分の力を押しつけたり，本質的でない見返りを強調するような言い方を避けるようにします。「私は……を要求する」，「君たちは……しなければならない」，「あなたは……すべきだ」という言い方の代わりに，「あなたがたは……だと分かると思います」，「私は君たちの反応に興味があります」と言うようにします。(Lowman, 1990)

学生の間に激しい競争が起きることを避ける。競争は，不安を生み，不安は学習の妨げになることがあります。学生同士の激しい競争は避けるようにします。Bligh (1971) は，学生は個人として競争している場合よりも，グループの共

同で作業している場合のほうが，集中力があり，優れた理解を示し，多くの成果をあげ，ティーチングの方法に対して好意的であることを報告しています。学生の作品を公然と批判したり，学生同士を争わせるような発言や言動を避けるように気をつけます。(Eble, 1988; Forsyth and McMillan, 1991)

教員が主題に熱意を持つ。教員の熱意は，学生の動機づけにとって重要な要素です。教員が退屈したり無感動になったりすると，学生もその通りになります。典型的な場合としては，教員の熱意は自信，内容への興奮，ティーチングを純粋に楽しむことから生じるものです。教材に興味が持てないことに気がついた場合には，この専門分野に自分を引きつけたのは何だったかを思い出して，主題となっている事柄の面白さを生き生きと学生に伝えます。教材がどんなに退屈なものだと思っても，その教材を提示する最も刺激的な方法を考えることを自分の挑戦課題だとして設定するようにします。

学生を動機づけできるように授業を構成する

学生の得意な，興味のあるところから学習を始める。学生がこの授業になぜ登録したのか，主題となっている事柄に対してどのように感じているか，彼らが何を期待しているかを見つけ出すようにします。授業の内容を学生の興味や経験に結びつけるような例，ケース・スタディー，課題などを考えるようにします。化学の教授は，授業の時間の一部を使って環境問題の解決に化学がどのように貢献できるかを説明するようにしています。授業の内容や目的が，自分の教育上の目標，職業上の目標，個人的な目標を達成するのにどのように役立つかを説明するようにします。(Block, 1976; Cashin, 1979; Lucas, 1990)

可能な場合，何を研究するか学生に選ばせる。テストにではなく，学期末レポートや他の宿題にオプションを与えます。学生自身にフィールドワークの場所を決めさせたり，研究する話題を決めさせたりしましょう。可能であれば，オプションや単位の代わりとなるものをコースに含めます。

学期が進むにつれて教材の難易度を高くする。学期の始めに、学生に成功する機会を与えるようにします。学生が自分はうまくやれるという感じを持てば、徐々に難易度の水準を上げていくようにします。課題や試験に比較的容易な問題と比較的難しい問題が含まれるようにしておけば、すべての学生が、難問ばかりでなく成功を経験する機会を持つことができます。（Cashin, 1979）

ティーチングの方法を変化させる。変化があると、学生の授業への意欲と動機づけが再び呼び起こされます。ロール・プレイング、討議、ブレインストーミング、ディスカッション、実演、ケース・スタディー、視聴覚教材の使用、ゲストの起用、小グループでの作業といった多様なティーチングの活動や方法を授業に取り入れることで、決まりきった手順から脱却するようにします。（Forsyth and McMillan, 1991）

成績評価について強調しない

成績よりも学習することを強調する。Ames and Ames（1990）は、2人の中学の数学教員について報告しています。1人の教師はすべての宿題に成績をつけ、宿題を学生の最終成績の30%としました。他の教員は、宿題に決まった長さの時間（一晩に30分）を割き、最後までできなかった問題については授業で質問するように伝えました。この教員は、宿題に合格と不合格の成績をつけ、学生に課題をやり直す機会を与え、宿題を最終成績の10%としました。宿題が授業の成績に占める割合は少なかったのですが、2人目の教員のほうが、学生に宿題を提出するための動機づけをするのに成功しました。1人目の教師のクラスでは、自分の能力を低く評価される危険を冒すよりはと考えて受講を断念した学生が何人かいました。2人目の教員のクラスでは、学生は宿題をするたびに自分の評価を危険に晒すことがなく、むしろ学習しようと努力しました。間違いは受け入れられるもので、そこから学ぶべきものを見出すものと思われたのです。

　研究者は、特別加点の複雑な仕組みをなくし、成績を強調しないことを勧め

ています。成績を使って学問に関係のない行動を制御しようとすること（たとえば，授業に欠席したことで成績を下げる）に反対しています（Forsyth and McMillan, 1991; Lowman, 1990）。その代わりに，成績をつけない作文課題を出し，課題をすることが個人的な満足を与えることを強調し，学生が自分の進歩を知るように支援します。

学生に達成してほしい内容の学習を促すようなテストを企画する。多くの学生は，自分の望む成績をとるために必要であれば何でも学習します。詳しい事項の記憶を基本にテストを行えば，学生は事実を記憶することに焦点を合わせ，情報の総合的評価を強調したテストを行えば，学生は学習時にそういう技能を練習する動機を持つこととなります。（McKeachie, 1986）

成績を脅しに使うことを避ける。McKeachie（1986）が指摘しているように，低い成績をとることを恐れて一生懸命勉強する学生もいますが，学問的な不正を行ったり，課題提出の遅れの言い訳をしたり，その他の非生産的な行為に頼る学生もいるかもしれないからです。

学生の作品に反応することで動機づけを与える

学生にはできるだけ迅速にフィードバックを行う。テストや提出物は早く返し，他の学生の前で直接に成功を讃えます。彼らがどれだけよくできたか，どうすればもっとよくできるかを提示します。讃えると言っても，ある学生の答えがよかったと言って，なぜよかったかを示し，「汚染に関するチェリーの見方は，我々が話し合っていた考え方を総合したものです」というように，学生の名前に言及するといった簡単なことで充分です。（Cashin, 1979）

成功を讃える。肯定的な意見と否定的な意見の両方が動機づけとなりますが，学生は肯定的なフィードバックや成功により大きく影響を受けることが調査で示されています。称賛は学生の自信，能力，自尊心を育てます。成果がさほどでなくとも，懸命な努力を認めるようにします。学生の成績が振るわない場合

には，時間がたてば向上して成功すると信じていると学生に伝えます。(Cashin, 1979; Lucas, 1990)

級友の優れた仕事を学生に紹介する。個々の学生の考え方，知識，業績をクラス全体で共有するようにします。

- 学生が選んだテーマのリストを配り，他の学生が自分の興味のあるレポートを書いているかを学生に知らせます。
- 優れたレポートや論述式試験の写しを学生が見ることができるようにします。
- 授業時間を割いて，級友が提出したレポートや課題を読ませるようにします。
- 級友のレポートについて，学生に短い批評を書かせます。
- 経験のある学生や授業に関連するテーマの調査レポートを書いたことのある学生に短い話をさせる時間を設けるようにします。

否定的なフィードバックをする場合には，対象を特定する。否定的なフィードバックは非常に強力であり，クラスの雰囲気を消極的にしてしまう場合があります。学生の弱点を指摘する場合には必ず，教員の意見は特定の作品や成果に関するものであって，その学生の人格に関するものではないことを明確にします。その作品に関して学生が成功している側面にも触れて，否定的な意見を和らげるように努めます。(Cashin, 1979)

相手をさげすむような発言を避ける。多くの学生は自分の成果や能力を気にかけているものです。評価の言い表し方に気をつかい，学生に能力が欠けていると感じさせるような不注意な発言をしないように心がけます。

宿題の問題の「答え」を要求する学生に屈しない。困難を感じている学生に単に答えを教えてしまうことは，彼らから自分で考える機会を奪っていることになります。もっと生産的な方法を使うことにしましょう。(Fiore, 1985より抜粋)

- その問題に対して取りうる取り組み方を1つ示させます。
- 目の前の問題に学生を集中させることで，答えが出ないではないかという学生の不安を取り除くようにします。
- その問題について知っていることから取り組ませます。
- 「これで正しいですか」という質問には答えないようにする。学生に自分で答えを確かめる方法を教えてあげます。
- わずかでも自力で進んだことに対して学生を褒めるようにします。

　以上のような手順に従えば，学生はすぐに答えが出なくても構わないのだということを学ぶでしょう。さらに忍耐力を身につけて，自分のペースで作業をすることも学ぶでしょう。問題をやり通すことで，学生は達成感と自信を経験し，学習への動機づけが強まることでしょう。

学生に読書に対する動機づけを与える

　課題図書は，それについてディスカッションする少なくとも2週間前までに出すようにします。予習し，課題図書に対する好奇心をかき立てるのに充分な時間を学生に与えます。「この記事は私の気に入っているもののひとつで，みなさんがどう考えるか興味があります」などと伝えておきます。(Lowman, 1984; "When They Don't Do the Reading," 1989)

　練習問題を課題として出す。課題図書の鍵となる点を学生に考えさせる練習問題を配付します。学生をさらに刺激するために，試験問題をこの練習問題に基づいて作ることを学生に伝えます。("When They Don't Do the Reading," 1989)

　クラスの人数が少ない場合には，試験勉強に使えるような，その日の課題図書についてのメモ書きを提出させる。毎回の授業の始めに，ある物理学の教授は，その日の課題読書について概要，定義，キーポイントとなる考え方やその他の教材を3×5インチのカードに書いて提出させています。授業後に，カードを

調べ，自分の名前のスタンプを押しておきます。中間試験の前週の授業で学生にカードを返し，学生はカードに新たに書き込みをすることができますが，追加のカードを提出することはできません。カードはテスト中にもう一度，教授に戻されます。この教授によれば，課題図書を完了する学生の数は10％から90％に増加し，特にこの「サバイバル・カード」を学生は重視しているとのことです。(Daniel, 1988)

学生にひと言日誌か，ひと言作文を書かせる。Angelo（1991）は，ひと言日誌を次のように説明しています。学生に課題図書の要約として最も適している1つの単語を選び，その単語を選んだ理由の説明，正当化する1ページ以下の文章を書かせます。この課題は，クラス・ディスカッションの材料としても利用されます。Erickson and Strommer（1991）によって報告されているこの方法の変形としては，教員が課題図書について出した問題に答える文章を1つ書いて，その裏づけとなる証拠を3つあげさせる方法があります。「1つの文で，Singerが彼の記事 'Famine, Affluence, and Morality' で使用している倫理的理由づけの種類を決めて下さい。この種の倫理的理由づけを示す3つの箇所を引用して下さい」。(p. 125)

課題図書について，学生を脅すような問題を出さない。始めは，緊張や反感を引き起こさないような一般的な問題を出します。「課題図書のどの部分を読み返せばよいと考えますか」，「課題読書のどのテーマに一番驚きましたか」，「この章のどのテーマを自分自身の経験にあてはめることができますか」などです。("When They Don't Do the Reading," 1989)

授業時間を読書時間として利用する。ディスカッションを進めようとして，課題図書を完了してきた学生が少ない場合には，残りの授業時間で教材を読ませることを考慮します。学生に黙読させるか，学生を指名して朗読させ，キーポイントを論じさせます。このような普通でない手順を踏むことは，教員としては不本意ですが，学生が課題図書を読んでこないからこうするのだということを，学生に明確に伝えます。

ディスカッションしていない課題図書についての問題を試験に出す。ある教員たちは，課題図書を読んだかどうかを学生に聞いています。答えが否であった場合には，「この教材は自分で読んでください。次の試験ではこの課題図書に関する問題を期待していてください」と言っておきます。次に課題図書を割り当てる場合には，前回のことを学生に思い出させると，学生は予習をして教室にやって来るようになります。("When They Don't Do the Reading," 1989)

課題図書を読んでこない学生に作文課題を出す。一部の教員たちは授業の始めに課題読書を読んできたかを聞いています。教材を読んでこなかった学生には，作文課題が与えられ，退室させられます。教材を読んできた学生は，残ってクラス・ディスカッションに参加できます。作文課題は成績評価はせず，やってきたかどうかを調べるようにします。この方法は，学期中に2回以上用いるべきではありません。("When They Don't Do the Reading," 1989)

References

American Psychological Association. *Learner-Centered Psychological Principles: Guidelines for School Redesign and Reform*. Washington, D. C.: American Psychological Association, 1992.

Ames, R., and Ames, C. "Motivation and Effective Teaching." In B. F. Jones and L. Idol (eds.), *Dimentions of Thinking and Cognitive Instruction*. Hillsdale, N. J.: Erlbaum, 1990.

Angelo, T. A. "Ten Easy Pieces: Assessing Higher Learning in Four Dimensions." In T. A. Angelo (ed.), *Classroom Research: Early Lessons from Success*. New Directions for Teaching and Learning, no. 46. San Francisco: Jossey-Bass, 1991.

Bligh, D. A. *What's the Use of Lecturing?* Devon, England: Teaching Services Centre, University of Exeter, 1971.

Brock, S. C. *Practitioners' Views on Teaching the Large Introductory College Course*. Manhattan: Center for Faculty Evaluation and Development, Kansas State University, 1976.

Cashin, W. E. "Motivating Students." *Idea Paper*, no. 1. Manhattan: Center for Faculty Evaluation and Development in Higher Education, Kansas State University, 1979.

Daniel, J. W. "Survival Cards in Math." *College Teaching*, 1988, *36*(3), 110.

Eble, K. E. *The Craft of Teaching*. (2nd ed.) San Francisco: Jossey-Bass, 1988.

Ericksen, S. C. "The Lecture." *Memo to the Faculty*, no. 60. Ann Arbor: Center for Research on Teaching and Learning, University of Michigan, 1978.

Erickson, B. L., and Strommer, D. W. *Teaching College Freshmen*. San Francisco: Jossey-Bass, 1991.

Fiore, N. "On Not Doing a Student's Homework." *Chemistry TA Handbook*. Berkeley: Chemistry Department, University of California, 1985.

Forsyth, D. R., and McMillan, J. H. "Practical Proposals for Motivating Students." In R. J. Menges and M. D. Svinicki (eds.), *College Teaching: From Theory to Practice*. New Directions in Teaching and Learning, no. 45. San Francisco: Jossey-Bass, 1991.

Lowman, J. *Mastering the Techniques of Teaching*. San Francisco: Jossey-Bass, 1984.

Lowman, J. "Promoting Motivation and Learning." *College Teaching*, 1990, *38*(4), 136-39.

Lucas, A. F. "Using Psychological Models to Understand Student Motivation." In M. D. Svinicki (ed.), *The Changing Face of College Teaching*. New Directions in Teaching and Learning, no. 42. San Francisco: Jossey-Bass, 1990.

McKeachie, W. J. *Teaching Tips*. (8th ed.) Lexington, Mass.: Heath, 1986.

McMillan, J. H., and Forsyth, D. R. "What Theories of Motivation Say About Why Learners Learn." In R. J. Menges and M. D. Svinicki (eds.), *College Teaching: From Theory to Practice*. New Directions in Teaching and Learning, no. 45. San Francisco: Jossey-Bass, 1991.

Sass, E. J. "Motivation in the College Classroom: What Students Tell Us." *Teaching of Psychology*, 1989, *16*(2), 86-88.

Tiberius, R. G. *Small Group Teaching: A Trouble-Shooting Guide*. Toronto: Ontario Institute for Studies in Education Press, 1990.

Weinert, F. E., and Kluwe, R. H. *Metacognition, Motivation and Understanding*. Hillsdale, N. J.: Erlbaum, 1987.

"When They Don't Do the Reading." *Teaching Professor*, 1989, *3*(10), 3-4.

VII

文章力および宿題

24．すべての授業で学生の文章力の向上を援助する

25．効果的な作文課題を企画する

26．学生の文章作品を評価する

27．宿題：練習問題

すべての授業で学生の文章力の向上を援助する　24

　学問の訓練における作文の重要性，教材の習得，考え方の形成，批判的思考の技能の開発に作文が果たしている役割を否定する教授陣はほとんどいないでしょう。作文は，主題となった事柄を学習するのに役立ちます。学生は授業の教材について書くと，より深く理解し，記憶します。

　学生の文章力を向上させるには，教員は作文の専門家や熟達した文章家である必要はなく，授業時間や成績評価に使う時間を犠牲にする必要もありません。次に示すアイデアは，作文は授業に欠かすことのできないものとし，教師にとっても学生にとっても負担にならないようにデザインされています。

一般的な戦略

学生の文章力の向上を教員自身の責務と見なす。多くの教員たちが，文章を教えることは文学部や作文プログラムだけの仕事だと誤って信じています。そんなことはなく，文章力は学問を修めるために不可欠なことです。学生の文章力の向上を援助することは，すべての教員たちの責任です。

教員が優れた文章の価値を認めることを学生に知らせる。明晰で思慮深い文章の重要性を強調します。Elbow（1987）が述べているように，作文の教え方を知らなくても適切な文章を書くように要求することはできます。一般に，優れた文章は報われ，下手な文章には罰が与えられると学生に伝える教員たちは，そういう要求をしない教員たちよりも良い論文を学生から受け取っています。シラバスの中で，授業第1日目に，学期中を通じて，自分の考えを文章にするために最善を尽くさなければならないことを学生に承知させます。授業の初期には課題を返すときに文章に関する意見を添え，教員が本当に文章を重視していることを示し，文章に関する教員自身のコメントをつけます。（Elbow, 1987）

授業中に定期的に短い作文練習の課題を出す。作文は，いくつもの技能を複雑に組み合わせた技能で，継続的な練習を必要とします。学生に作文の経験を積ませるために，毎週レポートを出させる必要はありません。講義中心の授業に変化を持たせるために，授業中に数分間，文章を書かせます。授業中の作文，教室外での作文の課題，決まった解答のない試験を組み合わせることで，学生に文章力の向上に必要な訓練をさせることができます。(Tollefson, 1988)

作文のすべての過程についてガイダンスする。課題を示したあとで，概要や覚え書きの価値について論じ，テーマの選び方と絞り込み方，最初に原稿の批評の仕方について説明します。他人の文章の盗用についても定義します。「学問上の不正行為を防ぐ」の項を参照してください。(Tollefson, 1988)

学生の作文をすべて読み，成績をつけなければならないと感じる必要はない。学生は主題について学習するために文章を書くのだから，教員が個々の文章を評価できないとしても，書かせないよりは書かせるほうがよいのです。授業中にお互いの作品を分析させるか，小グループで作品を批評し合わせます。さもなければ，フィードバックを行わずに，単に書くことだけを目的として学生に作文をさせても結構です。文章を書くのは，より明確に考えるためであって，成績をとるためではないことを学生は学ぶでしょう。また，学生の作文を集めて，ざっと目を通すことができることにも留意します。(Watkins, 1990)

授業で作文を効果的に利用しようとしている教授陣を見つける。教員自身が開発した作文課題を共有して，学生がその課題をどのように学習したかについて話し合います。主題となっている事柄について学生がより多くを学ぶために，作文を役立てる方法についてのアイデアを蓄積します。自分の専門分野についての作文の手引きを作成できるだけの充分な興味深い材料があるかどうかを確認します。特定の科目や特定の主題の領域についてのレポートの書き方に関する専門的な指示が示されている資料があれば，学生はそれを歓迎します。

英語の教員でない教員が作文を教える場合

作文は自分の考え方を明確にするための過程であることを学生に承知させる。作文は学習の1つの方法であって，それ自体が目的ではないことを学生に伝えます。自分の見方を紙に書いてみるまでは，誰でも自分があるテーマや問題について何を考えているか分からないのだということを学生に知らせます。また，作文とは，複雑で，込み入っており，直線的には進まない，出だしから何度もやり直さなければならないものであることを学生に知らせます。次に示すような文章を書く人にとって鍵となる諸活動について，学生が確認できるよう援助します。

- 考えを発展させる
- 焦点と主題を見つける
- 草稿を書く
- 他の人からフィードバック情報や意見をもらう
- 考えを広げ，意味を明確にし，構成をし直して原稿を改訂する
- 編集する
- 完成した作品を読み手に対して発表する

作文は困難な作業であることを説明する。クラスの学生に，教員自身が困難なテーマに取り組んで苦労したときの話をします。学生が作文には努力が必要であると知っていれば，自分の進み方に落胆することはないでしょう。ある教員は，自分の論文が出版されたときにたどった経過を記録したノートを学生に見せています。その内容は，始めの着想，いくつもの草稿，寄稿した原稿，閲読者の示唆した変更箇所，改訂後の原稿，ゲラ刷り，出版された論文などです。(Professional and Organizational Development Network in Higher Education, 1989)

学生に自分自身の文章について話す機会を与える。学生は，考えをまとめ，発

想を生み出し，テーマに焦点を合わせるために，執筆中の自分のレポートについて話す必要があります。また，級友が何を書いているのかを聞くことも学生にとって重要です。授業時間を 5 分か10分使って，小グループや 2 人組で互いに文章を読み合うか，何を書く計画であるかについて話し合います。

学生に自分の作品を改訂することを奨励する。改訂を行うための正式な手順を提供します。たとえば，第 1 草稿を提出して教員に検討してもらうか，級友に批評させます。さもなければ，学期中にひとつの課題を改訂して書き直し，より良い成績を受けることを，学生が任意で選べるようにします。この方法で学生に作品を改訂するように促した教員たちは，学生の10～40％がこの方法を利用したと報告しています。(Lowman, 1984)

提言の主題について説明する。提言の主題は，何らかの問題についての主張（たとえば，「貯蓄および債務の危機は，政府の規制緩和の結果として生じた」）です。学生に共通する問題点は，提言の主題が散漫で（たとえば，「貯蓄および債務の危機が重要な問題を引き起こした」）あったり，提言の主題がない，事実の概要を示すだけのレポートを書くことです。

明晰さと具体性を強調する。テーマが抽象的で難しいものであるほど，具体的な言葉を使う必要があることを学生に知らせます（Tollefson, 1988）。誇張した言葉づかいや学術的な決まり文句は，論点を明確にするよりも，むしろ隠してしまうことを学生に伝えます。

文法や文の構造は，内容と同様に重要であることを説明する。英語の教員だけが文法と文体の判断をすべきだという理屈を楯にとって，学生の学力が低下することのないようにします。教員は学生の文章の質および内容の両方を見ているのだということを学生に伝えます。

実際の優れた文章の参考文献リストや助言集を配付する。英語科，作文プログラム，文章センターに問い合わせて，学生に容易に配付できる教材があるかど

うか調べます。たとえば，次に示すような作文の手引きの参考文献リストを学生に渡すのもよいでしょう。

Crews, F. C. *Random House Handbook.* (6th ed.) New York: McGraw-Hill, 1992. 大学生向けの古典的で包括的な教科書。よく書かれており，読む価値がある。

Lanham, R. A. *Revising Prose.* (3rd ed.) New York: Scribner's 1991. 官僚的な言い回しを削り，退屈な散文に活力を取り戻す技術を示している。

Tollefson, S. K. *Grammar Grams and Grammar Grams II.* New York: HarperCollins, 1989, 1992. 文法，文体，および用法についての一般的な質問に答えてくれる2冊の短い，知性に溢れた手引き。両方とも読んで面白い。

専門分野ごとの手引きもまた役に立ちます。Petersen（1982）は，時代には遅れているが優れた，個々の専門分野ごとの作文に関する書物を選んでいます。その他の出版物を次に示します。

化学および工学

Barrass, R. *Scientists Must Write.* New York: Chapman and Hall, 1978.

Biddle, A. W., and Bean, D. J. *Writer's Guide: Life Sciences.* Lexington, Mass.: Heath, 1987.

Connolly, P., and Vilvardi, T. (eds.). *Writing to Learn Mathematics and Science.* New York: Teachers College Press, 1989.

Day, R. A. *How to Write and Publish a Scientific Paper.* (3rd ed.) Philadelphia: ISI Press, 1988.

Maimon, E. P., and others. *Writing in the Arts and Sciences.* Boston: Little, Brown, 1981.

Michaelson, R. *How to Write and Publish Engineering Papers and Reports.* Philadelphia: ISI Press, 1990.

芸術および人文科学

Barnet, S. *A Short Guide to Writing About Art.* Boston: Little, Brown, 1989.

Biddle, A. W., Steffens, H. J., Dickerson, M. J., and Fulwiler, T. *Writer's Guide: History.* Lexington, Mass.: Heath, 1987.

Goldman, B. *Reading and Writing in the Arts.* Detroit: Wayne State University Press, 1978.

社会科学

Biddle, A. W., Fulwiler, T., and Holland, K. M. *Writer's Guide: Psychology.* Lexington, Mass.: Heath, 1987.

Biddle, A. W., Holland, K. M., and Fulwiler, T. *Writer's Guide: Political Science.* Lexington, Mass.: Heath, 1987.

Lanham, R. A. *Revising Business Prose.* (3rd ed.) New York: Scribner's, 1991.

McCloskey, D. N. *The Writing of Economics.* New York: Macmillan, 1987.

Steward, J. S., and Smelstor, M. *Writing in the Social Sciences.* Glenview, Ill.: Scott, Foresman, 1984.

Tallent, N. *Psychological Report Writing.* (4th ed.) Englewood Cliffs, N. J.: Prentice-Hall, 1992.

作文担当の教員に話を依頼する。学生たちに効果的な作文や作文に関する一般的な問題について話してくれるゲストを招きます。作文科や学生学習センターから専門家を招いた教員たちは，専門家の話によって学生たちが作文の重要性を再認識したと報告しています。

利用可能な指導サービスについて学生に知らせる。大部分の大学では，作文の個別指導やグループ指導を行っています。パンフレットを配付するか，個別指導センターの担当者に教室で実際にやってもらうように頼みます。

学生の文章力が向上するように，コンピューターを利用して援助する。教員たちは，商業的に入手可能なソフトウェアや学内で開発されたソフトウェアを，学生が文章による作品を計画し，執筆し，改訂するのを支援するために利用し始めています。教員が学生の執筆中の作品を読んだり，学生が級友と共同作業

したりできるソフトウェアがあります。Holdstein and Selfe（1990）および Hawisher and Selfe（1989）は，コンピューターと作文について論じています。

教室で作文の課題を出す

あるテーマについてディスカッションする前に，そのテーマについて知っていることを書かせる。 あるテーマについてディスカッションするか，講義をする前に，その主題について知っていることや意見について書かせます。この作文は集める必要はありません。学生の注意を促すことが目的です。(Tollefson, 1988)

授業中に教員が出す質問に対して，文章で答えさせる。 たとえば，授業の始めに，短答式の質問を黒板に2つか3つ書いて，学生に答えを書かせます。質問に答えるには，これまでに取り扱った教材を見直すか，学生が課題読書の内容を思い出す必要がある場合があります。学生に答えを書かせることは，学生が教材について考える機会を持つので，より活気のあるディスカッションをするのに役立ちます。(Tollefson, 1988)

賛成か反対の立場に立って書かせる。 クラスに1つの議論が示された時点で，数分間，中断して，いずれか一方の側を支持するものとして，考えられる限りの理由や証拠をすべて書かせます。この主張をディスカッションの基盤として利用します。(Walvoord, 1986)

授業中に3分間，作文の時間を設ける。 定期的に，指定した問題やテーマについて3分間で作文を書かせます。文法，綴り，言い回し，構成を気にせずに，頭に浮かんだことを自由に書くように伝えます。作文の専門家は，こういう種類の自由な作文は，学生が多様な考えを統合し，自分が理解していない点を認識するのに役立つと確信しています。こういった練習の作文は集める必要はありません。(Tollefson, 1988)

授業の終わりに，学生に要約を短く書かせる。学生に2,3分間与えて，その日のディスカッションのキーポイントとなる主題，主要な点，一般的な原理について書かせます。学生に索引カードを配って書かせれば，簡単に集めることができ，学生がディスカッションを理解したかどうかを検討することができます。

1人の学生に記録をとらせ，次の授業で読み上げさせる。記録をとることで，学生に自分の聞き取り能力，統合する力，作文の技能を開発する機会が与えられます。Boris (1983) は，次の手順で行うことを提言しています。

- クラスの学生全員に一定時間，きめ細かくノートをとらせ，自宅で記録として書き直させ，それから教員の意見をもらうためにそれを提出させる。記録を概要の形にするか，物語の形にするかは，学生の判断に任せる。
- 優れたものを1つか2つ選んで，クラスで読み上げるか，学生に配る。
- その後，毎回の授業の始めに1人の学生にその日の記録をとるように割り当てる。
- 記録をとる学生にカーボン紙を渡して，大まかな記録のカーボン・コピーを教員が受け取れるようにする。記録をとった学生は，元の記録を自宅に持ち帰り，次の授業で読み上げるのに間に合うように記録を書き直す。
- 学生が記録をクラスで読み上げたあとで，その記録の正確性や記録としての質についてクラスの学生に意見を求める。それから，記録をとった学生は，必要であれば記録を改訂して，2部提出する。教員はそのうちの1部に成績をつけて返却し，もう1部をファイルに保管する。

作文の仕事を中心に小グループのディスカッションを行う。たとえば，個々の学生にその日の授業で重要だと思われる用語を3つ選ばせます。それから，それらの用語のひとつについて，2,3分間で自由に作文を書かせます。次に，学生に5分から10分与えて，3人のグループで自分たちが書いた作文を見せ合

ったうえで，クラスに対して出す質問を考えさせます。

級友との意見交換グループを利用する。クラスを3人から4人の学生によるグループ（それ以上の人数になってはならない）に分けます。下書き原稿をグループ人数分コピーして授業に来るように学生に伝えます。原稿を批評するための手引きを学生に与えます。どのような意見交換活動においても，最も重要な手順は，読み手が原稿の最も説得力のある部分を抽出し，なぜその部分が良いのかを書き手に説明することです。読み手に対しては，次に示す支持を与えてもよいでしょう（Walvoord, 1986, p. 113より抜粋）。

- 原稿の主要な点を1つの文で述べる。
- 主要なサブテーマを列挙する。
- 原稿の分かりにくい部分を区別する。
- 原稿の各部分が充分に細部，証拠，情報を備えているかを判断する。
- 原稿の要点が互いに順序よくつながっているかを述べる。
- 出だし，結びの段落が適切かを判断する。
- 原稿の長所を見出す。

批評は授業中に行ってもよいが，宿題として批評を書くほうが行き届いたやり方でしょう。授業時間を使って，それぞれの原稿や批評文についてグループでディスカッションします。その後，学生は原稿を改訂して提出します。

回覧グループを利用する。回覧グループでは，短い作文課題（2ページから4ページ）について，すべてのメンバーが全員の作品を読むことができ，この方法は最も効果を発揮します。クラスを4人の学生のグループ（それ以上の人数であってはならない）に分け，作品（筆者の名前が分からないように番号をつける）をグループの数に合わせて何組かに分けます。各グループに，分けた作品を渡し，学生に黙読させ，渡されたなかで最も優れた作品を選ばせます。グループで選んだ作品の番号を記録して，別の組の作品についても同じ手順を繰り返します。すべての組の作品をすべてのグループが読んだあとで，各グルー

プの学生が，自分たちが各組ごとに1つずつ選んだ最も優れた作品の番号を黒板に書きます。何度も選ばれた作品の番号を丸で囲む。典型的な場合では，1〜3つまでの作品が他よりも目立つ結果となります。(Pytlik, 1989)

学生に効果的な文章の特徴を認識させる。学生が回覧グループの活動を完了してから，クラス全体で優れたものとして選ばれた作品について再検討して，それぞれの作品を他よりも優れたものにしている特徴を書き出させます。学生の意見を黒板に書き，詳しく説明し，曖昧な一般論を徹底的に解明させます（たとえば，「この作品は面白い」，「この作品のどこが面白いのですか」）。学生は2人ずつの組で黒板に書かれた意見について話し合い，それぞれの意見を，構成，受け手を意識している，詳述が徹底しているといった項目に分類していきます。教員は，学生が特徴を意味のある項目に分類するよう支援する必要があるかもしれません。(Pytlik, 1989)

References

Boris, E. Z. "Classroom Minutes: A Valuable Teaching Device." *Improving College and University Teaching*, 1983, *31*(2), 70-73.

Elbow, P. "Using Writing to Teach Something Else." Unpublished paper, 1987.

Hawisher, G. E., and Selfe, C. L. (eds.). *Critical Perspectives on Computers and Composition Instruction*. New York: Teachers College Press, 1989.

Holdstein, D. H., and Selfe, C. L. (eds.). *Computers and Writing: Theory, Research, Practice*. New York: Modern Language Association, 1990.

Lowman, J. *Mastering the Techniques of Teaching*. San Francisco: Jossey-Bass, 1984.

Petersen, B. T. "Additional Resources in the Practice of Writing Across the Disciplines." In C. W. Griffin (ed.), *Teaching Writing in All Disciplines*. New Directions in Teaching and Learning, no. 12. San Francisco: Jossey-Bass, 1982.

Professional and Organizational Development Network in Higher Education. *Bright Idea Network*, 1989.（詳しくは，David Graf, Iowa State University, Ames まで）

Pytlik, B. P. "Teaching Teachers of Writing: Workshops on Writing as a Collaborative Process." *College Teaching*, 1989, *37*(1), 12-14.

Tollefson, S. K. *Encouraging Student Writing*. Berkeley: Office of Educational Development, University of California, 1988.

Walvoord, B. F. *Helping Students Write Well: A Guide for Teachers in All Disciplines*. (2nd ed.) New York: Modern Language Association, 1986.

Watkins, B. T. "More and More Professors in Many Academic Disciplines Routinely require Students to Do Extensive Writing." *Chronicle of Higher Education*, 1990, *36*(44), pp. A13-14, A16.

25 効果的な作文課題を企画する

　非常に優秀な学生ならば，どのような言い方で課題を出しても説得力のある作品を書くことができるでしょうが，大部分の学生は，作品のテーマ，取り組み方，形式に関する明確で具体的な指示を必要とします。次に示す提言は，教員が，学生を不安にさせたり，不満を感じさせたりせずに，学生に難問に立ち向かわせ，学生に教えることができる課題を，準備できるように企画されています。

一般的な戦略

いくつかの短い作文課題を出す。早期に短い課題を出せば，文章力の弱い学生を識別して，支援を求めるために指導センターへ差し向けることができます。そのような課題は，長いレポート課題に取り組む前に教員から，より良いレポートを書くために必要な意見や示唆が得られるという利点を，すべての学生にもたらします。さらに，短い課題の方が学生の動機づけとしてより有効的です。教員が，最終的な作品だけでなく，彼らの進歩と向上に興味を持っていることが学生に分かります。

たまには，学生になったつもりで課題を仕上げ，課題の有効性を試す。課題をやってみることで，変更の必要のある点を発見するかもしれません，また課題を仕上げるために必要な手順について学生への助言をよりよくできるようになるかもしれません。あるいは，大学院生のTA（Teaching Assistant：教育補助学生）にうまくいった点やうまくいかなかった点の覚え書きをつけておきます。レポートの成績をつけるとき，おおまかに問題点を書き出しておき，その覚え書きを，将来，課題を出す場合に手直しするために役立てます。

学科や図書館に，良いレポートのコピーを保存する。学生は，コースで期待さ

れる論文の書き方のサンプルを見ることを望んでいます。また，論文のモデルとなるコピーを配って，授業でそれについてディスカッションするのもよいでしょう。

宿題について良かった点や不備な点についてメモを残す。採点する際，問題点を列記し，このメモを宿題の改善に役立てるようにしてください。

課題を出す

テーマを与える。学生に自分でテーマを選ぶ機会を与えると良いレポートができるのではないかと考えるかもしれませんが，そうすると大部分の学生は，実際に書くことよりも，適切なテーマを探すことに多くの時間を費やしてしまいます。特に，低学年のクラスでは，教員がテーマを与えるべきです。

学生がなすべき仕事を定義する。ただテーマを与えただけでは（たとえば，「実験室での動物実験の倫理性について論じなさい」），学生にはどのようにして仕事を進めればよいかの感じが明確にはつかめません。そのテーマに関する新聞や雑誌の記事の要約をつなぎ合わせようとする学生もいれば，夢中で悪口や説教を作り上げようとする学生もいます。そこで，学生がなすべき仕事を提案します。仕事を定義する場合には，論じる，述べる，探究するといった曖昧な動詞を使うことを避けるよう努めます。

  曖昧な例：実験室での実験動物の利用については，最近，多くのことが言われている。さまざまな見解を探究し，この議論に固有の道徳的問題についての何らかの結論を引き出しなさい。

  修　正　案：動物の権利保護の活動家は，動物を使った実験室での実験を大幅に縮小して，厳しい監視を行うべきだと確信している。彼らの視点を支持する論文を書きなさい。あるいは，動物の権利保護の活動家，科学者や研究資金を提供している機関は，実験室

における実験への動物の利用について活発な討議をしている。この議論におけるあなた自身の立場を定義して，論文でその立場を擁護しなさい。(Simon, 1988, p. 6)

曖昧な例：エホバとゼウスという神の対比およびモーゼとソクラテスという人物の対比の分析をきめ細かく発展させると，どういうことから古代イスラエルと古代ギリシアの文化の前提がどのように根本的に異なっているかが分かるか。

修　正　案：エホバとゼウスという神ならびにモーゼとソクラテスという人物の見地から，古代イスラエルと古代ギリシアの文化の前提を比較および対比しなさい。(Strenski, 1984, p. 4)

文章を書く現実的な状況を作る。純粋に情報を必要としている現実の受け手に伝えるように学生に求めます。たとえば，クラスの学生に建築のすばらしさの基準について書いてほしいと考えたある教員は，次に示すような課題を案出しました。

　　何がすばらしい建築を成り立たせるか。優れた建築を見出し，賞を与え，公表しようとして，芸術の擁護者がジョン・ベレスフォード・ティプトン優秀公共建築賞を創設することを決意した。ティプトン氏が，この第一回の賞における判定の手引きの作成を手伝うように依頼してきた。

　　ティプトン氏に宛てて，以下に示す問題に触れた簡単なメモ（500語，ダブル・スペースでタイプすること）を書きなさい。

- 優れた建築の定義は何か。建築を判定するのにどんな評価基準を用いるか。
- 建築のすばらしさを文書化する場合に，どんな証拠が適切か。
- 誰が優秀さを判定すべきか。
- 優秀作を決定するのに最もよい手順はどんなものか。

あなたは独自の優秀作品の定義を提案する必要があるが，出版された資料を引用して自分の見解を裏づけなければならない。たとえば，社会的要素が重要だと考える場合には，建築における社会的要素に関する文献のなかからいくつかの鍵となる作品をティップトン氏に紹介しなさい。

あるいは，次に示す経営学のクラスでの例を考えてみましょう。公認会計士（certified public accountant, CPAs）の仕事を説明する短い論文を書かせるために，教員は次のような課題を考案しました。

あなたは規模が大きく，権威ある，評価の高い会計士や経営コンサルタントの事務所に所属するCPAである。あなたが離婚調停の専門家の証人として証言するために上級裁判所に召喚された。夫と妻の間で公正な財産の取り決めを確立するために，裁判所では彼らのレストランの価値を決定する必要があった。あなたはレストランの会計を調査した。しかし，財務分析を行う前に，この調停を担当している判事が，CPAはどのような訓練を受け，どのように資格を認定されるのか，ならびにCPAの専門知識と責任はどのような領域を含むのかを手短かに説明して，あなたの権威を確立するように求めてきた。

1年生については，大きな課題の1つひとつの手順を小さな課題にして出す。たとえば，学生に概要を出させ，次に参考書一覧を，それから第1草稿を出させます。学生が経験を積んだ執筆家であるとしても，最終的な論文に至るまでに，次に示すような一連の課題をこなす必要があります（Persky and Raimes, 1981, p. 32）。

- ある実験，調査プロジェクト，理論などの説明
- 第2の実験，調査プロジェクト，理論の説明
- 2つの比較や対比
- そのような実験，調査プロジェクト，理論がもたらす研究対象の分野への影響の分析

- 以上のすべてを統合した最終的な論文

　積み重ねの課題を作成することで，学生が長い論文を書く過程をやりとげるのを支援し，学習時間をより効率的に使うように援助することができます。

1つひとつの作文課題について資料を配る。資料を用意しておけば，指示が完全であるかを調べることが可能であり，課題の長さ，含まれる仕事，期限，その他の誤解や論議を防ぐことができます。資料として，課題について必要なすべての情報をリストアップすべきです。

- 個々の仕事（たとえば，要約，推論，比較や対比，主題を裏づける証拠の選択）
- 教員が期待する論文の種類（たとえば，メモ，報告書，論文，概要）
- 課題の受け手（全体の調子，言葉づかい，構成を決めるうえで役立つように）
- 最終的な作品に何を含めるべきかについての教員の期待（たとえば，家族の定義と家族の生活スタイルの多様性：家族の生活スタイルの多様性をより幅広い文化的，社会的，心理学的，経済学的つながりの中に関連づける）
- およその長さをページ数ではなく語数で示すこと
- 論文の物理的な形式（ダブル・スペース，行間，薄い半透明の用紙は不可，ホチキスで留める）
- 課題として調査を求めている場合には，資料の種類と数，引用，脚注，参考文献の形式についての手引き
- すべての草稿と覚え書き（盗用の問題が生じた場合に備える），完成した論文の写し（提出した論文が紛失した場合に備える）を保存することを心がけさせること
- 論文の成績評価の方法，どんな評価基準を用いるかに関する説明
- より高い成績を得るために，論文を改訂や書き直す機会があること，論文の訂正や書き直しを行う場合の予定についての指摘。

- 提出期限や論文提出が遅れた場合の方針

　資料を配付してから，検討するための時間を5～10分とり，その後，質問に答えます。学生が出会うかもしれない問題について触れ，問題の避け方を提示します。課題をうまく仕上げるのに必要な材料を提供し，学生に適切な作文の教科書を紹介します。

クラスで課題について話し合う。課題を提示したあとで，授業時間の一部を使って小グループのディスカッションを行います。学生に言葉，事実，考え，質問を自由に結びつけ，それらを論文の形にさせます。

第1草稿を読んでくれる人を選ばせる。これを課題の一部とします。学生に論文の検討用のチェックリスト（できれば，授業時に作成したもの）を提供して，学生が選んだ外部の評価者にチェックリストに記入してもらい，署名をもらわせます。

調査研究や学期末の論文に代わるもの

専門誌向けの論文。学生に自分の作品を専門誌に寄稿するつもりで書かせます。特定の専門誌の手引きを学生に与え，専門誌の監修者がするように学生の論文を評価します。受け手を指定することで，作文課題をより取り組みがいのある現実的なものにすることができます。(Tollefson, 1988)

専門誌向けの要旨。要旨を抜いた専門分野の論文を配ります。学生に要旨を書かせます。それから，学生に自分たちが書いた要旨を比較させます。出版された要旨を配って，学生に自分が書いたものと著者が書いた要旨を比較して短い文章を書かせます。(Cullen, 1984; Light, 1992)

専門誌向けの書評。専門分野の雑誌から見本となる書評を学生に配付し，それを効果的なものにしている個々の特徴について話し合います。そのあとで，読

書リストから1冊の本を選んで，出版するのにふさわしい書評を学生に書かせます。(Tollefson, 1988)

企業向けの報告書。その分野に詳しくない人を対象とした報告書，メモ，実施要領を課題とすることで，学生が他の分野の専門家に向けて文章を書く練習となります。たとえば，建築学の学生に銀行家やその他の財政的後援者向けの報告書を書かせることができます。(Tollefson, 1988)

行動を勧めるメモ。論争を呼んでいる問題や混乱に陥っている問題を提示して，学生に行動方針の概要やその戦略を選んだ理由を示した手短かなメモを作成させます。(Tollefson, 1988)

公共機関の職員や会社の役員に送る書簡。特定の政策や決定を求める説得のための書簡，それらに反対するための議論を示した書簡などを書かせます。書き方を教える場合には，証拠を提示し，予期される反論に対処する必要があることを強調します。(Tollefson, 1988)

編集者への手紙や特別解説記事に対する手紙。専門分野についての知識のない人を対象として技術的，抽象的，高度に専門的な素材について説明する機会を学生に与えるために，授業の教材に関連のあるテーマについて，編集者に向けて手紙を書かせます。あるいは，社説に対して反対の立場からの意見を書かせます。(Erickson and Strommer, 1991; Tollefson, 1988)

読書課題の更新。教科書や課題図書の一部を選び，元の著者には入手不可能だった新しい調査や参考資料に重点を置いて，2ページ分の内容を更新させます。(Brooks, 1988)

教科書の著者に対して批評の手紙を書く。授業の教科書の著者に対して，その教科書の長所や短所を評価した手紙を学生に書かせます。("Simple Ways to Incorporate More Writing into Your Courses," 1990)

解説記事。2つの方法の比較，行動の理由の分析，その他の1種類の知的な作業を必要とするような，短い探究的な解説記事を課題として出します。この解説記事の成績は，可／不可でつけます。(Elbow, 1987)

小論文。小論文は，狭い範囲に焦点を絞った問題に答える200語か，それ以下の非常に短い論文です（Bean, Drenk, and Lee, 1982）。

　例題：「表1（民族別の出生率）のデータから，過去20年間に起きた大きな変化を推定し，このような変化の原因について考察しなさい」，「大きな氷の塊をバケツに入れ，ここに水を入れて水面がバケツの縁とぴったり同じになるようにしたとします。数時間後に氷が溶けました。以下のうちのどれが起きるでしょうか。(a)バケツの水面は同じままである。(b)バケツの水面は下がる。(c)水の一部がバケツから溢れる。自分の答えを決めたうえで，浮力を理解していない級友のために簡単な説明を書きなさい」。(Bean, Drenk, and Lee, 1982, p. 36)

伝記や歴史上の出来事の概略。特定の個人やその人物の人生の出来事について短い説明を書かせます。作文課題で扱う領域と目的について必ず学生に具体的な指示を与え，授業の教材に関連づけます。たとえば，社会学のクラスで，社会の階層化を説明するような自分の人生の出来事について書かせます。心理学のクラスで，性差の固定観念を表す逸話を書かせます。(Angelo and Cross, 1993; Tollefson, 1988)

覚え書き，日誌，学習記録。授業に出席したとき，読書課題に取り組んだときの考え，質問，意見などを書いた日誌をつけさせます。あるいは，自分の生活や活動について毎日，半ページ分の文章を書かせます。学期中に2, 3回，ノートを集めます。(Ehrhart, 1991; Leahy, 1985; Tollefson, 1988)

創作の対話。同時代または異なる時代の実在の人物や想像上の人物の間で交わされる会話を書かせます（たとえば，ナポレオンとカエサルによる帝国を征服するのに必要とされるリーダーシップの手腕と，帝国を維持するのに必要とさ

れるリーダーシップの手腕の違いについての議論)。(Angelo and Cross, 1993)

授業中のポスター・セッション。学生があるプロジェクトを企画して，専門家の会議や科学会議で行われるのと同様のポスター・セッション形式で級友に提示します。ポスター・セッションは何日か続けて行い，学生が自分のプロジェクトを発表したり，他の学生の発表を見たりする機会を持てるようにします。プロジェクトについては前もって教員の承認を得る必要がありますが，伝統的な論文，調査研究，芸術表現であっても結構です。(Baird, 1991)

インタビュー。学生に，教員たちのうちの誰か，専門家，授業の内容に関連のあるその他の個人にインタビューさせます。インタビューをどのように行って，どのように文章にするかについての手引きを学生に配ります。

調査および学期末レポート

学期末のレポート課題を仕上げるにあたり，教員が学生にどのような技能を発達させることを期待しているのかを明確にする。たとえば，学生に図書館を利用する経験を得てほしいのか。論文の裏づけとして必要な情報を探し出し，評価する経験を身につけてほしいのか。一致しないさまざまな素材を統合する経験をしてほしいのか。一般的な資料や学問的な資料，1次資料と2次資料のいずれを使ってもよいのか，その他の事柄を学生に対して明確にします。(Fink, 1988)

学内の図書館に問い合わせて，調査に必要な支援が得られることを確認する。司書は，教員があまりに専門的な，または大学の資料収集の範囲を超えたテーマを課題として出すことを避けるように勧めています。また，司書は教員に，ごく最近の記事や書物を必要とするようなテーマを避けるよう勧めています。一般に，資料が分類されて，書架に並ぶまでには数カ月を要し，最新号の定期刊行物に目を通すことは学生にとって不満な結果に終わる場合が多いからです。(Fink, 1988)

司書を招いて，学生に対してプレゼンテーションをしてもらう。大部分の大学図書館の司書は，図書館の利用法，資料，資料探索の方法について説明することに熱意を持っています。また，司書は，図書館のリファレンス・コーナーで援助を求めたり，図書館の案内，教育的ワークショップ，利用案内パンフレットを利用することを，学生に奨励しています。

クラス全員に同じ情報を探させるようにしてはならない。すべての学生にある論文を読ませたい場合には，図書館や教員の研究室にその資料を数冊，予備として取り置くようにするか，複写した資料を購入できるように手配します。1クラス分の学生に1冊の本を求めて争わせることは，学生にとっても図書館の職員にとっても不満をもたらします。(Fink, 1988)

学期末の論文課題を扱いやすい部分ごとに分ける。学期の始めに課題を示して，そのまま何も言わないでいると，最後になって騒動が起きることは避けられません。中間に何回かの期限を設けると，学生が調査の過程を組み立て，1つひとつの段階で学習するのに役立ちます。たとえば，以下に示す段階ごとに期限を設定するとよいでしょう。

- テーマを決める
- 論文の表題，目的，対象読者，主要な論点，作業予定を記した内容説明書を作成する
- 素材，データ，資料を集める
- 概要を案出する
- 第1草稿を書く
- 書き直す

段階ごとにその時点での一番の関心事，質問を示すように学生に求めることを考慮します。教員の都合上，可能であれば，学生と面談して手引きや助言を与えます。(Angelo and Cross, 1993; Fink, 1988; McKeachie, 1986)

論文の書き方の手引き書を指定する。課題に，本文引用，脚注，参考書目が必要な場合には，それらの様式を示した資料を配るか，学生に論文の書き方の手引き書を紹介します。専門分野に関連のある手引き書を選ぶか，特定の作文のハンドブック，またはKate L. Turabian, *Student's Guide for Writing College Papers*, 3rd ed.（Chicago: University of Chicago Press, 1976）に示されている手引きに従うように勧めます。

References

Angelo, T. A., and Cross, K. P. *Classroom Assessment Techniques: A Handbook for College Teachers*. (2nd ed.) San Francisco: Jossey-Bass, 1993.

Baird, B. N. "In-Class Poster Sessions." *Teaching of Psychology*, 1991, *18*(1), 27-29.

Bean, J. C., Drenk, D., and Lee, F. D. "Microtheme Strategies for Developing Cognitive Skills." In C. W. Griffin (ed.), *Teaching Writing in All Disciplines*. New Directions for Teaching and Learning, no. 12. San Francisco: Jossey-Bass, 1982.

Brooks, M. "Medical Students Rewrite the Book." *VCU Teaching*, 1988, *1*(1), 5-7.

Cullen, R. "How to Use Writing Assignments Without Grading Papers." *The TA at UCLA Newsletter*, 1984, *12*, 11.

Ehrhart, M. J. "Dear Journal." *College Teaching*, 1991, *39*(2), 55-56.

Elbow, P. "Using Writing to Teach Something Else." Unpublished paper, 1987.

Erickson, B. L., and Strommer, D. W. *Teaching College Freshmen*. San Francisco: Jossey-Bass, 1991.

Fink, D. "What You Ask for Is What You Get..." *The Tutor*, 1988, *4*(1), 1-2. (Faculty Teaching Excellence Program, University of Colorado at Boulder の出版物)

Leathy, R. "The Power of the Student Journal." *College Teaching*, 1985, *33*(3), 108-112.

Light, R. J. *The Harvard Assessment Seminars. Second Report*. Cambridge, Mass.: School of Education, Harvard University, 1992.

McKeachie, W. J. *Teaching Tips*. (8th ed.) Lexington, Mass.: Heath, 1986.

Persky, C., and Raims, A. *Learning Through Writing*. New York: Hunter College, 1981.

Simon, L. "The Papers We Want Read." *College Teaching*, 1988, *36*(1), 6-8.

"Simple Ways to Incorporate More Writing into Your Courses." *UC Ideas*. Irvine: Instructional Development Service, University of California, Jan. 1990.

Strenski, E. "Design Principles for Good Essay and Paper Topics." *The TA at UCLA Newsletter*, 1984, *12*, 4.

Tollefson, S. K. *Encouraging Student Writing*. Berkeley: Office of Educational Development, University of California, 1988.

26 学生の文章作品を評価する

　論文の成績をつける機会を，個々の学生の長所を伸ばし，さらに向上を必要とする領域を抽出するために活用しましょう。これによって，学生は自分の学習方法でよいことを認識し，また，人に伝達することを妨げているものが何であるかを知ることができるでしょう。提言はできるだけ如才ない具体的なものにします。鋭い指摘や曖昧なほのめかしからは，得るものがありません。次の指針は，論文の評価を効率よく，公正かつ建設的に行ううえで役立つでしょう。

一般的な戦略

時間をかけて論文を読む。目標は迅速に論文を返却することですが，一度に大量の論文を読むことはなるべく避けます。集中力を保つことが困難なために，一部の論文の評価が公平を欠く恐れがあるためです。充分な休憩をとりながら，一度にいくつか（3つから5つ）の論文を読むほうがよいでしょう。時間をおいて再び読みはじめる場合には，最後に読んだ1つか2つの論文を読み直して，疲労のために過度に手ぬるくしたり，過度に厳しくしたりしていなかったかどうか確認します。

論文の成績をつける前に，すべての論文に大まかに目を通して全体の感じをつかむ。すべての論文に手早く目を通して，それらの質を素早く評価し，3つか4つの束により分ける教員たちもいます。学生たちがどの程度うまく課題を扱ったか，全体の感じをつかんでおけば，平均的な論文を過大評価したり，あるいは群を抜いた論文がないかと心待ちにしたりすることが少なくなります。大まかに分けた束から，「目安になる論文」（A，B，C，D）を選んで，他のすべての論文と比較することができます。(Lowman, 1984; Morris and Tucker, 1985)

読みやすく書く。手書きの文字が読みにくい場合には，学生に，教員に読み方

を聞くように促します。大学院生のTAや評価者（採用している場合）に，読みやすい字を書き，字が太くなりすぎて読みにくいフェルト・ペンを使わないように留意させます。最終的な見解をコンピューターで打ち出す教員もいます。そうすれば，書き込みが読みやすく，教員は書き込んだ内容を保管して参照することができます。

学生に自己評価用紙に記入させる。 ある教員は，良い作文の実例にどの程度従うことができたかを示す簡単な質問紙への記入を学生にさせます。質問紙の項目は次のような内容です。

- 読者の注意を引きつける出だし
- 効力のある主題
- 事実と意見の釣り合い
- 厳選された例
- 読者に書き手の視点を明確に理解させる結論

　学生はこの質問紙を提出する必要はありませんが，成績をつけて返却された論文につけられている教員の見解とこの用紙の内容を比較することができます。教員が学生の自己評価を読んでも結構です。

成績評価

成績評価の簡単な基準は作るが，論文の成績評価は論文全体の価値を重視して行う。 教室での活動を通して生み出された評価基準を使うか，または他の人によって開発された評価基準を採用します。次に示す評価基準は，McKeachie (1986, pp. 132-134) と Morris and Tucker (1985, p. 6) から抜粋したものです。

- 焦点：選択した問題点が，論文の長さの中で適切に扱えるほどに充分に焦点が絞られているか。
- 構成：論文の構造がはっきりしており，理解しやすいか。

- 展開：論文のなかで，適切にテーマを紹介し，書き手の立場を裏づけるための確固たる証拠を示し，見出したことを要約して，筋の通った結論を提示しているか。
- 文の構造：文章は，形が整っており，長さや文体に適切に変化を持たせて，さまざまな効果を上げるように使用されているか。
- 技術：論文全体として，綴り，印刷や文法の誤りがないか。

Greenberg（1988, p. 49）は，論文作成に関する仕事に基づいて，10点法のチェックリストを開発しています。

- 主題を制限する。
- 考え方を明確にする。
- 考え方を構造化する。
- 考え方を首尾一貫して展開する。
- 裏づけとなる材料を提示し，効果的に統合する。
- 主題や読み手に適する修辞的な構造を作り，評価する。
- 構文が意図した目的や読み手に適していることを確認する。
- 言葉づかいが意図した目的や読み手に適していることを確認する。
- 書き方を学問的な用法や技術の慣習に合わせる。
- 文献の引用については，適切な論文作成法の手引き書の助けを借りる。

論文の課題を出す場合には，評価基準についてクラスで話し合います。提出された論文への見解を書く場合には，この評価基準に沿った言い回しを使います。ただし，個々の評価基準の項目に特定の配点をすることは避けます。論文を全体として見て，その質を判断します。

成績評価を書き方と内容の2つに分割したくなる誘惑に負けない。成績評価を分割すると，考え方を分かりやすく正確に表現すること（書き方）と内容とを切り離すことができるという誤った考えを持つ傾向があります。（Tollefson, 1988）

成績評価のつけ方について説明する。学生は，論文や課題の成績評価は純粋に主観的なものだと信じている場合がしばしばあります。成績評価の根拠を学生に明確に説明することで，この神話を打破します。Tollefson（1988, p. 11）は，次のような成績Bの論文についての例を示しています。「XおよびYを論じている部分は筋が通っているが，君のZについての議論はややおおまかだ。他の何にも増して，そのことがこの論文が成績Aにならない原因だ」。授業の始めに，優れた論文と劣った論文についての考えを学生に配付することが有効であると考えている教員たちもいます。次に示す例は，Crews（1983, p. 14）とTollefson（1988, p. 12）から抜粋したものです。

成績A：すべて，あるいは，ほとんどすべての面において優れている。読み手の興味がその考え方と表現に引きつけられる。文体と構成が自然で読みやすい。独創性のある考え方が顕著な論文である。

成績B：所々に隙はあるが，技術面は優れている。主題が明確であり，適切に制限されており，筋が通っていて，文章は取り立てて優れているわけではないが，全体的に整っている。

成績C：論文として成り立っているが，優れているとは言えない。成績Cの論文は，明確な筋道に沿って適切に構成されており，主題が単純すぎるか，的外れなものになりがちであるが，ひどく信頼性を欠くというところまでは至っていない。文の構造の単調さは明らかで，全体に数多く誤りがある。一部の成績Cの論文では，優れた考え方が，議論の展開，構成，技術的な誤りといった表現の稚拙さによって妨げられている。また，全体の構成，文の構造，文法には欠点はないが，考え方とその展開の仕方に努力が必要な成績Cの論文もある。さらに，技術的な誤りはわずかにあるだけで，構成および展開も適切ではあるが，取り立てて言うべきところのない成績Cの論文もある。

成績D：論文に書き手がいくぶんかの努力をしていることは表れているが，技術的な問題，思考の面，考え方の展開の面での欠点によって論文全体の価値が大幅に低下しており，有効な論文とは考えられな

成績F：これは，不合格の成績であって，通常の場合，書き手の最小限の努力しか表れていない作品に対して適用される。書き手が課題を大きく誤解して，必要とされる語数の半分しか書いていない。段落分けが恣意的である。主語と動詞，代名詞と先行詞が一致せず互いにくい違っている。

学生の作文に反応を返す

全体を通して読むことから始める。長所を抽出して書き留めますが，問題のある箇所は訂正しません。全体の印象を受け取りながら論文を読み，書き手の考え方の筋道をたどるのを妨げるような特徴を書き留めます。

書き込みすぎを避ける。すべての文法的な誤りを訂正しなければならない，すべての考え方に反応しなければならない，1つひとつの部分について代案を示さなければならないと感じる必要はありません。書き込みすぎると学生を混乱さ，学生の注意を重要な問題からそらしてしまいます。1つか2つの主要な問題点に焦点を合わせること，すべての誤りに書き込みをすることよりも陥りやすい誤りの形を見つけることが最良の方法です。すべての綴りの間違いや文法の誤りを丸で囲む教員たちもいますが，始めの数ページだけ，誤りを丸で囲み，論文の最後に，「句読点にもっと注意を払うように努めなさい。君の優れた考え方が間違いのために損なわれています」といった，全体的な見解を書き込む教員たちもいます。

書き込みが少なすぎないようにする。全体的な見解を1つか2つ書いて成績評価を示すだけでは，たとえ評価がAであっても，学生にとってあまり役立ちません。学生は教員が自分の作品をどう思ったかを知りたいと考えています。論文の長所を褒め，弱点については建設的な批判をします。

論文に対して興味を持った読者や書評者として反応を返す。教員自身が3つの

目標を設定します。すなわち,学生によくやったと伝える(自信を与えるため),直す必要のある誤りや弱点を学生に気づかせる,改善方法を学生に知らせる(Persky and Raimes, 1981)。次にいくつかのヒントを示しましょう。

- 批判を質問の形で書く。「決定者はデータを論理的な方法で利用すると君は言っているのですか。政治的な圧力や経済的な制約が決定過程に及ぼす影響についてはどう考えますか」。
- 論文修正のための提言として批評を書く。「この点についての説明が充分でない」と書くのではなく,「もっと説明しなさい」と書く。
- 論理や構成上の大きな誤り,混乱を指摘するが,すべての箇所について論じることはしない(「君の3番目の議論は,いかなる裏づけにも支えられていない」)。
- 改善のための提言を2つか3つする。
- 皮肉っぽい,忍耐を欠く,罰を与えるような見解を避ける。

　経験豊かな作文の教員は,行間の書き込みと作品の最後のやや長めの全体的な見解を併用した場合に学生は最も得るところが大きいと言っています。全体的な見解は,その作品の成績評価と一致している必要があります。教員の見解が,学生が自分の考え方について再考して,次の課題で改善できるように導くようなものであれば,学生の役に立ちます。それまでのすべての課題作品を1冊のフォルダーにまとめて学生に提出させれば,学生の進歩の跡をたどり,始めの頃の見解や提言を学生が取り入れたかどうか,同じ誤りや間違いを繰り返しているかを調べることができます。一部の教員はコンピューターを使って個々の学生の作品についてのメモを書き,文体や構成についての見解を「再利用」(見解をブロック分けして複写する方法で)しています(Lidicker, 1991)。この戦術を利用する場合には,できるだけ見解が個人的な雰囲気になるように,既存の言い方だけに頼らないようにします。学期中にいくつかの課題を出す場合には,すべてのメモを保存しておけば,それぞれの学生の進歩を確認できます。(Morris and Tucker, 1985; Persky and Raimes, 1981; Tollefson, 1988)

学生の論文を書き直さない。論文の一部分について主要な問題点を示し，場合によっては説得力の弱いいずれか1つの段落を例として書き直しても結構ですが，訂正の仕事は学生に委ねます。教員が学生に代わって書き直してしまうと，そのことから学生が主に学んだことは，教員のほうが学生より書くのがうまいということだけになりかねません。(Light, 1992; Tollefson, 1988)

文章の質についての見解を書く。長所を強調し，改善を必要とする文法，文体，用法の箇所を指摘します。Tollefson（1988, p. 11）は，次のような提言をすることを勧めています。「文の長さと構造に変化があることは文章に活気を与えますが，あなたが受動態に頼りすぎていることから，少々くどくて混乱を招きやすい箇所が生じています」。学生の文章力に問題がある場合には，そのことを伝えます。「あなたの優れた考え方が不注意な表現で損なわれているのが残念です。必ずワードプロセッサーのスペルチェック機能を使い，アポストロフィの正しい用法について参考書で調べてください」。

書き込み用の記号を使う。記号を決めれば，学生の論文の訂正に要する時間を節約することができ，学生が自分の陥りやすい作文の誤りについて考えるうえで役立ちます。標準的な作文の教科書で使用されている記号を用いるか，大学の英語科や作文センターに資料を求めます。次にその例を示しておきます。

  AGR 主語と動詞や代名詞と先行詞の一致
       誤　り：Each of these studies have problems.
       正しい：Each of these studies has problems.

  FRAG 文の断片（不完全な文）
       誤　り：The strike was bitter. But without violence.
       正しい：The strike was bitter but without violence.

  RTS 2つの文にまたがる文
       誤　り：The Scopes trial was a farce, however, it had a great impact.

正しい：The Scopes trial was a farce; however, it had a great impact.

以上の記号が煩わしいと思われる場合には，独自の方法を開発します。たとえば，説得力のある部分には直線で下線または傍線をつけ，問題のある箇所には波線で下線または傍線をつけます。（Elbow, 1987）

具体的で明確な言葉を使用する。「ぎごちない」，「はっきりしない」，「曖昧だ」といった見解は，それらの言葉が構成，内容，技術的な面のいずれを指しているとも考えられますので，学生にとってそれほど役に立ちません。明確でない部分に対して教員がどんな感想を持ったのかをより具体的に示します。「他にどんな説明の仕方があるか」，「なぜそうなのか」，「このことが必要だと言いたいのか」。「私にはこの文が理解できません」と書くのをためらう必要はありません。学生が自分で論文を訂正するのに利用できる具体的な戦略や作文の練習問題を示唆することも役に立ちます。たとえば，Light（1992）は，学生が1つの段落の内容を1つの文に要約して論文の概要を把握することで，論文の構成を検討することを勧めています。ぎごちない言い回しや単語を見つけるには，論文を自分で声に出して読むか，誰かに読み上げてもらうとよいでしょう。

過度に指図がましい提言を避ける。学生にああしろ，こうしろと指示するよりも，学生が自分の書いた作品の効果を確認できるように支援します。たとえば，「あなたが言っているのは，支払い可能な住宅供給は市場価格による住宅供給よりも経費がかかるということだと思います。これが，あなたが読者に考えてほしいと思っていることと異なるとすれば，どうすれば読者にあなたが言いたいことを伝えることができますか」と書きます。（Smit, 1991）

認識上の混乱を示す誤りに焦点を合わせる。大部分の技術的な誤りは，思考の曖昧さや非論理性を反映しているわけではありませんので，このような誤りについては単に丸で囲んで示すだけで結構です。しかし，読者を混乱させる書き方をしている文や書き手自身の混乱を示す文については，学生の注意を喚起する必要があります。たとえば，言葉で指示している対象がない，曖昧，正しく

ない場合，時制に誤りがある場合（現在と未来の切り替え），受動態を使いすぎている場合，述語が弱い，述語が間違っている場合，主語と動詞のつながりが論理的でない場合（たとえば，「区画整理は，表示の境界線を引き直すとき」）などです。(Tollefson, 1988)

肯定的な見解と否定的な見解の釣り合いをとる。学生を励ますためにも，よくできている点を伸ばすためにも，すべての論文に対して肯定的なフィードバックを書き込むように努めます。("Make the Most of Written Feedback," 1991)

学生の課題を返却する

クラス全体の出来具合を学生に伝える。論文を手渡しで返却するときに，全体についての見解を述べます。何人かの学生が同じ種類の誤りを犯している場合には，その問題に関する資料を用意します。時間をとって，特に説得力のある論文を読むことも有益です。自分の論文について話し合いたいと考える学生に，オフィス・アワーに来るように勧めます。

良い文章に対する教員の期待を強調する。よくできている点，改善する必要のある点，今後の課題に教員が何を期待するかを学生に知らせます。この機会を利用して，専門分野の学習の方法として作文が重要であることを強調します。

課題についての意見を学生に求める。この課題に関して困難であった点について尋ね，それを改善するための提言を学生に求めます。

References

Crews, F. *English 1A-1B Instructor's Manual.* Berkeley: Department of English, University of California, 1983.

Elbow, P. "Using Writing to Teach Something Else." Unpublished paper, 1987.

Greenberg, K. L. "Assessing Writing: Theory and Practice." In J. H. McMillan (ed.), *Assessing Students' Learning.* New Directions for Teaching and Learning, no. 34. San Francisco: Jossey-Bass, 1988.

Lidicker, R. "Computer Techniques for Giving Students Feedback." *Teaching Professor*, 1991, 5(10), 2.
Light, R. J. *The Harvard Assessment Seminars. Second Report*. Cambridge, Mass.: School of Education, Harvard University, 1992.
Lowman, J. *Mastering the Techniques of Teaching*. San Francisco: Jossey-Bass, 1984.
McKeachie, W. J. *Teaching Tips*. (8th ed.) Lexington, Mass.: Heath, 1986.
"Make the Most of Written Feedback." *Teaching Professor*, 1991, 5(7), 1-2.
Morris, L. A., and Tucker, S. "Evaluating Student Writing." *Teaching at Davis Newsletter*, 1985, 10(2), 1, 6.
Persky, C., and Raimes, A. *Learning Through Writing*. New York: Hunter College, 1981.
Smit, D. W. "Improving Student Writing." *Idea Paper*, no. 25. Manhattan: Center for Faculty Evaluation and Development in Higher Education, September, Kansas State University, 1991.
Tollefson, S. K. *Encouraging Student Writing*. Berkeley: Office of Educational Development, University of California, 1988.

27 宿題：練習問題

　大部分の大学では，1時間の授業やディスカッションに対して教室外で2時間から3時間学習することを期待していると学生に伝えています。これは，授業にかける時間の少なくとも3分の2を，課題図書を読む，問題を解く，プロジェクトや論文に取り組むといった宿題にあてていることになります。したがって，教員が出す課題は，教室での講義や実演と同様に考えて，充分に準備する必要があります。次に示す問題の作成や効果的な利用に関する提言に加え，作文課題の作成と成績評価を行う手助けとなるヒントとして，「すべての授業で学生の文章力の向上を支援する」，「効果的な作文課題を企画する」および「学生の文章作品の成績評価」の各項を参照してください。

一般的な戦略

いつ宿題の課題を知らせ，資料を渡すかを決定する。 授業第1日目にその学期のすべての課題についての資料を配って，学生が時間の計画を立て，授業で自分たちに何が期待されているかを知ることができるようにする教員たちもいます。また，一度に1つずつの課題を出して，クラスの進度や能力に合わせて課題を修正できるようにする教員たちもいます。さらに，課題の提出期限をシラバスに示しておきますが，具体的な課題の指定は学期が進むにつれてそのつど行う教員たちもいます。また，課題を出すのを，授業の始めにするか，授業の終わり近くにするかも決めておく必要があります。どのように決めるにしても，課題がいつ配られるのか，期限はいつなのか，どんな課題なのかを学生に対して明確にする必要があります。

問題を講義のテーマに合わせる。 授業でまだ学習していない情報，技能，技術を必要とする課題を出して，学生を混乱させたり，不満を抱かせたりしないように努めます。講義と宿題の内容がくい違っている場合には，クラスの学生に

その理由を説明します。(Marincovich and Rusk, 1987)

学期中を通じて学習負担が均一になるように課題を配分する。学期の最後の週に大量の宿題が学生に出されることのないように，課題を配分します。

頻繁に課題を出す。簡単な課題をたびたび出すことには，数々の利点があります。(Committee on the Teaching of Undergraduate Mathematics, 1979)

- 教員が学生の勉強ぶりを継続的に確認する機会が持てる。
- 学生が規則的かつ体系的に学習することに慣れ，提出の遅れが少なくなる。
- 学生が，どのような問題や課題ができなければならないのかについて，明確な考え方を獲得する。

すべての課題について成績評価をする必要はありません。その代わりに，事前にどの課題を成績評価するかを学生に知らせないで，1つか2つの問題について成績評価をします。あるいは，1週間に2つか3つの問題を，成績評価用に集めます。学生に宿題を1冊のノートに書かせ，ときおり提出させて調べたり，課題とした問題についての小テストを行う教員たちもいます。成績評価をしない課題については，提出期限の日に正解を配って，学生が自分で採点できるようにします。(Committee on the Teaching of Undergraduate Mathematics, 1979)

学生に問題の解き方についての助言を与える。問題を解く場合の初心者と熟練者の重要な違いは，熟練者のほうが幅広い解き方の技能の中から即時に必要な技能を選べることが，Whitman (1983) の研究の結果に示されました。問題を解くことに慣れていない場合には，適切な戦略を見つけるのにより長い時間がかかり，段階ごとに時間をかけて進めていきます。なじみがない問題や困難な問題にどのように取り組むかについて，学生を援助します。次に，それに関するいくつかの提言を示しておきます。(Andrews, 1989; Brown and Atkins, 1988,

p. 185 より抜粋）

- 問題で求められている情報を書き出す。
- 与えられたすべての情報について，明示的なものと内包されているものの両方を列挙する。
- 鍵となる点を判別する。
- 誰かに問題を説明してみる。
- はい／いいえの選択による流れ図を作る，図表を書く，あるいは問題を図形または数字で表す。
- いままでにうまく解くことのできた同じような問題のことを考えてみる。
- 問題をより小さな部分に分ける。
- 最も簡単な部分や最初の段階から解いてみる。
- 解答がどのようになるか大まかな予想を立ててみる。
- 最終到達点から逆に考える。
- 中間点から順番に，あるいは逆順に考える。
- 試行錯誤を系統的に繰り返して進める。
- 問題を解いた後で：
  解答を言葉でまとめて，学習したことを強調する。
  もっと簡単な，あるいは代案となる方法がないかどうか調べる。
  難しいと感じた問題の記録をとる。それらの問題に共通する点があるかどうかを確認して，この情報を，もっと努力する必要のある部分を識別するのに役立てる。

学生に対して問題を提起して，問題が解けない場合に，立ち往生した状態から抜け出すために他にどのような戦略を使用しているかを確認します。

課題を準備する

復習を最初の課題にする。最初の課題に，この授業の前提条件とした科目で学習したはずの教材を含めます。この課題を利用して，それぞれの学生がこの授

業で成功するための技能，知識，背景となる情報を持っているかどうかを判別することができます。準備の不充分な学生には，この授業への登録を先に延ばさせるか，知識の欠如を埋め合わせる方法を勧めます。

さまざまな資料の中から課題を選ぶ。主題となっている領域の教科書に目を通し，他の大学の同僚と課題内容を交換します。学生に，将来の課題として使える問題を提出させる教員たちもいます。(Marincovich and Rusk, 1987)

課題の作成にあたっては想像力を駆使する。できるだけ課題を現実の生活の状況と結びつけます。課題が現実生活に適用可能で関連があると分かると，学生はより多くの興味を持って宿題に取り組みます。あるいは，問題を使用する新しい方法を考えます。あるコンピューター科学の教員は，興味深い仕事を実行する30ステートメントの長さのプログラムをプリントアウトします。彼は，プリントアウトしたプログラムを1ステートメントごとに切り離し，学生の小グループに渡して，パズルを完成させています。

宿題の問題を厳選する。お決まりの練習問題と取り組みがいのある問題を適切に混ぜ合わせます。ただし，過度に扱いにくい問題は避けます。また，学生の学習を強化するためには，ある特定のテーマを少なくとも2つの課題で扱います。(Committee on the Teaching of Undergraduate Mathematics, 1979)

宿題を「提出しなければならないもの」と「できれば提出するもの」に分ける。成績評価は提出する宿題について行いますが，「できればやる」宿題は，中間試験や学期末試験の問題の候補となることを学生に知らせます。(Reznick, 1985)

宿題の問題の1つをどのようにして解いたか説明させる。ある数学の教員は，次のような課題を学生に与えています。「すでに解いた問題の中から1つを選んで，どのようにしてその問題を解いたかを完全な文章で段階ごとに説明しなさい」。この方法は，学生の思考過程と問題解決の戦略を確認するうえで役立

ちます。(Angelo, 1991)

学生に課題として出す前に，自分ですべての問題を解く。自分自身で課題をやってみることによって，問題を完了するのに何が必要か，ならびに学生がどんな困難に出会うかを確認できます。また，教え方，問題およびデータに誤りがあれば，それを知ることができます。学生より1週間または2週間前に，問題を解くように努めます。授業が始まる前にすべての課題を終えてしまうと，学生への助言をするときにはその問題を思い出せなくなってしまう恐れがあるからです。

宿題を与え，集める

期限を守って，きちんと構成し読みやすい形で，すべての課題を提出させる。高い水準を設定して，それを徹底させます。一部の教員は，課題の提出が遅れた日数によって点数を設定して，罰則を設けています。ただし，学生が期限に遅れることが，余儀ない理由による場合もあることに留意します。毎週，課題を出しているある教員たちは，成績の悪いほうから数えて2つの課題を除くと告知していますが，これは，事実上，学生が2つの課題を提出できなくてもかまわないということと同じ意味になります。別の教員たちは，2日分の猶予期間を設けているので，1つの課題を2日遅れて提出することもできますし，2つの課題を1日ずつ遅れて提出することもできます（Marincovich and Rusk, 1987）。

授業の始めに宿題を集める。授業時間の終わり近くに宿題を集めると，学生が遅刻する恐れがあります。

宿題の課題を効果的に利用する

協力し合って宿題をするように学生に奨励する。学生はいっしょに勉強することでお互いから学ぶことができます。共同学習を禁止して，不正な複写を最小

限にとどめようと考える教員たちもいますが，そのような方針をとっても不正は抑えられることはなく，級友との学習による利益を学生から奪うことになります。一部の教員は，学生同士の話し合いはいくらしてもよいが，作品を書くことはそれぞれの学生が独立して行うように求めています。(Marincovich and Rusk, 1987; Reznick, 1985)

宿題の復習に費やす授業時間を制限する。授業中宿題の問題点を扱うことが，多くの学生にとって時間の無駄になる場合があり，課題の難しい部分を自分で解こうとしない学生が出る恐れがあります。

宿題の種類を変化させる。たとえば，学期中に2回か3回は，授業でそれまでに学習した重要な概念，原理，公式を要約する課題を出します。要約は，学生が授業の教材を統合し，授業の大きなつながりに焦点を合わせ，重要な教材とそうでないものを区別するために有効です。

学生の問題練習に対する成績評価や見解は，作文課題の場合と同様にする。答えばかりでなく，解法についても検討します。特に優れている点について，簡単に指摘します。解き方が正しくない場合には，誤りを指摘するか，問題への取り組み方の手引きを渡します。教員が選んだ方法と異なる方法で学生が問題を解いている場合には，「正解」の陰に概念的，論理的な誤りが含まれていないかどうかを確認します。また，答えが間違っているからといって，学生の方法が間違っているとは限りません。創造的な新しい解法を見つける学生がいる場合があります。学生のとった方法が受け入れられるものであっても，より簡素な方法，より有効な方法についての見解を添えます。解法を貼り出したり，資料にして配っても，折にふれて個々の学生の解答についての見解を示す方法に代わる効果をあげることはできません。(Committee on Teaching Assistants, 1978)

成績評価の仕方は公正で一定の基準を保つ。部分的に正しい答えにどのような点を与えるかを決定します。正解に向けて純粋に努力し，進歩を示した学生に

は，計算の間違いがあったとしても，正しい考え方と解法に対して点を与えることで，報いるように努めます。（Committee on Teaching Assistants, 1978）

宿題は迅速に返却する。学生が，自分が習得できていない事柄について，それが現在のことだという感じを持てるように，宿題は次の授業で返却するように努めます。（Reznick, 1985）

宿題にどれだけ時間がかかるか学生に尋ねる。過度に時間がかかる宿題は，学生に不正な近道を考えつかせる原因になる場合があります。（Marincovich and Rusk, 1987）

References

Andrews, J. *Problem Solving Brainstorm List*. San Diego: TA Development Program, University of California, 1989.

Angelo, T. A. "Ten Easy Pieces: Assessing Higher Learning in Four Dimensions." In T. A. Angelo (ed.), *Classroom Research: Early Lessons from Success*. New Directions for Teaching and Learning, no. 46. San Francisco: Jossey-Bass, 1991.

Brown, G., and Atkins, M. *Effective Teaching in Higher Education*. London: Methuen, 1988.

Committee on Teaching Assistants. *Chemistry TA Handbook*. Berkeley: Chemistry Department, University of California, 1978.

Committee on the Teaching of Undergraduate Mathematics. *College Mathematics: Suggestions on How to Teach It*. Washington, D. C.: Mathematical Association of America, 1979.

Marincovich, M., and Rusk, L. *Excellence in Teaching Electrical Engineering*. Stanford, Calif.: Center for Teaching and Learning, Stanford University, 1987.

Reznick, B. A. *Chalking It Up: Advice to a New TA*. New York: Random House, 1985.

Whitman, N. "Teaching Problem-Solving and Creativity in College Courses." *AAHE Bulletin*, 1983, *35*(6), 9-13.

VIII
試験および成績評価

28．小テスト，テストおよび試験

29．テストに関する学生の不安を軽減する

30．多肢選択テストおよび組み合わせテスト

31．短答式テストおよび論述式テスト

32．成績評価の実例

33．成績評価の計算および割り振り

34．勉学上の不正行為を防ぐ

28 小テスト，テストおよび試験

　多くの教員は試験の準備と成績評価が好きではなく，大部分の学生は試験を受けるのを恐れています。しかし，テストは強力な教育の手だてで，少なくとも4つの機能を持っています。第1に，テストは学生を評価し，教員が期待していることを学生が習得しているかどうかを評価するのに役立ちます。第2に，周到に計画されたテストは，学生が学問に向ける努力を築くための動機づけとなり，学生を支援するのに役立ちます。Crooks（1988），McKeachie（1986），およびWergin（1988）は，学生は，自分たちのテストの傾向を反映した方法で学習すると報告しています。事実に焦点を合わせたテストが行われると予測すれば，学生は細かい事柄を記憶します。問題解決や知識の統合を必要とする試験が行われると予期すれば，学生は情報の理解や適用を目指して学習します。第3に，テストは教員が教材をうまく提示できているかどうかを教員自身が理解するのに役立ちます。最後に，テストは，どのテーマや技能を自分がまだ習得できておらず，さらに集中的に学習する必要があるかを示しますので，学生の学習を強化することができます。このような利点があるにもかかわらず，テストを行うことは，精神的な負担や不安を生み出します。

　次に示す提言は，学習の動機づけ，測定，強化に効果のあるテストを企画する能力を強化するためのものです。

　用語に関する覚え書き：教員は，テスト，試験，小テストという用語を混同して用いることが多くあります。しかし，テストの専門家であるJacobs and Chase（1992）は，対象となる内容の範囲や授業の最終的な成績評価を行ううえでの重み，つまり重要性に基づいて，これらの用語を区別しています。試験は，テストの最も理解しやすい形式であって，典型的なものとしては学期末に最終試験として行われ，学期中にも1，2回，中間試験として行われます。テストは，もっと範囲が限られ，授業における教材の特定の箇所に焦点を合わせています。1つの科目で，3，4回のテストを行う場合があります。小テストは，

さらに限られた範囲について行うもので，通常は15分以下の時間で行います。このような区別は意味がありますが，その計画，組み立て，および実施の原則は同じなので，この章のこれ以降の部分では，テストおよび試験という用語を主に使うことにします。

一般的な戦略

テストの開発には，充分な時間を使う。テストを準備するには，自分が測定したいと考える学習の成果，そういう成果を測定するのに最適な項目の種類，項目の難易度，テストの制限時間，試験の様式とレイアウト，採点の手順についてきめ細かく考えます。

教えている内容とテストを合わせる。理想としては，教員が行うテストは，教員が設定したこの授業の教育目標を学生がどのように達成したかを測定するものです。テストの項目は，学生が学ぶ最も重要な内容や技能に基づいたものである必要があります。自分が行うテストが，どのくらい自分の目的を反映しているかを追跡するには，授業の目的を縦軸にとり，内容の領域を横軸にとって，格子状の枠組みを作って考えるとよいでしょう。それぞれのテスト項目について，その目的や扱う内容の欄にチェックを記入します。(Ericksen, 1969; Jacobs and Chase, 1992; Svinicki and Woodward, 1982)

テストが有効で，信頼性が高く，釣り合いのとれたものとなるように努める。テストの結果が適切で，学生の達成度のある側面について判断を下すのに役立てば，そのテストは有効であると言えます (Gronlund and Linn, 1990)。我々は，言葉のうえではテストが有効であるという言い方をしますが，技術的には，有効性とは，テストそのものではなくテストの結果についての解釈の適切さについて言うものです。有効性は程度の問題であり，解釈の具体的な利用との関連でとらえられます (Gronlund and Linn, 1990)。たとえば，作文のテストの結果は，学生の作文技能の水準を示すものとして高度の有効性を持ち，今後の作文の授業での成功を予測するものとして中程度の有効性を持ちます，しかし数

学や物理学における成功を予測するものとしては、基本的にまったく有効性がありません。有効性の決定には困難な場合があります。実際的な扱い方として、内容の有効性、つまりテストの内容が授業で扱われる知識や技能の適切なサンプリングとなる度合いに焦点を合わせる方法があります。講義や課題図書に含まれる情報を、授業での重要性の割合に応じてテストに取り上げるように企画すれば、テストの点数の解釈はより大きな有効性を持ちます。しかし、いくつもの難しい項目からなる試験では、学生が身につけたことの有効な解釈は得られません。

　学生の成果について正確に一貫性のある評価ができる場合に、そのテストは信頼性が高いと言えます。信頼性を最も純粋に測るには、学生のグループに2回、同じテストを受けさせて、2回とも同じ点数をとらせる必要があります（1回目のテストの項目の記憶を消すことができると仮定する）。もちろん、これは実際的でありませんが、信頼性を判定する技術的な手順がここに含まれています。一般に、曖昧な質問、不明確な指示や不明瞭な採点基準が信頼性を脅かします。あまりに短いテストも、信頼性が高いとは言い難いものです。また、テストには釣り合いがとれていること、つまり主要な考え方や重要な概念の大部分が、授業で扱われたときの比重の置き方と同じ割合で含まれていることが重要です。

　精神測定学の概念やテストの技術的な性質について、さらに詳しく知りたい場合には、次に示す資料を読まれることをお勧めします。

Ebel, R. L., and Frisbie, D. A. *Essentials of Educational Measurement.* (5th ed.) Englewood Cliffs, N. J.: Prentice-Hall, 1990.

Gronlund, N. E., and Linn, R. *Measurement and Evaluation in Teaching.* (6th ed.) New York: Macmillan, 1990.

Mehrens, W. A., and Lehmann, I. J. *Measurement and Evaluation in Education and Psychology.* (4th ed.) New York: Holt, Rinehart & Winston, 1991.

多様なテスト方法を用いる。調査によれば，学生のさまざまなテスト形式に対する好みは異なるので，多様な方法を用いることで，学生が最善を尽くせるように援助することができます（Jacobs and Chase, 1992）。多肢選択問題や短答式問題は，学生が細かい事項や個々の知識を習得したかどうかを評価するのに適しています，論述式問題では，理解度，統合や総合する能力，新しい状況に情報を適用する能力を評価できます。1回のテストにいくつかの様式を含めることが可能です。最終試験でいままでやったことのない様式を取り入れることは避けるように努めます。小テストや中間試験をすべて多肢選択問題で行った場合には，最終試験ですべての問題を論述式にしてはいけません。（Jacobs and Chase, 1992; Lowman, 1984; McKeachie, 1986; Svinicki, 1987）

記憶力以外の技能を試すような問題を作る。調査によれば，教員たちが行うテストは，学生の情報を記憶する力に依存しすぎていることが示されています（Milton, Pollio, and Eison, 1986）。Bloom（1956）は，テストでは，より高度な学習がなされたことを測定することも重要であると論じています。Fuhrmann and Grasha（1983, p. 170）は，テストの開発についてBloomの分類を用いています。次に，彼らの分類リストを示しておきます。

　　知識（一般的な用語，事実，原理，手順）を測定するには，次のような問題を出します。定義せよ。説明せよ。識別せよ。分類せよ。列挙せよ。結びつけよ。名称を言え。概要を述べよ。再現せよ。選べ。述べよ。例：「滴定に含まれる手順を列挙せよ」。

　　理解（事実や原理の理解，素材の解釈）を測定するには，次のような問題を出します。転換せよ。弁護せよ。特徴づけよ。推測せよ。説明せよ。詳しく説明せよ。一般化せよ。例をあげよ。推論せよ。予測せよ。要約せよ。例：「脱構築主義の基本的主張を要約せよ」。

　　適用（問題を解く，概念や原理を新しい状況に適用する）を測定するには，次のような問題を出します。実演せよ。修正せよ。操作せよ。作成せ

よ。創作せよ。関係づけよ。示せ。解決せよ。例：「一定の負荷のもとでの光線の偏向を算出せよ」。

分析（述べられていない前提条件や論理的な欠陥を認識する，事実と推測を判別する能力）を測定するには，次のような問題を出します。図示せよ。差異を示せ。判別せよ。説明せよ。推定せよ。指摘せよ。関係づけよ。選択せよ。分離せよ。細別せよ。例：「大統領の声明文の中で，どの部分が事実に基づいており，どの部分が仮定に基づいているか」。

統合（異なる分野で学習したことを統合する，あるいは創造的な思考によって問題を解決する）を測定するには，次のような問題を出します。分類せよ。結合せよ。編集せよ。案出せよ。企画せよ。説明せよ。作成せよ。構成せよ。計画せよ。再配置せよ。再構築せよ。改訂せよ。述べよ。例：「子どもの発達上のニーズを反映させるために，学校の日程をどのように再構成するか」。

評価（判断および評価）を測定するには，次のような問題を出します。評価せよ。比較せよ。推断せよ。対比せよ。批判せよ。解説せよ。区別せよ。説明せよ。正当化せよ。解釈せよ。支持せよ。例：「なぜバッハのイ短調ミサ曲は古典音楽として知られているか」。

多くの教員たちがこの6つの分類を適用するのは困難だと感じており，一部の教育者はこの分類を崩し，簡素化して3つに分けています（Crooks, 1988）。第1の分類は，知識（特定の情報の記憶や認識）です。第2の分類は，理解と適用を結びつけたものです。第3の分類は，「問題解決」と説明されているもので，既存の知識や技能を新しい状況に転用することです。

授業で大学院生のTAを採用している場合には，試験の企画に彼らを参加させる。少なくとも，TA（Teaching Assistant：教育補助学生）に試験の原稿を読んで，意見を言わせます。さらによいのは，試験の作成に彼らを参加させるこ

とです。彼らは有用な提言をしてくれるばかりでなく，試験の企画に参加することが，試験の成績評価をする時点で役立ちます。

不正行為を防ぐための予防策を講じる。「学問上の不正行為を防ぐ」の項を参照してください。

テストの種類

多肢選択テスト。 多肢選択問題は，単純な知識や複雑な概念の両方の測定に使用できます。多肢選択問題では，短時間で答えることができますので，1時間の試験で多くの題目について学生の習得状態を評価することができます。さらに，問題の採点が容易で信頼性も高くなっています。しかし，優れた多肢選択問題を作るのは難しいことです。この種のテストをどのように開発し，実施するかについては，「多肢選択テストおよび組み合わせテスト」の項を参照してください。

正誤判定テスト。 無作為に答えても半分が正解になるので，正誤判定テストは他の種類のテストよりも信頼性が低くなります。しかし，これらのテスト項目は場合に応じて使用するには適しています。正誤判定問題を使用する場合に，「説明」欄を設けて，学生に自分の答えを正当化する1つか2つの文を書かせる教員もいます。

組み合わせテスト。 組み合わせ形式は，用語と定義，出来事と年代，分類と例，その他の関係に関する学生の認識を試すのに効果的な方法です。この種のテストの開発に関する提言については，「多肢選択テストおよび組み合わせテスト」の項を参照してください。

論述式テスト。 論述式テストでは，素材を構成，統合や解釈して，自分の考えを自分の言葉で表現する能力を判定することができます。調査によれば，学生は選択式（多肢選択式）テストよりも論述式試験に向けてのほうが効率的に学

習します。論述式テストに向けて準備する学生は，個々の細かい事項よりも幅広い問題，一般的な概念や相互関係に焦点を合わせて学習し，このような学習の仕方によって，受ける試験の種類にかかわりなく多少とも良い成果をあげています（McKeachie, 1986）。論述式テストを行うと，教員が，学生の進歩，思考の質，理解の深さ，抱えている困難について，教員の見解を伝える機会が得られます。しかし，論述式テストでは出題できる問題の数が少ないので，内容の有効性は低くなります。さらに，論述式テストは，成績評価の主観性，一貫性を欠くことから，信頼性がやや損なわれます。詳細にわたる助言については，「短答式テストおよび論述式テスト」の項を参照してください。（Ericksen, 1969; McKeachie, 1986）

　論述式テストを変形した方法として，間違った答えを訂正するよう学生に求めるものがあります。ある教員は，間違った答えを訂正し，詳しく説明し，論破することを学生に求めるテストを作っています。試験日の2週間前に，彼は10題から20題の論述式問題を配り，クラスで学生とディスカッションします。実際の試験では，その中から4題を選んで，文章はよく書けているが内容に欠陥がある答えを作り，学生にその答えを編集，訂正，言い換え，論破させます。間違った答えには，よくある誤解，正しいが不完全な反応，道理に合わない概念が含まれています。間違った答えに含まれている欠陥が1つか2つだけである場合もあります。この教員の報告によれば，学生は従来の種類の試験よりもこの種のテストを楽しんでいるようだったとのことです。

短答式テスト。教員の目的によって，短答式問題は1つか2つの文を求めるものであってもよく，あるいは長い段落分の文章を求めるものであっても結構です。短答式テストは，多肢選択テストと比べて，作るのは容易ですが，採点に時間を要します。この種のテストでも，学生がどれだけ自分の思考を表現できるかを確認する機会が得られますが，この目的に関しては長い論述式問題ほど有用ではありません。詳しい手引きについては，「短答式テストおよび論述式テスト」の項を参照してください。

練習問題。数学や科学の授業では，テストに練習問題を含めることができます。経験則から言って，教員が2分でできる問題には，学生に10分与えるようにします。練習問題の作成や成績評価に関する助言については，「宿題：練習問題」の項を参照してください。

口頭試験。大学院生の場合にはよく行われますが，外国語のクラスを除き，学部生に対して口頭試験が行われることは稀です。外国語以外のクラスでは，この種のテストは一般的に時間がかかり，学生に不安を抱かせ，教員が学生の答えを録音しておかなければ採点するのが難しいようです。しかし，ある数学の教員は，少人数セミナーのクラスで30分間の個別の口頭試験を試みました。学生は事前に問題を受け取り，そのうちの1つを選んで出題から除外することを許されています。口頭試験の間，教員は定理の背後にある理論や原理に関する学生の理解の水準を探ります。彼は，1日に約8人までの学生をテストできると報告しています。

実技テスト。実技テストでは，実験の遂行，一連の手順を適切な時間内に行うこと，指示に従うこと，絵を描くこと，素材や設備の取り扱い，実際または模擬の状況に反応することを，効率的に実演させます。実技テストは，個別でも，グループでも実施することができます。この種のテストは，設定するのが困難で，採点しにくく，ほとんどの授業では，内容からいってこの種のテストを行う必要がないことから，大学ではほとんど行われません。しかし，学生が自分の技能を実演する必要があるようなクラス（たとえば，保健，科学，教育の各分野）では，実技テストは役に立ちます。実技テストを行う場合には，次の事柄を行うことをAnderson（1987, p. 43）は勧めています（本書の著者が彼女のリストに多少の修正を加えてある）。

- 評価や採点に使用する評価基準を指定する（たとえば，指定の制限時間内に一連の手順を行うか，所定の仕事を完了する場合の正確さの水準）。
- 自分が何をすることを期待されているかを学生が正確に分かるように，問題を述べる（可能であれば，実技テストの条件は現実生活の状況を反

映したものであるようにする)。
- 学生に,所定の仕事を2回以上行うか,作業のサンプルを何回か行う機会を与える。

「ゲーム作り」試験。 中間試験で学生に,授業に関係のある情報の範囲内で,ボード・ゲーム,言葉遊び,簡単なゲームを作らせます。学生は,ゲーム盤,ゲームの駒,ゲームをするのに必要なすべての物を用意しなければなりません。たとえば,心理学史のクラスの学生が,「フロイトの内的円環」というゲームを作りました。そのゲームでは,学生は正しい答えをするごとに,小さな葉巻,トイレの便座といった駒をゲーム盤の周囲に沿って進めます。また,「心理学決戦」というカード・ゲームでは,参加者はカードを拾ったり捨てたりして,理論上,並立可能な心理学の理論,信条,仮定を揃えます。(Berrenberg and Prossor, 1991)

その他のテスト形態

持ち帰りテスト。 持ち帰りテストでは,学生は自分のペースで書物および資料を使いながら仕事を進めることができます。また,持ち帰りテストでは,試験のために貴重な授業時間を犠牲にすることなく,長い,突っ込んだ内容の問題を出すことができます。練習問題,短答式および論述式が,持ち帰りテストに最も適切な種類の問題です。ただし,非常に難しい持ち帰り試験,あるいは語数または時間の制限のない試験は,周到に企画する必要があります(Jedrey, 1984)。さらに,必ず学生に,してよいことおよびしてはならないことを明確に指示する必要があります。たとえば,他の学生に自分の答えについて話してよいかどうかなどです。持ち帰りテストの変形として,テーマを事前に伝えておき,学生に答えをクラスで書くように求める方法があります。一部の教員は,試験の1週間前に10題から12題の問題を出し,試験ではそのうちの3つの問題を出すことを告知しています。

資料持ち込みテスト。 資料持ち込みテストでは,資料を使って問題を解き,報

告書を作成し，メモを書くという，専門家が毎日，経験していることをシミュレーションします。資料持ち込みテストは，学生が高度な授業のより複雑な概念や技術へ進むために，事実を習得したり，技能を徹底的に身につけたりする必要のある入門的な授業には適切でない場合が多くあります。資料持ち込みテストでは，基本的な知識が欠けている学生は，答えを書くことよりも資料を調べることに，あまりにも多くの持ち時間を費やしてしまう場合があります。資料持ち込みテストは学生のストレスを軽減するように見受けられますが (Boniface, 1985; Liska and Simonson, 1991)，調査によれば，学生は必ずしも資料持ち込みテストで大幅に良い成果をあげるわけではありません (Clift and Imrie, 1981; Crooks, 1988)。さらに，資料持ち込みテストは，学生の学習に向けての動機づけを低下させるようです。資料持ち込みテストと持ち込みでないテストの間の妥協策として，学生に1枚の索引カードや1ページのノートを試験に持ち込ませるか，テストの一部として等式や公式といったような，参照できる適切な素材を配る方法があります。

グループ試験。一部の教員は，教室での場合や持ち帰りプロジェクトの場合のいずれにおいても，グループ試験の実験に成功しています。教員たちの報告によれば，グループの場合には個人の場合よりも良い成果が得られ，学生はグループ試験に積極的に反応したといいます (Geiger, 1991; Hendrickson, 1990; Keyworth, 1989; Toppins, 1989)。たとえば，教室での50分間の試験で，20題から25題の問題からなる多肢選択テストを行います。最初のテストでは，グループ分けを無作為に行います。3〜5人のグループが最もよく機能するようです。2回目以降のテストでは，グループ間の得点の差が最小限となり，よく発言する学生と口数の少ない学生の釣り合いがとれるような方法で，学生をグループに割り振ります。あるいは，ほぼ同じ水準にある（個人テストでの学生の成績に基づく）学生をグループにしても結構でしょう。グループで集まる前に，学生に個人でテストを完成させる教員もあれば，グループでは，テストの個々の問題について話し合うだけにとどめる教員もあります。前者の場合で，グループの得点が個人の得点よりも高かった場合には，各個人の得点に特別加点が加えられます。後者の場合には，それぞれの学生がグループの得点を与えられま

す。グループ試験を行っている教員たちは，次の秘訣を示しています。

- 単にどの答えを選ぶか決めるのではなく，それぞれの問題について充分に話し合い，各々の答えの長所を考えさせる。
- 教師が問題を割り振る場合には，それぞれの学生に1つずつの問題を解かせて，結果を比較する。
- 学生に個人で試験を受けさせたい場合には，テストに2回の授業をあてることを考慮する。1回を個人の作業に，もう1回をグループでの作業にあてる。
- 個人およびグループの得点の分布を学生に示す。ほとんどの場合に，グループの得点のほうが，どの個人の得点よりも高くなる。

　この考え方の変形が，まず学生に教室外でグループで試験に取り組ませる方法です。その後で，学生は授業時に個人で試験を受けて，自分の得点を受け取ります。テスト問題の一部分は，グループ試験からとります。残りの問題は新しい問題です。あるいは，教員が学生の答えのいくつかについて，その理由を尋ねることを事前に学生に知らせます。これによって，学生がのんびりとすべての答えをグループ作業に依存するのを防ぐことができます。(Geiger, 1991; Hendrickson, 1990; Keyworth, 1989; Murray, 1990; Toppins, 1989)

2人ずつの組によるテスト。2人ずつの組による試験では，学生が2人ずつ組んで1つの論述式試験に取り組み，2人の学生が1つの論文を提出します。成績を分け合うことを嫌がる学生もいるかもしれませんが，優れた学生は，ほとんど1人で試験を受けた場合と同じ成績を受けます。2人ずつの組は，学生自身が選んでも，あるいは教員が割り振っても結構です。たとえば，授業で順調に学んでいる学生とそうでない学生を2人ずつの組にすると，級友による指導を行うことができます。ひとつの変形として，学生にチームで作業させ，答案用紙は個人で出させる方法があります。(Murray, 1990)

ポートフォリオ。ポートフォリオは特定のテストではなく，学生の学習の蓄積

です。学期を通じての自分の成長や達成度を示すものとして，どの例を含めるかを学生が決めます。ポートフォリオは作文の講座で最もよく使われますが，学生の達成度の全体的な状態を示す方法として，他の専門分野でも使われ始めています。学生のポートフォリオには，論文のサンプル（第1草稿や改訂稿），日誌，論述式試験の答え，学生の進歩を表すその他の作品を含めることができます。ポートフォリオには，AからFまでの成績を割り振ることもできますし，あるいは合格／不合格の成績をつけることもできます。ポートフォリオで成績評価をする場合には，明確な評価基準を確立する必要があります。（Jacobs and Chase, 1992）

効果的な試験の仕組み

授業を担当するつど，新しく試験問題を作る。テストを開発するには時間がかかりますが，過去の試験には，今回の授業でどのように教材を提示しているか，どのテーマを強調しているかが反映されているとは限りません。新しく試験問題を作れば，以前の試験問題の写しを配って学生が利用できるようにすることが可能です。

学期中を通じてテスト問題を作る。試験の1，2週間前まで待ってはいけません。試験に講座で強調したテーマが反映されるようにする1つの方法としては，毎回の授業の後でテスト問題を作り，索引カードに書いておくか，コンピューター・ファイルに保管しておき，後に選ぶ方法があります。現在では，テスト問題を作り貯めておいて，そこから試験問題を作成できるソフトウェアが入手できます。

学生にテスト問題を提出させる。この技術を使用している教員は，1人の学生が提出して，特別加点を獲得できる問題の数を制限しています。次に例を示します（Buchanan and Rogers, 1990, p. 72より抜粋）。

　　　1回の試験について最高2題までの問題を提出することができる。それ

ぞれの問題を1枚の5×8インチのカードにタイプするか，読みやすく印刷する必要がある。問題ごとに，正解と出題のもととなった箇所（つまり，教科書のページ，講義の日付，およびその他）を添える必要がある。問題は，短答式，多肢選択，または論述式のいずれであってもよい。

適切であると判断される問題を1題提出するごとに，学生は数点の特別加点を追加されます。この機会をすべての学生が利用するわけではありません。学生が提出したテスト問題から試験問題を選んだり，一部を抜粋して試験に使用することができます。多人数のクラスでは，教員がすべての問題を検討するわけではないかもしれませんが，試験に出すだけの問題が揃うまで無作為に問題を引き出すことを学生に伝えます。(Buchanan and Rogers, 1990; Fuhrmann and Grasha, 1983)

同僚の試験問題から問題を選ぶ。他の部門の同僚に試験問題の写しをもらいます。ただし，同じ大学内の同僚から入手したテスト問題については注意する必要があります。その問題を以前に見たことのある学生がいる場合があるからです。

テストを積み重ねることを考慮する。積み重ねのテストでは，学生がすでに学習した教材を見直す必要がありますので，すでに学んだことが強化されます。積み重ねのテストによって，学生が授業の内容を統合や総合する機会が与えられます。(Crooks, 1988; Jacobs and Chase, 1992; Svinicki, 1987)

明解な指示をする。同僚（または，大学院生のTAの1人）に問題の指示を読むように依頼し，自分の指示について検討します。

試験問題に一言，二言，助言と励ましの言葉を添える。たとえば，学生に対して，それぞれの問題にどれだけの時間を使うかの助言を与えるか，論述式問題の始めにヒントを示すか，学生の健闘を祈る言葉を添えます。("Exams: Alternative Ideas and Approaches," 1989)

いくつかの簡単な問題を始めに配置する。 すべての学生が答えられるような問題を，試験の冒頭近くに配置します。簡単な問題に答えることは，学生が落ち着かない気分を克服し，試験をうまくやれるという自信を持つのに役立ちます。また，最初のいくつかの問題を，勉学上の深刻な困難を抱えている学生を識別するのに利用することもできます。(Savitz, 1985)

最も優秀な学生に難問を突きつける。 最も優秀な学生の興味に応えるために，少なくとも1つは非常に難しい問題（ただし，引っかけ問題や些細な事項を取り上げた問題ではない）を含める教員もいます。彼らはそういう問題を試験問題の終わりに近いところに配置しています。

所要時間を試してみる。 充分に準備をした学生にとってさえも，試験に答え，見直して，提出するまでにあまりにも長い時間がかかるようなテストを作ったのでは，何の目的も果たせません。経験則から言って，正誤判定テストでは1題に1分30秒，多肢選択テストでは1題に1分，答えとしていくつかの文を書く必要のある短答式テストでは1題に2分，語数制限のある論述式テストでは1題に10分から15分，さらに範囲を広げた論述式テストでは1題に約30分をかけられるようにします。答えを確かめるために，さらに5分か10分を与え，テスト問題の配付と回収にかかる時間も考慮に入れます。もう1つ，経験則から言って，教員（または，大学院生のTA）が試験問題に答えるのに要する時間の約4倍の時間を学生に与えます。(McKeachie, 1986)

テスト問題のレイアウトにも多少の配慮をする。 テスト問題が読みやすくなるような字間，行間をとります。問題によって配点を変えるだけの価値がある場合には，それぞれの問題の横に配点を示します。同じ種類の問題（たとえば，すべての正誤判定問題）を，まとめて配置します。短答式問題の解答欄として設ける余白の量は，期待される答えの長さを表すものとして学生に受け取られることに留意します。学生がブルー・ブック（答案用の白紙帳）ではなく，試験問題用紙に答えを記入する場合には，各ページの上部に余白をとって，学生の名前（および適切であれば，学科名）を書けるようにします。各ページが識

別可能になっていれば，大学院生のTAを使用している授業では，ページごとに切り離して，それぞれの大学院生のTAが同じ問題の成績評価を行うことができます。

References

Anderson, S. B. "The Role of the Teacher-Made Test in Higher Education." In D. Bray and M. J. Blecher (eds.), *Issues in Student Assessment*. New Directions for Community Colleges, no. 59. San Francisco: Jossey-Bass, 1987.

Berrenberg, J. L., and Prosser, A. "The Create-a-Game Exam: A Method to Facilitate Student Interest and Learning." *Teaching of Psychology*, 1991, *18*(3), 167–169.

Bloom, B. S. (ed.). *Taxonomy of Educational Objectives. Vol. I: Cognitive Domain*. New York: McKay, 1956.

Boniface, D. "Candidates' Use of Notes and Textbooks During an Open Book Examination." *Educational Research*, 1985, *27*(3), 201–209.

Brown, I. W. "To Learn Is to Teach Is to Create the Final Exam." *College Teaching*, 1991, *39*(4), 150–153.

Buchanan, R. W., and Rogers, M. "Innovative Assessment in Large Classes." *College Teaching*, 1990, *38*(2), 69–73.

Clift, J. C., and Imrie, B. W. *Assessing Students, Appraising Teaching*. New York: Wiley, 1981.

Crooks, T. J. "The Impact of Classroom Evaluation Practices on Students." *Review of Educational Research*, 1988, *58*(4), 438–481.

Ericksen, S. C. "The Teacher-Made Test." *Memo to the Faculty*, no. 35. Ann Arbor: Center for Research on Learning and Teaching, University of Michigan, 1969.

"Exams: Alternative Ideas and Approaches." *Teaching Professor*, 1989, *3*(8), 3–4.

Fuhrmann, B. S., and Grasha, A. F. *A Practical Handbook for College Teachers*. Boston: Little, Brown, 1983.

Geiger, T. "Test Partners: A Formula for Success." *Innovation Abstracts*, 1991, *13*(11). （このニュースレターは，College of Education, University of Texas at Austin によって出版された）

Gronlund, N. E., and Linn, R. *Measurement and Evaluation in Teaching*. (6th ed.) New York: Macmillan, 1990.

Hendrickson, A. D. "Cooperative Group Test-Taking." *Focus*, 1990, *5*(2), 6.（Office of Educational Development Programs, University of Minnesota の出版物）

Jacobs, L. C., and Chase, C. I. *Developing and Using Tests Effectively: A Guide for Faculty*. San Francisco: Jossey-Bass, 1992.

Jedrey, C. M. "Grading and Evaluation." In M. M. Gullette (ed.), *The Art and Craft of Teaching*. Cambridge, Mass.: Harvard University Press, 1984.

Keyworth, D. R. "The Group Exam." *Teaching Professor*, 1989, *3*(8), 5.

Liska, T., and Simonson, J. "Open-Text and Open-Note Exams." *Teaching Professor*, 1991, *5*(5),

1-2.
Lowman, J. *Mastering the Techniques of Teaching*. San Francisco: Jossey-Bass, 1984.
McKeachie, W. J. *Teaching Tips*. (8th ed.) Lexington, Mass.: Heath, 1986.
Milton, O., Pollio, H. R., and Eison, J. A. *Making Sense of College Grades: Why the Grading System Does Not Work and What Can Be Done About It*. San Francisco: Jossey-Bass, 1986.
Murray, J. P. "Better Testing for Better Learning." *College Teaching*, 1990, *38*(4), 148-152.
Savitz, F. "Effects of Easy Examination Questions Placed at the Beginning of Science Multiple-Choice Examinations." *Journal of Instructional Psychology*, 1985, *12*(1), 6-10.
Svinicki, M. D. "Comprehensive Finals." *Newsletter*, 1987, *9*(2), 1-2. (Center for Teaching Effectiveness, University of Texas at Austin の出版物)
Svinicki, M. D., and Woodward, P. J. "Writing Higher-Level Objective Test Items." In K. G. Lewis (ed.), *Taming the Pedagogical Monster*. Austin: Center for Teaching Effectiveness, University of Texas, 1982.
Toppins, A. D. "Teaching by Testing: A Group Consensus Approach." *College Teaching*, 1989, *37*(3), 96-99.
Wergin, J. F. "Basic Issues and Principles in Crassroom Assessment." In J. H. McMillan (ed.), *Assessing Students' Learning*. New Directions for Teaching and Learning, no. 34. San Francosco: Jossey-Bass, 1988.

29 テストに関する学生の不安を軽減する

　不安が学生のテストでの出来ばえの妨げとなることがあります。どのようにして学生に試験の準備をさせるか，テストをどのように実施し返却するか，追再試をどのように扱うかについて配慮することで，学生の不安を軽減し，成績を強化することができます。すべての学生，とりわけ新入生や2年生にとって，試験で何をすることが求められるか，試験がどのような状況で行われるかを知ることは有益です。教員がテストの難しさについて恐ろしい警告を与えるよりも，安心させて励ますほうが，学生も気持ちが楽で神経質になりません。
　次に示す提言は，学生にテストで最善を尽くす準備をさせるうえで役立つように企画されたものです。

一般的な戦略

最初の試験は比較的簡単なものにする。 動機づけに関する調査によれば，授業で早い時期に成功することは，学生の動機づけと自信を強めます（Lucas, 1990）。特に，最初のテストで良い成果をあげた学生は，一般的にその後のテストで成績が向上しています。（Guskey, 1988）

試験は2回以上行う。 学期の長さ，授業の難易度の水準，授業の教材の量といったすべての要素によって，教員が行う試験の回数が決まります。学期中に定期的にテストを行うと，学生の最終試験での成績が向上します（Lowman, 1984）。2回以上，中間試験を行うと，負担が分散するので，学生は一度に一定量の教材に集中することができ，学生も教員も進歩の様子を確認することができます。

「抜き打ち」の小テストは避ける。 予告なし，または突然の小テストは，毎回の授業の予習をするわけではない学生に罰を与えることになります。（Jacobs and Chase, 1992)

学生に学習方法についての助言を与える。 読書課題や授業のノートから得た情報を配列し，理解するための適切な学習戦略を学生が開発するのを支援します。学内の学生学習センターに問い合わせて情報を入手します。「学生の学習を支援する」の項も参照してください。(Mealey and Host, 1992)

学生がグループで学習することを奨励する。 調査者によれば，グループ学習をしている学生は，単独で学習している学生よりも多くの情報を記憶しており，学問的に未熟で孤立しているという感じを克服することができます。(Mealey and Host, 1992)

テストの前には，オフィス・アワーを特別に設ける。 一部の教員は，試験の1週間ほど前からオフィス・アワーを余分に設けて，学生に質問をしたり，教材の難しい部分を見直したりする機会を与えられるようにしています。彼らは，特に学習グループ単位でオフィス・アワーを利用することを奨励しています。

主要な試験の前には，復習授業を予定に入れる。 復習授業をどのように行うかの助言については，「最後の数回の授業」の項を参照してください。

学生の不安を軽減するために，教員にどんな手助けができるかを学生に尋ねる。 テストの形式についての情報の提供，復習授業の実施，試験中に教室を歩き回らないでほしいといった，教員が容易に応じられるような要望が，学生から出される場合がしばしばあります。(Mealey and Host, 1992)

学生に試験の準備をさせる

学期の始めに診断テストを行う。 早めに診断テストを行うことで，授業で成功するのに必要な，前提となる技能や知識についての意識を学生に持たせることができます。一部の教員は，学期中を通じて診断テストを行って，どの学生が

授業についてきているか，どの学生が援助を必要としているかを識別し，すべての学生が自分の努力すべき領域を知ることができるようにしています。このような診断テストは，学生に迅速なフィードバックを頻繁に与えるもので，特色として，最終成績に大きな比重を占めることはありません。(Ericksen, 1969; Svinicki, 1976)

授業のシラバスに最終試験の問題例をつけ，授業第１日目に両方を配る。この技術を利用しているある教員は，シラバスに50題の論述式問題をつけて，それらについて学期中に授業でディスカッションします。最終試験は，そのリストの中から選んだ５題の問題から構成されています。この仕組みのもとでは，学生は授業の期間中ずっと，最終試験に何が出るかを心配してすごす必要がありません。試験問題がシラバスに含めることができないほど長い場合には，授業の教科書につけて，すべての学生がわずかな追加料金で一部ずつ持つことができるようにします。("Exams: Alternative Ideas and Approaches," 1989)

過去の試験をファイルにまとめて，学部の事務室または図書館に置く。過去の試験を見直すことで，学生は何を学習すればよいかの手がかりを得ることができます。学生は過去の試験の形式（テストの長さ，各種の問題に対する配点），問題の種類や難しさの水準を分析することができます。学内がネットワーク化されている場合には，ファイル保存システムに試験問題を入力して，学生が必要に応じて検索できるようにすることができます。

試験の練習問題を配る。解答付きのテスト練習問題は，何が期待されているかを学生が判断するのに役立ちます。教員は，試験の練習問題を，復習授業や学生のグループ学習の基本として用いることができます。多肢選択テストを行う場合には，多肢選択問題の問いの部分を配ることはできますが，選択する答えを配ってはなりません。たとえば，「次に示す文のうち，どれが人生の最初の一年間に関するメラニー・クラインの見方を最もよく特徴づけているか」。(Erickson and Strommer, 1991)

試験の前に，試験の形式を学生に説明する。問題の数，テストが多肢選択か，論述式か，資料持ち込み可か，不可か，ノート持ち込み可か，不可かを学生に知らせます。

試験の準備の方法について学生に助言を与える。多様なテーマの相対的な重要度に応じて学習時間を配分することに留意させます。各種の試験を行う場合の提言については，「多肢選択テストおよび組み合わせテスト」および「短答式テストおよび論述式テスト」の項を参照してください。テスト前の学生の緊張を軽減するには，次の勧めにしたがうとよいでしょう。

- 何週間にもわたって勉強して，詰め込み勉強にならないようにする。
- テスト前夜はきちんとした食事をとり，充分な睡眠をとる。
- テストには早めに到着する。
- テストが始まるときに，深呼吸をして体の力を抜く。

テストの実施

試験問題は余分に複写しておく。予備の試験問題を手元に持ち，白紙のページのあるもの，落丁のあるものと交換できるようにします。（McKeachie, 1986）

テストは教員自身が実施する。教員はその場にいて，試験に訂正（たとえば，誤植があった場合）や変更があれば，そのことを知らせます。教員がそこにいることで，学生の動機づけができ，学生を安心させることができ，テストが重要であることを学生に伝えることができます。テストの日には早めに到着して質問に答え，遅くまで残って学生と話をします。（Jacobs and Chase, 1992; Lowman, 1984）

試験時間の始めに声を出して指示を読み上げる。試験問題に明確に指示が示してあっても，クラスに向けて声に出して読み上げることは有効です。学生に，自分が何をすればよいかについて質問があるか尋ねます。ただし，学生は自分

の知っていることを教員に示すために時間を使いたいわけですから，手短かにします。

「…たらどうする」という質問に対して備える。「最後までできなかったら，どうするか」，「2つの答えが正しいと考えたら，どうするか」といった質問にどう答えるか決めておきます。

不正行為を誘う要素を最小限にする。学部全体が無監督制をとっているのでなければ，積極的に試験を監督します。試験中の不正行為を減らす方法については，「勉学上の不正行為を防ぐ」の項を参照してください。

教室内をやたらと歩き回らない。従事できる仕事や本を持っていき，学生の肩越しに覗いたりしないようにします。ただし，目は光らせて，不正行為ができないようにします。(Mealey and Host, 1992)

教室内に時計がない場合には，学生に時間を知らせる。試験開始時に，開始時刻，終了時刻，残り時間を黒板に書きます。残り時間を1回，2回，書き直し，終了時刻に近くなればそのことを告げます（「残り時間は，あと5分です」）。テスト中に学生に助言する教員たちもいます（「まだ第5問まで進んでいない場合には，もう少し速くする必要があります」）。終了時刻を守ります。一部の学生が作業を続けているのに，別の授業に出席する学生は退室しなければならないのは，不公平です。

授業の一部を使って，答えを学生とともに見直す。ある教員たちは，50分の授業時間内に30分の中間試験を行います。学生は30分後に答えを提出しますが，問題用紙は手元に持っています。残りの授業時間を使って正解を検討し，問題に答えます (Friedman, 1987)。この技術の変形のひとつが，クラスを小グループに分けて答えを検討させ，その後，再びクラス全体で意見が合わないか，混乱している領域について話し合う方法です。別の方法としては，試験に関する質問があれば，自発的にテストの直後に教員と面談して不明な点を明らかに

させる方法があります。学生による試験検討委員会を設定することもできます。「多人数のクラスで教えるための準備」の項を参照してください。

テスト時間の終わりに，模範解答の一部を学生が見られるようにする。 Jacobs and Chase（1992）がある教員は，学生が解答を提出したあとに見られるように，教卓の上に模範解答の写しを一部置いていることを報告しています。この方法は，少人数のクラスでだけ可能なものです。

学生に自分の知っていることを示させる

学生にテストについての発言をする機会を与える。 研究者の報告によれば，テスト用紙そのものに，学生が多肢選択問題の答えを説明する欄を設けたところ，学生の不安を和らげ，テスト後の学生からの不満が減少しました。学生はさらに説明が必要だと思われる答えや引っ掛かりやすいと思う問題があれば，短い弁明を書くように指示されています。研究者によれば，4回のテストを通じて，学生が記入した説明の数の平均は，1回のテストについて1個以下でした。教員は，「答えは間違っていても説明がよい」場合に点を与え，「答えは正しくても説明が悪い」場合には点を引きました（Dodd and Leal, 1988; Nield and Wintre, 1986）。多肢選択で学生が正しい答えを選んだ項目の説明は，無視することもできます。多肢選択問題を書き直した学生に特別加点を与える教員もいます（1回のテストにつき2題までに限る）。

試験に空欄の問題を含める。 学生に問題を作らせるか，答える準備が充分にできている問題の提出をさせます。問題（難しさの水準，適切さ），答えの質に応じて学生の成績をつけます。("Exams: Alternative Ideas and Approaches," 1989)

試験に1題またはそれ以上の特別加点問題を含める。 テストの最後に，学生に特別加点のある追加問題に答える機会を与えます。この得点を，学生の得点に加えて，間違って答えた問題による失点の埋め合わせとします。

試験中に，学生に教員から情報を「買い取らせる」。試験の半ば（たとえば，60分間のテストの20分から30分の間）に，学生が一定の代償を払って教員に質問できることを学生に伝えます。その代償とは，総得点から何点かを失うことです。たとえば，学生は，減点1と引き換えに，ある答えが正しいか，間違っているかを聞くことができます。等式や公式を1つ尋ねると減点2，図形の設定を1つ尋ねると減点4というように決めることができます。この方法を使用したある数学担当の教員は，典型的なクラスの半数の学生が，この方法を利用して，難しい問題を前にして凍りつくような気持ちを「解凍」するのに役立てたと報告しています。ある化学の教員は，同様の戦略を使用していますが，すべての学生が買い取りを選択できるようにしています。彼は試験問題とともにこすってはがす抽選くじのような「テスト保険用紙」を配ります。この用紙には答えのヒントが記されています。ヒントを1つスクラッチして見るごとに総得点から点が引かれます。(Ellis, 1992; Gordon, 1988)

学生に「虎の巻」を持参させる。"Exams: Alternative Ideas and Approaches"(1989) とJanick (1990) が報告していますように，一部の教員は，試験中に見ることのできる5×8インチの索引カードを1枚作らせることで，成功しています。この教員によれば，この技術は何が最も重要であるかを学生が判断するのに役立ち，テスト前の不安を軽くすることができるとのことです。Vessey and Woodbury (1992) は，虎の巻を使用することの否定的な影響について報告しています。彼らが信じるところでは，学生が「虎の巻中心」になってしまうといいます。学生は試験問題に適切に答えることができず，自分の虎の巻にある用語と一致するキーワードをテスト問題のなかに探そうとします。一致する言葉が見つかると，自分の虎の巻を解答用紙に書き写すだけで終わってしまうのです。

学生に試験を評価するように奨励する。学生が試験についてどう感じたかを知りたければ，次に示すような質問を含む無記名の評価用紙への記入をさせます("Let Students Grade the Exam," 1987より抜粋)。

- あなたが期待していた内容がこの試験に出されましたか。
- あなたが予想していなかった問題を書きなさい。
- 答えが分からなくても，何を聞かれているかは分かるくらいに問題の問いは明確でしたか。
- どの問題があなたを混乱させましたか。

あるいは，テストの内容，形式，公正さについてAからFまでの段階を表す文字で評価させます。

学生に「学習の第2の機会」を与える。教室での資料持ち込み不可の試験を提出した後で，学生はもう一度，試験問題の写しを受け取って持ち帰り，資料持ち込み可の試験として答えを完成します。両方の試験を採点し，最高の場合，学生は教室での試験で失った点数の半分までを取り戻すことができます。この方法の変形として，学生に持ち帰りテストを渡すのではなく，数日後に同等の問題を含む繰り返しのテストを行う方法があります。2回の試験を異なる比重で扱って成績評価を行います。2回のうち低いほうの点数を全体の25％とし，高いほうの点数を全体の75％とします。(Davidson, House, and Boyd, 1984; Murray, 1990)

試験の返却

テストは迅速に返却する。大部分の学生は自分の出来がどうだったかを知りたがっており，迅速な返却によって再学習や学習の修正が促されます。ほとんどの専門家はテスト返却を5日以内に行うことを勧めています。学生の記録に関するプライバシー保護や守秘義務についての法律により，氏名，頭文字，学生番号を示した成績の貼り出しは禁じられています。守秘義務や安全保護に関する配慮から，学部の事務室に試験を積み重ねておいて，学生に持っていかせることのないように指示されています。授業時やオフィス・アワーにテストを返却すること（必要であれば写真付きの身分証明書を確認する）ができない場合には，学部の職員の手を通してテストを返却するように手配します。たとえば，

学部の事務室で午後3時から5時の間に学部の秘書から，学生本人のテストを受け取れることを学生に知らせます。(Lowman, 1984; Unruh, 1990)

全体的な結果について授業時間の一部を使って話し合う。 クラス全体の出来がどうであったかについて全般的な見解を述べたあとで，全体の得点の分布状態，多くの学生が間違えた注意すべき問題，多くの学生が誤解している事項の訂正を行うことができます。論述式テストの場合には，よくできた答案に期待していた解答内容や多くの学生に共通して認められた問題点について説明します。目立って出来のよい答案からの抜粋を無記名で配る教員もいます。Smith (1992) は，成績をつけた多肢選択試験を学生に返却してから，学生をグループに分けて自分たちで解答について話し合わせます。「疑問のある」問題について教員に指摘して，クラス全体で話し合います。彼女の報告によれば，学生にグループで試験を見直させると，教員自身が見直すよりも時間がかからないし，学生は楽しく見直せたと報告しているとのことです。(McKeachie, 1986; Smith, 1992)

テスト返却の後で特別にオフィス・アワーを設ける。 教員に会いにくる学生は，腹を立てている場合や成績を変更させようとする場合もあります。

- 24時間の時間をおいてから教員に会いに来させるようにする。これによって，試験を見直し，冷静になり，問題を特定して扱う準備をする機会が与えられる。
- 学生が成績評価の見直しを要求した場合に，教員は成績を良くも悪くも変更し得る権利を持っていることを学生に知らせる。
- どの問題について話し合うのかを特定して来させる（「どうして私の成績はこんなに低いのですか」ということではなく）。学生が自分の苦情を表現し，自分の答えの正当性を裏づける論拠を手短かに示した1段落分の文章を用意させる教員もある。
- 学生が面談に来たら，注意深く耳を傾ける。1つひとつの問題に反論しようと，学生の話を遮ってはならない。

- 話し合いの焦点を成績のことから問題解決へ移すように努める。「次のときに君がもっと良くできるようにするために，私たちで何ができるだろうか」と尋ねる。教員やテストを非難する姿勢から，より効率的に学習するための動機づけとなるように学生を支援する。
- 共感や同情から成績を変更するのではなく，自分が事務的な誤りをしていた場合や答えを間違って評価していた場合にだけ成績を変更する。

(Jacobs and Chase, 1992; Jedrey, 1984, McKeachie, 1986)

追再試験の取り扱い

たびたび試験を行うことで，追再試験を行う必要が生じないようにする。 追再試験には問題が多くあります。新しくテスト問題を作ると，元のテストとの比較が困難です。しかし，同じテスト問題を使用すれば，元のテストを受けた学生から話を聞く者が出るかもしれません。追再試験の日程をとることも，実施業務上の問題を起こすことになります。追再試験を避けるひとつの方法としては，たとえば，試験を4回行ってそのうちの3回だけを成績評価に用いる方法があります。4回全部のテストを受けた学生は，最も得点の低いものを除外することができます。テストを1回欠席した学生は，出席した3回のテストの得点で成績評価を受けます。中間試験を2回行って，1回の試験に欠席した学生については，出席した試験の得点に2倍の比重を置いて成績評価をする教員もいます。(McKeachie, 1986)

受けるテストの回数について，学生に選択肢を与える。 Buchanan and Rogers (1990) は，学生に次のような選択肢を与えています。(1) 4回の多肢選択テスト，(2) 4回の多肢選択テストおよび1回の最終試験，(3) 3回の多肢選択テストおよび1回の最終試験。(1) および (3) では，それぞれのテストがこの科目の成績の25％ずつを占めます。(2) では，それぞれのテストが科目の成績の20％ずつを占めます。多肢選択テストに1回欠席した学生は，(3) を選ばなければなりません。2回のテストを欠席した学生については，ケース・バイ・ケースで対応することになります。研究者たちは，行ったテストのいず

れかを欠席した学生は，全体の約5％であったとしています。

学期の終わりにクラス全体を対象とした追加の試験を行う。この特別テストの成績を，学生が受けられなかった試験，この試験よりも得点が低かった試験の代わりとすることができます。この手順を踏むことによって，教員は学生の言い訳や試験当日の病気に対応する必要から解放されます。このような方法を選べることは，試験を受けるために休暇をとらなければならない学生に対する援助ともなります。(Shea, 1990)

事前に論述式問題を配る。中間試験の問題をそのなかから出す論述式問題のリストを事前に配っておけば，追再試験の問題を作る必要がありません。(Lewis, 1982)

最終試験の試験時間を2時間でなく3時間にして，最後の1時間を追再試験に使用する。最終試験のために確保してある時間内に追再試験を行えば，特別に予定を組む複雑な手続きをとらなくてよいことになります。

代替の方法として口頭試験を行う。口頭試験は少人数のクラスだけで実施できる代替手段であって，入門的な授業よりも，内容の高度な授業で高い水準の学習を評価する場合に効果のある方法です。口頭試験では，その特色として，筆記試験よりも少ない素材しか扱えませんが，より深い理解を追求することができます。

References

Buchanan, R. W., and Rogers, M. "Innovative Assessment in Large Classes." *College Teaching*, 1990, *38*(2), 69-73.
Davidson, W. B., House, W. J., and Boyd, T. L. "A Test-Retest Policy for Introductory Psychology Courses." *Teaching of Psychology*, 1984, *11*(3), 182-184.
Dodd, D. K., and Leal, L. "Answer Justification: Removing the 'Trick' from Multi-Choice Questions." *Teaching of Psychology*, 1988, *15*(1), 37-38.
Ellis, A. "Scraching for Grades." *National Teaching and Learning Forum*, 1992, *1*(5), 4-5.

Ericksen, S. C. "The Teacher-Made Test." *Memo to the Faculty*, no. 35. Ann Arbor: Center for Research on Learning and Teaching, University of Michigan, 1969.

Erickson, B. L., and Strommer, D. W. *Teaching College Freshmen.* San Francisco: Jossey-Bass, 1991.

"Exams: Alternative Ideas and Approaches." *Teaching Professor*, 1989, *3*(8), 3-4.

Friedman, H. "Immediate Feedback, No Return Test Procedure for Introductory Courses." *Teaching of Psychology*, 1987, *14*(4), 244.

Gordon, L. "Cost-Benefit Testing." *Academic Leader*, 1988, *4*(4), 1-2.

Gusky, T. R. *Improving Student Learning in College Classrooms.* Springfield, Ill.: Thomas, 1988.

Jacobs, L. C., and Chase, C. I. *Developing and Using Tests Effectively: A Guide for Faculty.* San Francisco: Jossey-Bass, 1992.

Janick, J. "Crib Sheets." *Teaching Professor*, 1990, *4*(6), 2.

Jedrey, C. M. "Grading and Evaluation." In M. M. Gullette (ed.), *The Art and Craft of Teaching.* Cambridge, Mass.: Harvard University Press, 1984.

"Let Students Grade the Exam." *Teaching Professor*, 1987, *1*(5), 4.

Lewis, K. G. *Taming the Pedagogical Monster.* Austin: Center for Teaching Effectiveness, University of Texas, 1982.

Lowman, J. *Mastering the Techniques of Teaching.* San Francisco: Jossey-Bass, 1984.

Lucas, A. F. "Using Psychological Models to Understand Student Motivation." In M. D. Svinicki (ed.), *The Changing Face of College Teaching.* New Directions for Teaching and Learning, no. 42. San Francisco: Jossey-Bass, 1990.

McKeachie, W. J. *Teaching Tips.* (8th ed.) Lexington, Mass.: Heath, 1986.

Mealey, D. L., and Host, T. R, "Coping with Test Anxiety." *College Teaching*, 1992, *40*(4), 147-150.

Murray, J. P. "Better Testing for Better Learning." *College Teaching*, 1990, *38*(4), 148-152.

Nield, A. F., and Wintre, M. "Multiple Choice Questions with an Option to Comment: Students' Attitude and Use." *Teaching of Psychology*, 1986, *13*(4), 196-199.

Shea, M. A. *Compendium of Good Ideas on Teaching and Learning.* Boulder: Faculty Teaching Excellence Program, University of Colorado, 1990.

Smith, M. A. "How to Make the Most of the 'Test Post-Mortem.'" *Teaching Professor*, 1992, *6*(5), 5-6.

Svinicki, M. D. "The Test: Uses, Construction and Evaluation." *Engineering Education*, 1976, *66*(5), 408-411.

Unruh, D. *The Teacher's Guide.* Los Angeles: Office of Instructional Development, University of California, 1990.

Vessey, J. K., and Woodbury, W. "Crib Sheets: Use with Caution." *Teaching Professor*, 1992, *6*(7), 6-7.

多肢選択テストおよび組み合わせテスト   30

　選択テスト問題では，学生が与えられた選択肢の中から1つを選ぶ必要があります。学生は自分で答えを作るのではなく，最もよいと考える答えを選びます。最も一般的な選択テストの形式は，多肢選択形式です。多肢選択テストの問題では，学生に対して，1つの質問，空欄のある文，4個または5個の答えや空欄を埋める語句が示され，そのうちの1つが最も適切な答えとなります。正しくない選択肢はおとりや引き立て役と呼ばれます。組み合わせテストの問題では，学生は，答えの選択肢のリストを使って，項目や条件の組み合わせをつくることが求められます。

　学生の学習の幅広さをテストしたい場合（選択テストでは論述式テストよりも数多くのテーマを扱うことができる），多様な学習水準のテストを行いたい場合，採点する時間よりもテストを作る時間に余裕がある場合には，多肢選択テストや組み合わせテストを使用します（Clegg and Cashin, 1986）。多肢選択テストや組み合わせテストは，基本的な事実を覚えているかどうか，機械的な暗記力を測定するだけだと批判されてきました。しかし，多少の時間と手間をかければ，学生が複雑な概念や考え方を身につけたかどうかを評価できるテストにすることができます。

一般的な戦略

少なくともいくつかのテスト問題は，高水準の学習を必要とするものにする。Bloomの分類法（「小テスト，テストおよび試験」の項に説明してある）を用いて，理解，適用と統合といった高い順位にある学習能力を必要とする選択問題を開発します。たとえば，学生が単に現象に名称をあてはめるのではなく，ある状況から結果を予測する必要のある問題を作るか，要約や原理を提示して例をあげさせます（「偏執病の主要な兆候はなにか」）。さもなければ，例を示

して，その例が具体的に示している原理や理論について尋ねます。(McKeachie, 1986)

次に一定の範囲の学習成果を扱うことのできる多肢選択問題の3つの例を示します。(Welsh, 1978, pp. 204-206より抜粋)

1．アメリカの長期的な経済成長に，次のどれが最も貢献したか。
　　a．個人所得税率の引き上げ
　　b．雇用を増やすための週当たり労働時間の削減
　　c．国内産の商品と競合する輸入品に対する関税の引き上げ
　　d．教育水準の引き上げおよび技術向上
[この問題は，学生が教科書で使われていたのとは多少異なる言い方で表された考え方を認識できるかどうか，学生が比較による一般化ができるかどうかをテストするものです]

2．ある大都市では住宅賃貸料の制限の廃止を検討している。空き室率は極端に低く，空き室はこの都市すべてのアパートメントの1％にすぎない。賃貸料の制限が廃止された場合に，次のどれが最も起こりそうか。
　　a．住宅の供給が減少した後に，住宅への需要が高まる
　　b．住宅の供給の減少に続いて，賃貸料が上昇する
　　c．賃貸料の低下および住宅供給の減少
　　d．通常の場合，供給と需要が釣り合うところで価格の統制がとれるので，賃貸料は変化しない。
[この問題は，特定の状況を説明するために供給と需要の原理を適用することを学生に求めるものです]

3．国家防衛への歳出が急速に増加していることから，パラドールという国は，民間の総需要の伸びを制限する方策がとられなければ，物価上昇を経験することになる。インフレ防止政策が経済成長に及ぼす悪影

響を最小限にとどめたいと考えるならば，とるべき政策は次のどれか。
  a．投資よりも消費支出を抑制することから，金融引き締め政策
  b．増税は消費支出を抑制することから，金融引き締め政策
  c．投資よりも消費支出を抑制することから，個人所得税の増加
  d．両方とも同等に投資を圧迫することから，金融引き締め政策または個人所得税の増加のいずれか一方

［この問題は，示された情報を分析し，適切な政策を選択し，さらにその政策の影響を予測することを学生に求めるものです］

学期中を通じてテスト問題を作る。良いテスト問題を作るのは難しいことですので，時期を限らないで問題作りをするほうが楽です。毎週，3題から5題の問題を作ることを目標にします。作った問題を索引カードに書くか，コンピューターに保存しておけば，それらの中から選んで容易にテストをまとめることができます。研究者によれば，問題作りに非常に熟練している専門家でも，1日に3題から4題を作れるにすぎないと言っています。期限ぎりぎりのテストの前夜になって，優れた多肢選択試験を作ろうとしても無理です。(Jacobs and Chase, 1992)

テスト中の不正行為を最小限にするよう予防策を講じる。不正行為の機会を最小限に抑えるテストを作成・実施する方法に関する提言については，「学問上の不正行為を防ぐ」の項を参照してください。

多肢選択テストまたは組み合わせテストの受け方について，学生に助言を与える。テストの受け方について，次に示すような助言を与える教員もいます。(McKeachie, 1986, pp. 95-96より抜粋)

● テストの最後の問題まで目を通して，答えられるすべての問いに答える。
● もう一度，テスト全体に目を通して，1つひとつの問題に適切な時間をかけるが，行き詰まった問題はとばして次に進む。
● 最後に多少の時間を残しておいて，答えを見直し，事務的な間違いをし

ていないか確認する。
- もし答えを変えたいと思えば，変える。調査によれば，大部分の学生は，答えを変えることで点を失う場合よりも，点を得る場合が多い。

多肢選択テストの問題

問題文の中で，学生に「正しい答え」ではなく「最もよい答え」を選択するように指示する。正しい答えを求めた場合には，議論好きな学生から，自分のした選択も正しいという論議を招きがちです。最もよい答えを求めた場合には，それ以外の答えにも多少は真実や正確性があるが，正解となっている答えが最も優れているとすることができます。(Jacobs and Chase, 1992)

問題文の中で，推量して答えてもよいことを学生に知らせる。研究者は，教員が学生に，正しい答えかどうか確信が持てない場合でも，すべての問題に答えを書くよう奨励していると報告しています (Jacobs and Chase, 1992)。答えを考えるために，テーマについての部分的な知識を利用し，情報に基づく推量をすることができることを学生が認識するように支援します。テストを採点するにあたって，推量したことで学生を罰してはなりません。

問題文の中で，問題のすべての要素を表現する。答えとなる選択肢の文を読まなくても，学生が問題を理解できるようにします。どちらの形の問題を作ってもよいのですが，通常の場合，直接疑問文に答える形の問題のほうが，文を完成する形の問題よりも明確です。問題文は，地図，図表，絵，グラフからなるものであってもかまいません。

よくない問題の出し方，よい問題の出し方の例を，次に示します。

よくない例：成績評価は，
a．学生を区別するのに最もしばしば用いられる。
b．学生の進歩を報告するひとつの方法である。

ｃ．学生が学習する唯一の理由である。
　ｄ．教員ができれば先に延ばしたいことである。

　よい例：大部分の大学がＡからＦまでの文字による成績評価システムを使用しています。主要な理由は，……のに便利だからである。
　ａ．学生の進歩を報告する
　ｂ．永久的な記録を保つ
　ｃ．学生を区別する
　ｄ．学生の学習への動機づけをする

問題文の中に，関連あるすべての材料を入れる。問題文の中で示せる語句を，選択肢のそれぞれの文中で繰り返さない。学生に同じ言い回しを何度も読ませることは，答えを選択するために使える時間を無駄に費やさせることになります。

　よくない問題の出し方，よい問題の出し方の例を以下に示します。（Ory, 1985, p. 8）

　よくない例：アメリカの国政選挙で，大統領は公式には，
　ａ．国民によって選ばれる。
　ｂ．議会の議員によって選ばれる。
　ｃ．下院によって選ばれる。
　ｄ．大統領選挙委員会によって選ばれる。

　よい例：アメリカの国政選挙で，大統領は公式には……によって選ばれる。
　ａ．国民
　ｂ．議会の議員
　ｃ．下院
　ｄ．大統領選挙委員会

問題文は短くする。不必要な情報は学生を混乱させ，彼らの時間を無駄に費やさせることになります。次の例を比較してみてください。（Welsh 1978, p. 198）

　　よくない例：アメリカでは，金融政策と財政政策は共通して経済安定の目的で使用される。ここでは財政政策は別の話として，以下に示す金融政策のうちのどれが，インフレーションに対処するのに最も効果的であるか。

　　よい例：次に示す金融政策のうち，どれが最もインフレーションに対処するのに効果的であるか。

答えの選択肢の数を制限する。McKeachie（1986, p. 92）によれば，研究では，選択肢が3つの問題は，選択肢が4つの問題とほぼ同じ効果があることが示されています。答えを4つ（正解1つを含む）示す形式が最も一般的です。どのような場合にも，6つ以上の選択肢を学生に示してはなりません。

おとりの答えに関心を引き，信頼できるものにする。多肢選択問題を作るうえで最も困難な面は，信頼できるようなおとりの選択肢を考えることです。おとりの答えが的外れなものであれば，学生が正しい答えを見つけるのがあまりにも簡単になりすぎます。おとりの答えは，学生が共通して陥りやすい誤りの代表的なものにします。最適なおとりの答えとは，問題の求める答えとしてあまりにも一般的すぎるか，範囲を特定しすぎる叙述，正確ではあるが問題の要件をすべて満たしているわけではない叙述，準備不足の学生にとっては正しいと思われるような間違った叙述です。まれに，信じがたいおとりの答えが，学生の緊張をほぐす役割を果たす場合があります。

　次に示す例（Welsh, 1978, p. 199）では，最後の選択肢が信じがたいものです。

　1．生産の1要因である需要は，主に……によって決まる。
　　　a．その要因の供給
　　　b．生産におけるその他の要因の供給

c．その製品またはその製品が生産の一助となっている製品に対する需要
　　d．連邦準備銀行システムの判断

　この問題の適切な選択肢は，「生産におけるその他の要因に対する需要」です。(Clegg and Cashin, 1986; McKeachie, 1986; Welsh, 1978)

すべての選択肢の長さや文の構造を同じにする。最もよい選択肢を，他のものより長くしたり，詳しくしたり，あるいは他の選択肢より修飾語を多く使うことから，正解が明らかにならないようにします。(Clegg and Cashin, 1986)

引っかけ問題や否定詞の使用を避ける。否定詞を使用すると，学生を混乱させ，問題が不必要に複雑になります。否定詞を使用する場合には，下線を引くか，大文字で示すか，太字で示して，学生が見逃さないようにします。軸の文でも，選択肢のなかでも，否定詞の使用を避けます。たとえば，次のようにします。

　　よくない例：次のどれがフォービズムの特徴ではないか。

　　よい例：次のどれが最もよくフォービズムと他の芸術運動を区別するか。
　　(Clegg and Cashin, 1986)

「いつも」，「決して……ない」，「すべて」，「どれも……ない」といった言葉を使わないようにする。分別のある学生は，絶対的な，例外なく真実であるような考え方や状況がほとんどないことを知っています。(Clegg and Cashin, 1986)

選択肢は，何らかの意味のある順序で並べる。適切であれば，論理的な順序，年代順，数字の順，概念的な順序で答えを並べます。

選択肢と問題文が，文法的に正しくつながるようにする。問題文とそれぞれの

選択肢を声を出して読み上げて，aとan，および単数と複数が正しく使われているか，主語と動詞が一致しているかを確認します。2つの選択肢の言葉づかいを直す必要のある例を次に示します。

1．連邦準備銀行の機能は，国家に弾力的に資金供給を提供すること，ならびに……ことである。
   a．経済の安定を援助する
   b．国家の歳入統計の訂正
   c．税金に関する法律の修正
   d．財産税の課税を援助する

「上に示したすべて」または「上に示したいずれでもない」という選択肢の使用を避ける。このような問題では，学生のさまざまな知識の有無を区別することができません。学生は2つの選択肢を比較するだけで，2つとも正しければ，たとえ3つ目の答えが正しいかどうか学生が確信していなくても，「上に示したすべて」が論理的な答えということになります。(Jacobs and Chase, 1992; Lowman, 1984; McKeachie, 1986)

最もよい答えの位置を変化させる。研究によれば，教員たちは最もよい答えをbやcの位置に置きがちな傾向があると言っています(McKeachie, 1986)。(おそらく，正解を最初，最後に置くと，分かりやすすぎるように思われるのでしょう。)選択肢を何らかの意味のある順序（たとえば，数字の順，年代順，概念的順序）で並べているのでない場合には，1組のトランプからカードを引いて，無作為に答えを並べるようにします（たとえば，ハート＝1番目，スペード＝2番目，その他）。(McKeachie, 1986)

テストの長さを扱いやすい長さにする。学生は1分当たり，1題または2題の多肢選択問題に答えることができます。(Lowman, 1984)

機械採点機能を利用する。多くの大学が，多肢選択試験の採点を迅速に行うこ

とのできる光学的走査装置を備えています。その場合，特殊な解答用紙やＨＢの鉛筆が必要です。学内のテスト実施サービスに問い合わせて，機械採点が使用できるかどうか調べます。

組み合わせテストの問題

明確な指示を与える。 どの項目を組み合わせるのか，どこに答えを書くのか，1つの答えを二度使ってよいのかといった基本的な事柄を学生に知らせます。たとえば，「第1欄におけるそれぞれの建築概念の隣に，その概念の最もよい例となる第2欄のプロジェクトにつけられている文字を書きなさい。第2欄のそれぞれのプロジェクトを2回以上使っても，あるいはまったく使わなくてもよい」。(Fuhrmann and Grasha, 1983; Ory, 1985)

項目の組のそれぞれを同じ種類の項目だけにする。 たとえば，第1欄に出来事を並べ，第2欄に日付を並べます。出来事，日付，および名前を1つの欄に一緒にしてはいけません。(Fuhrmann and Grasha, 1983)

答えを順序だてて並べるようにする。 第2欄の項目をアルファベット順，年代順，概念的な順序で並べれば，学生は各項目を迅速に読んで，答えを探すことができます。(Ory, 1985)

前提の項目の数より多くの答えを作る。 一般に，第2欄では5個から10個の選択肢を学生に与えます。第2欄におとりの答えを含める場合には，2欄の項目の一部は適用されないものであることを学生に知らせます。(Ory, 1985)

配置および様式に配慮する。 必ず両方の欄を同じページに示して，学生がページをいちいちめくらなくてすむようにします。第1欄の各項目の左側に解答欄を置きます。第2欄をページの右側に置きます。答えには大文字（大文字の方が小文字より見分けやすい）をつけ，前提には数字をつけます（後に，ディスカッションを行うときのため）。(Fuhrmann and Grasha, 1983)

テスト後の問題分析

試験を採点した後で，テスト問題を評価する。問題分析をすると，どの問題が易しすぎたか，あるいは難しすぎたか，ある問題の得点が上位の学生と下位の学生をどのように区別できたかが分かりますので，テストの改善に役立ちます。学内にこの種の分析に役立つテスト担当事務室が設けられている場合があります。

各問題の難易度を確認する。自分で計算するか，コンピューター・ソフトウェアを使用して，問題ごとに学生の正解率を算出します。目標は，学生の正解率が90%以上または30%未満の問題の数をわずかにとどめたテストを作ることです。最も望ましい状態としては，難しい問題とは，クラスの約50%から75%の学生が正解する問題です。学生の70%から85%が正解する問題は，中程度に難しい問題と考えられます。Jacobs and Chase（1992）は，問題が難しくなるには，多様な理由があることを指摘しています。問題文が明確でなかったのかもしれない，内容が難しかったのかもしれない，あるいは学生が準備していなかったのかもしれません。問題の難易度を示す数字を解釈する場合には，以上の３つの可能性をすべて考慮する必要があります。(Jacobs and Chase, 1992; Lowman, 1984; Wergin, 1988)

それぞれの問題によって，どれだけ得点の高い学生と低い学生を区別できているかを確認する。項目の識別と呼ばれる統計上の技術を利用すれば，個々のテスト問題で得点上位の学生と下位の学生を区別できたかどうかを知ることができます。相関係数を算出するコンピューター・プログラムを使用できない場合には，自分で計算して識別の程度を判断することができます。Svinicki（1976）は，以下の手順を勧めています。

1．得点の高いほうから10人の解答と低いほうから10人の解答を識別する。
2．各問題について，上位10人のグループのうちで正解した者の数を出す。

下位10人についても同じことをする。
3．上位グループで正解した学生の数から下位グループで正解した学生の数を引いて，それを10（各グループの学生の数）で割る。

たとえば，上位グループの10人中9人，下位グループの10人中3人が8番目の問題に正しく答えた場合には，その問題の識別率は0.6［(9-3)/10］となります。識別率は，-1.0から+1.0の間となります。識別率が+1.0に近いほど，その問題はその教材を知っている学生（上位グループ）と，知らない学生（下位グループ）を効果的に識別していることになります。理想的には，それぞれの問題の識別率が少なくとも+0.5になるのが望ましいことです。識別率0.0の問題は，学生をよく識別しているとは言えませんが，その教材が重要なものであったり，テストのなかに誰もが正しく答えられる問題をいくつか入れる場合には，このような問題を将来に備えてとっておくことがあるかもしれません。上位グループの学生がほとんど正解していない問題があった場合には，問題の構造やおとりの答えが問題を引き起こしていないか確認します。(Lowman, 1986; Svinicki, 1976)

テストを向上させるために分析結果を使用する。難易度と識別率の両方を使用して，問題を削除や訂正します。Seyer（1981）は，経験則から次のようなことを勧めています。30％から70％の難易度の問題は，識別率も受け入れ可能な値，つまり最低+0.3以上となると期待できます。難易度が30％未満または70％以上の問題は，高い識別率となるとは期待できません。ある問題の難易度が高く，識別率が低い（+0.3未満）場合には，その問題を訂正する必要があります。境界線上，つまり識別率が+0.3未満で難易度が30％から70％の間にある問題も多くあります。このような問題は訂正する必要はありません。Seyer（1981, W-10）は，訂正する必要のある問題を決める際に役立つ，次のような助言をしています。

問題の難易度を確認する。
30％から70％の間ですか。

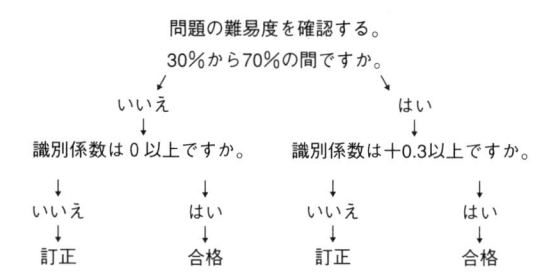

```
         いいえ                    はい
           ↓                      ↓
   識別係数は 0 以上ですか。      識別係数は＋0.3以上ですか。
      ↓          ↓              ↓          ↓
    いいえ       はい           いいえ        はい
      ↓          ↓              ↓          ↓
     訂正        合格            訂正        合格
```

テストについての学生の意見を募る。「テストに関する学生の不安を軽減する」の項を参照してください。

References

Clegg, V. L., and Cashin, W. E. "Improving Multiple-Choice Tests." *Idea Paper*, no. 16. Manhattan: Center for Faculty Evaluation and Development in Higher Education, Kansas State University, 1986.

Fuhrmann, B. S., and Grasha, A. F. *A Practical Handbook for College Teachers*. Boston: Little, Brown, 1983.

Jacobs, L. C., and Chase, C. I. *Developing and Using Tests Effectively: A Guide for Faculty*. San Francisco: Jossey-Bass, 1992.

Lowman, J. *Mastering the Techniques of Teaching*. San Francisco: Jossey-Bass, 1984.

McKeachie, W. J. *Teaching Tips*. (8th ed.) Lexington, Mass.: Heath, 1986.

Ory, J. C. *Improving Your Test Questions*. Urbana: Office of Instructional Resources, University of Illinois, 1985.

Seyer, P. C. *Item Analysis*. San Jose, Calif.: Faculty and Instructional Development Office, San Jose State University, 1981.

Svinicki, M. D. "The Test: Uses, Construction and Evaluation." *Engineering Education*, 1976, *66*(5), 408-411.

Welsh, A. L. "Multiple Choice Objective Tests." In P. Saunders, A. L. Welsh, and W. L. Hansen (eds.), *Resource Manual for Teaching Training Programs in Economics*. New York: Joint Council on Economic Education, 1978.

Wergin, J. F. "Basic Issues and Pronciples in Classroom Assessment." In J. H. McMillan (ed.), *Assessing Students' Learning*. New Directions for Teaching and Learning, no. 34. San Francisco: Jossey-Bass, 1988.

31 短答式テストおよび論述式テスト

　短答式問題では，ある用語，概念の定義，……の理由を3つあげること，ある考え方，出来事の重要性を述べることを学生に求めます（Lowman, 1984）。論述式テストでは，あるテーマについての全般的な理解を学生に表現させ，批判的に考え，考えをまとめあげ，独創的に創造する能力を披露させます。論述式問題や短答式問題は，多肢選択テストよりも作るのは容易ですが，採点するのは難しく，時間がかかります。さらに，論述式テストには，成績評価の信頼性の乏しさという問題が伴います。つまり，同じ解答の成績が，読み手によって，同じ読み手でも読むときによって変化する場合があります。この理由から，論述式テストよりも短答式テストを好む教員たちもいます。そうは言っても，学生の高度な思考や文章表現の技能を測るには，論述式テストが最善の方法です。提言に加えて，論文のテーマの作り方や成績評価の仕方に関するその他の考え方については，「効果的な作文課題を企画する」および「学生の文章作品を評価する」の項を参照してください。

一般的な戦略

多肢選択問題でも試せる理解力を論述式問題を用いて評価しない。論述式問題は，高水準の思考力（適用，統合および評価）を試すためにとっておき，事実の記憶力を試すためには使用すべきではありません（Sanders, 1966）。論述式に適する作業には，以下のものがあります。（Unruh, 1988, p. 47より抜粋）

　比較：……の間の類似点および相違点を識別しなさい。

　因果関係：……の主な原因は何か。……の影響として最も起こりうることは何か。

正当化：以下の主張に賛成または反対する理由を説明しなさい。

一般化：以下の事象を説明するいくつかの原理を述べなさい。

推論：以下のことに人物Xはどのように反応するか。

創作：……だったら，何が起きるか。

適用：……の原理の説明になるような状況を描写しなさい。

分析：以下に示す文章の一節の論法の間違いを見つけ出し，訂正しなさい。

統合：……ということを立証する計画を立てなさい。

評価：……の長所および短所を評価しなさい。

論述式テストまたは短答式テストにどのように取り組むかについて，学生に助言を与える。学生の不安を軽減し，教員が学生に最善を尽くすよう望んでいることを分からせるために，論述式試験の受け方についての指針を示します。次に示す例は，Brooks（1990, pp. 15-18），McKeachie（1986, p. 96），Sanders（1966, pp. 167-168），およびWalvoord（1986, pp. 11-13）から抜粋したものです。

- テスト全体にすばやく目を通し，それぞれの問題の指示を読み取り，重要性と難しさを推し量る。考えや答えが頭に浮かんだら，それをおおまかに書き留めておく。
- 使用できる時間を問題ごとに配分する。重要な問題や難しい問題にはより多くの時間をかける。試験時間の終わりに多少の時間をとっておいて，書いたことを見直す。時間配分の計画を守る。4題の問題について途中まで答えを書くほうが，2題の問題に最後まで答えるよりも多くの得点を得られる可能性があるかもしれない。

- それぞれの問題や問題の各部分を分析する。答えを書き始める前に，答えに何が必要であり，何が必要でないかを判断する。問題のなかでキーポイントとなっている名詞の示唆するところに従って，論文のテーマやサブ・テーマを考える。動詞（比較対照せよ，定義せよ，説明せよ）は，テーマへの取り組み方を示している。問題のなかに示されている制約条件（たとえば，「1900年から1945年まで」）に注意する。
- 書き始める前に，答えの概要を考える。重要な点を書き，一定の形に配置して，それぞれの要点の下に個々の詳しい事項を書き加える。きちんとした概要を用意すれば，答えを書く時間が短くなり，答えが明解になり，答えに抜けている部分がないか確認することができる。
- 問題に対して手も足も出ない場合には，思いつくかぎりの関連のあるかもしれない事項を何でもよいから書き留めてみる。自由な連想によって記憶が蘇るかもしれないし，通常の場合は，何か問題に関係のある事柄を知っていることに気づくでしょう。
- 主要な論点や結論を表した主題となる文を書く。この主題は，単に論じようとするテーマを述べたものではなく，自分の全体としての結論を述べたものである必要がある。与えられた問題が論じること，分析することを求めている場合には，主題となる文を「どのように」または「なぜ」という質問の形にする。この質問に対する答えが，これから書くことの主題である。たとえば，テスト問題が「D. H. ロレンスの小説，『恋する女たち』における愛の概念について論ぜよ」というものであった場合に，まず頭に浮かんだ考えが，「この論文では，D. H. ロレンスの小説，『恋する女たち』における異性愛，同性愛および家族愛について論じよう」であったとする。ここから「どのように」という質問を作ると，「異性愛，同性愛および家族愛がどのように描かれているか」となる。そこで，この質問文から主題となる文を考えると，「『恋する女たち』における異性愛，同性愛および家族愛について検証すると，非常に親密な愛情関係の中にさえも憎しみと孤立が存在することが明らかになる」となる。論文の始めに自分の主題を述べる（Walvoord, 1986, p. 11）。
- 概要に沿って書く。1行おきに書けば，答えを見直したときに気づいた

追加および変更を書き込む空間ができる。
- 具体的な例や関連のある証拠で自分の視点を支える。
- 提出する前に，解答用紙を読み直す。書き漏らし，反復や誤りがないか調べる。削る単語または語句を線を引いて消し，新しい情報をできるだけ読みやすくつけ加える。
- 時間が足りなくなった場合には，主要な点や例の概要を書いたうえで，「時間切れ」と書いておく。教員が部分点をくれるかもしれない。

学生に答える問題を選ばせてはならない。学生に選ばせることの欠点は3つあります。第1に，どの問題に答えるかを決めようとして時間を無駄に使う学生が出ます。第2に，テストで扱ったすべてのテーマについて，すべての学生が同等の知識を持っているかどうかを，教員が知ることができません。第3に，一部の問題が他の問題よりも難しくなりがちなので，テストが不公平になる場合があります。(Jacobs and Chase, 1992; Welsh, 1978)

2つ以上の論文を書くように学生に求める。問題が1題しかないテストは，幅広いテスト問題による判断材料が得られるテストと比べて有効性や信頼性が低くなります。50分の授業時間中に，3題の論述式問題か10題の短答式問題を出題することができます。

効果的なテスト問題を作る

問題を明確かつ正確に述べる。学生にさまざまな解釈をさせるような曖昧な問題にしないようにします。問題があまりにおおまかすぎて同じ答え方をする学生が2人といない場合（たとえば，「ペルシア湾とベトナム戦争を比較せよ」）には，答えの成績評価を公正に行うことが非常に困難になります。論述式問題の中でどのようにとか，なぜという言葉を使えば，学生が明確な主題を展開しやすくなります（Tollefson, 1988）。次に，論述式問題や短答式問題の例を示します。

よくない例：市場の仕組みの3つの種類とは何か。それらは互いにどのように異なっているか。
よい例：寡占を定義せよ。寡占は，完全競争と独占の両者と，企業の数，価格の管理，参加の条件，価格構成，長期的利潤性の面でどのように異なっているか。(Handbook for TAs in Economics, 1980)

よくない例：戦後のアメリカの外交政策を決定した原則の名前を答えよ。
よい例：1945年から1960年にかけてアメリカの外交政策の基本となった3つの原則について説明しなさい。それぞれの原則について，政府の行政部門による行動の例を2つずつ示して，説明しなさい。("Guides to Writing Essay Questions," 1990, p. 1)

よくない例：あなたはアメリカの大統領です。あなたなら，どのような経済政策を遂行しますか。
よい例：あなたはアメリカの大統領です。雇用，価格水準および実質経済成長率について，あなたの目標を述べなさい。あなたの目標を達成するために，どのような財政金融政策を採用しますか。(Welsh, 1978, p. 174)

よくない例：内燃機関はなぜ動くのか。
よい例：内燃機関を動かすための，燃料，キャブレーター，ディストリビューターの機能，シリンダーの各部分の働きについて説明しなさい。(Jacobs and Chase, 1992, p. 114)

よくない例：上に示した文章は，古代ローマの古典的作家，あるいは教父派の作家によって書かれたものか。なぜそう考えたか。
よい例：上に示した文章が古代ローマの古典的作家によって書かれたものか，あるいは教父派の作家によって書かれたものか判断しなさい。特徴的な文体の例となる特定の語句，その他の言語的特徴を識別して，説明し自分の立場を支持しなさい。(Cashin, 1987, p. 2)

問題のレイアウトに配慮する。学生が答えを考えるときに，特定の側面や問題について考えさせたい場合には，それらの側面や問題を段落を改めて示します。問題そのものは，それだけで1つの段落とします。(Tollefson, 1988)

正しい答えを教員自身が書く。必要であれば問題を訂正するためや，学生が問題に答えるのにどれだけ時間が必要であるか推定するために自分で書いた答えを役立てます。教員が10分で問題に答えられるとすれば，学生にはおそらく20分から30分が必要でしょう。このような推定時間を使用して，試験に出す問題の数を決めます。それぞれの問題にどれだけの時間を使うかについて学生に助言します。

満点や部分点についての指針を決定する。学生が満点をとるには，どのような事実や考え方に言及しなければならないか，ならびに部分点をどのように与えるかを決定します。たとえば，次に示す論述式問題について考えてみます(Erickson and Strommer, 1991, p. 144)。

> Habits of the Heartの中で，大部分のアメリカ人の生活についての考え方は変わったとベラーは言っている。ベラーは，「生活のなかの良い物，良い生活を形作る物質はいまでも重要であるが，しかし，それらは自己の価値の感覚を形作る幸福という主観的な状態に次ぐ，二義的な位置を占めるに至っている」と主張している。物質的な成功の相対的な重要性と自己の価値の発達についてのベラーの主張は正しいか。あるいは，事態を誇張しているか。論文では，この問題に関するあなたの立場を述べ，あなたの立場を裏づける例や他の証拠を提示し，もうひとつの選択肢に対してあなたの立場を弁護しなさい。

採点の手引きを次に示しておきます。(Erickson and Strommer, 1991, p. 147より抜粋)

- 満点—6点：論文で，ある立場を明確に述べ，その立場の裏づけとなる

ものを提示し，さらに反論や反対意見を提起してそれを論破する。証拠に説得力があり，かつ独創的である。反論に意味がある。論文に，無関係な情報が含まれない。

- 5点：論文で，ある立場を述べ，その立場を支え，反論や反対意見を提起してそれを論破する。論文に，以下に示す1つまたはそれ以上の欠落がある。証拠に均一な説得力がない，反論が深刻にその立場を脅かすものではない，いくつかの考え方が的外れである。
- 4点：論文で，ある立場を述べ，反論を提起しているが，どちらも充分に展開されていない。反対意見や反論が重要なことでないと言ってもよいほどである。論文がまとまりを欠いているように見える。
- 3点：論文で，ある立場を述べ，その立場を支える証拠を提示しており，よく構成されている。しかし，この論文では，起こりうる反対意見や反論を示していない。したがって，この論文の構成は，4点の論文よりも優れているけれども，3点以上を与えることはできない。
- 2点：論文で，ある立場を述べ，その立場に関するいくぶんかの支持を提示しているが，あまりうまくできていない。証拠が乏しく，些細，一般的である。この論文は，その長さの多くを考え方の繰り返しと，無関係な情報を含めることで成り立たせている。
- 1点：論文で，この問題に対する学生の立場が述べられていない。その代わりに，問題に示されている立場を言い直し，授業で話し合ったか，または課題図書に出てきた証拠を要約している。

次に，もう1つの例を示します。（Ory, 1985, p. 23）
「アメリカ人は道徳的な価値観を持たない寄せ集めの国民である。誰もが野球は食料や鉄鋼よりもはるかに必要性が低いと知っているのに，農民や鉄鋼労働者に支払うよりもはるかに多くの金を野球選手に支払っている。なぜか。2つまたは3つの文で，以上のことについて経済学者だったらどう説明するかを示しなさい」。採点の手引きでは，この問題に合計7点を配点している。

3点：給与は，サービスの供給と相対的関係にある需要に基づいている。

2点：優れた野球選手は稀である（供給が少ない）。

2点：多くの野球クラブが優れた選手を欲しがっている（需要が強い）。

学生の試験の成績評価

学生の名前を見ないで答案を読む。個々の学生についての教員の認識によって成績評価が偏ることのないように努めます。学生に解答用紙に番号か仮名を書き，テストとともに提出する索引カードにその番号か仮名を記入させている教員もいる。また，学生に，解答用紙の最後のページやテストの裏面に名前を書かせる教員もいる。

成績評価をしないで，すべての解答にすばやく目を通す。成績評価を始める前に，全体の出来具合の水準や学生の答えの範囲を概観します。（McKeachie, 1986）

基準となる解答の例を選ぶ。優れている，良い，普通，劣るという基準になる答案を識別します。これらの答案を使用して，成績評価を行う間，成績評価の基準に関する記憶を新たにし，公正を保ちます。（McKeachie, 1986）

1人の学生のすべての問題を成績評価するのではなく，問題ごとに成績評価を行う。次の問題の採点をする前に，解答用紙を混ぜ合わせて，教員の疲労の要素を無作為に分散します。解答を混ぜ合わせることで，採点の順序の影響（つまり，タニヤのBの解答のあとに，いつもラサのAの解答が続くことによって，両者の比較による影響が生じる）を避けることができます。（Fuhrmann and Grasha, 1983; Ory, 1985）

関係のない要素によって試験を判断することを避ける。筆跡，ペンを使っているか鉛筆を使っているか，様式（たとえば，リストを多用する），その他の要素によって，解答の知的な質に対する教員の判断が影響を受けないようにします。

学生の解答についての見解を書く。長所と短所についての短い覚え書きを書き，学生がよくできたこと，改善する必要のあることを示します。見解を書くために，注意を解答に集中することができます。また，見解を書くことで，学生が試験について話を求めてきた場合にも，記憶がよみがえりやすくなります。教員が見解を書き込む空欄をとるために，学生に解答を1ページおきに書かせる教員もいます（Cashin, 1987）。肯定的な見解と批判的な見解の均衡をとり，学生の考え方に教員が賛成か反対かではなく，解答の構成および流れに焦点を合わせるように努めます。ただし，経験豊かな教員たちによれば，学生は返却された最終試験を読まない傾向があるとのことなので，おそらく最終試験についてはそれほど多くの見解を書き込む必要はないかもしれません。（Cashin, 1987; Jedrey, 1984; McKeachie, 1986; Sanders, 1966）

一度に読む解答は適切な数にとどめる。ほとんどの教員は10前後の解答を読むと疲れを感じます。短い休憩をとって，集中力を保ちます。また，1つずつの解答にどれだけの時間をかけるかを設定して，活力の水準を維持し，気力を失わないように努めます。しかし，研究の示唆するところでは，1つの問題に対するすべての答えを一度に読むことで，無関係な要素（たとえば，一日の時刻，気温，その他の変化）が成績評価に影響を与えることを避けることができます。（"Guides to Writing Essay Questions," 1990）

できれば，いくつかの解答を2回読む。2日ほど待ってから，割り振った成績を見ないで，無作為に取り出したいくつかの解答を読み直します。再読することは，成績評価者としての信頼性を向上させるのに役立ちます。2回の点数が異なる場合には，それらの平均点をつけます。（"Guides to Writing Essay Questions," 1990）

試験の最後のページに成績を書く。返却するとき，学生が自分のテストを持っていくときに，学生のプライバシーを守ることができます。

大学院生のTAが成績評価を手伝う場合には，基準化した手順を設定する。

McKeachie（1986, p. 103）は，成績評価を手伝う書評者や大学院生のTAを使用している教員に，成績評価について以下のような助言をしています。

- 全員で集まって，それぞれの問題の答えについて話し合う。どのような種類の答えに何点与えるかを決定する。教員が用意した採点基準や見本となる解答を見直す。
- 各論述式問題ごとに2, 3人のチームを作る。それぞれのチームに8〜10部の解答を渡し，それぞれのメンバーが個々に，それぞれの解答の，そのチームが担当する問題の成績をつける。チームのメンバーがつけた成績を比較して，その差異について合意が成立するまで話し合う。
- 必要であれば，チームを分け，2つ目の試験の成績評価について話し合いをさせて，チームが共通の評価基準に到達したことに自信を持てるようにする。
- この時点から，それぞれのメンバーが独立して成績評価を行う。特定の解答について，いずれかのチームのメンバーが確信を持てない場合には，別のメンバーに渡して意見を求める。

論述式試験の返却

試験は迅速に返却する。 回転を速くすることで，学習が強化され，学生の結果に対する関心を利用することができます。1週間以内にテストを返却するように努めます。

授業で試験を見直す。 採点の手引きや教員が使用した評価基準を1部ずつ学生に配ります。良い答えに何が含まれていたかやクラスで最も多かった間違いを学生に知らせます。教員がよいと思えば，良い答案の例を読み上げて，教員が書いた良くない答案と比較します。学生に得点の分布状態についての情報を与え，自分の位置を知らせます。（McKeachie, 1986）

グループを利用してテスト問題についてディスカッションする。 クラスを小グ

ループに分けて，テストの答えについて話し合わせる教員もいます。グループで解決できない問題については，クラス全体で話し合います。(McKeachie, 1986)

クラスの学生からテストについてのフィードバックを得る。特に難しかったこと，予期していなかったことについて学生から話してもらいます。試験のためにどんな準備をしたか，違う方法としてどのようなことをすればよかったと思ったかを聞き出します。このクラスが効果的だと気づいた具体的な技能や戦略についての秘訣を，次の年度のクラスに伝えます。(Walvoord, 1986)

論述式問題のファイルを保管する。テストを改善する方法，いろいろな問題に答える際に学生がした間違い，学生の成績の分布状態，学生が試験について示した見解といった注をつけてテストの写しを保管します。できれば，よい解答とよくない解答の写しも保管します。(Cashin, 1987)

References

Brooks, P. *Working in Subject A Courses*. Berkeley: Subject A Program, University of California, 1990.

Cashin, W. E. "Improving Essay Tests." *Idea Paper*, no. 17. Manhattan: Center for Faculty Evaluation and Development in Higher Education, Kansas State University, 1987.

Erickson, B. L., and Strommer, D. W. *Teaching College Freshmen*. San Francisco: Jossey-Bass, 1991.

Fuhrmann, B. S., and Grasha, A. F. *A Practical Handbook for College Teachers*. Boston: Little, Brown, 1983.

"Guides to Writing Essay Questions." *Instructional Exchange*, 1990, *2*(3). (Office of University Assessment and Intellectual Skills Program, Western Michigan University の出版物)

Handbook for TAs in Economics. Berkeley: Economics Department, University of California, 1980.

Jacobs, L. C., and Chase, C. I. *Developing and Using Tests Effectively: A Guide for Faculty*. San Francisco: Jossey-Bass, 1992.

Jedrey, C. M. "Grading and Evaluation." In M. M. Gullette (ed.), *The Art and Craft of Teaching*. Cambridge, Mass.: Harvard University Press, 1984.

Lowman, J. *Mastering the Techniques of Teaching*. San Francisco: Jossey-Bass, 1984.

McKeachie, W. J. *Teaching Tips*. (8th ed.) Lexington, Mass.: Heath, 1986.

Ory, J. C. *Improving Your Test Questions*. Urbana: Office of Instructional Resources, University of Illinois, 1985.

Sanders, N. M. *Classroom Questions: What Kinds?* New York: Harper & Row, 1966.

Tollefson, S. K. *Encouraging Student Writing*. Berkeley: Office of Educational Development, University of California, 1988.

Unruh, D. *Test Scoring Manual: Guide for Developing and Scoring Course Examinations*. Los Angeles: Office of Instructional Development, University of California, 1988.

Walvoord, B. F. *Helping Students Write Well: A Guide for Teachers in All Disciplines*. (2nd ed.) New York: Modern Language Association, 1986.

Welsh, A. L. "Essay Questions and Tests." In P. Saunders, A. L. Welsh, and W. L. Hansen (eds.), *Resource Manual for Teacher Training Programs in Economics*. New York: Joint Council on Economic Education, 1978.

成績評価の実例　　　　　　　　　　　　　　　　　　　　32

　成績評価の最善の方法について確実で迅速な規則はありません。実際に，Erickson and Strommer (1991) が指摘していますように，成績評価の仕方は教員の価値観，姿勢，教育哲学によって決まります。もし，ある教員が入門的な授業を「除草」の授業，つまり，将来その分野で成功する潜在能力を欠く学生を分離する授業だと見なしていれば，その教員は，入門的な授業を，すべての学生が習得する必要のある重要な技能を教える授業だと見なしている教員とは異なる成績評価の方法をとることになります。

　そうは言っても，成績評価は学生の学習状態についての情報を提供するという点で，すべての教員の意見は一致しています（Erickson and Strommer, 1991）。しかし，成績評価はそれ以外の目的にも役立ちます。Scriven (1974) は，成績評価について少なくとも6つの機能を識別しています。

- 達成された仕事の真価，長所，価値を曖昧でなく説明する
- 学生の優れた仕事を識別する能力，つまり自己評価の技能や提出された仕事を尊重しながら識別する技能を向上させる
- よい仕事であることを伝え，勇気づける
- 学生の進歩についての教員の判断を伝える
- 学生が習得したこと，しなかったことについての情報を教員に与える
- 報いを受けられる人，引き続き教育を受けるべき人を選択する

　一部の学生にとっては，成績評価は承認とそうでない表れでもあります。彼らは成績評価を非常に個人的なものとして受け取ります。成績評価は重要ですので，教員は学生に成績評価についての明確な根拠や方針を伝える必要があります。

学習成果を評価する明確な指針を考案することができれば，成績評価の過程をより効率的に行うことができ，成績評価の本質的な機能である学生の知識水準を表すことがより容易になります。さらに，成績評価をきめ細かく一貫性を持って行えば，自分の成績の根拠の説明を求める学生の苦情の数を減らすことができます。次に示す提言は，明確で公正な成績評価の方針を開発するうえで役立つように考えられています。最終成績の計算の仕方については，「成績評価の計算および割り振り」の項を参照してください。

一般的な戦略

学生が知識や技能を習得したかどうかに基づいて成績を評価する。評価の対象を勉学上の成果に制限します。教室での態度，努力，授業参加，出欠，遅刻の有無，授業に対する姿勢，人格的な特徴，授業の教材への学生の興味といった，その他の要素への配慮は，授業の成績評価の基本から除外します。こういった学問的でない要素を考慮に入れると，学生が学習したことの指標という成績評価の主要な意味が薄れます。授業参加をなぜ成績に関する考慮に含めないかについては，「ディスカッションへの学生の参加を促す」の項を参照してください。(Jacobs and Chase, 1992)

学生を級友と競争させ，優れた成績の数を制限するような成績評価の仕組みを避ける。得点分布の曲線に沿って成績評価をするといったような基準に準じた仕組みは，学習を促進するのに効果的であることが示された共同学習の戦略に反する方向に働きます。基準に準じた成績評価は，学習への動機づけの低下，評価に対する不安による気力の減退，フィードバックを利用して学習を向上させる能力の低下や貧しい社交的な関係といった，多くの学生にとって不本意な結果をもたらします。(Crooks, 1988; McKeachie, 1986)

成績評価を強調しすぎないように努める。成績評価の意味と基本，教員が成績評価に用いる手順についてクラスに説明します。学期の始めに，最終成績にテスト，論文，宿題，最終試験がどれだけとり入れられるかを書面で学生に知ら

せます（「授業のシラバス」の項を参照してください）。成績評価の方針を一度説明したら，成績評価を強調したり，成績評価について話しすぎることのないようにします。そういうことをすると，学生の不安を増加させるだけで，成績のような外的な見返りを得るためではなく，何かをそのこと自体のためにやろうとする動機づけを弱めます。(Allen and Rueter, 1990; Fuhrmann and Grasha, 1983)

学期中を通じて学生の進歩の状態について学生に知らせる。それぞれの論文，課題，中間試験，教員が成績をつけるプロジェクトについて，学生に自分の得点が何を意味するのかという感覚を持たせます。AからFまでの文字による評価ではなく，総得点を与えるように努めます。得点の幅と分布状態を示し，どの水準の成績が満足のいくものであるかを説明します。このような情報は，成績の良くなかった学生にとっては向上するための動機づけになり，成績の良かった学生にとっては成績を維持するための動機づけになります。学期中を通じて成績についての情報を学生に与えておくことによって，最後になって不愉快な驚きに直面することを避けることができます。(Lowman, 1984; Shea, 1990)

成績評価についての学生の苦情を最小限に止める

授業のシラバスで成績評価の手順を明確に述べ，授業時にこの情報に触れる。学生は，どのようにして自分の成績が決められるのか，さまざまなテストや課題の比重，学生の成績を計算する場合に教員が使用する評価方法のモデルを知りたがっています。クラスの成績評価が，得点分布の曲線に基づく相対評価で行われるのか，絶対的な基準に基づいて行われるのか。特別加点，課題提出の遅れや論文の改訂を認めるつもりであれば，自分の方針について明確に述べます。

課題の提出の遅れについての方針を定める。提出の遅れた課題は受け取りを拒否するのか。提出がどのくらい遅れたかによって減点するのか。ケース・バイ・ケースで提出の遅れた課題の取り扱いを決めるのか。猶予期間を与えるのか。

「新しい授業の準備や授業の改訂」の項を参照してください。

学期中に成績評価の方針を修正することは避ける。授業の途中での変更は，教員の公正さ，一貫性，客観性，構成力に対する学生の信頼を損なう恐れがあります。変更を行う必要がある場合には，学生に完璧な説明をします。(Frisbie, Diamond, and Ory, 1979)

学生に，自分の知っていることを示す充分な機会を与える。学生に自分の知っていることを示す機会を多く与えることによって，教員は彼らの能力をより正確に把握できますので，1回のテストに欠席したことを理由に学生を罰することを避けることができます。そこで，最終試験を行うことに加えて，1回か2回の中間試験，1回か2回の小論文課題を実施します。入門的な授業については，Erickson and Strommer（1991）は，テストや文章課題をより短い形で行い，2，3週間に一度何らかの形での評価を行うことを勧めています。

選択可能ないくつかの課題から学生に選ばせることを考慮する。ある教員は，課題の教育的と動機づけの面での価値，難しさや必要とされる仕事の量に配慮して，それぞれの活動への得点の割り振りを示した課題のリストを提示します。学生にA，B，Cの成績をとるには何点が必要かを知らせ，学生は，自分が授業の課題について希望する成績に合致する課題を組み合わせて選びます。次に，このようなリストに含められるいくつかの活動を示します。

- ケース・スタディーを1つ作る。
- フィールドワークの経験に参加し，報告する。
- ディスカッション・パネルのまとめ役をする。
- ディスカッション・パネルの一員として参加する。
- 授業に関連のある考え方の日誌や記録をつける。
- いくつかの講義について熟考したうえで評価を書く。
- 授業の特定の概念やテーマについての教材（学習の手引き，試験問題，視聴覚教材）を作る。

- 独創的な調査プロジェクトや調査報告書を企画する。
- 授業に関連のあるテーマについての最近の調査文献を総括する。
- 資料からの短い抜粋，意見，適用，批評を含む読書記録をつける。
- 問題解決課題（たとえば，ある仮説を試す実験を企画する，あるいは何かを測定するテストを作る）を完成する。

（Davis, Wood, and Wilson, 1983）

成績評価は特定の仕事の出来ばえを反映したもので，人についての判断ではないことを学生に強調する。 教員が成績をつけるのは，1枚の紙に対してであることに学生に留意させます。また，適切であれば，成績は社会人になってからの業績とはほとんど関係がないか，あるいはまったく関係がないことが調査によって示されていることも学生に知らせます。

成績の良くない学生に励ましを与える。 学生が困難に直面している場合には，彼らが次の課題や試験で進歩するのを支援するためにできるだけのことをします。次の機会に彼らが良い成績をあげた場合には，始めの低い得点と後になってからの高い得点を平均するときに，そのことを考慮に入れます。（Lowman, 1984）

自分の成績のことで腹を立てたり，興奮している学生に直接に対応する。 興奮している学生には，1日か2日の間をおいて冷静にさせます。苦情や成績の変更を正当化する理由を書面で用意させることも解決に役に立ちます。研究室で学生と面談する場合には，テスト問題，答えの要点，評価基準，優れた答えの例といった関連のある材料をすべて手元に用意しておきます。相手を受け入れる姿勢で，学生の用事をよく聞くか，覚え書きを読み，冷静な態度で応じます。教員自身が対立的な態度にならず，学生も対立的な気分にさせないようにします。優れた答えの鍵となる要素を説明し，学生の答えがどのように不完全で誤っているかを指摘します。教員がその学生の成績をそのように評価した理由を学生が理解するように努めます。必要であれば，学生の要求について時間をかけて考え，答案を読み直しますが，学生の個人的な必要（大学院進学や学部の

リストのなかでの順位の維持）から成績を変更しようとする圧力には抵抗します。最終試験の場合には，適切であれば学生の担当教員やその他の教員に手紙を書いて，学生の学習成果について詳しく説明し，成績に悪い影響を与えたかもしれない情状酌量の余地のある環境条件を示します。(Allen and Rueter, 1990; McKeachie, 1986)

学生の成績の正確な記録を保存する。学部として最終成績の報告書の写しを保存しているとしても，学生が成績に疑問を持った場合，完全に履修できていない授業の仕上げを希望する場合，推薦状を求められた場合に備えて，学期中につけたすべての成績の記録を教員が保存しておくことは重要です。

成績評価の戦略を効果的に利用する

授業への登録の期限の前に，成績評価に入る最初の課題を返却する。早い時期の課題は，学生がこの授業を受講する準備ができているかどうかを判断するのに役立ちます (Shea, 1990)。この最初のテストを成績評価から除外することを，学生が選択できるようにしている教員もいます (Johnson, 1988)。最初のテストでは，教員が何を要求しているかが分からなかったり，良い成果をあげるのにどれだけの準備が必要なのかを低く見積もりすぎたことから，学生が低い得点を受ける場合があります。

可能であれば，AからFまでの文字による成績評価よりは数字で結果を記録しておく。最終成績をより正確に計算するために，テスト，練習問題，宿題，その他については，点数で記録するのが最善です。(Jacobs and Chase, 1992)

論文を書き直すことで成績を改善する機会を学生に与える。多くの教員たちが書き直しを奨励していますが，書き直した論文の成績は書き直していないものと同等には扱わないようにします。「すべての授業で学生の文章力の向上を援助する」の項を参照してください。

多くの学生が試験で良い成果をあげなかった場合には，1週間後に同じ教材についてもう一度試験を行う。問題の生じた教材について，1回か2回の授業時間を費やして見直します。授業中の練習問題，宿題の問題，練習のための小テスト，学習グループでの活動を行い，あらためて試験を実施する前に特別にオフィス・アワーを設けます。見直しや再テストは面倒で時間がかかるように思われますが，通常の場合，学生の多くが前の教材で苦労しているのに新しいテーマに進んでも得るところはほとんどありません。(Erickson and Strommer, 1991)

成績評価の方針を評価する

授業の成績の分布状態を，学部の同じような授業と比較する。自分の成績分布状態と同僚のものとの間に違いがあっても，必ずしも自分の方法に欠点があるとは限りません。しかし，両者の差異をよく見ることは，自分の実践を検証し直すことにつながります。(Frisbie, Diamond, and Ory, 1979)

最終授業で配る質問紙で，成績評価の方針について学生に尋ねる。質問の例を次に示します。(Frisbie, Diamond and Ory, 1979, p. 22より抜粋)

学生は，各質問に段階評価で答える。

- この授業の成績評価の方法は公正だったか。
- この授業の成績評価の方法は明確に説明されたか。
- 自分の成果について充分なフィードバックを受けたか。
- 成績評価の訂正や再検討に対する要求は公正に取り扱われたか。
- 自分の勉学を，教員は意味のある良心的な態度で評価したか。

References

Allen, R. R., and Rueter, T. *Teaching Assistant Strategies*. Dubuque, Iowa: Kendall/Hunt, 1990.
Crooks, T. J. "The Impact of Classroom Evaluation Practices on Students." *Review of*

Educational Research, 1988, *58*(4), 438-481.

Davis, B. G., Wood, L., and Wilson, R. *The ABCs of Teaching Excellence.* Berkeley: Office of Educational Development, University of California, 1983.

Eble, K. E. *The Craft of Teaching.* (2nd ed.) San Francisco: Jossey-Bass, 1988.

Erickson, B. L., and Strommer, D. W. *Teaching College Freshmen.* San Francisco: Jossey-Bass, 1991.

Frisbie, D. A., Diamond, N. A., and Ory, J. C. *Assigning Course Grades.* Urbana: Office of Instructional Resources, University of Illinois, 1979.

Fuhrmann, B. S., and Grasha, A. F. *A Practical Handbook for College Teachers.* Boston: Little, Brown, 1983.

Jacobs, L. C., and Chase, C. I. *Developing and Using Tests Effectively: A Guide for Faculty.* San Francisco: Jossey-Bass, 1992.

Johnson, G. R. *Taking Teaching Seriously.* College Station: Center for Teaching Excellence, Texas A & M University, 1988.

Lowman, J. *Mastering the Techniques of Teaching.* San Francisco: Jossey-Bass, 1984.

McKeachie, W. J. *Teaching Tips.* (8th ed.) Lexington, Mass.: Heath, 1986.

Scriven, M. "Evaluation of Students." Unpublished manuscript, 1974.

Shea, M. A. *Compendium of Good Ideas on Teaching and Learning.* Boulder: Faculty Teaching Excellence Program, University of Colorado, 1990.

成績評価の計算および割り振り　33

　成績評価にはさまざまな方法があり，それぞれに独自の長所や短所があります。どの形を選ぶかは，学部の方針，担当する授業の規模，種類，教員の教育や成績評価の目的についての見方によって決まります。次に示す提言は，選択可能な成績評価の方法に関する理解を深めるのに役立ち，特定の種類における成績評価の戦略の落とし穴を指摘することを考慮したものです。試験の種類による成績評価については，「多肢選択テストおよび組み合わせテスト」および「短答式テストおよび論述式テスト」の項を参照してください。

― 一般的な戦略 ―

学部で設けている基準をよく理解する。これまでこの授業で成績評価がどのように行われてきたかを調べます。可能であれば，これまでのクラスの成績分布状況を入手できるか確認します。以前にこの授業を担当していた同僚に，成績評価の基準や全般的なクラスの出来具合について尋ねます。

学部の基準を自分の授業の概念と関連づける。自分が学生に到達してもらいたいと考える目的や目標を設定します。学生がこの授業で成功するにはどんな技能や知識が絶対的に欠かせないのか，成績Aの学生に何を望むのかなどを設定します。

授業のさまざまな構成要素の比重を，それぞれの要素の重要性に応じて決める。小テストは，3時間の試験よりも比重を軽くすべきですが，最終試験を最終成績の60％と見なすとした場合には，教員は学期中を通じて均等なペースで学習するよりも，学期末近くに詰め込み勉強をすることを学生に勧めたことになります（Lowman, 1984）。経験則から言って，最終試験は最終的な成績の3分の1を超える比重を占めるべきではありません。

大学の成績評価の定義を学生に知らせる。学生に大学の成績評価基準の載っている資料を紹介します。次に示すのは，カリフォルニア大学バークレー校で使用されている基準です。

A，A−	優れている
B＋，B，B−	良い
C＋，C，C−	普通
D＋，D，D−	劣っている，辛うじて合格
F	不合格
P	合格（C−と同等またはこれに勝る）
NP	不合格（D＋と同等またはこれに劣る）
S	基準を満たしている（大学院生のみ，B−またはそれ以上の水準で合格）
U	基準に満たない（大学院生のみ，C＋と同等またはこれに劣る）
I	不完全（質としては合格の水準を満たしているが，1回の実験または1つの論文といった小さい部分が未完成である。学生は不完全という成績が出される前に教員と課題を完成させるための調整を行う必要がある）
IP	進行中。最終成績は，2つの学期にわたる授業が完了した時点で出される。

学生の成績の計算および記録の保存にソフトウェアを使用する。学生の成績評価に，分類，統計分析，グラフ作成，その他の計算を行うことができるMicrosoft Excelのような表計算ソフトウェアを使用している教員もいます。成績評価をコンピューター化している教員は，それによって大幅な時間や労力の節約ができたと報告しており，多くの教員たちが成績評価専用のプログラムよりも柔軟性のある市販の表計算プログラムを好んでいます。Straka（1986）は，コンピューター化された成績簿として使用できる多様なコンピューター表計算プログラムの適用性を評価しています。Magnan（1989）は，効率的なソフト

ウェアのキーポイントとなる特性（たとえば，まだ提出されていない課題，これから追再試験を行う場合など，未入力の値や暫定的にゼロとしてある値があっても処理ができる。最低の得点を除外できる）を示し，ソフトウェアの選び方について助言しています。

成績評価の取り組み方

評価基準準拠の成績評価（絶対評価）と集団内での基準準拠の成績評価（相対評価）。絶対評価の成績評価の裏づけとなっている原理は，学生の成績評価はその学生の到達した水準を反映するものであって，クラスの他の学生がどのような成果をあげたかということから独立したものであるということです。あるセミナーの学生全員が効果的な口頭発表をした場合には，全員がAまたはBの成績を受けます。これと逆に，クラスで中間試験で80％を上回る得点をとった学生がいなかった場合には，その試験ではクラスの誰も，たとえばBより高い成績を得ることはありません。集団内で相対評価では，これと対照的に学生の成績は，クラスの他の学生との関連におけるその学生の到達水準を反映しています。クラスの一定比率の学生だけがAの成績を受け，かなりの数の学生がCの成績を受け，少なくとも何人かはDやFの成績を受けます。集団内での相対評価は，得点分布の曲線に基づく成績評価と呼ばれています。

　研究者の結論では，学生のテストの得点が獲得得点の範囲の全体にわたって適正に分散している場合には，どちらの方式を採用しても必ずしも問題があるわけではありません（Svinicki, n.d.）。しかし，クラス全体の出来が悪いか，または良い場合には，どちらの方式を採用するかが大きな問題となります。多くの学生が試験で良い成果をあげた場合には，何らかの形での絶対評価の成績評価を行って，良い成果をあげたすべての学生がAまたはBの成績を受けられるようにすることを学生は望むでしょう。多くの学生が良い成果をあげられなかった場合には，得点分布の曲線に基づく成績評価を行って，少なくとも何人かの学生がAまたはBを受けられるようにすることを学生は望むでしょう。もちろん，教員の教育哲学，テストの内容を学生が習得することの重要度といった，

クラスの出来具合以外の要素も，教員がどの成績評価の形を選ぶかに影響を与えます。しかし，一般的に言って，絶対評価の考え方に基づく成績評価方法のほうが相対評価に依存する方法よりも良いとされています。

進歩を基本にして成績評価を行う。一部の教員は，授業の成績評価には，学生がその学期中に授業で示した成長と発達の量を考慮すべきだと確信しています。さもないと，この科目を受講しようとした時点ですでに充分な知識を持っていた学生が，わずかしか学習しなかったり，ほとんど努力せず進歩を示さなかったとしてもAの成績を受けることになると，これらの教授陣は述べています。McKeachie（1986），Pollio and Humphreys（1988），Terwilliger（1971）は，進歩のいかんを重視して成績評価を行うと，ひどい不公平が生まれると指摘しています。授業が始まった時点で，ほとんどバックグラウンドとなる知識を持っていなかった学生は，学期が終わる時点でもクラスで最も出来の悪い学生である場合がありますが，それでも進歩したことによってAの成績を受けるかもしれません。ほとんど進歩を見せなくても抜群の成果をあげる学生はおり，進歩という点からCの成績を受ける場合があり得ます。進歩を基本にして成績評価を行うと，学生が自分の成績の意味を解釈することが困難になりかねません。Bという成績は，学生の成果が平均を上回っていることを示すのか，それとも学生の進歩が平均を上回っていることを示すのか。高い水準の授業に対する知識が充分でない学生にBの成績を与えることは，学生にとって害になりかねません。McKeachie（1986）は，出来は良くないが努力はして，ある程度の進歩を見せた学生には，FではなくDの成績を与え，到達度が低く，ほとんど進歩していない学生にFの成績を与えることを勧めています。一部の教員は，ある学生の2回目の中間試験での得点が1回目の得点より高かった場合に特別加点を与え，さらに学期中を通じて着実な進歩を示した学生に対して学期の終わりに適正な点数の特別加点を与えることによって，学生の進歩に配慮しています。

自己評価および級友による成績評価。一部の教員は学生に自分で自分自身の成績評価をさせています。これらの教員たちは，学生の試験や課題の出来具合，教材の理解に対する認識，授業のために費やした時間，読んだ資料の量を考慮

に入れて，成績評価の理由を詳しく説明するように学生に求めています。この方法は自分の成果を評価する学生の能力を発達させますが，教員にとって重要な職務の1つである学生の習得状態について専門家としての判断を下し，学生にそれぞれの学習状態を伝えるという仕事を教員から奪ってしまいます。自己評価の変形の1つが，学生同士がお互いの仕事を成績評価する級友による評価です。この方法は，数多くの小グループに分かれて活動しており，学生が他の学生のしていることについて充分に判断できるクラスにおいて最も有効に機能します。この戦略を試みたい場合には，「共同学習」の項の提言を参照してください。(Jacobs and Chase, 1992; Fuhrmann and Grasha, 1983)

クラス内の他の学生との関係において行う相対評価の方法

クラスの出来具合に基づく相対評価。この相対評価の成績評価の形では，学生の全般的な成果を他の学生の成果と比較して成績を決定します。学生の得点を最高点から最低点まで並べ，学生が受ける成績は，その学生が列のなかのどの位置にいるかによって決まります。もちろん，鍵となるのは，区切りとなる得点の設定をどこにするかです。一部の教員は，A，B，C，D，Fの成績を受ける学生の比率を事前に決めます。そこで，たとえば，クラスの20％がAと決めた場合には，最高点の学生から，得点の順にクラスの20％に該当する数の学生を数えればよいことになります。比率をどれだけにするかは，教員の判断に任せられます。一部の教員は，平均値や標準偏差を用いて区切りとなる得点を設定しています。たとえば，AやBは，平均点を一定の点数以上上回った学生に与えられるし，Cは，平均値に近い得点の学生に与えられ，DやFは，平均値を一定の点数以上下回った学生に与えられます。何人かの研究者（たとえば，Gronlund, 1974）が10％から20％がA，20％から30％がB，40％から50％がC，10％から20％がD，0％から10％がFといった指針を提示しています。

この形には，級友に比べて顕著な学問的成果をあげた学生に報いることができるという長所がありますが，大きな短所がいくつかあります(Frisbie, Diamond, and Ory, 1979)。この形の成績評価は，学生がどれだけ多くを習得し

たか，わずかしか習得しなかったかを示さず，クラスとの関係においてどの位置にいるかが分かるだけです。さらに，クラス全体の出来がいくら良くても，何人かの学生が低い成績を得ることになります。あるいは，クラス全体の出来がいくら悪くても，何人かの学生が高い成績を得ることになります。さらに，教員の成績評価の基準が，後期にC＋の成績を受けた学生が，その前の前期にはB－を受けていたというように，学生の集団ごとに変動します。一部の教員は区切りの得点を調整したり，またクラスの出来が非常に良い場合にはAの比率を高くしたりして，不公平を埋め合わせようと努めています。しかし，このような調整を行う場合であっても，Aの数がその時々の判断で制限されていますので，学生が実際にどれだけ学習したかにかかわりなく，Aの成績を受ける学生の数は決まっています（これと対照的に，他の絶対評価の方法では一生懸命学習したすべての学生に高い成績評価を与えることができます）。さらに，Hanna and Cashin（1988）は，相対評価が，排除，孤立および競争を奨励すると確信しています。

学科や学部の実践，あるいは教員たちの合意に基づく成績評価。一部の教員は，成績評価の配分に学部で報告されている平均を反映させようと努めています。Brown（Johnson, 1989に引用）は，教員は次のような配分で成績評価を行っていると報告しています。22％がA，35％がB，29％がC，10％がDおよび4％がF。Hanna and Cashin（1988）は，同じ科目を教えるすべての教員たちは，たとえば，20％がA，25％がB，30％がC，20％がDおよび5％がFというような，典型的なクラスに適する成績評価の配分についての合意を得るとよいと示唆しています。ただし，教員の判断で，クラスの個別的特徴（平均的な得点より高いか，または準備不足か）を反映して典型的な配分を手直しすることが期待されてよいと思います。

得点分布の途切れに基づく成績評価。この成績評価の形では，得点を一番高いものから一番低いものへ並べて，分布の自然な切れ目や得点の途切れている箇所を探します。たとえば，ある中間試験で6人の学生が80点以上で，2人の学生が72点であって，79点から73点の間の得点は誰もとっていない。この成績評

価の形を使用する教員は，得点80点以上の学生にＡを与え，72点から下の得点の学生をＢとします。ここでは，このような得点の切れ目が学生の到達度の差を示しているものと仮定しています。ただし，教員が考案したテストの信頼性が低い場合には，このような切れ目がまったくの偶然によって生じたり，見当をつけて答えを言い当てたり，あるいは問題の書き方が分かりにくいことで生じることがあります。さらに，成績評価の配分は，テストに先立って事前に指針を確立するよりも，学生がテストを受けた後の判断によって決められます。このような成績評価の形は，勧められません。（Jacobs and Chase, 1992）

ベル型の曲線に基づく成績評価。ベル型の曲線，または正規分布曲線は，左右対称の統計モデルです。クラスのなかの少ない比率の学生がＡやＦを与えられ，それより多い比率の学生がＢやＤを与えられ，最も多くの学生がＣを与えられます。純粋な正規曲線を用いる場合には，成績評価の配分は，7％がＡ，24％がＢ，38％がＣ，24％がＤ，7％がＦとなります。ベル型曲線には，独自の用途がありますが，成績評価にはまったく適していません。学生の成績は必ずしもクラスで正規に分布するわけではなく，教員が作るテストも純粋な分布を生じるように作られているわけではありません。（Gronlund, 1974; Terwilliger, 1971）

絶対評価によるの成績評価

絶対的な基準による成績評価。この絶対評価の成績評価では，学生の成果が，教員が設定した特定の固定した基準と比較されます。たとえば，McKeachie (1986) によれば，150点満点のテストで，90％から100％の得点＝Ａ，80％から89％の得点＝Ｂ（以下も同様にする）としたい場合には，成績の配分は以下に示すようになります。

140点以上（150点の93％）＝ Ａ
135点から139点 ＝ Ａ －
131点から134点 ＝ Ｂ ＋

125点から130点 = B
120点から124点 = B −
（以下も同様にする）

　この方法の長所は，AやBを与えられる学生が何人になってもよいところです。また，伝達した基準よりも寛大に成績評価を行う場合はありますが，それよりも厳しくすることは決してないことを学生に知らせても結構です。この成績評価の形の主要な問題は，合理的な筋の通った方法でどのようにして基準を設定するかということです。別の問題が生じるのは，多くの学生が非常に出来が悪かった場合（たとえば，120点以上の学生が1人だけの場合）です。この点に関しては，教員は学生の出来具合を反映して基準を設定し直すことができますが，そのような手直しをすると成績評価の意味が混乱し，学生が不満を抱く場合があります。(Terwilliger, 1971)

最高得点や各個人の得点がそれに占める割合に基づく成績評価。 この成績評価（Carterが開発した形であって，Fuhrmann and Grasha, 1983, p. 184に報告されており，Svinicki, n.d.にも説明されている）は，絶対評価および相対評価を混合した方法で，両者の長所を合わせたものです。教員はクラスの最高得点に基づいて成績評価を行います。以下にその手順を示します。

- それぞれの学生の得点を計算する。
- クラスの優れた成果をあげた学生たちの平均点を計算する。上級のクラスを担当している場合には，上位の15％か20％の得点を使用する。上級クラスよりは能力の劣るクラスの場合には，上位の5％から8％の得点を利用する。平均的なクラスでは，上位の10％の得点を利用する。平均値を計算するには，クラスなかのの優れた成果をあげた学生の得点をすべて加えて，サンプルとして使用した得点の数で割る。
- 事前に決定した目安に基づいて成績評価を割り振る。たとえば，A＝クラスの優れた成果をあげた学生の得点の平均値の95％，B＝平均値の85％，C＝平均値の75％，D＝平均値の65％。

この成績評価の形では，クラスの出来具合がそれぞれの成績に必要な点数を決定する役割を果たしますが，それぞれの成績をとる学生の数が制限されることはありません。一部の教員は，この成績評価の形を使う場合に近道をして，単に最高得点（上位の得点の平均値ではなく）を使用しています。そうすると，最高得点の90％から100％にAが与えられ，80％から89％にBが与えられることになります。この近道の弱点は，1人の学生の得点に頼りすぎることです。

授業目標の習得に基づく成績評価。この目標の基準に基づく評価では，教員はまず，詳しい授業目標，学生が身につけることを期待されている測定可能な技能および知識のリストを作成します。学生の成果はこれらの授業目標を習得できたかどうかについて評価されます。ここでは，成績は，その領域の事柄について他の学生がどれだけ習得したかということを示すというよりも，学生がどれだけのことを知っているかを示すものであるということが前提となっています。クラスのすべての学生がAやBを受けることが可能です。この形の成績評価には2つの明らかな長所があります(Frisbie, Diamond, and Ory, 1979)。（1）一生懸命学習し，良い指導を受けた大部分の学生が良い成績評価を受けられる。（2）他の学生と競争することではなく，授業の目標を達成することに焦点が絞られている。しかし，この形の成績評価の短所は，学生が良い成績をとるために習得しなければならない知識や技能の水準を，教員が明確に指定できなければならないこと，それぞれの成績を得るのに必要な学習成果の最低限の水準を教員が決定できなければならないことです（Frisbie, Diamond, and Ory, 1979）。Hanna and Cashin (1988) が指摘しているように，多くの大学の授業では内容が幅広いことから，教員は必要な知識や技能を正確に指定することができません。

最終成績の計算

数字で示した得点に基づいて計算を始める。必要であれば，AからFまでの文字で示した成績評価を数字による評価に換算して，最終成績を計算します。学期中を通じて学生の論文やテストに得点を与えてきた場合には，それらの点数

を使用します。たとえば，調査報告書にAからFまでの文字でつけた成績を，換算する必要がある場合には，A＝95，A－＝90，B＋＝87，といった値を使用して換算します。

すべてのテストおよび課題が同じ比重である場合には，得点を加えて総得点を出す。多くの教員は，それぞれの学生が授業で獲得した得点（たとえば，中間試験，論文，最終試験）を合計し，総得点の順に並べて，AからFまでの文字による最終成績の区切りを設定して，最終成績を計算しています。ただし，この直線的な方法には，いくつかの技術的な欠点があります（Jacobs and Chase, 1992）。たとえば，得点が幅広く分散しているテストは，得点の分布の範囲が狭いテストよりも最終成績に大きな影響を与えます。この問題は，学生の素点を標準化された得点に換算することによって克服できます（素点を標準化された得点に換算する公式については，Fuhrmann and Grasha, 1983, pp. 186-188を参照ください。コンピューターのテスト成績評価プログラムや分析プログラムによって，計算が非常に容易になります）。そのような計算による操作を行っても得るところはほとんどなく，計算間違いの可能性が増すだけだと信じて，素点を換算することに反論する研究者もいます。たとえば，McKeachie (1986) は，大部分の科目では素点を合計する方法で充分だと強調しています。

テストや課題の比重が同じでない場合には，それぞれの比重を計算して，すべての勉学に関する個人の得点を換算する。次に比重の計算の方法を示します（Frye, 1989, pp. 187-189より抜粋）。まず，クラスに伝達した比重を書き出します。たとえば，次のような場合があるとします。

2回の中間試験	50%
2回の実験プロジェクト	30%
最終試験	20%

　上に示した比率を，100%が1000点になるように点数に換算します。こうして，2回の中間試験は500点，2回の実験プロジェクトは300点，最終試験は

200点となります。1回ずつの中間試験は，250点ずつ（500を2で割る）となりますので，学生が中間試験で実際にとった得点を，最終成績評価の比重に合わせて調整します。1回目の中間試験の問題数が40題で，2回目の中間試験の問題数が50題だとします。

  中間試験1 250÷40＝1題当たり6.25点
  中間試験2 250÷50＝1題当たり5.00点

　ある学生が1回目の中間試験で31題に正解した場合には，この学生は31×6.25＝193.75点を得ます。2回目の中間試験で42題に正解した場合には，42×5＝210点となります。実験プロジェクトや最終試験についても同じ方法で換算し，総得点を最終成績の計算に使用します。

　ある教員は，授業の多様な要素に割り振った比重を，学生の出来具合を反映するように調整しています。たとえば，ある授業で2回の中間試験と1回の最終試験を行った場合に，3回のテストのうち学生がとった最高の得点に50％の比重を置き，2番目の得点に30％，最低得点に20％の比重を置きます。この方法の長所は，学生が自分の最高の成果が最終成績でより重視されると知っていることです。短所は，どの要素にどれだけの比重が置かれるかが事前に学生に分からないことです。

評価の区切りとなる得点を設定する。評価の区切りとなる得点の設定の仕方には，一般に次の4つの方法があります。比率で区切る，標準偏差で区切る，最高得点の範囲の比率で区切る，絶対的基準で区切る。比率で区切る場合には，学部の規則や教員たちの実践例に関する教員の判断に基づいて成績の配分を設定します。たとえば，教員が学生の15％がA，20％がB，45％がC，15％がD，5％がFと決定します。そして，総得点の順に成績を割り振ります。この方法では，AやBを受ける学生の数が制限されますので，勧められません。

　同様の理由から，標準偏差を使用して区切りとなる得点を算出する方法も勧

められません。この方法には，多少の計算能力やコンピューター・ソフトウェアが必要であり，平均点や平均からの標準偏差を統計的に計算することになります。総得点と平均点との隔たりが標準偏差の半分であるような学生がCの成績を受けます。AとBの区切り目は，Cの上限から標準偏差の分だけ上の得点であり，DとFの区切り目は，Cの下限から標準偏差の分だけ下の得点です。

区切りとなる得点を設定する方法として，より優れているのが分布の比率による方法（前述した，最高得点とそれに対する比率に基づく成績評価と同じ）です。この戦略では，AやBを受ける学生の数が制限されません。この方法では，得点分布の上位の10％から20％の得点を取り出して，その平均点を計算し，その平均点に対する比率の計算に基づいて区切りとなる得点を設定します（平均点の90％がA，80％がBというように）。どれだけの範囲の中から平均点を算出するか，ならびにそれぞれの成績評価を平均点の何％とするかは，教員の判断によります。成績を計算するにあたり，理想的な比率とは多少ずれていても，得点分布の中の自然な得点の切れ目を，区切りとして使用したいと考える場合もあり得ます。

区切りとなる得点を設定するもう１つの方法は，クラスの出来具合に依存するのではなく，絶対的な標準を用いることです。ここでは，学生が多様な成績の水準に到達するのに必要となる総得点を，教材の習得のさまざまな水準を示すものとして，教員が指定できるということを前提としています。

学期中を通じての学生の進歩を考慮する。境界線上にある学生については，授業の期間を通じての進歩といった要素を考慮に入れることができます。ある数学の教員は，学期中の学生の進歩を数値化しています。あるクラスで100点満点の中間試験を２回，200点満点の最終試験を１回行ったとします。１回目の中間試験でのオーレという学生の得点が，100点満点中50点，２回目の中間試験が100点満点中80点，最終試験が200点満点中190点でした。調整を行わない場合，彼の総得点は320点です。オーレの着実な向上ぶりを考慮に入れて，教員はオーレの２回目の中間試験の得点の比重を大きくし，最終試験については

さらに比重を大きくしました。2回目の中間試験の比重は，1回目と2回目の中間試験で得点可能だった点数から，オーレの1回目の中間試験の得点を引いて計算し，200－50＝150となりました。2回目の中間試験での彼の実際の得点と，この比重の要素を掛け合わせます。すると，彼の調整後の2回目の中間試験の成績は（200－50）（80/100）＝120となります。彼の1回目の得点と調整後の2回目の得点を加えると，50＋120＝170となります。彼の調整後の最終試験の得点も同じ過程で計算します。オーレの累積得点（170）を2回の中間試験と最終試験で得点可能だった点数（400）から引きます。最終試験での彼の実際の得点と，この新しい比重の要素を掛け合わせると，（400－170）（190/200）＝218.5となります。調整後の総得点を計算するために，2回の中間試験の調整後の得点（170）に最終試験の調整後の得点（218.5）を加えると，総得点は388.5点となります。

References

Frisbie, D. A., Diamond, N. A., and Ory, J. C. *Assigning Course Grades*. Urbana: Office of Instructional Resources, University of Illinois, 1979.

Frye, B. J. "Planning Student Evaluation, Constructing Tests, and Grading." In D. Grieve (ed.), *Teaching in College: A Resource for College Teachers*. (Rev. ed.) Cleveland: Info-Tech, 1989.

Fehrmann, B. S., and Grasha, A. F. *A Practical Handbook for College Teachers*. Boston: Little, Brown, 1983.

Gronlund, N. E. *Improving Marking and Reporting in Classroom Instruction*. New York: Macmillan, 1974.

Hanna, G. S., and Cashin, W. E. "Improving College Grading." *Idea Paper*, no. 19. Manhattan: Center for Faculty Evaluation and Development, Kansas State University, 1988.

Jacobs, L. C., and Chase, C. I. *Developing and Using Tests Effectively: A Guide for Faculty*. San Francisco: Jossey-Bass, 1992.

Johnson, G. R. "Throwing Darts at Tests." *Network Newsletter on College Teaching*, 1989, *7*(8), 1-4.（このニュースレターは，Center for Teaching Excellence, Texas A & M University から入手できる）

Lowman, J. *Mastering the Techniques of Teaching*. San Francisco: Jossey-Bass, 1984.

McKeachie, W. J. *Teaching Tips*. (8th ed.) Lexington, Mass: Heath, 1986.

Magnan, B. "How to Make the Grade." *Academic Leader*, 1989, *5*(10). 1-3, 5, 10.

Pollio, H. R., and Humphreys, W. L. "Grading Students." In J. H. McMillan (ed.), *Assessing Students' Learning*. New Directions for Teaching and Learning, no. 34. San Francisco: Jossey-Bass, 1988.

Straka, W. C. "Spreadsheet-Gradebook Connection." *Teaching at the University of Nebraska, lincoln,* 1986, 7(3), 1-3, 7.（このニュースレターは，Teaching and Learning Center, University of Nebraska, Lincoln から入手できる）

Svinicki, M. D. *Evaluating and Grading Students*. Austin: Center for Teaching Effecteiveness, University of Texas, n.d.

Terwilliger, J. S. *Assigning Grades to Students*. Glenview, Ill.: Scott, Foresman, 1971.

勉学上の不正行為を防ぐ　　　　　　　　　　　　　34

　大学生全体の40%から70%が，自分の大学での学習経験の中で不正行為をしたことがあるという報告があります（Aiken, 1991; Davis, Grover, Becker, and McGregor, 1992）。研究者たちは，勉学上の不正行為に影響を与える要因の特定を始めています（Aiken, 1991; Barnett and Dalton, 1981; Davis, Grover, Becker, and McGregor, 1992; Roberts and Rabinowitz, 1992）。このような要因としては，良い成績を得るための競争や圧迫感，不公平や要求過剰と考えられるような教育の状況，自分のティーチングや学生の学習に対する配慮を欠いたり，無関心であったりする教員たち，勉学上の不正行為に対する教員たちの手ぬるい態度，支援を求める級友からの圧力，学生の間での学問的誠実さや倫理的価値観の低下があげられます。これらの要因のすべてが教員の管理の下にあるわけではありませんが，勉学上の不正行為を防ぐために教員がとれる手段があります。

- 学業や品行についての大学の基準を学生に知らせる。
- 不正行為が学生にとっていかに有害であるかを説明し，大学の設けている制裁を示す。
- 不正行為や盗用の機会を最小限にとどめる。
- 不正行為を見つけるために目に見える形で処置を講じ，教員が不正行為を許すつもりのないことを学生に分からせます（とるつもりであると言ったすべての処置を実際に行わなくても，予防策をとるほどに教員が学問的な誠実さを重視していると知って，正直な学生はそのことを評価するでしょう）。
- 不正行為が行われた場合には，迅速に懲戒の手段をとり，公的な処置をする。

　次に示す考え方は，教員が学生に学問的な誠実さの価値を伝え，これを奨励する方針をとるうえで役立つように考慮されたものです。

一般的な戦略

学期の始めに時間をとって，大学での学業や品行について話し合う。教員と学生では，不正行為の意味するところが異なる場合があります（"Academic Dishonesty in our Classrooms," 1990）。たとえば，他の学生とどの程度一緒に学習してよいか，どんな条件のもとでともに学習すればよいか，学生は明確に理解していない場合が多くあります。学生のために，盗用，許されない共同行為，クラスに関連のあるその他の行為の例を示して，受け入れられる行為や受け入れられない行為について説明します。不正行為は許されないことを説明して，規則違反に関する大学の方針，手続き，罰則について話し合います。学部として不正行為や盗用の定義を書面にして配付し，学生にその資料を読んで理解したという声明書への署名を求めているところもあります。次に示すのは，学生に配る資料の例です。

> 不正行為とは，課題，小テスト，試験で認可されない援助を受けることである。（1）試験中は，他のどの学生からもいかなる情報，答え，援助を受けてはならない，他の学生にこれらを与えてもいけない。（2）試験中には，認可されていない答えのもととなるものを使用してはならない。ノートや書物の持ち込みが禁じられている場合には，これらの資料を試験に持ち込んではならない，教員が「持ち込み可」としていない場合には，試験中にいかなる書物やノートも参照してはならない。（3）試験前に不正な方法で試験問題を手に入れてはならない，試験を提出したあとで解答用紙に手を加えてはならない。

> 盗用とは，他の人の作品を自分のものとして提出することである。たとえば，ある文章，考え方が他の人のものであり，自分のものでないことを認めないままで，書物やその他の資料の一部を書き写すことは盗用である。著者の言葉をその通りに書き写した場合には，その文を直接的引用として扱い，適切な引用文の形式をとる。他の人の考え方を使用する場合，文章は自分で作った場合でも，適切な形で原案者を明記する。論文を買ったり，

自分が書いたものでない論文を自分のものとして提出した場合は，盗用をしたことになる。

自分の成果に対する評価の基準について学生に知らせる。学期中を通じて学生の作品に目を通して，教員が学生の能力や到達水準について承知していることを学生に知らせます。(Malehorn, 1983)

誠実な態度を支える土壌の育成や集団の規則を設けるように努める。たとえば，無監督制度（試験官なし）で試験を行うための投票をクラスで行うことができます。(McKeachie, 1986)

学生のストレスの表れを検知する方法を身につける。成績が悪かったり，圧迫感に襲われたりした場合に，援助を求めることのできる大学の窓口があることを学生に知らせます。教員自身が，大学の学生学習センターや相談センターを始め，学生自治会が提供する個別指導についても熟知しておきます。

学習材料を，確実に平等に利用できるようにする。図書館や学部の事務室に，過去の宿題の課題，試験，論文のファイルを備えます。あるいは，シラバスに過去の試験問題の見本を添付します。(Singhal and Johnson, 1983)

不正な手段に頼らなくても授業で成功できると学生に感じさせる。テストの回数を少なくするよりは，数多く行います。困難に出会った場合には，教員と話をすることを学生に勧めます。試験や成績評価に対する不安を最小限に抑えます。「テストに関する学生の不安を軽減する」および「成績評価の実例」の項を参照してください。(Eble, 1988)

学生に不正行為や資料の盗用の疑いがある場合には，直接にその学生に立ち向かう。ただちにその問題に対処します。不正行為の証拠を無視しようとする20％の教授陣の仲間になってはなりません (Tabachnick, Keith-Spiegel, and Pope, 1991)。学生に疑惑について話し，学生の応答を注意深く聞きます。次にいく

つかの具体的な助言を示します。("Handling a Plagiarism Interview," 1987, p. 10 より抜粋)

- 不安やためらいを感じる場合には，学生と面談する前に経験豊かな同僚や学部長と話をする。
- 大学の学生課に問い合わせて，具体的な指針や必要となる手続きを調べる。
- 学生と面談するときには，自分の見たままに問題を客観的に説明する。
- 学生の作品に成績をつけ，評価するうえで，なぜこのことが問題になるかを説明する。
- 不正行為や盗用という言葉を使うことを避ける。
- 学生のことを個人的に心配しているという雰囲気を作るが，状況の重大性は伝える。
- 学生の説明を聞く。
- 学生が間違った行為をしていないと否定した場合には，その学生に，たとえば，用語の定義，解釈，言い換えといった論文の具体的な事柄について尋ねる。
- 弁解，言い訳，苦労話，情状酌量の余地のある環境の話について，心の準備をしておく。
- 学生が取り乱したり，興奮した場合には，ある程度の同情を示す。適切であれば，相談センターを利用するよう示唆する。
- これからどうなるかを学生に説明する。
- 学問上の不正行為の取り扱いに対する大学の規定に従って，公的な処置をする。

盗用

盗用，言い換え，直接引用の区別を明確にする。他の人の考え方や言葉を利用する正しい方法と正しくない方法について例をあげて示すようにします。許可を得て，*The Random House Handbook*, 6th ed., by Frederick Crews (New York:

McGraw-Hill, 1992, pp. 181-183）から，次の例を学生に配るのもよいかもしれません。

　次に示す原文とその原文を利用する場合に，学生が取りがちな3つの方法について考えてみます。

　　原文：ヨーロッパが一組のトランプだとすれば，ジョーカーはイタリアであった。しばらくの間，イタリアをドイツに対抗する力としてもてはやし，希望を託したが，ムッソリーニのもとでその希望は消えた。1935年にイタリアは，エチオピア侵攻によってアフリカをめぐる争いに遅ればせながらも参入しようとした。それは，明らかに，一国が他の加盟国を攻撃することに関する国際連盟の協約に違反したことであった。大国であるフランス，大英帝国，地中海沿岸諸国，アフリカの植民地勢力が中心となって，国際連盟でイタリアに反対することとなった。しかし，イタリアが対ドイツ同盟国となる可能性を失いたくないことから，これらの諸国の動きは弱く，真剣さを欠いていた。その結果，最悪の事態となった。国際連盟は侵略阻止に失敗，エチオピアは独立を失い，結局，イタリアは孤立した[1]。
　　[1] J. M. Roberts, *History of the World* (New York: Knopf, 1976), p. 845.

　　例文A：イタリアは，ヨーロッパというトランプの束の中のジョーカーだったと言ってもよいだろう。イタリアがエチオピアに侵攻したとき，その行為は明らかに国際連盟の協約に違反したものだった。しかし，イタリアに反対する動きの指揮をとろうとするイギリスとフランスの努力は，弱々しく真剣さを欠いたものだった。これらの大国は，再武装したヒットラーのドイツに対抗する同盟国となり得るイタリアを孤立させたくないと思っていたと推察される。

　　見解：明らかに盗用です。引用されている事実は一般的な知識ですが，登用されている語句は一般的なものではありません。書き手が原文に自分自身の言葉を織り込んでいるからといって，盗用していないということには

ならないのです。

例文B：イタリアは，ヨーロッパというトランプの束の中のジョーカーだった。ムッソリーニ政権下の1935年，イタリアはエチオピア侵攻によって，遅ればせながらアフリカをめぐる争いに参入しようとした。J. M. Robertsが指摘しているように，この行為は国際連盟の協約を侵すものだった[1]。しかし，フランスとイギリスは対ドイツ同盟国となり得る国を孤立させたくなかったので，エチオピア侵攻に対する反対は，弱々しく真剣さを欠くものであった。その結果は，Robertsも言っているように，「起こりうる最悪の事態となった。国際連盟は侵略阻止に失敗，エチオピアは独立を失い，結局，イタリアは孤立した」ということだった[2]。

[1] J. M. Roberts, *History of the World* (New York: Knopf, 1976), p. 845.
[2] Roberts, p. 845.

見解：これも盗用です。Robertsからの2箇所の引用を正しく行っていることが，それ以外の断りのない引用語句の流用を隠す一種の隠れ蓑として働いています。しかし，それには効力がありません。いくつものRobertsの言葉が，書き手の言葉として示されているからです。

例文C：1933年から1939年の期間におけるドイツの再武装や軍国主義については多くのことが書かれている。しかし，ヨーロッパにおけるドイツの支配は，決して何も言いようのない結論ではなかった。実際には，一，二の事柄が違う結果となっていたなら，勢力の均衡はヒットラーに不利な方向に傾いていたかもしれなかった。たとえば，イタリアがドイツとの同盟に引き寄せられていった事情を見てみよう。イタリアとドイツの同盟が，避けがたいこととは見なされていなかったからこそ，イギリスとフランスはイタリアとの友好を保つという希望のもとに，エチオピア侵攻に対する批判を抑制した。J. M. Robertsが言っているように，国際連盟における両国のイタリアに対する反対は，「対ドイツの同盟国となり得るイタリアを孤立させたくないことから，弱々しく真剣さを欠くものとなった」[1]。イ

タリア，フランスおよびイギリスが，ある程度の共通の利益を保持していたと考えてみよう。それでもヒットラーは，30年代後半における彼の目ざましい叱咤激励の姿勢を貫くことができただろうか。

[1] J. M. Roberts, *History of the World* (New York: Knopf, 1976), p. 845.

　見解：盗用ではありません。書き手はRobertsが触れている一般的な事実の影響を受けていますが，彼はRobertsの結論をそのまま自分の結論にしようとはしていません。1箇所ある明白な借用は，適切に表示されています。

電子的な盗用に注意する。電子掲示板，情報提供や電子メールの伸びにつれて，学生は他の大学の学生の論文を入手したり，百科事典，モナーク・ノート，その他の資料をオンラインで入手したりできるようになりました。悪用を防ぐ方法はほとんどありませんが，そのような可能性に教員が気づいていることを学生に知らせることは，不正行為に走る可能性のある者を思いとどまらせる可能性があります。(Bulkeley, 1992)

前に提出した作品を新しい作品として，再び提出することは，適切でないことを学生に伝える。別の講座に提出した論文やプロジェクトの結果が，この講座で提出するのに適していると思われる場合には，教員に相談させるようにします。一部の指導者は，論文を再利用を希望する学生とともに論文を検討し，すでに収集したデータを以前とは異なる統計方法を用いて分析したり，以前の論文の結論を新しい論文のテーマへの踏み台として利用する場合に認めています。("About Plagiarism," 1990)

論文の題目

具体的な題目を課題として出す。新たな調査を必要とするような，事実の記憶よりは考察と分析に重点を置いた取り組みがあり，あまり負担にはならないようなテーマを選びます。退屈，とるに足らない，興味が湧かないテーマでもそ

うですが，テーマが困難すぎても，不正行為を招くことになります。「効果的な作文課題を企画する」の項を参照してください。(Eble, 1988; "Preventing Plagiarism," 1987; Singhal and Johnson, 1983)

広すぎるテーマの中から選択するのを制限する。 完全に自由を与えられると，学生は苦しまぎれに楽な方法に頼って，商業的に作成された課題論文や「ファイル」論文を利用する恐れがあります。("Preventing Plagiarism," 1987)

宿題を開講コースごとに変える。 テーマや宿題を変更することはすでにそのコースを履修している学生からの盗用を防ぐことができます。

作文を分かりやすくする

研究の仕方や論文の書き方について短い講義をする。 教員が何を期待しているか，どのようにすれば進歩できるかを学生に伝えます。一部の大学の図書館では，学生に調査の技能を高めるための相談サービスを提供しています。

文章を書く難しさをクラスで話し合う。 不安や障害は，文章を書く過程の一部であって，普通のことであることを学生が理解できるようにします。「もし，教室で，教員が作文の過程の各段階について説明し，書く者が皆普通に経験する試練について強調すれば，課題として出されたテーマを完成する唯一の方法は，不正行為であるという結論に学生が飛びつく可能性は，低くなるかもしれません」。(Handbook for TAs, n.d., p. 18)

学期中を通して，授業中にいろいろな小論文を書かせるように計画する。 授業中の課題は，学生の文章力を発達させ，教員が彼らの能力を判断するのに役立ちます。学期に一度しか論文課題を出さない教員は，提出された課題が学生自身の手によるものかどうか判断することは困難です。「すべての講座で学生の文章力を伸ばす」の項を参照してください。(Malehorn, 1983)

授業の始めに，論文のテーマについて話し合いに来させる。論文の概要を学生同士でもう一度話し合わせ，自分の考え方や発見をどのように構成し，提示する計画かについて話し合うようにします。この方法は，学生が優れた論文を書くのに役立つばかりでなく，教員が学生の考え方における進歩の程度を確認するためにも役立ちます。("Preventing Plagiarism," 1987)

論文の準備や提出

学生に最初のドラフトを提出させる。最初のドラフトについて迅速に意見を述べることは，学生の文章力の向上に役立ちます。「学生の文章作品を評価する」の項を参照してください。

論文の最終稿をドラフトとともに提出させる。覚え書きのカードや概要も同じく提出させます。また，原稿とともに写しを一部提出させます。写しをファイルに保管しておけば，次にこの授業を指導するときに，それをみれば盗用や拝借による論文を識別することができます。(Malehorn, 1983)

可能であれば，授業時に学生から論文を集める。この方法は授業の人数が多くない場合に可能です。研究室や事務室に論文を提出する場合には，幅の狭い受け取り口から投函するようになっており，鍵のかかる郵便箱を使用するのも一案です。

課題論文製作会社のカタログを調べる。学生が課題論文を買ったのではないかという疑いが生じた場合，論文製作会社のカタログを調べてみたいと思われることでしょう。大学の学生課に問い合わせて，カタログを保管しているか問い合わせます。

試験問題

実用的な頻度で，試験問題を変更する。学生やTA（使用している場合）に，

将来，試験に使える問題を提出させます。巧みに編集すれば，その一部は試験に適用でき，他の問題も問題の候補の基礎となります。「小テスト，テストおよび試験」の項を参照してください。

択一式の試験は，組み換えて使用する。 問題の順序を入れ替え，種類の異なる試験を組み合わせます。テスト問題と答えの両方を配列し直すことを提案している研究者もいます。（Aiken, 1991）。可能であれば，ページを違う順序で並べ換えると言っています。（Singhal and Johnson, 1983）

適切であれば，学生ごとに個別のテストを作る。 コンピューターを使用して，ある経営学の教員は，学生に個別の課題を出しています。税金の計算の講座で，彼は販売価格や月間の支払い金額を変化させて，1人ひとりの学生に個別の問題を作っています（4通りの販売価格と4通りの月間支払い金額を使用すれば，64通りの異なる問題を作ることができます。それぞれの変数を6通りにすれば，216通りの異なる問題が作ることができます）。ワープロ機能，表計算機能，メールマージ機能を備えたソフトウェアを使用すれば，個別の問題を作り，それぞれについて解答を出すことができますので，採点を行うのに便利です。（Burns, 1988）

試験，成績，名簿を安全に保管する。 試験のすべての材料を研究室の鍵をかけた戸棚，机，引き出しに保管するようにします。コンピューターの成績ファイルは，コピーを作っておきます。（"Preventing Cheating on Exams," 1985）

テストの管理

教員（または試験官）がいつも試験場にいるようにする。 試験中は，クラスが無監督制度で運営されている場合以外は，試験監督を手配するか，教員自身がテストを監視するように計画します。積極的に学生を監視するために，周期的に通路を往復して歩くようにします。学生は，試験中に不正行為を行う巧妙な方法を開発しています。手や足の位置の組み合わせを利用したり，机の角を叩

いて択一式の問題の答えを示したり，密かに書物を開いたり，解答用紙を取り替えたり，情報を録音してある小型のカセット・レコーダーを使ったりします。(Davis, Grover, Becker, and McGregor, 1992)

学生を無作為に，互い違いの位置の椅子に座らせる。学生の個人的な持ち物は，空いている椅子に置くよりも，床に置かせます。必要であれば，試験に使う教室をもう1つ手配します。

多人数のクラスでは，学生の写真付きの身分証明書を確認する。机の上に置いた写真付きの身分証明書とクラスの名簿を照らし合わせて，それぞれの学生が自分の試験を受けていることを確認します。この方法をとる場合には，事前に身分証明書を確認することを学生に知らせておきます。あるいは，学生を前もって決めたグループに分けて座らせます。たとえば，学生が班ごとに着席していれば，TAが自分の担当の学生が全員，出席しており，「替え玉」が試験を受けていないかを見分けることができます。("Preventing Cheating on Exams," 1985)

座席番号のある教室では，座席表の通りに着席させる。座席番号を事前に記入したブルー・ブックや試験問題を配ります。座席番号のない教室では，列の順番に試験を集めます。(Singhal and Johnson, 1983)

学生が計算機のメモリーを消去していることを確認する。試験を配るときや学生が入室するときに，計算機のメモリーを調べて消去してあることを確認します。カンニング・ペーパーが計算機のカバーに隠されていないことも確認します。(Putka, 1992)

下書き用紙を配る。学生に自分の紙やブルー・ブックのページを下書き用に使わせてはなりません。ある大胆な学生は，紙の造花に答えを書いてブラウスにピンでつけたと報告しています。(Davis, Grover, Becker and McGregor, 1992; Singhal and Johnson, 1983)

「キョロキョロしている目」に気づいたら，行動を起こす。「キョロキョロしている目」に気づいたら，静かにその学生のところへ行って，彼または彼女に混み合っていない席へ移らせます。学生が動きたがらない場合には，学生に動いてもらいたいのだと耳打ちするようにします。不正行為を目にした場合には，その学生のそばにいって不正行為を阻止するか，一般的な発言として「自分のすべき仕事をしてください」と言うようにします。学生に対して疑惑を抱いた場合には，試験を最後までさせ，自分が見たことについて覚え書きをしておきます。(McKeachie, 1986)

部屋の後方でしばらく時間を費やす。不正行為をしようと考えている学生は，教員の位置を確認するために振り向かなければならなくなるものです。(Singhal and Johnson, 1983)

試験時間の終わりに解答用紙を出すために，学生が殺到することのないようにする。試験を提出するときに，学生に出席簿に署名させるか，学生から試験を集めるようにします。試験に出席している学生の数を数えて，受験者数が提出された試験の数と一致することを確認します。これによって，試験用紙がなくなったか，違う場所に紛れ込んだのであり，自分は試験を受けたのだという学生の主張を防ぐことができます。("Preventing Cheating on Exams," 1985)

ブルー・ブック

試験の前に学生にブルー・ブックを提出させる。試験前の授業時または学生が試験場に入室するときにブルー・ブックを集めて，それから集めたブルー・ブックを無作為に配ります。("Preventing Cheating on Exams," 1985)

左側のページだけに書かせる。あるいは，ブルー・ブックの始めの数ページを白紙のままにしておかせます。("Preventing Cheating on Exams," 1985)

教室を去る前に，すべてのブルー・ブックを調べる。Moore（Flint, 1992に引用）

が説明している不正行為の実例では，ある学生がテストを受けるふりをして，白紙のブルー・ブックに名前を書かないで提出しました。その学生は自宅でノートや資料を使って予備のブルー・ブックに解答を書きあげました。完成したブルー・ブックの表紙に学生の氏名，講座名，教授の名前を書いて，教室の外，廊下，教授の研究室の前に落としておきました。その学生は，誰かがそのブルー・ブックを見つけて教員に返せば，教員が試験のときにブルー・ブックの束の中から落ちたのだと考えるだろうと思ったとのことでした。

試験の採点，返却

正しくない答えに明確に印をつける。インクで×印や斜線を記入して，間違った答えや空欄を明確に示しておきます。

コンピューター・プログラムを使用して択一式の試験の不正行為を検出することを学生に知らせる。"Cheat-1"や"Cheat-2"というプログラムは，学生の解答を比較して2人の学生が偶然同じ答え方をする確率を決定することができます（Aiken, 1991）。実際にこのソフトウェアを使わなくても，使うかもしれないと学生に伝えることで，不正行為を阻止する効果があるでしょう。

試験の成績をつけ直す場合には，充分に用心する。学期を通じて，最初に成績のつけ直しを求めた学生の試験や小テストをコピーしておきます。あるいは，学生に試験を返却する前にすべての試験用紙を資料としてコピーしておきます。("Preventing Cheating on Exams," 1985)

学生への試験および課題の返却を1人ずつ行う。この方法は，少人数のクラスでだけ効果があります。試験を学部の事務室，研究室，自分の机の上といった場所に，学生が持っていけるような形で置いたままに放置しないようにします。TAを使用している多人数講座では，班ごとに試験を返却します。TAを使用していない多人数講座では，「多人数のクラスで教えるための準備」の項に示してある方法を用いてください。

不当な弁解

不当な弁解，正当な弁解，認められない弁解を見分ける。正当な弁解は，学生の管理能力を超えた出来事に基づくものです。不当な弁解は，学問上の責任を逃れるために捏造された弁解です。ある研究者は大学生の3分の2が，試験を延期させる，論文の提出を遅らせる，まったく提出しない，授業を欠席するために，少なくとも1回は不当な弁解をしていることを発見したといっています。認められない弁解は，期日に論文を持ってくるのを忘れたといったような，真実かもしれませんが，課題を行えなかったことの筋の通った理由にならないもののことです。(Caron, Whitbourne, and Halgin, 1992)

弁解を受け入れることに関する教員の方針を明確に述べる。学期の始めに，教員が何を認められる弁解と考え，何を認められない弁解と考えるかを学生に伝えておきます。いかなる弁解も，それが正しいことを示す何らかの種類の証拠がなければ受け入れられないことを学生に伝えます。すべての弁解について，それが正当なものであるという証拠を手に入れることは不可能ですが，教員が書類の提出を求めると言うだけで，弁解を捏造する可能性のある学生を阻止することができます。もっと良い方法は，授業の仕組みを学生が嘘をつきたくなるような状況にならないようなものにするように努めることです。たとえば，1回の小テストに欠席しても学生が罰を課せられないようにします。「テストに関する学生の不安を軽減する」の項を参照してください。(Caron, Whitbourne, and Halgin, 1992)

「私の祖母が亡くなりました」という弁解は，不当なものであるよりは，正しい場合が多いことを認識する必要がある。調査によれば，不当な弁解と正当な弁解の内容に，大きな差はありません。すべての家族の緊急事態を作り話として却下するほど冷血的になる必要はありません。(Caron, Whitbourne, and Halgin, 1992)

References

"About Plagiarism." *Instructional Exchange*, 1990, *2*(1), 3.（このニュースレターは，University Assessment and Intellectual Skills Program, Western Michigan University から入手できる）

"Academic Dishonesty in Our Classrooms." *Instructional Exchange*, 1990, *2*(2), 1-4.（このニュースレターは，University Assessment and Intellectual Skills Program, Western Michigan University から入手できる）

Aiken, L. R. "Detecting, Understanding, and Controlling for Cheating on Tests." *Research in Higher Education*, 1991, *32*(6), 725-736.

Barnett, D. C., and Dalton, J. C. "Why College Students Cheat." *Journal of College Student Personnel*, 1981, *22*(6), 545-551.

Burkeley, W. M. "High Tech Aids Make Cheating in School Easier." *Wall Street Journal*, Apr. 28, 1992, pp. B1, B6.

Burns, J. G. "Computers in Class." *Teaching Professor*, 1988, *2*(7), 2.

Caron, M. D., Whitbourne, S. K., and Halgin, R. P. "Fraudulent Excuse Making Among College Students." *Teaching of Psychology*, 1992, *19*(2), 90-93.

Davis, S. F., Grover, C. A., Becker, A. H., and McGregor, L. N. "Academic Dishonesty: Prevalence, Determinants, Techniques, and Punishments." *Teaching of Psychology*, 1992, *19*(1), 16-20.

Eble, K. E. *The Craft of Teaching*. (2nd ed.) San Francisco: Jossey-Bass, 1988.

Flint, A. "'Cheating 101' Becomes a Campus Best-Seller." *San Francisco Examiner*, Feb. 23, 1992, p. B-6.

Handbook for TAs. Berkeley: English Department, University of California, n.d.

"Handling a Plagiarism Interview." *The TA at UCLA Newsletter*, 1987, no. 20, p. 10.（Instructional Development, University of California at Los Angeles から入手できる）

McKeachie, W. J. *Teaching Tips*. (8th ed.) Lexington, Mass.: Heath, 1986.

Malehorn, H. "Term Papers for Sale and What to Do About It." *Improving College and University Teaching*, 1983, *31*(3), 107-108.

"Preventing Cheating on Exams." *The TA at UCLA Newsletter*, 1985, no. 15, p. 2.（Instructional Development, University of California at Los Angeles から入手できる）

"Preventing Plagiarism: Some Tips." *The TA at UCLA Newsletter*, 1987, no. 20, p. 6.（Instructional Development, University of California at Los Angeles から入手できる）

Putka, G. "A Cheating Epidemic at a Top High School Teachers Sad Lessons." *Wall Street Journal*, June 29, 1992, pp. A1, A4-A5.

Roberts, D., and Rabinowitz, W. "An Investigation of Student Perceptions of Cheating in Academic Situations." *Review of Higher Education*, 1992, *15*(2), 179-190.

Singhal, A., and Johnson, P. "How to Halt Student Dishonesty." *College Student Journal*, 1983, *17*(1), 13-19.

Tabachnick, B. G., Keith-Spiegel, P., and Pope, K. S. "Ethics of Teaching: Beliefs and Behaviors of Psychologists as Educators." *American Psychologist*, 1991, *46*(5), 506-515.

IX

教育用のメディアおよび器材

35. 黒板

36. フリップ

37. オーバーヘッド・プロジェクター

38. スライド

39. 映画およびビデオ

40. コンピューターおよびマルチメディア

黒板　　　　　　　　　　　　　　　　　　　35

　大部分の教員は黒板に特別注意を払っていません。これは非常に残念なことです。板書は非常に効果的な教育手段であり，視覚的な補助手段となります。次に示す提言は，教室での授業を強化し，豊かにするうえで役立つものです。

一般的な戦略

黒板を使用して，授業の構成を明確にし，主要な点を強調する。黒板を使用して，次に示す事柄を行うことができます。

- その日に扱うテーマの概要を示す
- 講義の主要な点を列挙する
- クラスのディスカッションで提起された考え方を要約する
- 難解な名称，なじみのない語彙や新しい用語のスペルを示す
- 図表，グラフ，時系列を示す
- 公式，演算，証明の手順を示す

板書の計画を立てる。大部分の学生は，黒板に書かれたことをそのまま自分のノートに書き写します。出まかせや無秩序な板書は，学生を混乱させるだけです。可能であれば，詳細な事項を消して，重要な点だけを要約として残すことができるような形で板書の配置を考えます。

教員が板書したことを書き写す時間を学生に与える。学生は新しい情報を書き写すことと，聞くことを同時に行うことはできません。講義を続けたり，ディスカッションを再開する前に，学生が授業に追いつくための時間的余裕を与えるようにします。(White, Hennessey, and Napell, 1978)

視覚的な効果を高める

その日の授業で扱うことになっているテーマや活動の概要を示す。黒板に概要を示しておけば，講義がどの方向に進められるのかを学生が知ることができ，学生の注意力がディスカッションから離れた場合に，どこへ戻ればよいかを確認するうえで役立ちます。黒板に一気に概要全体を書いても，主題について論じながらテーマごとに書いていっても結構です。（Garcia, 1991）

図表や絵を描く。授業の前に図表を描く練習をするようにします。教員にとって板書を消したり，書き直したりするのは容易なことですが，ペンを使ってノートをとっている学生にとっては容易ではありません。講義が進むにつれて図表が広がっていく場合には，ノートにどれだけの余裕をとっておけばよいか，学生に知らせるようにします（Grayson and Biedenbach, 1975）。図を修正する場合には，点線や色チョークを使って変更箇所を際立たせ，学生が修正された図をノートに書き写せるだけの時間を与えるようにします。(White, Hennessey, and Napell, 1978)

数量的な授業では，証明しようとする手順のすべてを書く。証明を書く場合には，すべての特別な表記法を定義します。証明の手順を消して簡略化してはいけません。消す代わりに，横線を1本引いて削除するようにします。（Mathemarical Association of America, 1979）

内容を選ぶ。基本的な原理だけを書き，細部を省略する場合にはそのことを示すようにします（「計算は省略」）。板書に複雑な図表または詳しい派生図が含まれる場合には，資料を配って学生が黒板に書かれていることを正確に把握できるようにします。

板書に間違った箇所があった場合には，訂正する前に説明する。何かを間違えて書いた場合には，消して訂正する前に，板書のどの箇所が正しくなかったの

か学生に正確に分かるようにします。

学生の発言を順次記録する。ディスカッションをまとめるために黒板を使用する場合には，発言を言葉どおりに記録します。発言が不確かな場合には，発言者の承諾を得て疑問形で書くようにします。

重要な点を視覚的に強調する。1つのテーマを終わる前に，板書した中の重要な言葉に下線を引くか，丸で囲んで，主要な点，仮説や結論を強調するようにします。学生の発言や考え方を記録しているとき，学生が特に洞察力に富む発言をした場合には，そのそばに「すばらしい」と書き添えるようにします。（Garcia, 1991）

実際に黒板を使う場合の秘訣

チョークのきしむ音を防ぐ。不快なきしみ音を立てないように，チョークを45度の角度で持ち，黒板にしっかり押しつけて使います。チョークを半分に折ってから使っても，きしみ音を防ぐことができます。

読みやすく書く。板書が読みやすいことを確認するために，授業の前に試しに書いて，教室の後ろから見てみます。黒板が光を反射する場合には，ブラインドや日除けを下ろします。腕を一杯に伸ばして，横の方向に書けば，書いている間も学生は板書を読み取ることができます。書き終えたら，黒板のわきに立ってクラス全体に黒板が見えるようにします。（White, Hennessey, and Napell, 1978）

黒板に書きながら，声を出して読み上げる。声を出して読み上げることは，黒板に式を書く数学や科学の教員にとって特に重要です。この技術を用いれば，教員が板書している間に学生が書き取ることができ，学生が授業に追いつくのに役立ちます。ただし，学生に背を向けて，黒板に向かいながら，別の事柄を論じないようにします。

前の板書は完全に消す。教室に入った時点で，または授業中に話題を変える場合には，それまでの板書をすべて消します。これによって学生に考える機会や授業に追いつく機会を与えることができます。ただし，学生が書き写す機会が持てないうちに，重要な情報を消してしまうことのないように気をつけて下さい。

板書を構成する。表題，見出し，下線，丸の囲み，四角の枠，大文字を利用して，各項目の違いを明確にし，強調するようにします。黒板を部分ごとに区切ることで，板書を構成することができます。たとえば，証明や演算を右側の面に書き，主要な定理を左の面に並べます。あるいは，学生の議論を右に置き，左に結論を要約するようにします。

黒板の最も見えやすい部分を，最も重要な点に使用する。黒板の左上の部分が最も目立つ場所です。また，黒板の下の端は教室の後方にいる学生には見えない場合があることに注意します。教卓や講義台の上に教材を積み上げたりして，黒板を隠さないようにします。授業中は，学生が板書を書き取ろうとして首を傾けたり，位置を変えたりしないか注意を払います。こういう動作は，黒板が見えにくい証拠です。(White, Hennessey, and Napell, 1978)

上下スライド式で3つの面に分かれている黒板では，真ん中の面を最初に使う。真ん中の面が一杯になったら，その面を押し上げて一番手前の面を引き下げます。これによって，書いたことが見える状態に保たれます。最後に，一番手前の面を押し上げて，一番奥の面を使うようにします。(White, Hennessey, and Napell, 1978)

自分の板書を評価する

板書が分かりにくくないか学生に尋ねる。あるいは，授業中に自分で黒板から離れて，板書を確認します。

2人の学生にノートを借りる。学生の学習の様子を把握するためであることを説明します。学生がどれだけ板書を書き写しているか，何を書き写しているかに注目します。重要な点が明確になっているか確かめます。(White, Hennessey, and Napell, 1978)

自分の授業をビデオ録画で見る。ノートをとっている学生の立場に自分自身をおいて見ます。板書がどの程度，読みやすいか。授業の進み方についていきやすいか。黒板のほうを向いて話しすぎていないか。板書を早く消しすぎていないかなどに注意しながら見ましょう。

授業の終わりに，板書を完全に消す。ほんの少し時間を使って，次の教師のために黒板をきれいにするようにします。

References

Garcia, R. "Twelve Ways of Looking at a Blackboard." *Teaching Professor*, 1991, *5*(8), 5-6.

Grayson, L. P., and Biedenbach, J. M. *Teaching Aids in the College Classroom*. Washington, D. C.: American Society for Engineering Education, 1975.

Mathematical Association of America. *College Mathematics: Suggestions on How to Teach It*. Washington, D. C.: Mathematical Association of America, 1979.

White, S., Hennessey, R., and Napell, S. "Blackboardsmanship for Neophytes." *Journal of College Science Teaching*, 1978, *7*(3), 178-179.

36 フリップ

　フリップは，フリップ（黒板に掛ける台）や展示用スタンドに立てられる大判の新聞紙大の紙を綴ったものです。フリップを使えば，事前に書いておいた一連のページを見せたり，その場で書いて使用することができます。教員がチョークに対するアレルギーを持っている場合，授業の前に視覚的な教材を準備したい場合，教材を継続的に提示したい場合，野外で授業をする場合には，黒板よりもフリップの使用が好都合かもしれません。大きさの点からいって，フリップは少人数の学生に使用するのに適しています。人数が多い場合には，スライド映写機，OHPを使うことを考えましょう。

一般的な戦略

フリップを使用して，授業の構成を明確にし，主要な点を強調し，学生の興味を刺激する。授業の前に準備する場合，その場で書く場合でも，フリップを使用することで教員の話し言葉による表現を強化することができます。たとえば，次のようなことができます。

- その日のテーマや予定の概要を示す
- 難しい名称，専門用語，なじみのない語彙を書く
- 図，表，グラフ，絵や図解を示す
- 重要な日付を列挙する
- 公式，証明，定理を説明しながら書き進める
- 主要な点をまとめる

フリップを読みやすく，図が明確に見えるようにする。少なくとも22×32インチの大きさのフリップを使用します。小さい教室では，2インチの文字の大きさで充分です。大きな教室では，4インチの大きさの文字を使用するようにします。1枚の用紙に示す材料の量を，2，3の重要な言葉，主要な点に制限し

ます。重要な点を，下線，囲み，色のペンなどを使って強調します。数値的なデータを示す場合には，グラフ，円グラフのほうが表にするよりもよいようです。

フリップを見せる場合に，学生に背を向けない。練習すれば，学生から視線を逸らさないでフリップのページをめくることができます。指示棒を使って，フリップのわきに立つようにすれば，学生が図を見るのを遮らないで，クラスのほうを向くことができます。

フリップを黒板として使用する

フリップに体系的に書く。白紙に書くのと同様に，左上から横に書きはじめて，次の行をその下に書く。重要な材料をページの始めのフリップの中で一番見やすい位置に示します。

フリップに書くときも，黒板やOHPにシートに書く場合と同じ原則に従う。たとえば，表題や見出しを使って構成を示し，重要な箇所に下線を引くか，囲みをつけ，学生に書き写す時間を与え，複雑な図表または絵については，学生に書き写させるよりも資料を配るようにします。「黒板」および「オーバーヘッド・プロジェクター」の項を参照してください。

事前に準備したフリップを使用する

用紙を順序正しく並べる。フリップには，上のページから1枚ずつめくり上げながら見るのも，一番下のページから1枚ずつページをめくり下ろしながら見るものもあります。授業を進める間に特定の図表を何回か使う場合には，そのつどその図表のページまで戻るよりも，それぞれの箇所に同じ図表を入れておくほうが簡単です。何枚ものページをめくって授業を進める計画の場合には，重要なページに粘着テープで目印をつけておくと，重要なページを迅速に見つけることができます。(Ellington, 1985)

各ページにあまり長い時間をかけすぎない。2, 3分でページを変えるように，各ページの内容を計画します。ある事項について時間をかけたい場合には，その事項に数枚のページを割くようにします。

OHPで，事前に準備したシートを使う場合と同じようにする。多くの場合，同じ原則があてはまります。フリップの新しいページを見せて間をおき，話し出す前に学生が内容を見られるようにします。学生が自分で読めるフリップの内容を教員は読み上げる必要はありません。その他の操作については，「オーバーヘッド・プロジェクター」の項を参照してください。

References

Ellington, H. *Producing Teaching Materials*. New York: Nichols, 1985.

オーバーヘッド・プロジェクター 37

　オーバーヘッド・プロジェクターは，81/2×11インチの大きさのシートに示した文字や図を，スクリーンに投影する装置です。（シートをプロジェクターのガラスの面に載せると，その下に強力なライトがあり，画像が鏡で反射され，レンズで拡大されます）。卓上型のOHPは操作しやすく，明るい場所や部分的に暗くした場所で使用できます。

　自分で作ったり，購入したりしたシートを見せる以外に，物の影，定規や分度器といった透明な道具を使って実演をすることもできます（Svinicki and Lewis, n.d.）。黒板を使うように，授業中にその場で何も書いていないシートに書いて示すことができます。実際に，一部の教員たちは黒板よりもOHPを好みますが，それは（1）投影された画像が鮮明で見やすい，（2）学生に背を向けないでシートに書くことができる，（3）授業中にプロジェクターのスイッチを入れたり切ったりすることで，学生の興味の焦点を講義に合わせたり，視覚的な教材に向けたりできることです（Ellington, 1985）。また，シートは再利用できますので，教員は体系的に教材を集めて，従来からの講義ノートを補ったり，講義ノートに代わるものとして使用することができます。連続したシートを巻き取りながら投影できる機種のプロジェクターを使用すれば，容易にシートを巻き戻して，始めに使った教材をもう一度見直すことができます。

　上に示した長所とは対照的に，OHPには不都合な点が2つあります。使用時に音が出ることと，使用中はプロジェクターのそばにいなければならないことです。

一般的な戦略

黒板を使うのと同じように透明フィルムを使用する。 授業の構成を明確にし，

主要な点を強調し，学生の興味を刺激することができます。たとえば，透明フィルムを使用して，以下のような情報を提示することができます。

- その日の概要または予定
- 難しい名称，専門用語またはなじみのない語彙
- 図，表，図式，地図，グラフ，絵またはその他の図解
- 重要な日付の年表または時系列
- 公式，定理，演算，または数学の証明の手順
- 講義の主要な点

オーバーヘッド・プロジェクターを使用して教材を提示する。 たとえば，関連のある新聞の見出し，漫画，絵画または商業的に販売されている既製のフィルムを示すようにします。学生に圧迫感を与えないように，50分の授業で使用するフィルムを10枚前後に制限します。

スクリーンや画像が学生に見えることを確認する。 授業が始まる前にプロジェクターの焦点を合わせ，教室の照明が画像の映りを悪くしていないことを確認します。プロジェクターを部屋の中央に置くよりも，わきに置くほうが見えやすくなります。プロジェクターの電球が切れた場合に備えて，手元に予備の電球を用意しておきます（交換の仕方を知っておくこと）。

スクリーンを見るために学生に背を向けてはならない。 プロジェクターの横に立ち，スクリーンを隠さないようにします。学生に視線を向け，スクリーンに目をやるのは焦点が合っていることや，画像を確認するときだけにします。

指示棒の動きが，投影されることでどれだけ拡大されるかを意識する。 指示棒は透明フィルムの上で，一定の速さでゆっくり動かすようにします。急に動かすと，見ている者を驚かせてしまいます。オーバーヘッド・プロジェクターを通すと，小さな震えが大きな揺れに見えますので，迅速に指示したい場合には，透明フィルムではなく，スクリーンの画像を指し示すようにします。

透明フィルムを使い終わったら，プロジェクターのスイッチを切る。学生が情報を書き取ったら，装置のスイッチを切るか，プロジェクターに不透明な紙を載せておきます。スクリーンが明るいままだと，そちらに注意が引かれてしまいます。

1枚の透明フィルムに含める内容の量を制限する。OHPの内容を単一の概念に制限し，複雑なテーマを扱う場合には，数枚のシートを使うようにします（Ellington, 1985）。経験則から言って，Svinicki and Lewis（n.d.）は，シートの写しを資料として配るのでない場合には，1枚の透明フィルムの内容を20語から50語，24個から30個のデータに制限することを勧めています。

興味を引きつけ，強調するために，色彩および図を使用する。重要な点は，下線，囲み，水性のカラーペンなどを使用して強調するようにします。市販の透明な色付きの，いろいろな形のシールを透明フィルムの下になる面に貼っておいてもよいでしょう。さらに，既製のコンピューター・ソフトウェアを使用して，視覚的に魅力のあるシートを作ることができます。

オーバーヘッド・プロジェクターを黒板として使用する

水溶性インクのペンを使用して書く。透明なプラスティック・シートをオーバーヘッド・プロジェクターに載せ，黒板に板書するように書きます。ただし，水溶性インクのペンやロウを主材料とする視聴覚機器用の鉛筆（グリース・ペンシル）を使用します。書き損じた場合，透明シートを再利用したい場合には，湿らせたティッシュ・ペーパーか布で消すことができます。

読みやすいように書く。英文の場合，すべての文字を大文字で書くよりも，小文字と大文字を使用します（Ellington, 1985）。高さ1インチの文字は，32フィート離れたところから読み取ることができます（Svinicki and Lewis, n.d.）。もっと小さな部屋では，文字を小さくします。投影される文字の大きさは，プロジェクターをスクリーンに近づけるとより小さくなりますので，教室で典型的

な投影条件のもとで，さまざまな大きさの文字を試してみましょう（Lewis, 1982）。

透明フィルムに書くときも，黒板に書く場合と同じ原則に従う。体系的に書きます。左上から横に書きはじめて，次に下の行に進みます。表題，見出しを使用し，下線やカラーペンを使って鍵となる箇所を強調するようにします。教員が書いたことを書き写す時間を学生に与えるようにします。複雑な図表または絵は，資料にして配るようにします。「黒板」の項を参照してください。

独自のシートを作る

手書きでシートを作る場合には，水溶性インクのペンやグリース・ペンシルを使用する。作成したシートを何回も使う計画である場合には，油性インクを使用します。最適なインクの色は，黒，青，緑色です（Ellington, 1985）。罫線のある紙を透明フィルムの下に敷いて，フィルムに文字を書くときの目安にします。にじみを防ぐために，きれいな紙を手の下に敷くようにします。

市販の「プレゼンテーション用」ソフトウェアを使用して，OHPで使う教材を作成する。パッケージ化されたソフトウェアを使用すれば，準備に非常に手間のかかる教材を，手早く作ることができます。このソフトウェアを使用すれば，すべての透明フィルムを，2枚を1ページ，6枚を1ページに収めた形の資料にして学生に配ることができます。（Head, 1992）

本格的な仕上がりにするために，レーザー・プリンターまたは専用の機器を使用してシートを作成する。シートの作成専用に設計された機器があります。複写機のなかには，紙に書いた原稿をプラスチックの透明フィルムに複写できるものがあります。シートに印刷ができるレーザー・プリンターもあります。学内のメディア・センターに，シートの作成について問い合わせるようにします。

文字は大きく，大文字および小文字を使って，簡素な書体を使用する。約1.25インチから1.5インチの高さの文字が，小さな教室では鮮明に投影できます。(コンピューターを使用する場合には，24ポイントから48ポイントのサンセリフ・フォントを使用します)。(Svinicki and Lewis, n.d.)

行間隔は，文字の高さの1.5倍とする。見やすくするためには，文字や図の周囲に余白を残しておきます。10×10インチのプロジェクターの場合には，縦71/2×横91/2インチの範囲を使用するようにします。(Fuhrmann and Grasha, 1983; Svinicki and Lewis, n.d.)

準備したOHPシートを使用する

OHPシートを使用する順序に並べる。講義用の覚え書きが，準備したOHPシートの順序と一致することを確認しておきます。覚え書きの行間に，次のOHPシートをいつ投影するかの印をつけておきます。シートを交換するときに，光源がむき出しになるのを防ぐために，新しいシートを上に重ねてから，前のシートを抜き取るようにします。

1つのOHPシートを映してから，話しはじめる前に少し待つ。学生が教材にざっと目を通す時間を与えるようにします。学生の代わりに声を出して読む必要はありません。学生が教材を書き写せるだけの時間，シートを示しておきます。ただし，投影したものを複写した資料を配る場合には，そのことを学生に伝えておきます。

何度も使うOHPシートの上に，未使用のシートを重ねて使用する。新しいシートに書き込みをすれば，下のOHPシートの重要な部分を強調し，詳しい説明を添えることができます。(Fuhrmann and Grasha, 1983)

OHPシートを重ねて使用すれば，変化，過程，代替方法を示すことができる。OHPシートを重ねることによって，グラフがどのように変化するか，植物が

どのように育つか，方程式がどのように導かれるかなどを示すことができます。いくつかの仕組み（たとえば，ある建物の機械的な仕組み）を同時に示すこともできます。準備の段階で，どの要素を基本のシート（最初に投影するフィルム）に含めるか，あとから重ねるそれぞれのシートにどの要素を含めるかを決める必要があります。重ねて使うシートは，つぎつぎに積み重ねてもよく，一度に1枚ずつシートに重ねても結構です。基本のシートや重ねて使うそれぞれのシートは別個の原稿として作ります。複数枚を重ねて使うシートを作るための，専用のキットを使えば便利です。(Drasites, 1975)

リストを投影する場合には，1項目ずつ見せていく。最初に話し合う項目以外の部分を，不透明な紙で覆い隠しておきます。次の項目に進む時点で，覆いをずらすようにします。このように1行ずつ示していくことで，学生の注意を集めることができます。(Drasites, 1975)

準備するセットの中に何も書いていないシートを少なくとも1枚は用意しておく。何も書いていないシートは，学生の考え方を書いたり，簡潔に述べた概念をまとめたり，授業中に出た問題を解くために使用します。

教員が作成したシートの写しを図書館に置いておく。OHPを使用して見直すことができることを学生に伝えておきます。

References

Drasites, J. "Transparencies." In L. P. Grayson and J. M. Biedenbach (eds.), *Teaching Aids in the College Classroom*. Washington, D. C.: American Society for Engineering Education, 1975.
Ellington, H. *Producing Teaching Materials*. New York: Nichols, 1985.
Fuhrmann, B. S., and Grasha, A. F. *A Practical Handbook for College Teachers*. Boston: Little, Brown, 1983.
Head, J. T. "New Directions in Presentation Graphics: Impact on Teaching and Learning." In M. J. Albright and D. L. Graf (eds.), *Teaching in the Information Age: The Role of Educational Technology*. New Directions for Teaching and Learning, no. 51. San Francisco: Jossey-Bass, 1992.
Lewis, K. G. *Taming the Pedagogical Monster*. Austin: Center for Teaching Effectiveness,

University of Texas, 1982.
Svinicki, M. D., and Lewis, K. G. *Media Aids for the Classroom.* Austin: Center for Teaching Effectiveness, University of Texas, n.d.

38 スライド

　美術史や建築学を教えている教員たちにとって，スライドは重要な教材であることは間違いありませんが，他の専門分野でもスライドを使って講義への興味を喚起し，詳細な補足をしたり，変化を与えることができます。スライドの主な短所は部屋を暗くしなければならないことで，学生がノートをとりにくくなったり，居眠りしがちになることです。

一般的な戦略

スライドを使用して，概念を説明したり，考え方を示し，学生の興味を引く。スライドを使えば，次のことを行うことができます (Fuhrmann and Grasha, 1983)

- 一般的な概念の具体的な例を示す
- 学生の記憶を強化する
- 過程の詳しい段階を示す
- 空間的，視覚的な関係を示す
- 難しい理論や複雑な理論を図解で示す

提示するスライドに変化を持たせる。使用するスライドの大部分がグラフや図表である場合には，人物，風景，品物のスライドを何枚か挿入したり，新しいテーマの始めにタイトルを示すようにします。

スライドが見やすいことを確認する。詳しすぎたり，文字が多すぎると読みにくくなります。内容はできるだけ簡潔にします。教室と同じ条件でスライドを事前に見てみます。手軽に確かめる方法としては，2×2インチのスライドを光に透かして，拡大鏡を使ったり，目を細めたりしないで，肉眼で読み取るこ

とができれば，教室で学生も読むことができます。(Bryce, 1985; Daniel, 1975)

1つひとつのスライドの枠に印をつけて，映写機に正しく取りつけられるようにする。ほとんどの映写機では，スライドを上下逆さまに取りつける必要があります。スライドの前面の左下の角に点を描き，その点が右上の角に出るような向きでスライドを映写機に取りつけます。スライドのどちらが前面かは見分けにくいことがありますが，通常は，日付のある側です。スライドを光に透かして，文字の向きが左から右へ読めるようになっているかどうかで，前面を確認することができます。

スライドを中心にして授業を企画する。スライドと講義が互いに補い合うような関係になっている必要があります。スライドが15分相当の分量しかない場合には，50分の授業全体にわたって時々見せるよりも，まとめて見せるようにします。

スライドをコピーして，講義ノートに含めておく。スライドのコピーがあれば，どのスライドが映っているか，次にどのスライドが映されるか，スクリーンを見なくても知ることができます。81/2×11インチの用紙の片側に3，4枚のスライドを縦に並べてコピーするか，1枚ずつのスライドを81/2×11インチの大きさに拡大してコピーします。後で同じ授業をする場合に，コピーしたものを見てスライドの順序を正しく並べ直すことができます。コピーを見ながら授業の予行をすることが可能です。スライドの内容が詳細なものである場合には，学生にスライドを紙に複写した資料を配る必要があります。

独自のスライドを作る

何をスライドにして見せるかを決める。ほとんどすべての印刷物は，写真に撮ってスライドにすることができます。図表，グラフ，その他の参考となる視覚的教材を自分で描くこともできます（以前のものを使用することもできます）。画像を長時間にわたってスクリーンに映す必要はありませんので，画質は多少，

粗くてもかまいません。ただし，詳細な地図はスライドで映すと不鮮明になり，ほとんど読み取れなくなります（Bryce, 1985）。したがって，重要な箇所を強調して地図を描き直すようにします。さまざまな新しい技術が開発されて，高画質のスライドを作ることが容易になっています（Head, 1992）。スライド作成の手順や費用に関する手引きについては，学内の複写またはマルチメディア担当部門に問い合わせるようにします。

映すものの回りにゆとりを残す。標準の35mmのスライドは，2：3の横に長い形をしている。この比率に留意して，被写体を配置します。ベテランの写真家は，黒い紙を使って，映すものの回りの余った空間が白く残らないようにすることを勧めています。（Bryce, 1985）

文章の行は，慎重に配置する。スライドは横に長い形で映写されますので，文章は，1行当たり5語から6語で，5行から6行に制限します。簡素な字体（英文では大文字と小文字の両方を使うようにします）を選び，単一の字体を使用します。文字の高さは少なくともスライドの高さの15分の1はあるようにします。（Ellington, 1985; Svinicki and Lewis, n.d.）

文章は簡潔にする。見出し，要約，主要な考え方を5～10語で表すようにします。学生がスライドを読んでいる間は，教員の話は耳に入らないことに留意する必要があります。手軽にタイトルを作るには，何も描かれていないガラス製のスライドに油性ペンで書きます。手書きでスライドを作る場合には，素材を1，2語の単語か，簡単な図に制限します。（Bryce, 1985）

表ではなく，グラフや図を使用する。グラフは表よりも，理解するのが容易です。変数を定義し，グラフの軸を表示し，必要であれば単位を示します（たとえば，1つの記号が1万人を表す）。

色を慎重に選ぶ。濃い青や濃い赤の文字は使わないようにします。その代わりに明るい黄色，橙，ピンクといった視覚的に浮き出てくる色を選ぶようにしま

す。背景は，白よりも濃い色（青，緑または黒）が適しています。(Svinicki and Lewis, n.d.)

著作権に関する法律を理解する。 1976年の著作権法の公正使用条項により，著作権のある教材を教育目的で複写することが認められました。書物や定期刊行物の著作権を有する画像を，一部なら許諾を得ないで複写することができます。しかし，記事，論文，専攻論文の解説に使用する場合に備えて，スライドの元となった資料の記録を保存しておくようにします。出版目的や商業的な目的で使用する場合には，許諾が必要となります。

教室でスライドを使用する

スライドを使用して，授業の構成を強調する。 それぞれの主要な章や項目の始めにタイトルのスライドを示すようにします。個々の論点に触れるごとに，新しいスライドを示す形でスライドを使用し，主要な点を強調します。ただし，スライドを声を出して読み上げる必要はありません。(Ellington, 1985)

授業の前にスライドを投影機にセットする。 スライドの順序を揃え，スライドをトレーに移し，留め金がとまっていることを確認しておきます。140枚用のトレーよりも80枚用のトレーのほうが，操作がしやすいようです。1つのトレーではすべてのスライドが入りきらない場合には，話の流れの途中ではなく，論理的に区切りがつく箇所でトレーを交換するようにします。(Bryce, 1985)

2台の投影機を使用することを考える。 2つの画像を同時に映写することで，対象を比較したり，同じ対象を異なる方向から見た様子を示すことができます。2台の投影機による授業は容易に行うことができます。スライドを縦2列に隣り合わせて並べます。各組の左のスライドを左の映写機のトレーに入れ，右のスライドを右の投影機のトレーに入れます。旧式なトレーの場合には，組にならないスライドの箇所に厚紙を入れる必要があることがあります。

縦長よりは横長のスライドを使用する。ほとんどのスクリーンは横長のスライドを映すように作られています。縦長のスライドは上下の端がスクリーンからはみ出しがちになります。横長と縦長の両方のスライドを同じ授業で映したい場合には，縦長のスライドを1枚，トレーの始めの位置に入れて，映写の位置や焦点を正しく合わせることができるようにします。(Bryce, 1985; Ellington, 1985)

多人数クラスの授業では，学生が教室に入っている間に，復習用の教材，漫画や問題のスライドを映す。この技術によって，学生の注意を講義室の前方へ向けることができ，授業を開始するのが容易になります。照明をつけておかなければならないので，単純な画像を使用します。(McKeachie, 1986)

講義ノートを見るための照明を用意する。教壇に照明が備えられているかどうかを調べます。教卓用の照明が備えられていない場合には，懐中電灯を持っていきます。

映されているスライドが，自分の話していることと合っているかを確認する。話と映されている画像が合っていない場合には，両者の関係を理解しようと，学生の気が散ってしまいます。タイトルを示したスライドを使用して，いらない画像の部分をパスするようにします。

1枚のスライドを10秒か15秒以上，スクリーンに映さないようにする。研究によれば，大部分の人は新しい画像がスクリーンに映し出された時点から，15秒以上は積極的に画像を見ようとしないことが分かっています。2台の投影機を使っている場合には，30秒間以上，スライドを映しておきます。どちらの場合にも，話が終わったら，スライドを映したままにしておかないようにします。(Daniel, 1975)

すでに見せたスライドに戻ることは避ける（質問に答える場合を除く）。授業の中で，ある画像を何回か使用する場合には，スライドを複写するようにしま

す。話の途中でスライドの電源を切ったり，入れたりすることも避けます。

次のスライドを見せる前に，時々それについて説明して，学生の積極的に見る技能を磨く。学生は次に映される画像を想像します。そのあとで，スライドが映されて，学生の予測が裏づけられたり，裏切られたりするわけです。(Daniel, 1975)

電子的な指示器を使用する。通常の指示棒や手で示す動作は，映写された画像のじゃまになります。

ワイヤレスのリモート・コントロール・スイッチの付いた投影機を使用する。最大限に動き回れるようにするために，ワイヤレスのリモート・コントロール・スイッチの付いた新しい種類の投影機を選ぶようにします。ほとんどのリモコンには3つのボタン（前進，後退，焦点）が付いていて，操作しやすくなっています。

旧型の映写機を使用する場合には，最後に黒いスライドを使用する。スクリーン一杯に眩しい光が当たるのを避け，最後のスライドを熱から守るために，スライドのセットの最後に黒いスライドを入れておきます。新型の映写機では，最後のスライドのあとは自動的に暗くなるようになっています。(Bryce, 1985)

新型の映写機を使用する場合には，ガラス製のスライドの使用に注意する。一部の映写機の風を送る仕組みでは，2枚のガラスで溶液を挟む方式のスライドの熱を冷ますには足りない場合があります。映写機の取り扱い説明書を充分に読むようにします。

スライドの映写中は，学生がノートをとれないことに留意する。学生に後まで残る記録を持たせたい場合には，講義やディスカッションを裏づける資料を用意する。(Ellington, 1985)

References

Bryce, G. "Suggestions for Slide Presentations." In Office of Instructional Development, *Notes for TA Consultants: A Sourcebook of Suggestions and Guidelines for Improving Undergraduate Education.* Los Angeles: Office of Instructional Development, University of California, 1985.

Daniel, J. S. "Uses and Abuses of Slides in Teaching." In L. P. Grayson and J. M. Biedenbach (eds.), *Teaching Aids in the College Classroom.* Washington, D. C.: American Society for Engineering Education, 1975.

Ellington, H. *Producing Teaching Materials.* New York: Nichols, 1985.

Fuhrmann, B. S., and Grasha, A. F. *A Practical Handbook for College Teachers.* Boston: Little, Brown, 1983.

Head, J. T. "New Directions in Presentation Graphics: Impact on Teaching and Learning." In M. J. Albright and D. L. Graf (eds.), *Teaching in the Information Age: The Role of Educational Technology.* New Directions for Teaching and Learning, no. 51. San Francisco: Jossey-Bass, 1992.

McKeachie, W. J. *Teaching Tips.* (8th ed.) Lexington, Mass.: Heath, 1986.

Svinicki, M. D., and Lewis, K. G. *Media Aids for the Classroom.* Austin: Center for Teaching Effectiveness, University of Texas, n.d.

映画およびビデオ　　　　　　　　　　　　　　　　　39

　映画やビデオは，いろいろな経験を教室に持ち込むことができます。映画やビデオを使用して，時間的な動きを示したり，動きを速くしたり遅くしたり，人間の目では見られない過程を眺めたり，歴史を描いた作品や歴史上の出来事の再現を見たり，芸術作品の上演を見たり，そして学生を新しい場所や環境に連れていったりできるのです。(Fuhrmann and Grasha, 1983)

　ビデオよりは，映画のほうが画質が良いのですが，ビデオのほうが使用しやすく，入手しやすく，どこでも停めることができます。さらに，ビデオを見せる場合には，その作品の中で最も関連のある部分を選択して，どの位置からでも始めることができます。学内でどんな教材が入手できるか，メディア・センターや図書館の視聴覚資料担当者に問い合わせるようにします。テレビの番組を録画する場合には，事前に著作権保有者からの書面による許諾を得ないで，授業でビデオを見せてよいか，学内の著作権担当者やメディア担当者に問い合わせます。

一般的な戦略

学生に映画やビデオを見る準備をさせる。その作品を見せる理由，そこから何を学んでほしいと期待しているかを学生に説明します (Lewis, 1982)。作品とその主題について学生がすでに知っていることと関連づけ，新しい用語や固有名詞を黒板に書いて紹介します。この作品は重要な概念についての実例を示すものか，すでに扱った教材を復習するものか，新しい問題を提起するものか。作品を見たあとに学生が答えられるような質問のリストを作るようにします。(Svinicki and Lewis, n.d.)

学生が作品を批判的に考えながら見られるようにする。学生が積極的に見られ

るようにする方法はたくさんあります。科学の授業では，実験の映画やビデオを途中で停めて，次に何が起きるか学生に尋ねてみます。実験の終わりの部分を学生に見せて，その始まりを説明させてみます。作品を見ることに添えて，参考書の目録や調査の手引きを用意し，視覚的に示したことを同じ主題の印刷資料と結びつけるようにします。社会科学の授業では，同じ主題に対する異なる見方を示した2つの映画やビデオを見せて，学生にそれぞれの視点を評価させます。解決が示される前に映画やビデオを停めて，学生にその問題に関する自分の立場を弁護させます。劇映画やドキュメンタリーを使用して，問題や概念を説明します。文学や演劇の授業では，見せられた物語について自分独自の結末を作らせます。戯曲，物語，小説の映画やビデオを見せて，人物の発展，全体の調子や主題に関する視覚的な扱い方を原作と比較させます。(Brown: Fuhrmann and Grasha, 1983, p. 237に引用)

独自の映画やビデオテープを作る注意。科学の実験，インタビュー，学外の講師の話や実演を短時間のビデオにすることは，比較的簡単です。学内のメディア担当者に問い合わせて助言を受けるようにしましょう。ただし，質の高い映画やビデオを作ることは，費用がかかり，時間も必要なので，メディアの専門家にきめ細かく相談したうえで取りかからなくてはなりません。

授業で映画やビデオを使用する

装置の操作を練習する。映写機を使用する場合には，予備の電球を手元に用意しておき，ビデオ装置の操作方法を知っておきましょう。ビデオテープがその機種に合っていることを確認しておきます。

授業で学生に見せる前に，映画やビデオを見ておく。内容を完全に把握しておきます。その映画やビデオが授業の目的にどれだけ適しているか，自分が教えたい概念を学生に学ばせる最善の方法であるか，見たあとで学生にディスカッションのテーマとして提示できる質問を，ノートに書いて用意をします。(Svinicki and Lewis, n.d.)

学生がノートをとりながら見る必要があるか伝える。ビデオを見せる場合には，照明をつけたままにしておけるので，学生はノートをとりたいと思えば可能です。しかし，部屋を暗くして映画を見せる場合には，ノートをとることは困難です。

学生とともに映画やビデオを見る。見ているときの学生の様子を観察することで，教員は多くのことを学ぶことができます。教室に教員がいられない，他のことをする時間を埋める方法として映画やビデオを見せることは避けるべきです。

必要に応じて，ビデオを中断して学習を強化する。注意を喚起することが適切である場合には，ビデオテープを停めて発言するようにします。ただし，あまりにたびたび中断すると，注意力を散漫にする恐れがあることに留意してください。

内容の定着を図る。映画やビデオを見たあとで，意味や授業内容との関連を学生に評価させる，ディスカッションを行う，学生に短い分析を書かせる，小グループで問題を解決させる，小グループで映画やビデオのなかで提起された問題についてディスカッションするといったことを行うことができます。たとえば，次の事項について学生の意見を求めます。

- 主要な場面や出来事は何だったか。
- それぞれの場面のキーポイントは何だったか。
- 描かれていた行動の結果はどうなったか。

映画やビデオの内容をテストや試験に含める。授業で見せるほど重要な映画やビデオなのですから，テスト問題のもととなるだけの重要性があります。事前にこのことを学生に伝えることによって，映画やビデオに意味を持たせることができます。(Fuhrmann and Grasha, 1983)

References

Fuhrmann, B. S., and Grasha, A. F. *A Practical Handbook for College Teachers*. Boston: Little, Brown, 1983.

Lewis, K. G. *Taming the Pedagogical Monster*. Austin: Center for Teaching Effectiveness, University of Texas, 1982.

Svinicki, M., and Lewis, K. G. *Media Aids for the Classroom*. Austin: Center for Teaching Effectiveness, University of Texas, n.d.

コンピューターおよびマルチメディア 40

　教員たちは，ティーチングをより効率的，強力，柔軟にするために，コンピューターや対話式のマルチメディアをどんどん利用しています。また，教員たちはコンピューターやマルチメディアのツールによって，学生の基礎的な学力の水準の違いに合わせた個別的な学習活動を提供できることに気づきました。コンピューターは，講義ノートをOHP用シートに転写したり，高画質の複雑な画像を作成したり，リアルタイムで計算やデータ処理を行ったり，学生を対話式の共同学習に参加させたり，教室で教科書，画像，アニメーション，音響，ビデオを利用するのに非常に便利です。

　上述の例は，個々の教員が単一の教室でのティーチングを向上させる方法を紹介したものです。しかし，情報技術の発達は，ティーチングを場所と時間の制約から開放する可能性を約束しています。専門家は，大学のプログラムへの参加が地理的な制約，教員，教室や学生という物理的条件が揃うかどうかに左右されない将来の姿を描いています。教科書は，ラップトップ型，手のひらサイズや腕時計型のコンピューターで入手できる電子的な情報によって補われるか，取って代わられるでしょう。ネットワークの出現によって，教員と学生は世界的な規模の学習共同体で共同学習できるようになることでしょう。

　接続性，ネットワーキング，短小化，「液晶図書館」といった状況は，まだ完全に実現されているわけではありませんが，ティーチングにさまざまな教育用の情報技術を組み込むことは，教育方法を強化することになります。次に示す提言は，教育の道具としてのコンピューターを使用した経験の浅い教員たちの参考になるように企画されたものです。技術は急速に変化していますので，ここに示す機材はすぐに時代遅れになる恐れがあります。

一般的な戦略

授業で情報技術を使用することの利点を考える。 O'Brien（Kaplan-Neher, 1991に引用）は，授業にコンピューターを取り入れる4つの理由をあげています。

- 授業で扱う教材の量を増やすことができる。たとえば，いくつかのテーマについて多くの図や詳しい説明を提供することができる。複雑な計算を必要とするために，従来は扱えなかった教材を追加することもできる。
- 授業の内容を別の方法で扱うことができる。たとえば，公民権運動について講義する代わりに，演説を収録してあるマルチメディア作品，実演の録画，法律の本文を示すことなどができる。
- 従来の教育用機器では行えなかった実演を見せることができる。たとえば，危険な，多くの費用を要する実験のシミュレーションを行う，微小な現象や極大な現象（銀河系の相互関係）の模型を製作することなども可能。
- 仮説の筋書き（たとえば，地球温暖化後の生活の描写），時間の経過を早めたアニメーション（たとえば，20世紀のヨーロッパの政治的な変化を地図に表す），肉眼では見えない過程（ピストンの運動）を見せることなど可能。

ただし，高度な情報技術を簡単に教えられる事柄に利用することは避けるようにしましょう。たとえば，ハイパー・カード入力とメルチメディアを使って，OHP黒板で使用する教材の飾りを作るようなことは避けましょう。OHPは，もっと経費のかからない方法で同様，またはより優れた使い方ができます。授業を行ううえの必要性に合った情報技術を使用するようにします。

情報技術を多く使用することで，学生にどのような利点があるかを考慮する。Johnston and Gardner（1989）は，一般的な分類として，コンピューターの適用を次に示す3種類にまとめています。

- 直接的指導：ソフトウェアが学生に新しい内容や情報を示し，学生がそれらの教材を習得したかどうかまで判定する。例としては，個別指導プログラムや対話式シミュレーションがある。
- 作業用ツール：学生は，特定の仕事を行うため，特定の種類の問題を解決するためのツールとしてソフトウェア・プログラム（たとえば，データ・ベース管理，表計算，統計用ソフトウェアおよびワードプロセッサー）を使えるように訓練される。これらのプログラムは，特定の仕事を行うためのものであって，学生に新しく内容のある教材を「教える」ものではない。
- 情報交換：学生は情報技術を使用して，電子メール，コンピューター会議，ブレティン・ボード，図書館の蔵書目録といったオンライン・データベースを通して情報を検索・交換する。

既製のソフトウェアについて学習する。 既製のプログラムを利用するほうが，プログラムを始めから作るよりはるかに容易です。コンピューターやソフトウェアのメーカーでは，入手可能なソフトウェアの目録を出版しています。Apple社のReference Guide to Macintosh in Higher Educationには，大学や業務管理の場で幅広く適用できる市販の製品とともに，教員たちが開発したプログラムを専門分野別に示してあります。Apple社では，Macintoshで使用できる教育，学習，調査関連の入手可能なソフトウェアを集めた専門分野別ハンドブックを出版しています。IBM社では，Computer Learningという2年制短大，学部生教育，大学院レベルで使用するために教員たちが開発したソフトウェア，授業用プログラムについて解説した資料を作成しています。IBM社では，さまざまなソフトウェアのパッケージの抜粋を含む，大学のコンピューター化についての無料の電子ブレティン・ボード（ISAAC）を設置しています（Internet: ISAAC@ISAAC.ENGR.Washington.edu）。Kozma and Johnston（1991）と

Boettcher（1993）は，教員たちが開発した奨学金授与のためのソフトウェアを多様な専門分野で使用する場合について解説しています。また，大学の図書館司書や教育工学プログラムに問い合わせて，ソフトウェアの選定についての支援を得ることができます。

Chronicle of Higher Education誌では，情報技術についての欄で教員たちやプログラム開発会社によって開発された新しいソフトウェアを掲載しています。1991年10月16日号では，教室でのコンピューター技術の使用の101の成功例を紹介しています（pp. A26-A38）。

出版社も教育用ソフトウェアの分野に手を広げています。たとえば，ある出版社では学生向けのソフトウェア・パッケージを20余り提供しています。これらの学生向けパッケージには，学生がソフトウェアの使用方法を独学できるよう支援する個別注文のマニュアルが含まれています。

倫理的，法的な指針を遵守してソフトウェアを使用する。ソフトウェアには著作権法が適用されます。許諾を得ずに複写することは違法です。EDUCOM（情報技術を授業，カリキュラム，調査研究に組み込むことに関心を持つ高等教育機関による事業連合体）から入手できるパンフレットに，ライセンス取得済み，未取得のソフトウェアの公正，倫理的，合法的な使用に関する指針について解説してあります。(bitnet: PUBS@EDUCOM.BITNET; internet: PUBS@ EDUCOM.EDU)

情報技術に関心を持つ他の教員たちと連絡をとる。大学のコンピューター・センター，教材を担当する事務室に問い合わせて，授業にコンピューターを使用している教員たちをリストアップします。電子ネットワークを利用して，この分野に関心を持っている教員たちを見つけ出すようにします。ハワイ大学のOffice of Faculty Development and Academic Supportでは，コンピューター，学術用ソフトウェア，教育用情報技術に関心を持つ教員たちによる4つのネットワークについて次のように報告しています。

- 教育情報技術
  EDTECH@OHSTVMA.BITNET
  教育情報技術の分野で学生，教員たち，その他の人々をつないで，考え方や情報を共有する。
- インターパーソナル・コンピューター利用と情報技術
  IPCT-L@GUVM.BITNET
  教育に情報技術を組み込むことに関する指導上の問題を話し合う国際的な議論の場を提供する。高等教育，接続性およびネットワークに重点を置いている。
- 教育における新しい模範
  NEWEDU-L@USCVM.BITNET
  ティーチング，学習や教育の概念に対する情報技術の影響について話し合う。
- 学術用ソフトウェアの開発
  ACSOFT-L@WUVMD.BITNET
  教育用コンピューター・ソフトウェアの開発に関連のある幅広いテーマで話し合う。

授業に情報技術を取り入れるための時間を割く用意をする。適切なソフトウェアを見つけたあとは，学生にプログラムを使う訓練をし，シラバスを訂正し，課題や教科書を改訂または開発する必要があります。(Johnston, 1989)

情報技術を使用することで講義を強化する

講義ノート，シラバス，テストや試験，学生に配る資料をコンピューターで作成する。ワードプロセッサーやプレゼンテーション用のソフトウェアを使用すれば，手早な改訂，個々のクラスに合わせて講義ノートを訂正，教材の内容の更新，新たに教材の追加，講義ノートと別の講義ノートとの間でのテーマの移し替え・組み合わせなどをすることができます。(Kaplan-Neher, 1991)

講義で使用するOHP用のシートを作成する。OHP用のシートを使用して，キーポイントを強調したり，授業をより興味深いものにする図を追加することができます。地域のコピー・ショップではコンピューター用のディスケットから透明フィルムを作成する装置を備えている場合があり，その他文書印刷のできる印刷装置，統一性のある画像を作成する適用業務プログラム（たとえば，Microsoft PowerPointまたはAldus Persuasion）などにより，透明フィルムが教員の手元にあれば，自分で作成することもできます。OHP用の透明フィルムを作る秘訣については，「オーバーヘッド・プロジェクター」の項を参照してください。(Head, 1992)

大型のスクリーンにコンピューターの画像を投影する。コンピューター，液晶表示画面（LCD），OHPが教室にあれば，学生は教員がコンピューターの画面を使って作業するところを見ることができます。ある経済学の教員はLCDとコンピューターを使用して，「もし，……だったら」という経済学的な問いかけを実演で見せています。授業中にデータを操作して，ある変数に変化が生じると，他の変数がどのように影響を受けるか，たとえば，利率が下がると，住宅の建設，自動車の販売台数，製造業の在庫状況にどのような影響が及ぶかを学生に見せています。

対話式のマルチメディアを教室に持ち込む。Lamb and Lynch（1991）は，教科書や静止画像とともに，ビデオ，音響機器，アニメーション（動画）を教室に持ち込んで，速度が速すぎたり（音の物理的性質など），遅すぎて（氷河の動きなど），通常は肉眼では観察できない過程を実演するさまざまな例を示しています。言葉で説明するのが困難な概念（鳥の翼の構造，『マクベス』の一場面のさまざまな演出家による解釈の相違）を実際に見せることで伝えることができます。マルチメディアを授業に取り込む最も一般的な（かつ，最も原始的な）方法は，ハイパーカードを使用することです。現在，開発中である新しいマルチメディアのワークステーションでは，さらに洗練された表現が可能です。本質的に興味深いものですが，マルチメディア設備は大学で充分に使用できる状態にあるとは言えません。設備が高価であり，競合する装置に互換性

がなく，著作権の問題が煩雑で，準備に時間がかかります（Yoder, 1991）。しかし，専門家が指摘しているように，情報技術が完成されて経済効率が良くなれば，教員たちは幅広い内容のデジタル化されたスライド，コンパクト・ディスク，ビデオなどを入手でき，講義に取り入れて利用することができるようになります。

個別に対応するために情報技術を利用する

学生に自分のペースで学習させる。学生が多様な主題を習得するのを支援するソフトウェアが開発され，多くのプログラムが検索，ブラウジングの機能を備えていますので，学生は自分の好む方法で自由に教材に目を通すことができます。しかし，専門家はこの種のプログラムは慎重に選ぶように教員に注意を与えています。興味の湧かない，動機づけにならないプログラムは，学生を遠ざけ，やる気を失わせるだけだからです。

西洋文明に関するテーマを扱った複合的なハイパーカードプログラムとしては，ギリシアの古典を扱ったハーバード大学のProject Perseus，イギリス文学を扱ったブラウン大学のIntermedia，3700年にわたる西洋文明の手引きであるCULTUREがあります（Kozma, 1991）。Kaplan-Neher（1991）は，学生が，語彙を確認したり，短い小テストを受けて自分が知っていることと知らないことを確認しながら，物語を読むことによってドイツ語を習得することができるハイパーカード用のソフトウェアをドイツの教授が開発したことを紹介しています。学生は物語を読んでいる間に，どの単語の位置であろうと，そこで中断して説明（たとえば，文法的な説明）を示す画面を呼び出すことができます。学生は説明を何度でも見ることができます。

学生に対話式シミュレーションで作業をさせる。対話式シミュレーションを行うには，学生は，物理的，費用の面，安全上から，「現実世界」では不可能，または起こりえない設定の出来事に参加する必要があります。ある生物学の教員たちはSTELLAを使用して，野生の鹿の数を推定する生物学的モデルを説明

しています。考古学の教員たちは，自給農業の社会に生きる人々が下さなければならない生活の重要な決断を学生が理解するのに役立つシミュレーションを作っています。(Kaplan-Neher, 1991)

障害を持つ学生のために便宜を図る。障害を持つ学生のためにコンピューターに取りつけて使用できる機器が入手可能です。指針や説明をEDUCOMのプロジェクトであるEqual Access to Software for Instructionを通してEDUCOMに請求することができます。さらに，Apple社では，コンピューター実験室に関する情報を含む，障害を持つ学生用の書籍や教材といった資源のリストを作成しています。IBMでは，個々の障害に向けた製品，サービスについての情報・助言を提供するNational Support Center for Persons with Disabilitiesを設立しています。

授業を強化するために情報技術を使用する例

クラスで電子メール（e-mail）による情報の送受信を確立する。電子メールを使用すれば，学内外のネットワークに接続されているコンピューターに，昼夜を問わずいつでもメッセージを送ることができます。電子メールを使用すれば，課題を出したり，作品についての意見を述べたり，重要な授業の情報を伝えることが可能です。教員は電子メールを通じて宿題の課題を出すことができ，学生はネットワークを通して宿題や論文を提出することができます。電子メールを使用すれば，すべての覚え書きや書類を他の人に送ったり，特に興味深い通信内容をのちに検討したり，編集したりするときのためにファイルに保管することができます。ある教員は，教室で行ったディスカッションを電子メールで教室外に広げることによって，電子的にディスカッションを行うと，1人か2人の学生がディスカッションを支配するという授業時に起こりやすい問題を避けることができると気づいたと言っています。

共同執筆用のソフトウェアを授業に取り入れることを考慮する。文章課題を出す場合，ネットワーク化された教室やネットワーク化された大学で仕事をする

機会に恵まれている場合には，学生が電子メールを通じて提出した論文に対して，級友や教員が意見を寄せることのできるソフトウェア・プログラム，学生が文法の指導を受けられるソフトウェア・プログラムなどを使用します。また，学生に草稿を電子メールで送らせて，論文が提出される前の段階で意見を述べることもできます。Computers and College Writing: Selected College Profiles（City University of New Yorkに本拠地を置いているNational Project on Computers and Collegesから入手できる）には，文章指導にコンピューターを取り入れている全米の49の文章作成プログラムについて解説しています。

印刷物，講義，従来の視聴覚メディアでは充分に見せられないテーマに使用できるマルチメディア教材を選択する。マルチメディアによる表現は，情報を検索し，活性化し，つなぎ合わせ，視覚化するのに特に適しています。対話式のビデオディスクを使用すれば，フルモーションのビデオやCDと同等の音質のステレオ・サウンドトラックの両方を制御することができます。ビデオ・ディスクを使用すれば，どのようなビデオの場面でも，静止画像でも，（ビデオテープの場合とは異なり）ほぼ瞬間的に検索することができます。ビデオ・ディスクは，物理学，化学，中東紛争，エイズ，大統領選挙，1989年のロマ・プリータ地震，その他の数多くのテーマで作成されています。Lynch（1991）は，コンピューターによるマルチメディアの利用，マルチメディアを使用したティーチング，教育用ビデオディスク（たとえば，National Geographic Society, Smithonian, and Voyager Company in Santa Monica, California），ディスクを自分の必要に合わせて注文する方法についての参考資料のリストを作成しています。Lamb（1992）は，多様な専門分野でのマルチメディアの適用例について解説しています。

学生が利用する電子情報サーバーを設ける。大学のコンピューター・センターに問い合わせて，授業の教材を学生が電子的に利用できる方法を探します。たとえば，授業のシラバス，課題図書のリスト，過去の試験問題，講義ノート，問題の解答，学生がよくする質問への答え，その他の授業に関する情報をサーバーに入れておくことができます。学生はいつでも好きなときにこれらの教材

にアクセスすることができます。すべてのユーザーが同じメッセージを受け取る電子メールとは異なり，情報サーバーの場合には，ユーザーがシステムを「ナビゲート」することによって，アクセスしたい情報を制御することができます。教材を順序通りに見る必要はなく，システムに含まれているどのテーマでも，自分のペースで，自分の興味に従った詳しさの水準に応じて見ていくことができます。一部の大学では，このような電子的情報サービスを実験的に行っており，大学の電話番号帳，授業予定，年間の行事予定，大学の職掌分担，全般的な便覧，助成金・基金の募集，大学の出版物，学生団体のリスト，サービスと施設の利用の手引きをネットワークに載せています。

References

Boettcher, J. V. (ed.). *101 Success Stories of Information Technology in Higher Education*. New York: McGraw-Hill, 1993.

Head, J. T. "New Directions in Presentation Graphics: Impact on Teaching and Learning." In M. J. Albright and D. L. Graf (eds.), *Teaching in the Information Age: The Role of Educational Technology*. New Directions for Teaching and Learning, no. 51. San Francisco: Jossey-Bass, 1992.

Johnston, J. "The Computer Revolution in Teaching." *Accent*, 1989, *5*, 1-3. (National Center for Research to Improve Postsecondary Teaching and Learning, University of Michigan の出版物)

Johnston, J., and Gardner, S. *The Electronic, Classroom in Higher Education: A Case for Change*. Ann Arbor: National Center for Research to Improve Postsecondary Teaching and Learning, University of Michigan, 1989.

Kaplan-Neher, A. *Teaching with Computers*. Sunnyvale, Calif.: PUBLIX Information Products for Apple Computers, 1991.

Kozma, R. B. "Learning with Media." *Review of Educational Research*, 1991, *61*(2), 179-211.

Kozma, R. B., and Johnston, J. "The Technological Revolution Comes to the Classroom." *Change*, 1991, *23*(1), 10-23.

Lamb, A. C. "Multimedia and the Teaching-Learning Process in Higher Education." In M. J. Albright and D. L. Graf (eds.), *Teaching in the Information Age: The Role of Educational Technology*. New Directions for Teaching and Learning, no. 51. San Francisco: Jossey-Bass, 1992.

Lynch, P. *Multimedia: Getting Started*. Sunnyvale, Calif.: PUBLIX Information Products for Apple Computers, 1991.

Yoder, S. K. "Reading, Writing & Multimedia." *Wall Street Journal*, Oct. 21, 1991, pp. R12, R14.

X

ティーチングの向上のための評価

41. 迅速なフィードバック

42. 自分の授業をビデオ録画で見る

43. 自己評価およびティーチングの調査書

迅速なフィードバック 41

　ティーチングの評価方法として最も広く使われているのは，最後の授業のときの授業評価です。しかし，授業評価の時期は遅く，評価を行う学生自身が改善の恩恵にあずかることはありません。また，通常の場合，授業評価に対して学生は，どれだけ教材を理解したか，教室での授業内容，構成，ペース，学習量などの弱点について，教員が必要としているような具体的な意見を述べる気持ちになりにくいものです。

　それよりもはるかに効果的な方法は，学期中に行う迅速なフィードバックです。迅速なフィードバックという用語は，経営学からきたものですが，教育にも当てはまります（Bateman and Roberts, 1992）。授業のメインテーマに関して学生の理解度を個人的に抽出することができれば，学生が何をどのように理解しているかを把握することができます。形式ばらずに意見を求めることで建設的な批判も得られ，またどのティーチングの方法が教材を理解するのに最も貢献するかを判断することもできます。この方法を利用した教員たちは，学期末に授業評価用紙を書かせる場合よりも，自分の授業を向上させる方法としてより多く情報が得られることを報告しています（Bateman and Roberts, 1992）。次に示す迅速なフィードバックの方法は，多くの労力を必要とせず，実行しやすく，ほとんど授業時間を使わないですむものです。

一般的な戦略

何を評価したいのかを決める。学生が教材をどれだけ理解しているか，ティーチングの戦略の効果，教員が関心を持っているテーマについての情報などを収集することができます。教え方について見る場合には，授業のペース，試験や課題の返却までの期間，教材の難易度などこの学期の間に変えられることに焦点を合わせます。授業や教員のティーチングに対する一般的な評価ではなく，

特定の問題についての具体的な解答を学生に求めます。("Effectively Using Informal Early Semester Feedback," 1987)

授業に適した時期に迅速なフィードバックを行う。初めてその授業を担当する場合，または以前に担当していた授業を大幅に改訂した場合には，学期が始まって3週間か4週間たった早い時期に学生の反応を調べるとよいでしょう。以前に何回も担当した授業を教えている場合には，学期の半ばまで待ってから学生の評価を求めるのもよいでしょう（ただし，中間試験の直後に評価を求めると，大部分の意見が試験に関したものとなります）。ただし，学生が教材や内容の理解に困難を感じている場合には，ただちに問題点を探る必要があります。("Effectively Using Informal Early Semester Feedback," 1987)

学期中を通じてさまざまな方法を使用する。次の方法は，ごく簡単なもので時間もかからず，計画や技術的な補助を必要とするものはごくわずかです。もちろん，1学期間の授業ですべての方法を使用する必要はなく，また，同じ方法を何度も使用する必要もありません。興味を引いた方法を試してみて，どの方法が最も役に立つ情報を得られるかを確かめるか，情報を得るための独自の方法を開発するようにします。これらの方法を自分の発想の刺激剤として試してみてください。

授業についての学生の意見を募る

授業の最後の5～10分間に白紙のインデックス・カードを配る。学生に3×5インチのカードを配って，2つの質問の1つの答えをカードの表に，もう1つの答えを裏に無記名で書かせます。授業のうまくいっている点，改善や変更を必要とする点など一般的な質問をすることができます。他の一般的な質問としては，「何をもっと増やしてほしいですか，減らしてほしいですか」，「この授業をどう思いますか」，「授業をよくするための提言がありますか」，「何か問題がありますか」，「学期が終わるまでに何が必要ですか」といった質問が考えられます。問題が難しすぎないか，授業のペースが難しさの原因になっていな

いかなど授業のさまざまな側面について，さらに具体的な質問を出しても結構です。学生が意見を書いている間に，教員は教室を去り，学生の中の有志に回答を集めて教員や学部の助手に渡すように頼みます。

個人的に簡単な質問用紙への記入を求める。授業の最後の数分間に，短い簡単な質問紙を（多人数のクラスでは，無作為に一部の学生をサンプルとして選ぶ）配ります。質問紙の内容は，4～6問の短答式か択一式に制限します。扱う問題は，教員がその学期中に対応できるものでなければなりません。でなければ，学生は授業の残りの期間を空しい期待を抱いて過ごすことになってしまいます。授業内容の難易度，課題の質や量，授業時間の使い方，教室外での予習復習，授業のペースなどについて尋ねても結構です。学生が評価をする際に根拠となった具体的な事柄を1つか2つあげさせることも考えに入れておきましょう。遠慮なく答えられるように，学生が無記名で質問紙に記入している間に教員は教室を出て，有志の学生に質問紙を集めて教員か学部の助手に渡すように依頼します。(Fuhrmann and Grasha, 1983)

学生から聞き取りを行うように手配する。同僚やスタッフを授業に招いて，授業の終わりの10～15分間で学生と口頭による評価を行ってもらいます。教員が教室を出たのちに，彼らは学生を5，6人のグループごとに分けて，数分間で次の事柄を行わせます。

- グループの発言の記録をする代表者を選ぶ。
- 授業の中で役に立つ，価値がある，学習を助けてくれたことなどをあげる。
- 学習の妨げとなったこと，変更してほしいことをあげる。
- どうしたら授業を向上させることができるか提言する。

彼らは各グループを廻って，どれだけの時間が残っているかを伝え，グループが仕事をしているかどうかを確認します。そのあとで，それぞれの代表者にグループで出た意見を報告させ，その結果を黒板に書きます。すべてのグルー

プの報告が終わってから，彼らはクラスの学生に対して，合意した点を要約して示し，意見の合わない点を調整します。彼らは各代表から発言の記録を集め，教員に口頭か書面で報告します。(Clark and Redmond, 1982; Coffman, 1991)

学生の連絡会議を設ける。 2〜4人の学生と教室の外で教員が定期的に会議を開いて，授業の困難な点，不満な点などについて話し合います。会議の参加者は，有志の学生の中から順番で決めるとよいのですが，どの時期には誰が連絡会議参加者となっており，情報を伝えたい場合にどのように参加者と連絡をとればよいか，なぜそうする必要があるかをクラス全体に知らせておきます。多くのディスカッションのグループを設けて授業を行っている場合には，各グループから1人の代表を選ぶようにします。連絡会議参加者の学生が，自分の役割を理解するようにし，彼らに他の学生の間を廻って公式，非公式に情報を集めるように奨めます。連絡会議の様子は，クラスに報告してもらいます。(Fuhrmann and Grasha, 1983)

学生による運営チームで教員もともに活動し，改善策を練る。 授業が始まって3〜4週間過ぎた時点で，有志の学生に授業の運営や情報源チームとして活動してもらいます。チームは定期的に集まり，教員も出席します。チームは，問題のある分野を見つけ，改善策を練ります。この方法を使っている教員たちは，授業の質の向上に効果があり，その結果に喜んでいます。(Kogut, 1984)。学生チームからの提言は，授業手順の面における改善策，教員の運営スタイル，授業の構成，課題図書，課題，ディスカッションへの参加の水準や程度，板書，講義のペースなどに関するものです。どのようにしてこの方法を取り入れるか，チームの一員として学生の活動をどのように援助するかについては，Nuhfer, Perkins, Simonson, and Colleagues, 1992を見てください。

電子メールを利用する。 大学が電子メール・システムを備えている場合には，自分用のコンピューター回線を開いて電子メールの送受信を行えるようにします。授業に関する質問，気になること，意見があれば，直接メールを教員に送れることを学生に知らせます。学生が個人的に回線を開けば，学生の質問や意

見に答えることができます。授業で電子メールを使うようになれば，毎日，問い合わせに答えるようにします。電子メールを使用しているカリフォルニア大学バークレー校の教員たちは，学生数200〜300人の講義の授業で，学生の質問や意見に対応するのに費やす時間は一日に10〜15分だと報告しています。また，授業期間中を通じて学生に対して公開の質問状を出し，学生に授業についての具体的な質問に答えてもらいます。もちろん，電子メールはオフィス・アワーの代わりにはなりませんが，教員たちが学生の声を聞くための1つの方法です。

留守番電話や音声メールをとりつける。研究室の電話に留守番電話や音声メールを接続すれば，学生が授業について抱えている困難な点をその時点で聞くことができます。たとえば，学生が問題を解こうとしたり，教科書の難しい部分を理解しようとしている午後10時に聞くことができます。音声メールや留守番電話機を使用すれば，学生は匿名で不満を述べることもできます。授業で問題を取り上げるために，必ず毎日，伝言を聞くようにします。(Lewis, 1988)

目安箱を設ける。教室の後，学部事務所や教員の研究室のドアに茶封筒を置いて，質問，意見，問題点を投函できるようにします。

学生からのフィードバックに対応する

学生の意見に迅速に対応する。理想としては，学生の意見には，次の授業で答えたいものです。そこでカード，質問紙，面談など迅速なフィードバックが要求される活動は，学生からの意見をただちに検討できる学期の時期に行うようにします。電子メールや学生チームといったその他迅速なフィードバックが要求されるものについては，適切な時期に経過を学生に報告します。

学生の言うことを慎重に考慮する。学生が授業について言うことの肯定的な事柄にまず注目します。否定的な意見に動揺することがありがちなことなので，このことは重要なことです。学生の提言によって基本的には改善の方向で考え，学生の提言を次に示す3つの種類に分類します。

- 今学期中に変更できるもの（たとえば，宿題課題の返却までに要する時間）
- 次にこの授業を担当するまで待たなければならないもの（たとえば，教科書）
- 変更できない，または教育学上の理由から変更するつもりがないもの（たとえば，小テストまたはテストの回数）

変更する場合に選択可能な方法について，同僚やティーチング相談所に意見を聞くのもよいでしょう。

学生からのフィードバックの結果として変更することがあれば，何が変更されるのかを学生に知らせる。意見を寄せてくれたことに感謝し，引き続き授業改善に協力を依頼します。教員が自分たちの言ったことを検討したことを評価します。教員の目標と学生の期待にずれや誤解がある場合には，それを明らかにし，そのあとで，学生の提言の内，どれがこの学期中に実施できるか，どれが次の授業を行う時まで待たねばならないか，教員が何は取り上げないか，それはなぜかを簡単に説明します。また，学生ができることは何かを知らせます。たとえば，学生がたびたび混乱することがある場合には，もっと質問をするように促します。話の調子や態度を中立的に保ち，弁護的になったり，怒ったり，弁解がましくなったりしないように気をつけます。

学生の教材の理解をチェックする

学生に「Minute Paper」を書くように求める。Davis, Wood, and Wilson（1983）は，1970年代後半に，どの専門分野でも利用できるMinute Paperを開発したバークレー校の物理学の教授について次のように述べています。授業時間の終わりに，2つの質問に対する答えを1，2分間で書かせます。「今日の授業で最も重要なことは何ですか」，「今日の授業で，気になっている疑問は何ですか」無記名の回答は，教員が教材をどのように伝えることができたか，次の授業のテーマをどのように構成すればよいかを検討するうえで役立ちます。Angelo

(1991) および Mosteller (1989) は，学生に「今日の私の授業のなかで最も〈混乱した箇所〉は何でしたか」と質問したハーバード大学の統計学の教授について述べています。フロリダ州立大学の経営学の教授は，次の3つの質問をしています。(Bateman and Roberts, 1992, p. 18)

1．今日，得たいと思っていたものは得られましたか。
   a．「はい」なら，何を得ましたか。
   b．「いいえ」なら，何が得られませんでしたか。
   c．どちらとも言えないなら，その訳を説明してください。
2．今日の授業で，一番混乱した箇所はどこですか。
3．混乱の原因として次の要素は何パーセントを占めていますか。
   a．教員の説明が不明確。
   b．質問の機会がない。
   c．予習が足りない。
   d．クラス・ディスカッションへの参加が充分でない。
   e．その他。

鍵となる概念や考え方を学生にあげさせる。 特定テーマについての一連の講義や読書の終わりに，そのテーマの鍵となる3〜5個の概念や考え方を，短く要約して書かせます。このリストを見れば，学生が重要な点を把握したかどうかを確認することができます。学生は自分のリストを試験の準備に利用することができます。自分たちの書いた項目を比較検討し，自分たちのあげた概念の定義や適用のためにクラス・ディスカッションをするのもよいでしょう。(Angelo and Cross, 1993)

難しい概念や考え方を定義させたり，関連づけや適用をさせる。 授業の最後の10分間に，その日に扱った基本的な概念についての簡単な質問をします。次に示す文や同様の文を完成させます。
   ●私の理解では，今日の授業の主要な考え方（概念やポイント）は，……です。

- この考え方の優れた適用例は，……です。
- 私の考えでは，今日の講義の主要な点は，次に示す概念，考え方，人物，場所，過程，出来事，事物，……に最も密接に関連しています（学生にいくつかの項目をあげさせます）。(Lancaster, 1974)

教員の言ったことを理解したか学生に尋ねる。「何か質問がありますか」というような一般的な質問は避け，「私の話についてきている人は何人いますか」，「この点について私と同じ考えの人は何人いますか」と聞きます。また，学生を追い詰めるような「分からない人は誰ですか」というような質問は避けるようにします。

講義や読書課題を短く言い換えさせる。授業の始めに，概要を口頭で言わせたり，書かせたりして，読書課題や前回の講義を理解したかどうかを判断するようにします。また，授業の終わりに概要を言わせ，その日の教材を学生が理解したかどうかを確認するようにします。

最後のまとめを学生にさせる。授業の終わりに，個人か2人組でその日の授業で扱った主要な考え方を短く要約して書かせます。学生には，これが小テストではないことを確実に理解させて，要約を提出させます。授業の始めに前回の授業や課題読書の主要な考え方の要約と，授業中に答えてほしい質問を1つ書かせます。

チェーン・ノートをクラスに廻す。クラスの人数が少ない場合には，授業の中ほどでノートか1枚の紙をクラスに廻して，そのとき話し合われている主な点や問題を書かせます。その日の授業で学生が鍵となる概念や重要な考え方だと思った事柄のリストが授業の終わりに教員の手元に届きます。(Angelo and Cross, 1993)

学習グループを作ることを奨励する。学習グループの代表を招いて，主題となっている事柄に難しい点がないか話し合わせます。学習グループは，お互いか

ら学ぶ機会を提供します。一部の学生は個人として支援を求めるよりも，グループとしてのほうが支援を求めやすく感じる場合があります。学習グループに関する指針については，「共同学習」の項を参照してください。

報告を聞く時間を設ける。ディスカッションの効果を分析するために最後の10分間をとっておきます。全般的な感想を聞くことも，具体的な質問を出すこともできます。また，中間試験のあとで，時間を設けると，試験問題に対する学生の反応や中間試験における学生の準備が充分であったかなど知るのに役立ちます。

学生のノートを借りる。有志の学生にノートを見せてくれるように依頼します。有志として協力する学生は出来のよい部類に属する場合が多く，ノートを見れば，主要な点が伝わったかどうかが分かります。あるいは，何人かの学生にカーボン紙を配り，ノートをとっている紙の下に敷いてもらい，授業の終わりに集めます。(Katz, 1989)

学生に授業用ノートを課題として提出させる。中間試験や最終試験の前に，講義用ノート，授業の課題，宿題や小テストの詳しい内容一覧をつけて提出させます。これで，学生が教材をどれだけ理解しているかを掴むことができ，誰が困難を抱えて援助を求めているかが分かります。学生は，詳しいノートや内容一覧を用意することが，試験勉強に役立つことに気づきます。授業の始めに，ノートの提出をしてもらうことを必ず学生に知らせておきます。

学生がどれだけ習得しているかを確認するために，簡単な評価を行う。学生がテストでどのような成績をとるか分かるまで待つよりも，学生の進歩の様子を時々調べます。たとえば，スペイン語を教えているある教員は，学習した規則変化と不規則変化動詞を分類できるかを簡単・迅速に，調べるための記憶用の配置を考案しています。

$\qquad$ －AR　　－ER　　－IR

　　不規則変化

規則変化

　Angelo and Cross（1993）は，学生の学習状態について情報が得られる教室での簡単な評価のいろいろな技術（上に示したものを含む）について説明しています。また，独自の評価方法の開発についても説明しています。

ビデオテープ，同僚，TAによる評価を利用する

授業をビデオテープに録画する。自分自身をビデオで見ることは，貴重な経験となります。自分がディスカッションを支配できているか，学生に問題を考える充分な時間を与えているか，学生と適切に視線を合わせているか，その他の事柄を確認できます。ビデオ録画をどのように計画し，利用するかに関しては，「自分の授業をビデオ録画で見る」の項を参照してください。

参観者を授業に招く。同僚やティーチング相談員に，授業を参観してもらい，具体的な授業の仕方について提言をお願いします。授業の具体的な目標や完璧にしたいと考えている技術について参観者に知らせておくと，授業を見てもらうことが非常に役立ちます。たとえば，参観者に質問の水準や質問の仕方に注意を払ってもらったり，実演や板書の技術に焦点を合わせてもらうなどするとよいでしょう。授業を見てもらったら，教員と参観者の記憶が新鮮なうちに，話し合いをします。同僚に参観してもらう場合のより多くの情報については，「自分の授業をビデオ録画で見る」の項を参照してください。Katz and Henry（1988）は，教員たちが1年間，2人組になって，互いの授業を参観し合い，相方が教えている学生にインタビューして，定期的に自分たちのティーチングについて話し合う形式のシステムについて説明しています。

同僚に授業のシラバス，課題，試験，その他の教材を検討してもらう。似た授業を担当している同僚，主題の事柄について知識のある同僚に，授業の教材を見てもらいます。同僚に全般的な提言をしてもらったり，次のような具体的な質問に答えてもらいます。読書課題の量は適切か。試験では主題となっている

事柄を適切に扱っているか。宿題の課題は概念を適用し，理解したことを表す機会を学生に与えているかなどです。(Davis, 1988)

TAに授業についての意見を求める。TAを使っている場合には，彼らが，授業の進み具合，教材に対する学生の習得度など貴重な情報源となります。学生の不満の大部分は，何らかの形でTAに伝えられています。授業で学生が抱えている問題があればメモでTAに報告させます。(たとえば，先週の授業で学生にとって最も難しかったことを1つか2つあげさせます)。(Davis, 1988)

References

Angelo, T. A. "Introduction and Overview: From Classroom Assessment to Classroom Research." In T. A. Angelo (ed.), *Classroom Research: Early Lessons from Success*. New Directions for Teaching and Learning, no. 46. San Francisco: Jossey-Bass, 1991.

Angelo, T. A., and Cross, K. P. *Classroom Assessment Techniques: A Handbook for College Teachers*. (2nd ed.) San Francisco: Jossey-Bass, 1993.

Bateman, G. R., and Roberts, H. V. "Total Quality Management for Professors and Students." Unpublished paper, the Graduate School of Business, University of Chicago, 1992.

Clark, J., and Redmond, M. *Small Group Instructional Diagnosis Final Report*. Seattle: Department of Biology Education, University of Washington, 1982. (ED 217 954)

Coffman, S. J. "Improving Your Teaching Through Small-Group Diagnosis." *College Teaching*, 1991, *39*(2), 80–82.

Davis, B. G. *Sourcebook for Evaluating Teaching*. Berkeley: Office of Educational Development, University of California, 1988.

Davis, B. G., Wood, L., and Wilson, R. *ABC's of Teaching with Excellence: A Berkeley Compendium of Suggestions for Teaching with Excellence*. Berkeley: Office of Educational Development, University of California, 1983.

"Effectively Using Informal Early Semester Feedback." *Illinois Instructor Series*. Urbana: Instructional Management and Services, University of Illinois, 1987.

Fuhrmann, B. S., and Grasha, A. F. *A Practical Handbook for College Teachers*. Boston: Little, Brown, 1983.

Katz, J. "Helping Faculty to Help Their Students Learn." In A. F. Lucas(ed.), *The Department Chairperson's Role in Enhancing College Teaching*. New Directions for Teaching and Learning, no. 37. San Francisco: Jossey-Bass, 1989.

Katz, J., and Henry, M. *Turning Professors into Teachers*. New York: American Council on Education and Macmillan, 1988.

Kogut, L. S. "Quality Circles: A Japanese Management Technique for the Classroom."

Improving College and University Teaching, 1984, *32*(3), 123-127.

Lancaster, O. E. *Effective Teaching and Learning.* New York: Gordon and Breach, 1974.

Lewis, K. G. "Getting Informative Feedback from Your Students." *CTE Newsletter,* 1988, *9*(3). (Center for Teaching Effectiveness, University of Texas, at Austin から入手できる)

Mosteller, F. "The 'Muddiest Point in the Lecture' as a Feedback Device." *On Teaching and Learning,* 1989, *3*, 10-21.

Nuhfer, E., Perkins, M., Simonson, J., and Colleagues. "Improving Courses with Student Management Teams." *Teaching Professor,* 1992, *6*(3), 5-6.

自分の授業をビデオ録画で見る   42

　自分自身をビデオ録画で見ることは，非常に貴重な経験になります。ビデオ録画によって，学生と同じように授業を見たり聞いたりすることができます。また，自分のティーチングに対する学生の反応を調べることもできます。教室内の動きをビデオ録画して分析することによって，自分がどのように教えているかについて自分自身の認識の正確性を確認し，効果を発揮している技術，改訂する必要のある技術を見分けることができます。

　すべての立場，すべての専門分野の教員たちが，自分自身をビデオ録画で見ることから多くのことを得ています。次の提言は，ティーチングの向上を図る洞察力を体得するためにビデオ録画を役立てるものです。

一般的な戦略

大学のメディア部門を通じてビデオ録画を行う手配をする。多くの大学で教員たちに対して，無料でビデオ録画を行うサービスを提供しています。メディア部門に問い合わせて，どのようなサービスが利用できるかを調べます。大学でそのようなサービスがない場合には，同僚に授業を参観してもらいます。同僚の観察については，前の項を参照してください。

典型的なクラスを選ぶ。黒板，OHP，配付資料，その他を使って通常の方法で教えているクラスを選びます。可能であれば，講義とディスカッションを併用しているクラスを選ぶようにします。

授業をビデオ録画することを，事前に学生に知らせる。ビデオ録画は，教員が自分の授業を見てティーチングを向上させるためで，学生を見るためではないことを伝えます。録画したビデオテープを保存しないことを約束します。

カメラマンに，**教員だけでなく学生も撮影するように依頼する**。カメラマンには，いかなることがあっても学生の邪魔をしないように伝えておきます。しかし，カメラマンに，教員と学生，学生同士の反応を見るために，教員ばかりでなく学生も撮るようにお願いします。(Krupnick, 1987)

カメラを意識しないで授業に集中する。ビデオ機器は，特別な照明を必要としませんので，授業の邪魔にはなりません。録画の始めには，躊躇するかもしれませんが，すぐに慣れます。特に誰かに一緒に見てくれるように頼まなければ，自分以外にそのビデオを見る人はいないこと，さらに，いつでもビデオ録画を消すことができることを理解しておきます。

ビデオ録画を見る

できるだけ早くビデオテープを見る。記憶が鮮明で，授業中に何を考えていたか，あるいはどう感じていたかを確認できるように，録画した当日，または翌日にビデオを見るようにします。録画された自分の姿に慣れるために，1, 2回，ビデオ録画を全部通して見ます。その間に，ある程度の「ビデオ録画に対する落胆」，つまり，ビデオ録画による視覚的なひずみに起因する動揺に対処する心構えをします。大部分の人が，自分の声，容貌，身振り，態度を意識するものです。自分の声は本当にこんな声なのだろうか。私の髪はいつもこんなにもつれているのだろうか。シャツの裾がはみ出ていたのになぜ気づかなかったのだろうか。このような細かい点はビデオ録画では誇張されますが，実際にははるかに目立たないし，気にならないということを理解することが重要です。いずれにしても，ブラウスに皺があろうと，ネクタイが曲がっていようと，効果的なティーチングとは関係ないことなのです。(Krupnick, 1987)

録画時間の2倍の時間をかけて分析する。自分を録画で見ることに慣れたら，テープを分析する時間を充分にとり，1時間の授業を見るのに約2時間はかけるようにします。録画の分析を始めるにあたって，改善を要する側面ばかりでなく，自分の長所にも注目するように心がけます。問題点が目立つように感じ

られるものですが，黒板に向かって話すのではなく，学生のほうを向いているとか，質問に明確に答えているなど，自分が上手にやれている部分を見逃さないように心がけます。

アドバイザーとともにテープを見る。多くの大学に授業の能力開発・改善を担当する部門が設けられており，そのスタッフは長所や改善を要する箇所を分析してくれます。有益なアドバイスをしてくれるだけでなく，本人が自然と自分に対して批判過剰になりがちなのを是正してくれます。

一定のパターンを見出す。録画を見て，次の質問に答えます。

- 自分がよくできたことは，具体的には何か。
- もっとよくできたはずであることは，具体的には何か。
- 学生が最も楽しんでいたのは何のようだったか。
- 学生が最も楽しんでいなかったのは何のようだったか。
- この授業をもう一度するとすれば，3つ何を変えるか。
- その3つは，どのようにすれば変えられるか。

(Fuhrmann and Grasha, 1983)

二度目にテープを見るときには，授業のいくつかの点を選んで見る。たとえば，自分の課題だけに注目する，あるいは声の特徴や表現のスタイルに着目するようにします。自分の長所と改善を要する点の両方を抽出するようにします。(Acheson, 1981)

教室での会話の頻度と種類を表にする。この方法は略してBIAS（Brown's Interaction Analysis System）と呼ばれ，ディスカッションの授業における教室の会話を分析する簡単なものです。録画を見ながら5秒ごとに停めて，教員の話，学生の話，沈黙という3つの欄のどれか1つに印を1個記入します。これを集計すれば，教員の発言と学生の発言にどれだけの時間が使われていたかが分かります。さらに詳しく分析する場合には，教員と学生が質問をするたびに

Qという印をつけます。(Brown and Atkins, 1988)

一定の種類の発言を書き取る。書き取る必要のある発言の種類として利用できる分け方は，教員の質問，その学生の答え，学生の質問，それに対する教員の答え，学生の発言に対する教員の反応，教員による称賛の言葉や批判があります。たとえば，自分の質問の仕方に関心がある場合には，録画を見て自分がしたすべての質問を書き取り，次に示す点について調べます。

- どれだけの質問が学生の答えを求めるものだったか。
- すべての質問が同じ言い方で始まっていたか。
- 質問のすべてがはい／いいえ，または短い答えを求めるものだったか。
- 答えるにあたって，どのような水準の思考が要求されていたか。
- 質問してから学生が答えるまでに充分な時間をとっていたか。

ビデオ録画を見直すと，多くの質問をしすぎていたり，あるいは学生に答える時間を与えていなかったりすることに気づくかもしれません。そのような場合には，質問方法を改善するよう努力することができます。(Acheson, 1981)

チェックリストを使用して，分析の焦点を絞る。自分が特に関心を持っている点を反映した独自のチェックリストを作るか，あるいは次に示すチェックリストから自分のティーチングのスタイルや主題に関連のある項目を選ぶようにします。(Davis, 1988 より抜粋，University of California, Berkeley, University of California, Los Angeles, University of Illinois, Urbana-Champaign, University of Texas at Austin, and Northwestern Universityからのアンケートの回答に基づく）

構成および準備
- この授業の目的や前回の授業との関連について述べたか。
- 授業の始めに，黒板や配付資料で内容の概要を示すか，課題やディスカッションする問題について述べたか。
- 最も重要な考え方を強調するか，繰り返し述べたか。

- あるテーマから別のテーマへスムーズに移れたか。
- 授業の終わりに,この授業から何を得ることを期待しているかをもう一度,言ったか。
- 主要な点を要約するか,学生に要約させたか。
- この授業を次の授業と関連づけたか。
- 1回の授業時間に含めた教材の量が多すぎたり,少なすぎたりしなかったか。
- 教材に慣れているように見えたか。
- 授業の開始や終了は敏速だったか。

表現のスタイル
- 聞きやすい,明晰で大きな声で話したか。
- 話し方が速すぎたり,遅すぎたりしなかったか。
- 学生がノートをとれる速さで話したか。
- 黒板や窓に向かってではなく,学生に向かって話したか。
- 学生の発言や質問を遮らずに,注意深く聞いたか。

表現の明確さ
- 新しい用語,概念,原理を定義したか。
- 抽象的な概念を明確にするために,例,図,適用例を示したか。
- 新しい考え方を,馴染みのある考え方と関連づけたか。
- クラスの学生が自分の言っていることを理解しているかどうかを承知しているように見えたか。
- 学生が理解していない場合に,別の説明をしたか。
- 複雑,難しい考え方を論じる場合に,進み方を調整したか。
- 主要なテーマから,必要もないのにわき道に逸れることはなかったか。
- 配付資料,視聴覚資料を効果的に利用したか。
- 黒板の文字は読みやすく鮮明だったか。

質問の技術
- 学生がテーマについて何を知っているか判断するための質問をしたか。
- 学生に難問に取り組ませ，興味を引きつけるために，異なる水準・種類の質問をしたか。
- 学生がテーマについてさらに情報を必要としているかどうかを把握するために，質問をしたか。
- すべての質問のあと，学生が答える充分な時間をとったか。
- 難しい質問にはヒントを与えたり，言い換えたりして学生に答えるように促したか。
- 必要な場合には，学生の質問を分かりやすく説明するように学生に求めたか。
- 学生の答えが不完全だったり，表面的である場合には，さらに質問をしたか。
- 限られた興味に基づき，困難で時間のかかる質問については，オフィス・アワーで話し合うようにしたか。

学生の興味と参加
- 学生の質問を奨励していたか。
- 別の視点を受け入れていたか。
- 学生に学習したことを実際にやってみる機会を与えていたか。
- 学生の知的な好奇心を引きつけていたか。

教室の雰囲気
- 学生を名前で（正しい発音で）呼んでいたか。
- 男子学生と女子学生を同じ数だけ指名していたか。
- 異なる民族の学生を同じ数だけ指名していたか。
- 学生の発言や質問に公平な態度で注意深く耳を傾け，対応していたか。
- フィードバック，励まし，批判，称賛を公平な態度で与えていたか。
- いずれかの集団を排除したり，発言の機会を奪うようなことを示さなかったか。

ディスカッション
- すべての学生にディスカッションに参加するように促したか。
- 口数の少ない学生から発言を引き出し，支配的な学生がディスカッションを独占しないように配慮したか。
- 教員自身がディスカッションを独占していなかったか。
- 学生に互いに討論しあうことを奨励したか。
- 言い争いや意見の違いを調整したか。
- ディスカッションに結末をつけたか。

同僚に授業を参観してもらう

FDのアドバイザーや同僚に，自分が教えているところを参観してもらう。大学にFD部門やティーチング改善部門がある場合には，そのスタッフの1人に自分が教えているところを参観してもらうことができます。大学にFD部門がない場合には，助けてくれる同僚に授業を参観してもらいます。可能であれば，授業の内容を理解している人を選ぶとよいでしょう。1回の授業が全体を代表するものとは考えられない場合，参観者に2回授業を参観するように依頼します。参観者が来ることを，事前に学生に知らせておきます。

参観の計画を立てる。教室で参観を行う前に，教員と参観者が面談して授業の目標，学生，ティーチングの戦略などについて話し合っておきます。参観者には授業のシラバスの写しや授業のテーマの概要を渡し，授業中に参観者に特に見てもらいたい点を具体的に伝えておきます。1回目の話し合いで，教員と参観者はその方法（たとえば，チェックリスト，調査用紙，空欄を埋めて文を完成する方式）を決めます。一部の研究者は，調査用紙の内容を，6個から8個までの空欄を埋めて文を完成する形の質問に制限して，表現の構成，教員と学生の信頼関係，説明の明確さ，その他についての記述が得られるようにすることを勧めています。(Millis, 1992)

授業を参観してもらったら，1週間前後で参観者と話し合う。話し合いを始め

るよい方法は，教員が自分の授業の印象を話し，上手くいった面といかなかった面に触れることです。そのあとで，参観者にさまざまな意見を言ってもらいます。参観者に例を含む手短かな報告書を書いてもらうと大いに役立ちます。参観者に具体的・個別的に，態度や行動に焦点を絞って意見を言ってもらいます。授業の目標が，どの程度達成されていたかについて，教員と参観者で話し合うことができます。話し合いの結びとして，参観者に2つか3つ改善のための提言を求めるとよいでしょう。（Davis, 1988）

References

Acheson, K. A. "Classroom Observation Techniques." *Idea Paper*, no. 4. Manhattan: Center for Faculty Evaluation and Development, Kansas State University, 1981.

Brown, G., and Atkins, M. *Effective Teaching in Higher Education*. London: Methuen, 1988.

Davis, B. G. *Sourcebook for Evaluating Teaching*. Berkeley: Office of Educational Development, University of California, 1988.

Fuhrmann, B. S., and Grasha, A. F. *A Practical Handbook for College Teachers*. Boston: Little, Brown, 1983.

Krupnick, C. G. "The Uses of Videotape Replay." In C. R. Christensen with A. J. Hansen (eds.), *Teaching and the Case Method*. Boston: Harvard Business School, 1987.

Millis, B. J. "Conducting Effective Peer Classroom Observations." In D. H. Wulff and J. D. Nyquist (eds.), *To Improve the Academy*. Vol. 11. Stillwater, Okla.: New Forums Press, 1992.

43 自己評価およびティーチングの調査書

　ティーチングの教材や関連資料を集めてティーチングの調査書，またはポートフォリオを作成することは，自らの到達度やティーチングの成果について考える機会となります。調査書は，自分のティーチングの質を示す証拠書類として提出して，評価や昇進の判定を受けるのに使用することができますが，その際には，資料を精選する必要があり，独自の指導だけに使うものとすれば，資料はより包括的に利用することができます。Seldin（1991）および Edgerton, Hutchings, and Quinlan（1991）は，調査書を作成することが，自分のティーチングの優先順位や戦略を見直す機会となり，教員のティーチングの向上に役立つことを明言しています。

　次に示す指針は，教員が自身のためにティーチングの調査書を編纂する場合の構成要素をDavis（1988）から抜粋して示したものです。評価や昇進の判定を受けるために提出する調査書は，もっと形式の整った，学部の指定する情報（たとえば，学生や同僚からのコメント）をつけ加えたものとする必要があります。Davisは自分のティーチングが優れていることを示すのに使用できるいくつかの幅広い分野に分類した詳細な項目のリストを，Brinko（1991）および Edgerton, Hutchings, and Quinlan（1991）は，Canadian Association of University Teachers（1986）から抜粋して，示しています。たとえば，優れたティーチングの成果（学生の実験記録，論文または創作），自分のティーチングを評価し改善するための手順（たとえば，同僚との授業の教材の交換），学生からの情報（たとえば，学生の評価用紙）などです。Urbach（1992）は，外部の評価を受けるためのポートフォリオを作成する場合に考慮すべき項目を示しています。Seldin（1991）および Edgerton, Hutchings, and Quinlan（1991）は，ティーチングのポートフォリオの実例を示しています。

　自分で使うためのポートフォリオを作成する場合には，それを自分のティー

チングの記述とし，くまなく検討する機会と捉え，授業に関連のある情報を1つにまとめて今後の講座の改訂に役立つ資料を作るものです。このようなポートフォリオは，昇格・昇進におけるティーチングの特徴を示す材料ともなり得ます。学期が終われば，経験が新鮮で記憶が新しいうちにポートフォリオを編集することが，最善の方法です。

ティーチングのポートフォリオを作成する

授業について説明する。授業の表題と授業の番号，この授業を何回担当したか，必修か選択か，学部のカリキュラムの中にどのように組み込まれているか，特に時間を要する活動があったか（たとえば，研修旅行，学生のプロジェクト，その他）などについて書いておきます。

学生について説明する。授業に登録した学生の特性はどのようであったか，いままでの学生と比較してこのクラスの学生はどうだったか，授業に仮登録した学生の数と最終的に登録した学生の数に差があったか，学期を通じての出席状況はどうであったか，授業に対する準備が充分でない学生を対象に授業を進める場合，特に努力した点があったか，成績の良い学生を対象に授業を進める場合，特に努力した点があったかなどについて記述しておきます。

この授業のティーチングについて，簡単な自己評価を書く。授業目標，ティーチングの方法と哲学，授業が学生に及ぼした効果，改善の計画の4つの部分に分けます。各部分について，具体的な例を示しておきます。目標の部分では，次に示すような項目を設けておきます。何を達成しようとしていたのか。なぜこれらの目標を選んだのか。授業はこれらの目標をどのくらい達成できたか。どのようにしてそのことを評価したのか。これらの目標を達成しようとして，どんな問題に出会ったか。方法の部分では，ティーチングの戦略の選択について記述しておきます。どのようにして授業を行い，難しい問いにどのように取り組ませたか。方法を選ぶにあたっては，学生の水準や能力をどのように考慮に入れたか。成績評価の方針はどのようなものだったか。繰り返して担当して

いる授業については，テーマ，読書課題，課題にどのような変更を加えたか。それらの変更は，どのように役立ったかなどです。

　効果に関しては，自分のティーチングが独自の思考，知性の発達，興味の増進について検討・評価し，証拠を示しておきます。学生が能力を獲得し，教材を習得したかをどのようにして測定したか。学生の学びの証拠は何か。最後に，改善については，次に示すような項目を設けます。この授業にどのくらい自分で満足したか。授業や自分のティーチングの長所や短所は何か。この授業をもう一度，担当するとしたら，何を変更し，どの方法を用いるか。この授業で何が最も興味深かったか。何が最も不満だったか。授業や自分のティーチングの能力を向上させる努力があれば，それについて記述しておきます。時間がない場合には，単に改善項目についてのみ記載しておきます。これで，全般的な印象を記録した冊子を作ることができます。

学生による授業評価についてコメントする。授業評価用紙の写しと（学生の回答が手に入らない場合），回答率（評価用紙を提出した学生の百分率）を記載しておきます。授業と教員のティーチングについての全般的な回答を見ます。学生が書いた意見を検討し，学生の評価や批評に対して，同じ意見であり，次にこの授業を担当するときには変更する点，同意できない点についてコメントし，手短かに率直に対応しておきます。「学生による授業評価の形式」の項を参照してください。

教材を収集しておく。授業のシラバス，授業の説明，必読書や推奨の課題図書のリスト，試験や課題，配付資料，授業用のメモなどを含めて収集しておきます。教材には注をつけて，それらをどのように使用したか，その効果についての評価など詳細に記載しておきます。教材を批評的に眺めて，学生のために設定した知的な仕事を分類します。教材は，適切な幅広さと深みを備えていたか。学生の作品への見解や成績評価の写しも含めて結構です。使用した教材についての反省や次のような項目についてのコメントもよいでしょう。

- トピックの取り扱い方は，最新の話題に合っているか。この教材は充分に価値のあるものだったか。
- テーマは論理的に配列されていたか。それぞれのテーマは，他のテーマと比較して，充分な注意が払われていたか。
- 課題図書は，その分野の作品を代表するもの，最近の多様性を示すもの，レベルと長さは適切なものだったか。
- 課題はシラバスと効果的にリンクしており，授業にうまく組み込まれていたか。
- テストや試験は，学生の能力を公平に測るものだったか。授業の重要な点と一致していたか。主題を充分に扱っていたか。学生の記憶力を試す質問だけでなく，学生の概念を適用する能力を評価できるものになっていたか。
- 成績評価の基準は明確に伝えられたか。成績評価は公正で一貫性があったか。試験用紙に書いたコメントは建設的で役に立つものだったか。

企画したティーチングの改善や試した実験があれば，書き留めておく。その活動が成功したかどうかにかかわりなく，自分が何をしようとしたか，どういう結果になったか，学生や自分のティーチングに効果が見られたか検討しておきます。

TAに対する教員の役目を評価する。TAを使用している場合には，彼らを指導，監督，評価する場合，自分が果たした役割を見直します。彼らが教え方を学ぶうえで自分がしたどんなことが特に効果的だったのか。学生や教員に，彼らがしたことのなかで何が特に役立ち効果的だったのか。TAの行ったティーチングにどの程度満足したのか。この授業をもう一度担当するとしたら，何を変更し，どんな方法を用いるか。「TAの教育，訓練，および監督について」の項を参照してください。

アドバイザーや参観者の評価があれば，つけ加える。同僚やティーチングのアドバイザーが，授業の参観，学生と面談，教材などを検討した場合には，彼ら

のメモをつけ加えておきます。

自己評価の戦略

事前，事後の評価を行う。学期が始まる前に，学生の種類，最も重要な授業の目標や目的，目標を達成するためのティーチングの戦略や授業の構成要素（実験室の利用，講義，ディスカッション班）について簡単にまとめておきます。授業の終了後，実際に登録した学生の種類，用いたティーチングの方法や課題，主要な目標を学生が達成したかを評価した方法について短いコメントを書いておきます。自分が達成できたと感じる目標や目的，学生の到達度の証拠，実現できなかった目標や目的，教員の意図と実際の結果に差があればその相違点などに評価の焦点を合わせます。(Task Force on Teaching Evaluation, 1980)

学生の授業評価用紙に自分も記入する。評価用紙に目を通す前に，授業についての自分の認識，学生が平均的にこう答えるだろうとの予測に基づいて，自分で質問用紙に記入します。ほとんどの場合，自己評価は学生の評価より肯定的なものとなります。学生の評価と自己評価を比較する場合には，差の出た箇所と自分で不充分だったと記入した箇所に焦点を絞ります。同僚やティーチングのアドバイザーが，改善のための戦略を考えるうえで参考になります。

授業日誌や授業記録をつける。毎回の授業の直後に5分から10分時間をとって，授業の様子について簡単に書き留めておきます。学生の戸惑い，質問した箇所，計画した学習活動がどのように行われたか，時間配分などについても書いておきます。思いついたテスト問題，他の授業の印象もつけ加えます。授業を改善するためにできることを，単純なことを含めて2つか3つあげておきます。再びこの授業を担当する準備をする場合には，この覚え書きを見直します。("Teaching Journals: A Self-Evaluation Strategy," 1988)

References

Brinko, K. "Documenting Excellence in Teaching." *Teaching Professor*, 1991, *5*(8), 3-4.

Canadian Association of University Teachers. *The Teaching Dossier: A Guide to Its Preparation and Use*. Ottawa, Ontario: Canadian Association of University Teachers, 1986.

Davis, B. G. *Sourcebook for Evaluating Teaching*. Berkeley: Office of Educational Development, University of California, 1988.

Edgerton, R., Hutchings, P., and Quinlan, K. *The Teaching Portfolio: Capturing the Scholarship in Teaching*. Washington, D. C.: American Association of Higher Education, 1991.

Seldin, P. *The Teaching Portfolio*. Boston: Anker, 1991.

Task Force on Teaching Evaluation. *Report of the Task Force on Teaching Evaluation*. Oakland: Office of the President, University of California, 1980.

"Teaching Journals: A Self-Evaluation Strategy." *Teaching Professor*, 1988, *2*(6), 2.

Urbach, F. "Developing a Teaching Portfolio." *College Teaching*, 1992, *41*(2), 71-74.

XI
教室外でのティーチング

44. オフィス・アワーを設ける

45. 学部生に学問上の助言や指導をする

46. TAの教育，訓練および監督について

オフィス・アワーを設ける　　44

　オフィス・アワーは大学の授業の重要な一部で，教員と学生に，授業では触れられなかった教材を扱ったり，試験や論文をさらに詳しく検討したり，質問について授業中よりも長い時間をかけて話し合ったり，今後の授業や進路について考えたりする機会を与えるものです。(「学部生に学問上の助言や指導をする」の項を参照してください)。また，オフィス・アワーは教員と学生が互いを知り合う機会を与え，学生は教員について知るようになると，より一層，学習する動機が強まる場合がしばしば見られます (Marincovich and Rusk, 1987)。オフィス・アワーは教員に，授業がどのように進んでいるか，学生がどれだけ教材を理解しているかを把握する機会となります。オフィス・アワーで数人の学生が同じ質問をした場合には，それは授業で触れなければならない点であることが教員に分かります。

一般的な戦略

学部の方針を聞く。学部に定まった方針がない場合には，週2～4時間のオフィス・アワーを設けることから始めてみます。オフィス・アワーの曜日や時刻には変化を持たせます。たとえば，月10-12，月・水・金11-12という時間ではなく，月9-10，火3-4，木9-10にしてみます。また，オフィス・アワーを9：30～10：30にして，午前9時や午前10時からの授業に出席する学生が教員と面会できるようにします。時間を予約して教員と面談できることを学生に知らせておきます。さらに，TA (Teaching Assistant：教育補助学生) がいる場合には，交代でオフィス・アワーを担当させることで，時間を大幅に広げられる点に留意します。("Office Hours," 1989)

シラバスにオフィス・アワーを載せ，研究室の扉の外側にオフィス・アワーの予定を貼り出しておく。シラバスには，研究室の部屋番号，研究室の電話番号，

電子メール・アドレス，ファックス番号，オフィス・アワーを含めておきます。研究室の場所が分かりにくい場合には，黒板に地図を描くか，シラバスに地図を載せておきます（Marincovich and Rusk, 1987）。授業の第1日目，学期中の特別に重要な時期（たとえば，主な試験や論文の期限の前）に，オフィス・アワーについて学生に伝えておきます。研究室の外側にオフィス・アワーについて掲示し，学部の助手にオフィス・アワーの予定を報告しておきます。

授業で，学生にオフィス・アワーの目的を説明する。新入生は，オフィス・アワーが何のために設けられているか，充分に理解していません。教員と個人的に面談したり，教材や課題についての質問をしたり，資料を読む場合の提言を受けたり，授業や教員の専門分野に関して話し合ったりできることを学生に知らせます。学習について問題を抱えている学生には，状況を検討し，必要であれば大学の個別指導を受けるためにオフィス・アワーに来るように勧めます。

オフィス・アワーの時間を守る。予定したオフィス・アワーに出られない場合には，助手に連絡して，研究室の扉の外にそのことを知らせるメモを貼り出してもらいます。予定されたオフィス・アワーに教員がいないと，学生は落胆し，授業の学習に対する動機を弱める恐れがあります。("Office Hours," 1989)

別の支援システムに学生を紹介する。学生はときおり，個人的な問題についての助言を求めてくる場合があります。あなたが気にしていることを理解したこと，そして心配していることを伝えます。しかし，教員はカウンセラーではないことを気づかせ，大学のカウンセリング・サービス・センターに学生を紹介する方法が，ほとんどの場合ベストの方法です。

学生にオフィス・アワーに来ることを奨励する

フレンドリーで，近づきやすくして，授業のあとも教室にとどまる。学生は教員に直接個人的に話かけることを考えるとしりごみするかもしれません，注意を払ってもらう必要はないと思っているかもしれません。しかし，教員がフレ

ンドリーで，近づきやすくしていれば，学生は集まってきます。オフィス・アワーに訪ねてくるように，学期中に何回か，繰り返して呼びかけるようにします。(Marincovich and Rusk, 1987)

一度は研究室を訪れることを授業の要件にする。クラスの人数が多すぎない場合には，始めの数週間のうちに，1人ひとりの学生に10～20分ずつの面談の予定を組むようにします。この面談を利用して，学生についてよく知り（受講した理由，予想される・現在抱えている問題），プロジェクトや論文に取りかかる前に学生の相談にのり，最近の小テストやテストについて話し合うようにします。一度，研究室を訪ねれば，その後も遠慮なく話しに来るものです。

オフィス・アワーを，授業第1日目に出席できなかった学生のためのオリエンテーションに利用する。第1週目以降に授業に加わった学生のために，オフィス・アワーに授業の要件，教員が期待していること，授業の進め方などについて説明するようにします。

作品の返却時に，「オフィス・アワーに会いにきてください」と書いておく。返却された試験や作品に書き込まれた教員のコメントは，あまり出来のよくない学生がオフィス・アワーに訪ねる動機づけになる場合がしばしばあるものです。特に控えめな学生に面談に来るように勧めることができます。研究室で教員と面談することで，彼らの気持ちが楽になり，授業でも発言する意欲が湧くものです。「このことに関して私に会いにきてください」という書き込みに学生が反応する比率は，約75％です。(Unruh, 1990)

オフィス・アワーに授業の要件の1つを遂行させる。学生に短い口頭による発表をさせるか，論文の概要を持参させて検討するようにします。

小テストや宿題の答えを研究室の扉に貼る。一部の教員は，研究室の扉の内側に答えを貼ることが，オフィス・アワーに学生を引きつける効果的な手段となると言っています。(Unruh, 1990)

オフィス・アワーの予約の時間配分を考慮する。研究室の扉にオフィス・アワーを15〜20分ずつに区切った表を貼り出し，学生が希望の時間に名前を書くようにします。この方法をとる場合には，時間を守る必要があります。予約をすることによって，学生の待ち時間を最小限にとどめることができます。飛び入りや緊急の要求に備えて，いくつかの時間枠を常に空けておくように配慮します。

予定した時刻に現れない学生に連絡をとる。学生が予約の時刻に来なかった場合には，電話してどうしたのか確かめるか，クラスの学生に尋ねるようにします。予約した場合には，現れるか，時間の変更を申し出るものと期待していることを学生に伝えておきます。("Office Hours," 1989)

オフィス・アワーを生産的なものにする

学生に質問を用意してくるように助言する。教員に第9章を説明してほしいと訪ねてくる学生は，自分で充分に準備をしてくる必要があります。どの箇所がつまずきの元となっているのかを掴んでから，また来るように学生に促します。論文の提出期限の前に，学生の考え方を発展させる用意はあるが，学生は論文の主題や概要の下書きを準備してくる必要があることを伝えておきます。ある教員は学生にオフィス・アワーについての指針の資料を配っています。学生には次のことを用意させるようにします。("Office Hours," 1989)

- 具体的な質問を書面で用意して研究室を尋ねてください。
- 話し合いたい課題図書や教材がある場合，適切な箇所に印をつけて来てください。
- 試験についての場合には，点数のことではなく，考え方について話し合う準備をして来てください。

同じ関心や質問を持った学生でグループを作る。課題提出や試験の前後に数多くの学生が訪ねてきた場合には，同じような問題で来た学生をグループにして

面談できるかどうか調べます。教員は同じことを繰り返して言う必要がなくなり，学生はお互いに考え方を共有し，学び合うことができるのです。

オフィス・アワーは，自分が欠席した授業を繰り返してもらう時間ではないことを認識させる。学生は少なくとも1人の級友の電話番号を知っておき，自分が欠席して聞けなかった課題を聞いたり，講義のノートを借りられるようにしておくことを勧めておきます。

計算を取り扱う授業では，与えられた問題の答えがどうなるかよりも，問題解決の戦略に焦点を合わせる。自分で問題を解決する努力をさせます。質問に対する教員の答えを紙に書かせておくと，学生があとでそこを学習するのに役立ちます。声に出しながら問題を解くことも，教員が解答にたどり着くまでに踏む段階が学生に分かり，理解に役立ちます。(Honjo, 1989)

特別なテーマを設定してオフィス・アワーで扱う。特定のオフィス・アワーを使って，いくつかの困難なテーマを復習することを学生に伝えます。この支援的な学習活動に多くの学生が出席する場合には，オフィス・アワーを教室で開けるように配慮します。

オフィス・アワーを実施する

自然で楽な気持ちでやりとりができるくつろいだ雰囲気を作る。学生に自分が歓迎されていると感じさせるようにします。一部の教員たちは，学生をくつろがせるために少し雑談をしたり，向こう側ではなく，机の手前や脇に座って，学生を萎縮させないように配慮しています。終始，扉を開けたままにしておくことも，良い考えです。(Lowman, 1990)

学生に訪ねてきた目的を話させる。学生を促す必要がある場合には，「私が君のために何ができますか」と聞くようにします。

学生に真剣に対応する。一部の学生は，教師の時間を無駄にすることを気にしています。学生の言うことを注意深く聞くことで，彼らの懸念を取り除くことができます。自分の原稿や仕事道具は片づけ，学生との面談中は，電話，訪問者に遮られることのないように努めるようにします。("Office Hours," 1989)

2人以上の学生が同時に研究室に来た場合には，それぞれの学生を紹介する。1人の学生にある事柄を説明し終わったところへ，同じ質問を持ったもう1人の学生が来た場合には，1人目の学生に2人目の学生に対して説明してくれるように頼み，その間に教員は3人目の学生の話を聞いたり，支援したりします。あまりに多くの学生が同時に訪ねてきた場合には，同じ質問を持つ学生をグループにして，最も切迫している質問に限定するようにします。さらに，あまり忙しくないときに，もう一度，来るように促します。(Heine and others, 1981)

順番を待っている学生がいない場合には，授業について一般的にどう思うかを学生に聞く。学生の質問に答えたあとで，学生に講義，課題，課題図書，授業に関するその他のことがらについて意見を聞いておくようにします。

遅れて来た学生に対応する。学生がオフィス・アワー終了の5分前に来た場合には，来てくれたことに感謝しつつも，今はもう数分しか時間がないことを伝え，次のオフィス・アワーの始めに，もう一度，来るように促します。

References

Heine, H., and others. *The Torch or the Firehouse? A Guide to Section Teaching*. Cambridge: Undergraduate Academic Support Office of the Dean for Student Affairs, Massachusetts Institute of Technology, 1981.

Honjo, R. T. *Speak of the GSI: A Handbook on Teaching*. Berkeley: Department of Mechanical Engineering, University of California, 1989.

Lowman, J. *Mastering the Techniques of Teaching*. San Francisco: Jossey-Bass, 1990.

Marincovich, M., and Rusk, L. *Excellence in Teaching Electrical Engineering*. Stanford, Calif.: Center for Teaching and Learning, Stanford University, 1987.

"Office Hours." *Teaching Professor*, 1989, *3*(7), 7-8.

Unruh, D. (ed.). *The TA Handbook at UCLA*. Los Angeles: Office of Instructional Development, University of California, 1990.

学部生に学問上の助言や指導をする　　45

　教員の大部分は，常にいろいろなアドバイスを行っています。学問上のアドバイザーとして，教員たちは学生に授業や専攻を選ぶうえでの指針を与えています。進路のアドバイザーとしては，進路の選択や上位の教育・訓練の機会を模索するのを支援しています。一部の教員たちは，学生のグループや団体に対して，教科外のアドバイザーとしての役割も果たしています。Nathans (1988) は，公式にアドバイザーとしての責務を負っているかいないかにかかわらず，すべての教員はアドバイザーであることを指摘しています。

　教員たちはアドバイスを何気なく行う傾向があります。すなわち，教員たちはアドバイスの仕方についてほとんど訓練を受ける機会がなく，また努力が認められることもめったにないことと相まって，その場しのぎの取り組み方になりがちです。(Erickson and Strommer, 1991) しかし，調査によれば，教員のアドバイスは学生の学問的な成功に大きな影響を与えています。教室外で学生と対話をする教員たちは，学生の知的能力をより正確に把握しており，学生の成果に高い期待を抱いています (Voorhees, 1990)。教室の外で，学生に純粋な興味を持つ教教員たちと学生がたびたび接触することは，学生の学習意欲を持続し，満足させ，目標を達成することを予言するものです。(Chickering and Gamson, 1991; Pascarella and Terenzini, 1991)

　調査 (Metzner, 1989) によれば，学生の意欲を持続させるための効果的な戦略は，学生に優れた助言をすることです。学生の持続力を向上させるには，下手な助言でも，何も助言しないよりよいようです。アドバイザーは学生が自分の教育目標を明確に把握し，その目標を科目と関連づけさせることができます。学生の興味，能力，他の分野との関連に見合った授業を選択させることにより，学問的な成功を推進させることができます。また，支援サービスを紹介することもできます。

効果的なアドバイスは，効果的なティーチングと同じスキルに依存しています。Erickson and Strommer（1991）および Voorhees（1990）は，成功したアドバイザーの人柄は次に示したような性質を持つことを報告しています。学生に対する心遣いと関心を表に現している，声をかけやすく近づきやすい，決めつけないで相手の話を聞く，学生が決断をするのを支援するにあたり積極的な役割を果たす意欲がある，開放的で人を受け入れる雰囲気を作る，多様なバックグラウンドと多様な目標を持つ学生を尊重するなどです。さらに，効果的なアドバイザーは，学位取得の要件を熟知している，適当な科目を推奨する，推薦状を書く，大学の設備や人材をよく知っている，オフィス・アワーを時間どおりに実施するといったことが要求されます。次の提言は，自信を持って学生にアドバイスをするうえで役立つ例です。普段の非公式のアドバイスは，「オフィス・アワーを設ける」の項を参照してください。

一般的な戦略

学部でアドバイスがどのように行われているか上司に聞く。一部の学部では，それぞれの教員たちが一定数の学生（学部の規模によって，10人から30人）を責任を持ってアドバイスをするように割り当てられています。一部の学部では，学生が1学期に一度はアドバイスを担当する教員たちから受け，学習リストや他の用紙に署名するようになっています。また，面接の時期や回数を学生と教員たちに任せている学部もあります。学部に一定の方針がない場合には，経験豊かなアドバイザーは，少なくとも次の3つの「チェックポイント」の時期に面接することを学生に勧めています（Halgin and Halgin, 1984）。(a) 新入生や編入生の入学の前（夏）—学生が大学生活への移行にアドバイスを必要とする時期，(b) 2年生の2学期（春）—学生が自分の方向性や専攻を決め始める時期，(c) 最上級生の1学期（秋）—学生が卒業後の計画についてのアドバイスを必要としている時期などです。

職務上の関係を堅持する。親しみやすく，開放的で，相手を歓迎し，形式ばらない態度で接するようにします。しかし，学生にとって受け入れにくいことで

すが，判断を下す場合は妥協しないように努めます。（たとえば，学生の授業の選択を決定することは拒否するようにします）。教員の役割は，あくまで学生の自助努力を支援することですから，学生を，単なるアドバイスの受け手としてではなく，アドバイスを行ううえでの仲間と見なすようにします。そして，学生の代わりに決定することは避けるようにします。(Kramer and Spencer, 1989; Nathans, 1988)

何を知っておくか，何をするか

学生の記録の秘密保持についての大学の方針について知っておく。第三者に対する学生の記録の開示は連邦法によって制限されており，ほとんどの場合，学生の署名のある承諾書が必要です。これは，学生の書面による同意なしに，教員は学生の進歩の様子を両親に知らせることができないことを意味しており，一方，例外を除き，学生は自分の記録を見る権利を有しています。学部長に問い合わせて，学生についての情報の開示に関する大学の方針を確認しておきます。

大学の決まりについて知る。大部分の大学には，学部や学科の学位取得の要件，専攻が定める履修条件，専門科目の授業，専攻を変更する場合の手続き，授業の履修と取り消しの手続き，欠席届，退学や単位交換についての情報，卒業や実務大学への進学要件と手続き，特別プログラム（海外教育，学部生の調査の機会，褒賞プログラム，その他），学生の学習支援などについての具体的な情報を示したハンドブックがあります。学生の質問に答えるために，何を見ればよいか，どこへ問い合わせればよいかが分かっていれば，すべての規則や規定を覚える必要はありません。最新の情報を保持するために，学部や学内の情報に目を通し，ハンドブックの内容を更新する文書，広報誌，メモをファイルとして保存する習慣をつけるようにしましょう。(Kramer and Spencer, 1989; Nathans, 1988)

第一歩を踏み出す。学生はアドバイスがほしいと言いますが，必要な書類に署

名をもらいに来る以外に，アドバイザーのもとを訪れる学生は多くはありません。面談に来るように勧める場合には，小グループを昼食やコーヒーに招いたり，1人ひとりに彼らの証明書や記録について気づいたことでディスカッションのきっかけとなるようなこと（たとえば，顕著な成績，興味深い授業の受け方）に触れたメモを送るようにします。学生との連絡には，電子メールや電話を使用すればよく，必ずしも1対1の面談をしなければならないわけではありません。(Nathans, 1988)

話しかけやすく，近づきやすくする。決して面談の約束を破らないようにし，予定した面談は敏速に行います。学生が来たら，自分が学生の幸福に心から関心を寄せていることを感じさせるためにできるだけのことをするようにします。

学生との面談のメモを保存する。担当する1人ひとりの学生について，学年，専攻，面談の日付，テーマ，決定事項，特別な問題があればそのことを書き留めておきます。学生が来る前にメモを見ることによって，記憶を新たにして，前回に面談したときの質問や問題に話をつなげることができます。(Erickson and Strommer, 1991)

コンピューターを使用すれば，毎日のルーチンに時間を費やさないですむ。コンピューターのファイルシステムを使用すれば，学生の学問的な要件，学位取得に向けての進捗状態を見守ることができ，定期的・特別な時期（たとえば，成績の平均点が一定の水準以下になったとき）に学生に手紙を出すことができます。一部の教員たちは，それぞれの学生について1つずつのファイルを備えたデータベースを使用しています（Appleby, 1989）。このファイルには，学生のバックグラウンドに関する情報，大学や学部の卒業要件で履修済みのものや未履修のもの，推薦状や履歴書に記入できる材料（たとえば，褒賞，調査活動，職歴，ボランティア活動）を含めることができます。一部の大学では，教員たちが学生の記録に容易にアクセスして，学生の進歩の状態について記録できる仕組みを備えたネットワーク・システムを備えています。(Appleby, 1989; Kramer and Spencer, 1989)

アドバイスを通して学んだことを，自分のティーチングについて活かすように考える。学部で行われているティーチングについて，アドバイスを受ける学生の話をよく聞くようにします。さまざまな授業の難しさや授業を受講する順序，先修条件となる授業で教えられている技能，その他自分自身のティーチングに役立つ情報を数多く学びとることができます。(Erickson and Strommer, 1991)

自分がアドバイザーとして適切であったかどうかについての情報を募る。無記名で記入できる質問紙を学生に送ります。Davis（1988）は，4つの主要な評価基準の評価用紙の様式を次に示しています。

- 知識：アドバイザーとして充分な情報を持っていたか。
- 利用しやすさ：オフィス・アワーについて事前掲示し，必要に応じて事後確認の面談の勧めをふくめて充分に機能させていたか。学期中の連絡はとりやすかったか。
- 信頼：学生をリラックスさせ，それぞれの学生を個人として扱ったか。学生の学問的な発達に興味を持っていたか。
- 方法：明確に話をし，面談の時間は有効に使われたか。

新入生や専攻未定の学生に対する助言

新入生や専攻未定の学生が利用できるどんなシステムが大学にあるか調べる。規模の大きな大学には，規則，規定，手続きなどに通じ，事務手続きと学問上のアドバイスをしてくれる専門のアドバイザーがいるものです。このような条件のもとでは，教員の役割は，新入生が初めて個人的に接する大学教員としての意味合いが濃くなります。また，学科によっては，上級生が下級生にアドバイスをするプログラムを設けている場合があり，調査によれば，こういったプログラムは非常にうまくいっているということです。(Crockett, 1985; Halgin and Halgin, 1984)

アドバイスの範囲について心構えをする。新入生は上級生の場合よりも，アド

バイスを個人的な性質の問題について話し合う場と思っている傾向があります。また，新入生は指示を与えたり，面談を設定したり，複雑で面倒なアドバイスを必要とする傾向があります。(Erickson and Strommer, 1991; Voorhees, 1990)

学生が大学生活に馴染むことを支援する。 新入生は，自分の科目の選択のため，大学の支援システムの存在，学部，学内の学生団体や活動について知るために援助を必要とする場合がしばしばあります。(Kramer and Spencer, 1989)

新入生や新しく転入してきた学生を学科に引き入れる。 学生に学部学生との繋がり，学部生の研究プロジェクト，学習グループ，進路の研究会などについて説明します。個人としての参加が学習の主な動機づけとなりますので，学生が学内に自分の居場所を見つけることができるように支援します。(Frost, 1991; Grites, 1980; Kramer and Spencer, 1989)

本質的に興味のある授業を少なくとも1つは受講することを学生に奨励する。 研究によれば，自分の学問的なプログラムの中に少なくとも1つは自分にとって魅力のある授業があると感じている学生は，自分から選択するのではなく，必修の授業ばかりで成り立っていると感じている学生よりも，成績が良く，大学に残る割合が高いことが示されています。(Guskey, 1988)

新入生に学習グループを作ること，少人数の授業を受けることを勧める。 自分の学問的な生活に最も満足している学生は，学習チームや学習グループに参加し，1・2年生向けのセミナーを受講している学生です（Marchese, 1992）。

時間の使い方についてアドバイスする。 授業を受けるのに必要な時間や学習量を正確に予測できるようにアドバイスします。新入生に対しては，効果的な学習の作戦や習慣に関するアドバイスも必要です。(Kramer and Spencer, 1989)

自分と異なる性別，民族性，文化を持つ学生の必要とするところに敏感になる。 学生の性別，民族性，文化がアドバイザーと一致することが重要であるかどう

かについては，専門家の意見は分かれています（Jacobi, 1991）。しかし，実際には，多くのプログラムでアドバイザーは学生の代弁者であるということが確立されつつあります。

新入生に「アドバイスのシラバス」を配る。他のシラバスと同様に，アドバイスのシラバスには，目標や特別な活動の予定を示したものです。アドバイザーと面談することの利点の概要，アドバイスを行う者と受ける者に対等な相手として期待されること，個人面談やグループ面談の形式，簡単な資料のリストを示すようにします。Erickson and Strommer（1991, pp. 192-194）は，シラバスの見本を示しています。

新入生に対して忍耐強く特に接する。専攻未定の学生は，どっちつかずの状態にあり，Aで始まる建築学（architecture）からZで始まる動物学（zoology）まで，ありとあらゆる専門分野の間で揺れ動いているのです。彼らの気分は自信満々な状態から，大学で成功する機会に恵まれるかどうか自分に疑問を感じて苦しむ状態までさまざまです。彼らの欠点を見逃してやり，教員が本当に彼らの成功を支援することに関心を持っていることを示すようにします。（Nathans, 1988）

学部の専攻についてのアドバイス

アドバイスを受ける学生が専攻の定めている要件を理解していることを確認する。学部の要件が複雑な場合には，相談者がそれぞれの要件を満たすためにとりうる方法を図表にまとめるのを支援します。

授業の選択についての話し合いにかける時間を制限する。オブザーバーによれば，科目の選択にはアドバイスの時間の25％以上かけるべきではないと言っています（Grites, 1980）。ベテランのアドバイザーは，学生が適切な順序から外れた授業を受講したり，必修の授業の受講を受講可能なぎりぎりの期限まで延ばしたり，受講の前提条件を無視したりして窮地に陥ることを避けるように教

員が支援することを勧めています。(Halgin and Halgin, 1984)

あなたの専門領域での求人状況について学生に知らせる。 キャンパスによっては就職課に専門官を配置しているところもありますが，求人情報を与えることで，大学院での研究の機会や仕事について，あなたに3,4年生が尋ねるかもしれません。専門分野で働いている卒業生を学生に紹介するようにしましょう。

個人面談を補うものとして，グループに対するアドバイスを考慮する。 グループに対するアドバイスは，同じ学問的な興味を共有する学生の間の友好を深め，進路や学問的な問題をより深く検討することを奨励することに結びつくことでしょう。グループに対するアドバイスで扱えるディスカッションのテーマとしては，次の学期にどの授業を選択するかの理由，中間試験に向けての学習の秘策，事務手続き上の困難な問題と解決方法などが考えられます。(Erickson and Strommer, 1991; Grites, 1980)

「一歩踏み込んだ」アドバイスと指導

必要であれば，学生に「一歩踏み込んだ」アドバイスを与える。 一歩踏み込んだアドバイスは，新入生や学問的な問題を抱えた学生に対して計画的に介入する作戦です。学生はたびたびアドバイザーと面談して，進歩状態と困難な点について話し合う必要があります。一部の大学では，再入学の学生，学問的に準備不足だったり，低所得だったり，英語が母国語でなかったり，身体上・学習上の障害を持っていたりする学生のための一歩踏み込んだアドバイスのプログラムを持っています (Harnish, 1991)。研究者は，一歩踏み込んだアドバイスが，少数派の学生，仮進級の学生を大学にとどまらせるのに成功していることを報告しています。(Voorhees, 1990)

指導者となることを考える。 よき指導者 (a mentor) は，アドバイザー兼教員以上の存在です。よき指導者として関与すること (mentoring) は，多くの経験を積んだ個人が経験の浅い個人にアドバイス，相談，指導をするもので，1

対1の関係を保つものです（Johnson, 1989）。よき指導者は学生に何をすべきかを言うというよりも，何かをする勇気を与えるとEble（1988）は言っています。Jacobi（1991）は，感情面・心理面での支え，進路や専門に関する直接的支援，モデルの提示を行うという3つ役割がよき指導者の条件であるとしています。文献によれば，よき指導者として学生に関与することが学問的な成功を促進すると証明されたわけではありませんが，少数の学生を対象とするよき指導者プログラムが多くの大学で一般的になっています。（Jacobi, 1991）

教室外で学生と面談する。 Griffin and Ervin（1990）は，指導者が行える活動の概要を次のように示しています。

- 定期的に，折にふれて学生と昼食やコーヒーを囲んで面談する。
- グループの1人として，学生を自宅に招く。
- 学生寮で学生と会食するか，学生の生活グループとともに会食をする。
- 必要であれば，テストの受け方や学習の作戦のワークショップ，個別指導システムなど大学の資源を利用するように学生に勧める。
- 学生が積極的に参加している活動に出席する。
- 学生の両親が大学を訪ねてくる機会があれば，非公式に会えるように手配する。
- 最終試験の期間の前・中・後に励ましの言葉を書き送る。すばらしい成績にはお祝いの言葉を贈る。

上に示したリストに，地域の専門家の集まりや専門分野の催しなどに出席するように学生に勧めることや，自分の調査や学術的研究に学生を参加させることを追加することができます。

行動上の留意事項

教室外で学生と面談する場合には，行動に留意する。 いくら形式ばらない状況でも，学生の服装，身体，性別・性的な行動についての発言，からかうような

言葉，きわどい物語，冗談，不必要な肉体的接触など挑発的な態度になることは避けるようにします。

大学のセクシャル・ハラスメントに対する方針と苦情処理の手順を手に入れる。大学の苦情処理担当者か権利第9条担当部門に，セクシャル・ハラスメント，学生との恋愛関係に関する大学の方針について問い合わせます。一般に，歓迎されない性的な言い寄り，性的な好意の要求，性的な言動は，(1) そのような行為に従うことが，明らかに，暗黙のうちに，指導・雇用・その他の学内での活動への参加の条件とされる，(2) 個人がそのような行為に従うか，拒絶するかがその個人を評価するうえでの基本として使用される，(3) そのような行為が，個人の業績を理由なく妨害する，人を怯えさせる，敵意を抱かせるような学内の環境を作ることを目的としているか，そのことに影響を及ぼす場合にセクシャル・ハラスメントとなります。Beidler and Tong (1991) が指摘していますように，セクシャル・ハラスメントや威嚇行為は誤った行為です。学生と教員の間ではいかなる恋愛関係，すなわち，たとえそれが合意に基づくもので，私利をはかるようなものでないとしても，疑いを招く場合があります。実際に，米国の大学では，この問題について検討したうえで，教員と学生の間の性的な関係を職務に反する行為として禁止したり，承認しています。

誤解や誤った解釈を防ぐ手段をとる。教員としての熱心な態度が，一部の学生にセクシャル・ハラスメントと誤認される場合があります。たとえば，教員の指示のもとで個別に学習するような提言は，専門家としての興味というよりは個人的な興味の表れと誤解される場合があり得るのです。たとえば，学生との面談の間，研究室の扉を開けたままにしておきます，教室のすぐ外で学生と話をします，オフィス・アワーは1対1で面談するよりも小グループで話し合います，学生との肉体的接触を避けることによって，誤解を招く機会を最小限にします。両性の学生を公平に扱って，すべての学生が教員に接する機会を持てるようにします。ただし，優れたティーチングの基本的な要素を犠牲にするほど，セクシャル・ハラスメントについて緊張したり，不安を感じる必要はありません。("Sexual Harassment," n.d.)

学生が言い寄ってきていると感じたら，ただちに言葉に出して話をする。態度で斥けたり，黙っているだけでは暗黙のうちに認めたものと誤解される恐れがあります。その代わり「このような個人的な問題を君と話し合うのは，不適切なことだ」と言って対応するようにします。学生が寄りかかったり，接近しすぎる場合には，移動するか席を立つようにします。その学生が態度を変えない場合には，日付，時刻，場所，関係した人々，言動などの出来事の記録をとっておくようにします。学部の上司や苦情処理担当者に話をしておきます。(Avoiding Sexual Discrimination in the Classroom, n.d.)

References

Appleby, D. C. "The Microcomputer as an Advising Tool." *Teaching of Psychology*, 1989, *16*(3), 156-159.

Avoiding Sexual Discrimination in the Classroom. Los Angels: Office of the Ombusman, University of California, n.d.

Beidler, P. G., and Tong, R. "Love in the Classroom." *Journal on Excellence in College Teaching*, 1991, *2*, 53-70.

Chickering, A. W., and Gamson, Z. F. (eds.). *Applying the Seven Principles for Good Practice in Undergraduate Education.* New Directions for Teaching and Learning, no. 47. San Francisco: Jossey-Bass, 1991.

Crockett, D. S. "Academic Advising." In L. Noel, R. Levitz, D. Saluri, and Associates (eds.), *Increasing Student Retention.* San Francisco: Jossey-Bass, 1985.

Davis, B. G. *Sourcebook for Evaluating Teaching.* Berkeley: Office of Educational Development, University of California, 1988.

Eble, K. E, *The Craft of Teaching.* (2nd ed.) San Francisco: Jossey-Bass, 1988.

Erickson, B. L., and Strommer, D. W. *Teaching College Freshmen.* San Francisco: Jossey-Bass, 1991.

Frost, S. H. *Academic Advising for Student Success: A System of Shared Responsibility.* ASHE-ERIC Higher Education Report No. 3. Washington, D. C.: School of Education and Human Development, George Washington University, 1991.

Griffin, E. V., and Ervin, N. R. *Innovative Practices and Developments in Student Mentoring.* Institute: Division of Student Affairs, West Virginia State College, 1990. (ED 323 893)

Grites, T. J. "Improving Academic Advising." *Idea Paper*, no. 3. Manhattan: Center for Faculty Evaluation and Development, Kansas State University, 1980.

Guskey, T. R. *Improving Student Learning in College Classrooms.* Springfield, Ill.: Thomas, 1988.

Halgin, R. P., and Halgin, L. F. "An Advising System for a Large Psychology Department." *Teaching of Psychology*, 1984, *11*(2), 67-70.

Harnish, D. "Designing Training Programs for Faculty Advisers." *Journal of Staff, Program and Organizational Development,* 1991, *9*(3), 155-162.

Jacobi, M. "Mentoring and Undergraduate Academic Success: A Literature Review." *Review of Educational Research,* 1991, *61*(4), 505-532.

Johnson, C. S. "Mentoring Programs." In M. L. Upcraft, J. N. Gardner, and Associates (eds.), *The Freshman Year Experience.* San Francisco: Jossey-Bass, 1989.

Kramer, G. L., and Spencer, R. W. "Academic Advising." In M. L. Upcraft, J. N. Gardner, and Associates (eds.), *The Freshman Year Experience.* San Francisco: Jossey-Bass, 1989.

Marchese, T. "Assessing Learning at Harvard." *American Association of Higher Education Bulletin,* 1992, *44*(6), 3-7.

Metzner, B. S. "Perceived Quality of Academic Advising: The Effect on Freshman Attrition." *American Educational Research Journal,* 1989, *26*(3), 422-442.

Nathans, E. S. "New Faculty Members and Advising." In A. L. Deneff, C. D. Goodwin, and E. S. McCrate (eds.), *The Academic's Handbook.* Durham, N. C.: Duke University Press, 1988.

Pascarella, E. T., and Terenzini, P. T. *How College Affects Students: Findings and Insights From Twenty Years of Research.* San Francisco: Jossey-Bass, 1991.

"Sexual Harassment: A Hidden Issue." Washington, D. C.: Project on the Status and Education of Women, Association of American Colleges, n.d.

Voorhees, R. A. "A Survey of Academic Advising as an Area of Inquiry." In J. C. Smart (ed.), *Higher Education: Handbook of Theory and Research.* Vol. 6. New York: Agathon Press, 1990.

TAの教育，訓練および監督について　46

　TAとともに学部生を教えるのは，チーム・ティーチングの特殊な形ですが，非常に重要な意味のあることです。どんなチーム・ティーチングでも言えることですが，授業の成功は，授業の計画，実施の両面でのチームのコミュニケーションの質にかかっています。TAは，自分の最善を尽くして教員として成長できるような教育・支援を，教員たちから受けられないと不満を漏らすことがたびたびあります。指導者としての役割を果たしながら，学期の始まる前，学期中にTAと話し合い，評価の手順や方法を設定することで，学生に対するティーチングを強化でき，将来の大学教員の成長に貢献することになります。

一般的な戦略

できるだけ早くTAを選ぶ。多くの情報を得るほど，TAはティーチングの課題に対する充分な準備をすることができます。TAの採用や再採用は，経済的に仕事をする必要があるかどうかよりも英語を話すことと書くことが堪能であること，主題となっている事柄に精通していること，ティーチングの能力を有すること，または潜在的能力を持っていることに基づいて行われます。

多くの班に分かれる人数の多い授業では，1人は最上級生のTAを採用する。最上級生のTAは他のTAの活動を調整でき，新しいTAにオリエンテーションをしたり，指導者としての役割を果たしたり，実技の授業を行ったり，TAの仕事ぶりを評価したり，一般的にはTAと教員たちのパイプ役を務めることができきます。(Sprague and Nyquist, 1989)

学期が始まる前に，TAとの会議を少なくとも1回は開く。授業の内容，方針，手順，活動についてTAと話し合います。教員がTAを新任教員として監督し，教育すること，TAとしての仕事に何が含まれるかなどを伝えます。TAの最も

一般的な役割は次の3つです。

- ディスカッション班を導く：多人数クラスの授業では，TAが毎週，ディスカッション班を導いて，練習問題やケース・スタディーに取り組ませたり，新しい教材について話し合ったり，講義で扱ったテーマを検討したりさせます。
- 授業の一部分を教える：外国語や作文の授業では，TAが1人で入門クラスのティーチングを担当する場合があります。
- 講義中心の授業の実験室部分を担当して教える：実験室の通常授業の場合，TAは実験室の準備，技術や装置の使い方の説明，実験の説明，実験報告書や小テストの成績評価を担当します。

TAとともに仕事をする

教員とTAとの間で意思の疎通を常に確実に保つ。良い関係を発展させ維持するために，教員の期待をTAと話し合います。定期的に彼らと集まって，授業や学生の問題について話すことを注意深く聞き，彼らの経験に応じて責任を持たせるようにします。(Lewis, 1982)

教員自身のティーチングの経験を話す。自分が教え始めたときに経験した問題についてTAに話し，自分のティーチングの秘訣を伝えます。

外国出身のTAが特別に必要とすることを考慮する。外国出身のTAにアメリカの教育制度や教授法の概要を教えます。たとえば，教員は講義だけを行うという文化もありますので，外国出身のTAに，クラス・ディスカッションをどのように導くかを詳しく助言する必要があります。訛りのある話し方をする外国出身のTAには，重要な語句はゆっくり繰り返して言い，配付資料や板書を活用するように勧めます。「相棒」を決めて学部のTA間での協力を促し，友人関係ができるようにして，支援，異文化との接触による成長，ティーチングの実践についての情報交換が行われる基盤を作らせます。場合によっては，外国出

身のTAの役割と価値について学生の意識を喚起する必要があることもあります。(Svinicki, 1989)

TAを将来有望な同僚として扱う。個人として，ティーチングのチームの一員としてのTAの立場に配慮します。TAに，講義の仕方，板書，話の速さ，声の調子を向上させる方法について，意見を言わせます。TAに，講義についての考えを積極的に述べるように勧めることで，彼らのティーチングとの関わりを深め，力を注ぐ気持ちにさせるようにします。

学期の前にTAとの話し合いを持つ

新しいTAに自己紹介をする。知らないTAに対しては，自分自身，自分の学問的な関心，カリキュラム上のこの授業の位置づけなどについて伝えるようにします。

TAが，ティーチングに関する責任を果たすために費やす時間数について話し合う。TAに，仕事に必要な時間の観念を持たせたうえで，ティーチングはもちろん重要なことですが，あくまでもパートタイムの仕事であって，彼ら自身の学問的な仕事に差し支えが生じてはならないことを認識させます。TAが授業準備，教室や実験室でのティーチング，オフィス・アワー，学生の論文，課題の検討にどれだけ時間をかけるべきか教員が考える優先順位を示すようにします。

TAと監督に当たる教員たちの役割・責任についての指針を書面で配る。TAの責任は次のリストに示すものが含まれます。

- 教員たちの授業教材の準備を補助する
- 実験班やディスカッションの班を教える
- すべての講義に出席する
- 他のTAや担当の教員との週1回の会議に出席する

- 学生の作品（練習問題，実験報告書，論文，試験）を読む
- 小テストや試験の準備を補助する
- 学生の成績を評価するのを補助する
- オフィス・アワーを所定の回数担当する
- 学部のTA訓練セミナーの授業に参加する

教員たちの責任には，次に示すものが含まれます。

- TAに彼らのティーチングの効果についてフィードバックを与える
- 毎週，TAと集まって実験班やディスカッション班の内容や準備について話し合う
- 教材の内容や示し方についてTAにしっかり教える（たとえば，テーマのどこを強調すべきか，質問すべきこと，説明する点，問題が生じるかもしれない箇所など）
- 小テストや試験の正解を渡し，論文，練習問題，その他，学生の作品の評価をする際の詳しい指針を与える
- TAが学生の作品の評価をするのを監督する
- TAの仕事の中心的な職務であるティーチングの準備，オフィス・アワー，学生の作品の評価などの優先順位を定める支援をする

これらの書類には，仕事の説明，苦情を提出する手続き，TAの評価に対する学部の方針，TAの再採用や昇進の手続きも含めます。（Unruh, 1989）

授業について詳しく話し合う。次に示す重要なテーマについて話し合います。

- 授業における教員の役割とTAの役割：教員との関係はどんな関係を保つべきか。何をすべきか：講義の復習，新しい教材の提示，宿題，読書課題についてのディスカッション，学生の質問に答える，主題となる事柄の選択，出欠に関する方針の設定，新しい教材の採用にTAはどれだけ関与すべきか。

- 授業の目標：授業で達成したいこと，学生に到達してほしいことを説明する。
- TAの授業における職務：オフィス・アワーを何回開く必要があるか。TAは，試験，課題の準備，成績評価に責任を持つのか。
- TAのティーチング以外の職務：メディア装置の確保，予備の参考資料の配置といったティーチング以外の職務があれば，それに責任を持つかをTAに知らせる。
- 授業のシラバス：少なくとも授業が始まる3週間前には，シラバスの写しや課題図書をTAに渡す。なじみのないテーマがあれば説明して，TAが教材に慣れるようにする。
- 過去の試験：この授業を以前に担当したことがある場合には，前の試験をTAに配って，重要な教材の概要を把握させる。
- 物理的な条件：1つの班に入れられる学生の最大人数はどれだけか。教室が狭すぎたらどうするか。教科書がまだ届いていなかったらどうするか。登録に関する問い，班への課題，その他を誰が取り扱うか。

どのような事務的な支援サービスを受けられるか説明する。TAは，事務職員の援助を受けたり，事務部のコンピューター，複写機，ファックス，電子メールを使用できるか説明します。

大学の方針にTAと一緒に目を通す。学問上の不正行為，セクシャル・ハラスメント，成績についての苦情，TAの行いや専門家としての在り方の基準について大学の方針のコピーを配付します。すべての学生に対して公平でバランスのとれた扱いをするようにTAに助言し，教室にえこひいきも先入観も持ち込んではならないことを伝えます。

ティーチングについて学習するための資源についてTAに知らせる。TAが学内のTA訓練プログラム，オリエンテーション会議，ハンドブック，専門分野のティーチングに関する教材のファイル，その他の資源について知っていることを確認します。相談できる模範的な教員や経験豊かなTAについても知らせて

おきます。

効果的なティーチングの実例について話し合う。新しいTAが授業第1日目の準備をするのを支援します。「授業第1日目」の項を参照してください。可能であれば，新しいTAが経験のあるTAからよくある問題について話を聞けるようにします。

学生が利用できる大学の資源についてTAに知らせる。感情面，個人的，健康，学問上の問題を抱えた学生を紹介できる場所をTAは知っておく必要があります。

勤務時間を検討する。学期中，講義，ディスカッション班，実験班，オフィス・アワー，スタッフ会議，その他の活動にどれだけの時間を費やしたか記録をつけさせます。彼らの勤務時間表を使って，TAが仕事をしすぎていないか，時間を効率的に配分しているか確認するようにします。

学期中にTAとの話し合いを持つ

学期中を通じて定期的に話し合う場を設定する。TAの経験の程度，授業の性質，TAの仕事の負荷に応じて，1〜2週間ごとに話し合いを持ちます。毎回の話し合いで次のような事柄について資料を配って話し合うようにします。

- 宿題課題について，最近の学生の問題についての話し合い
- 次の宿題や学生が陥りやすい問題について
- ディスカッション班や実験班についての報告
- 中間試験で使用する問題についての提言

授業の進み具合について話し合う。学生が講義を理解し，読書課題についてきているかTAに聞くようにします。TAは学生が授業に関して抱えている問題についての良い情報提供者です。

前回の授業の内容や新しい教材を検討する。前回の授業のテーマや次の授業のテーマを検討し，ティーチングの作戦について話し合うようにします。(Instructional and Management Services, 1986)

課題や試験の評価について共通の評価基準を示す。最初の論文，練習問題，小テスト，実験報告書についてTAの意見や評価法を検討し，共通の評価基準の必要について話し合うようにします。学生にコメントを与える方法についてTAにアドバイスします。「学生の文章作品を評価する」，「成績評価の実例」の項を参照してください。

問題を抱えている学生を探すのを手伝わせる。授業で学生に最も難しいと感じさせた事例を書かせるのもよいでしょう。どの学生が問題を抱え，何人いるかを把握し，学生学習センター，文章指導センター，個別指導センターへ紹介することも含めて，どのように支援をすればよいかTAにアドバイスします。ディスカッションを独占する学生を防ぐ方法，内気な学生を励ます方法，問題を抱えている学生をどのように扱えばよいかについてのアドバイスもTAは喜びます。

TAを評価し，向上させるようにはからう

学期の半ばに学生によるTAの評価を行う。学生の評価によって教員は多くのことを得るのですが，初めてTAを行った場合は特にその効果は大きいようです。学期の第4週か第5週に学生から意見を書いてもらうことをTAに奨励します。この評価に基づいて，TAにティーチングを向上させるための具体的なアドバイスを行います。学生たちが教員を評価した学期末の授業評価用紙を学期の始めにTAに見せることも役に立ちます。「迅速なフィードバック」の項を見てください。

TAのティーチングの参観を計画する。多数のTAがいる場合には，学期中に少なくとも1回は彼らの班の集まりに出席し，参観するようにします。前もって

出席の予定をTAと調整し，参観したことを話し合う機会を設けます。多くのTAがいる場合には，TAに他の班の集まりを互いに参観させます。このような参観は，教える側も参観する側にも有効です。参観をどのように行うかについては，「自分の授業をビデオ録画で見る」の項を参照してください。

TAをビデオに撮る。大学の多くに教室のビデオ撮影を行う部門があります。TAのティーチングのビデオ撮影を学期の始めと終わりに行わせ，希望すれば，教員がTAとともにビデオを検討するようにします。「自分の授業をビデオ録画で見る」の項を参照してください。

クラスで短い講義をTAにさせる。構成，説明，例，話し方の速さや声の調子，黒板の使い方，質問の仕方など授業のキーポイントとなる点について，TAに方法を伝授します。

TAの評価を学期の終わりに文章で渡す。TAの評価は指導者の職務上不可欠の項目です。TAの長所と短所に焦点を合わせたコメントがあれば，責任を果たしたこととなり，TAに自分のティーチングの技能を向上させる参考になります。

References

Instructional and Management Services. "Working with Teaching Assistants." *Illinois Instructor Series*, no. 2. Urbana: Instructional and Management Services, University of Illinois, 1986.

Lewis, K. G. *Taming the Pedagogical Monster*. Austin: Center for Teaching Effectiveness, University of Texas, 1982.

Sprague, J., and Nyquist, J. D. "TA Supervision." In J. D. Nyquist, R. D. Abbott, and D. H. Wulff (eds.), *Teaching Assistant Training in the 1990s*. New Directions for Teaching and Learning, no. 39. San Francisco: Jossey-Bass, 1989.

Svinicki, M. D. "The Development of TAs: Preparing for the Future While Enhancing the Present." In A. F. Lucas (ed.), *The Department Chairperson's Role in Enhancing College Teaching*. New Directions for Teaching and Learning, no. 37. San Francisco: Jossey-Bass, 1989.

Unruh, D. *Teaching Assistant Training: A Guide for Developing Department Programs*. Los Angeles: Office of Instructional Development, University of California, 1989.

XII
仕上げ

47. 最後の数回の授業

48. 学生による授業評価の形式

49. 推薦状を書く

最後の数回の授業 47

　学期の終わりは誰にとっても熱くなる時期です。教員たちは授業の最後のトピックにたどり着こうと夢中になり，学生は最終試験のことを考えはじめて新しい情報に疎くなります（Goldsmid and Wilson, 1980）。シラバスの内容を最後まで終わらせること以外に，最後の数回の授業で教員がする仕事が3つあります。（1）最終試験の前に復習の授業をする，（2）学生にきちんと終わったと感じさせる，（3）授業終了時に学生による授業評価アンケートを行う。ここでは，始めの2つのテーマを扱うことにします。学生による授業評価アンケートの実施については，「学生による授業評価の形式」の項を参照してください。

　復習の授業は，学生に対して2つの重要な機能を持っています。彼らの意識を授業の内容に集中させることと，試験に関する不安を少なくすることです（"Exam Review Sessions," 1988）。この種の授業は，試験に必要な技能の訓練を行い，最終試験で自分に何が期待されているのかを確認させ，この学期に自分が獲得した知識と技能を確認する機会を与えます。充分な証拠があるわけではありませんが，復習の授業をしている教員たちは，出席した学生は最終試験で良い成績を得る傾向があると確信しています（"Exam Review Sessions," 1988）。最後の数回の授業では，きちんと終わった感じを与えることも重要です。授業終了時のアンケートに記入するという形式，あるいは形式ばらない形であっても，学期の終わりを認識する時間があることを多くの学生が好んでいます。

復習の授業を計画する

復習の授業をどのように行うか説明する。授業への出席は任意なのか，学生は何をするのか，いつ，どこで，どのくらいの長さで行われるか，配付資料はシラバスとともに渡されるかなどを説明します。学期の終わり近くに行えば，教員が復習授業に何を期待しているかを学生はより理解します。

教員が自ら復習授業を行う。TA（Teaching Assistant：教育補助学生）に復習の授業をさせると，問題が起きる場合があります。彼らの教材の解釈が教員の解釈と一致していないと，最後の復習授業で学生を混乱させることになります。学生が「でも，TAが復習授業で言っていました」と言って，最終試験の成績について不平を言うのを聞きたくないと思いませんか。（Sahadeo and Davis, 1988）

学生に復習授業の予定を尋ねる。Sahadeo and Davis（1988）は，最終試験の1日か2日前の夕方に復習授業を行うことを勧めています。彼らは，すべての授業が終わったのちに，自分で勉強して復習したのちに復習の授業を受けるほうが，学生は最終試験で良い成績をとると報告しています。授業の最後の1，2回で復習授業を行うと，学生はテストで扱う範囲が発表されるまで，自分で勉強するのを延ばすかもしれません。しかし，正規の授業時間以外に復習の授業を行うと，仕事，家族の都合，その他の差し支えのある学生が出席しにくい場合があるかもしれません。（Sahadeo and Davis, 1988）

復習授業の雰囲気をくつろいだ形式ばらないものにする。神経質になっている学生に，最終試験をうまく乗り切ることができると確信させて，気持ちを楽にさせます。学生が自信を持てるように支援します。（Sahadeo and Davis, 1988）

復習の授業を実施する

復習の授業の始めに，試験についての事務的な事柄を説明する。試験の日時・場所，持ち物，試験に先立って提出する必要のある課題，試験で扱う特定の読書課題やテーマ，問題の数と形式を示した配付資料を学生に配るようにします。（Sahadeo and Davis, 1988）

模擬試験を行う。学生に30〜60分の典型的な試験問題や以前に出した試験問題を解かせ，答えについてグループやサブグループで話し合わせるようにします。（"Exam Review Sessions," 1988）

ゲーム・ショー形式を使用する。ある心理学の教授は，復習の授業を「ジェオパルディ」というゲームのような形で行って成功したことを報告しています（このゲームでは，参加者に「答え」が与えられ，正しい質問を見つけるものです）。授業前に，学生が分けられ，6つの幅広い学習分野の課題が与えられます（たとえば，信頼性，科学的方法）。教員はそれぞれの分野について，徐々に難しくなる「答え」を考えます。復習の授業で教員は司会者の役割を果たし，学生のチームは正しく答えることで得点を重ねます。「ジェオパルディ」と同じように，1日1回，2倍の得点が与えられる問題を作り，最後の難関とします。(Gibson, 1991)

キーポイントとなる概念や考え方について，学生にブレインストーミングをさせる。授業で最も重要な項目，テーマ，論点を学生に認識させます。学生の答えをすべて，黒板に書いてから，学生とともにそれぞれの項目を吟味し，つながりを見つけたり，混乱しやすい点を指摘したりするようにします。(Teaching Assistance, n.d.)

主要なテーマや問題を，短くまとめる。授業で扱ったテーマのつながりに焦点を合わせて，授業の概要や復習をします。たとえば，主要なテーマを授業で扱った順にあげてリストを作るか，学生にそのようなリストを作らせます。次に個々のテーマに含まれる重要な概念について簡単に論じ，概念同士のつながりを示すようにします。学生にこのようなつながりについての質問をします。この種の復習授業の難しい点は，これまでの授業の基本的要素を1回の比較的短い授業に集約することです。("Exam Review Sessions," 1988; Goldsmid and Wilson, 1980; Sahadeo and Davis, 1988)

学生が質問できる時間を多少なりとも残す。授業全体を自由な質問の時間とすることができます。学生は，解きたい問題について説明したり，復習したいテーマをあげたり，具体的な質問をしたりすることができます。15～20分で質問が出尽くした場合には，その時点で復習の授業を終了してもよく，試験勉強の優先順位を決めたり，焦点を絞ったりする作業に移ることもできます。「試験

のために，……を知っておいたほうがいいですか」というやりとりにならないように心がけます。("Exam Review Sessions," 1988)

最終試験に向けての勉強の仕方についてアドバイスして終わる。グループで学習することの効果を説明したり，学習のペースについての作戦を授けたり，問題の指示を注意深く読み，論文を読み直す時間を残しておくなど説明しておきます。試験準備に関して学生にアドバイスする方法については，「多肢選択テストおよび組み合わせテスト」，「短答式テストおよび論述式テスト」，「テストに関する学生の不安を軽減する」の項を参照してください。(Dubrow and Wilkinson, 1984)

締めくくる

級友や教員に対してひと言コメントを書かせる。セミナーやディスカッションの授業の最後の数回のうちで，学生にインデックスカードを配り，授業での発表や参加の仕方についてコメントを求めたり，授業で最も気に入った点，教員や級友に対するメッセージなどを書いてもらいます。(Pfeiffer and Jones, 1973)

学生に残念だと思っていることを書かせる。最後の週の授業で，これまでの授業で言わなかったことを後悔していることを書かせます。それから，教室を廻って歩きながら，それぞれの事柄について話すようにします。(Pfeiffer and Jones, 1973)

授業で意見を聞く。クラスの人数が少ない場合には，どうすれば教材をもっと容易に学習できたか，学期中で最も学生の記憶に残っている概念や考え方は何か，学生が学期中に行われることを望んでいたが行われなかったことは何かといった問題について話し合う時間を設けるようにします。

References

Dubrow, H., and Wilkinson, J. "The Theory and Practice of Lectures." In M. M. Gullette (ed.), *The Art and Craft of Teaching*. Cambridge, Mass.: Harvard University Press, 1984.

"Exam Review Sessions." *Teaching Professor*, 1988, *2*(9), 1-2.

Gibson, B. "Research Methods Jeopardy: A Tool for Involving Students and Organizing the Study Session." *Teaching of Psychology*, 1991, *18*(3), 176-177.

Goldsmid, C. A., and Wilson, E. K. *Passing on Psychology: The Teaching of a Discipline*. Belmont, Calif.: Wadsworth, 1980.

Pfeiffer, J. W., and Jones, J. E. *Handbook of Structured Experiences for Human Relations Training*. Vol. 4. Iowa City, Iowa: University Associates, 1973.

Sahadeo, D., and Davis, W. E. "Review — Don't Repeat." *College Teaching*, 1988, *36*(3), 111-113.

Teaching Assistance: A Handbook of Teaching Ideas. San Diego: The Teaching Assistant Development Program, University of California, n.d.

48 学生による授業評価の形式

　授業終了時の学生アンケートや学生による授業評価などと呼ばれる学生が行う授業の評価は，従来から学期末に行われてきました。（学期の半ばに授業評価を行う場合の提言については，「迅速なフィードバック」の項を参照してください。）一般的にこの授業終了時の評価情報は，教育業績としたり，昇格，継続といった人事的な判断材料として教授会や管理者によって用いられています。

　昔は，学生による授業評価を実施することに論争があったものでした。今では，学生が1学期間にわたり授業を受けたことについての考えを調査することは意味があり，多数の調査から学生にアンケートを実施することは有効で，信頼性があるとの結論が出たことから，一般に行われるようになっています。調査により明らかになった学生による授業評価の実態の一部を次に示します。(Davis, 1988より抜粋)

- ティーチングの効果に関する総合評価では，学生の学習や到達度の度合いとゆるやかな相関関係があります。評価の高い教員の担当した学生は，他の学生より最終試験の得点が高く，授業の教材をよりよく適用することができ，その後も授業の主題を引き続き研究する傾向があります。(Abrami, Apollonia, and Cohen, 1990; Braskamp, Brandenburg, and Ory, 1984; Cohen, 1981; Kulik and McKeachie, 1975; McMillan, Wergin, Forsyth, and Brown, 1986; Marsh and Dunkin, 1992)
- 1人の教員が同じ授業を担当する場合の授業評価は，継続して比較的何年も一定である傾向を示します。個々の教員に対する学生による授業評価は，現役の学生に実施した場合と卒業生に実施した場合ではあまり変化はありません。(Braskamp, Brandenburg, and Ory, 1984; Centra, 1979; McMillan, Wergin, Forsyth, and Brown, 1986; Marsh and Dunkin, 1992)

- 年齢，成績，在学年数，学問的な能力といった学生の特性と授業評価の間には，ほとんど，あるいはまったく関連性が見られません。学生による授業評価と出された宿題の量や成績評価の基準の間には，一貫した関連性は見られません。(Braskamp, Brandenburg, and Ory, 1984; Centra, 1979; Kulik and McKeachie, 1975; McKeachie, 1977; McMillan, Wergin, Forsyth, and Brown, 1986; Marsh and Dunkin, 1992)
- 研究者は，次に示すような関連性を報告しています。

  学生は自分の専攻分野の授業と選択の授業については，専攻分野以外の必修科目よりも高く評価する傾向があります。(Kulik and McKeachie, 1975; Mckeachie, 1979; Marsh and Dunkin, 1992)

  教員たちはTAよりも，高く評価を受ける傾向があります。(Marsh and Dunkin, 1992)

  学生の性別は，授業評価にはほとんど影響しませんが，教員の性別は影響がある場合があります。教員の性別と学生の授業評価の間には関連性がないという報告もあり，性別に適合したティーチングのスタイルのほうが，高い授業評価を得られる場合があるという報告もあります。(Basow and Silberg, 1987; Bennet, 1982; Kierstead, D'Agostin, and Dill, 1988; Marsh and Dunkin, 1992; Statham, Richardson, and Cook, 1991)

  授業評価は，クラスの規模（非常に人数の少ないクラスは高い評価を受ける傾向がある），専門分野（人文科学の教師は，物理科学の教師よりも高い評価を受ける傾向がある），授業の種類（ディスカッションの授業は講義の授業よりも高い授業評価を受ける傾向がある）によって影響を受ける場合があります。(Cashin, 1992; Feldman, 1984; Marsh and Dunkin, 1992)

  学生の期待が彼らの授業評価に影響を及ぼします。授業や教員に期待している学生は，一般的に期待を授業は裏切らなかったと感じているようです。(Marsh and Dunkin, 1992; Perry, Abrami, Leventhal, and Check, 1979)

多くの大学には，すべての教員が実施する標準的な授業評価用紙があり，回

収方法やデータ分析などの手順が決まっています。その大学の学部で、どんな方針があるのかを調べておきます。独自のアンケートを自由に作ってよいのであれば、次に示すコメントが、学生による授業評価用紙を作るのに役立つと思います（Davis, 1988より抜粋）。大学の標準的なアンケート様式を使用する場合には、次のコメントが、アンケートの処理方法や結果を解釈するうえで役立つことでしょう。

アンケートの選択と設計

学生による授業評価では数値評価と文章による意見を含む様式を用いる。数値のデータと文章によるデータの両方を含む様式が、学生の反応を幅広く捉えるのに最も有効です。Davis（1988）は、学生による授業評価票のサンプルを示すとともに、学期の終わりのアンケートに使用できる項目を、親しみやすさ、授業の構成と準備、対話といったグループに分けて示しています。Kulik（1991）は、教員が作ったアンケート（IDQ）の項目を、学生の発達、授業の要素、学生の義務といったグループに分けた一覧を示しています。Theall and Franklin（1990）は、自分で授業評価用紙を作成する場合の注意事項を示し、有効で信頼性のあるアンケートを作るには時間がかかると言っています。彼らは、具体的で曖昧さを含まない項目を使用するように勧めています。たとえば、「教員は新しい用語やなじみのない用語を定義したか」、「難しい概念を繰り返したか」、「たびたび例を示したか」といった項目です。特に、自分の授業改善を目的に授業評価票を作る場合には、選択や開発する項目は自分自身変えられる可能性のある具体的な行為を明らかにするものとすべきです。

学部、学科の効果的なティーチングの評価基準を示しており、学生が判断できる範囲内の項目を選択する。たとえば、在学中の学生は、教員がどれだけ準備をしてきているか、授業時間をどれだけ有効に使っているか、どれだけ上手く説明するか、熱意はどの程度か、学生が授業で抱えている問題に対してどれだけ責任を持って対処しているかについては判断することができます。また、学生は教員が独創的な思考や考え方への批判的な評価を促しているかどうかにつ

いても意見を述べることができます。これと対照的に，在学中の学生には，教員がその専門分野での最新の情報を把握しているかを判断したり，学生がその分野の授業で高度な内容の学習するために充分な準備がされていたかなどを評価することはできません。

各項目の表現を明確にする。「教員は必ず主要な点を要約しましたか」は明確であるが，「教員は充分に準備をして，公平なテストを行っていましたか」では2つの異なる問題を混在しています。

少なくともいくつかのキーポイントとなる項目については，数値評価を用いる。数値化できる項目を使用すれば，クラスの回答の平均と回答の分布を知ることができ，その両方が授業評価の結果を見るうえで役に立ちます。数値の範囲は1〜5か1〜7とし，1は「まったくそう思わない」，5（または7）は「切にそう思う」を表すようにします。さらに，「分からない」や，「あてはまらない」という選択肢も設けて，学生がマークできるようにします。

少なくとも1つの項目で，授業の効果について尋ねる。講座で獲得した知識，認識，技能，教員のティーチングの結果としての知的，人格的，専門的な成長について説明や評価を求めるようにします。

少なくとも1つは，教員の全般的な実力について数値で答える項目を設ける。次に示すような方法を用います。

　　　主題や授業の限界と可能性の両方を考慮して，この教員の教育力をどのように評価しますか。

　まったく教育力がない　　中程度の教育力がある　　非常に教育力がある
　　1　　　2　　　3　　　4　　　5　　　6　　　7

少なくとも1つは，教員の教育力について自由に答える項目を含める。たとえ

ば，「この教員のティーチングの最大の長所や短所を書いてください」。

学生の属性についての質問の数を制限する。学生の属性は，一般的な評価能力には比較的影響がありません（Cashin, 1990a）。したがって，学生が授業を任意選択で受講したのか，必修科目として受講したのかについて，聞く程度はよいでしょう。

アンケートは簡単なものにする。学生はすべての教員について授業評価票に記入する場合もありますので，アンケートは簡単なものにします。

アンケートを実施する

授業評価用紙を配る日を事前に伝える。評価票を配る日を，学期の終わりの2週間の間に設定します。アンケートの実施に10〜15分の時間をかけ，その日は出席して，用紙に記入するように勧めます。学生が試験のことで頭が一杯になっている最終試験のときには，授業評価票は配らないようにします。

アンケートの目的を学生に伝える。学生の評価や意見は重要で，教員自身と学部の両方に役立つことを強調するとよいでしょう。記入した用紙がどのように使われるか，学生は知りたがっています。アンケート実施の際に伝える例を次に示します。

> 我々は，君たちが時間を割いて1つひとつの質問に注意深く答えることを望んでいます。提供される情報は，学部のカリキュラムやティーチング改善の資料となります。さらに，君たちの評価は集計されて，教員たちの昇進や調査に使用されます（大学で実際に行われている場合）。秘密保持のために，この用紙は教員本人以外の人によって集められ，授業の成績評価が完了するまで教員に示されることはありません。

学生に無記名で用紙の記入を行わせる。調査によれば，記名式にすると，評価

が上がるとの報告があります（Cashin, 1990b）。無記名とすることによって，報復の可能性に対する学生の懸念をなくすことができます。(Ory, 1990)

クラスから1人，学生を指名して（あるいは，学部の職員を頼んで），アンケートの実施を監督させる。教員は用紙を配って結構です（必ず公式に登録している学生の数より何枚か余分に持っていきます）が，学生が用紙に記入している間は教室にいることも，用紙を集めることもなりません。用紙を回収するように依頼した者に，用紙を大型の茶封筒に入れて，表に教員の名前，授業番号，出席していた学生の総数，集めた用紙の枚数，日付を書くように頼みます。厳封された封筒は，学部事務所へ届けられます。

最終成績を提出するまで，評価票を見てはいけない。一部の大学では，教員たちに，傾向や比較データを示したコンピューターのプリントアウトを添えて，授業評価のまとめを提供しています。大学でそういうサービスを行っていない場合には，自分でデータを分析し，まとめることになります。

結果をまとめる

用紙に記入した学生の数とクラスの登録者総数を見る。理想としては，回答率（用紙に記入した学生の数を登録した学生数で割った値）は80％以上が望ましいところです。学生数100人以下のクラスで登録している学生の3分の2以下，学生数100人以上のクラスで登録している学生の半分以下しか用紙を提出していない場合，アンケート結果を，表彰，テニア（終身雇用）や昇進といった人事上の決定に使用する際には，そのデータの取り扱いに注意する必要があります（Cashin, 1990b; Theall and Franklin, 1990）。

それぞれの授業ごとのデータを分けておく。いろいろの授業について集計すると，それぞれのティーチングの効果が不明瞭になり，それぞれの授業ごとの対応のウエイトをどうとるかという問題が生じます。同じ授業を何回か担当した場合のデータを集計しても，学生の満足度が上がったか，下がったかという長

期的傾向が不明瞭になる恐れがあります。

アンケート用紙が10枚未満の場合には，データをまとめない。登録者が非常に少ない，独立した課題読書の授業やセミナーで実施した学生のアンケートについては，何学期分かのデータを蓄積して，充分なデータ数が集まってからまとめるようにします。(Cashin, 1990b)

学部でデータの処理を行っていない場合には，数値化できる設問については，次の項目を含めた集計をとるようにする。

- 各項目の評価の度数分布（それぞれの回答を選んだ学生の数および百分率）
- 平均値（小数第1位まで算出），最大頻数，中央値のいずれかによる平均的な回答
- 標準偏差（回答者の分散の指数）
- 手に入れることが可能ならば，同様の規模・水準・ティーチングの種類（たとえば，実験，セミナー，スタジオ，講義）の授業についての授業評価の重要項目に関する学部の標準（平均）か，比較となる標準

文章による意見をまとめる。まとめは，すべての意見の種類と個々の意見の数を集計する必要があります。このようなまとめをするためには，1つの質問に対するすべての学生の見解を読み，意見を意味のあるグループに分け，グループ名を考えるか，見出しをつけ，それぞれのグループに含まれる意見の数を記録しておきます。何を無視し，何を考慮に入れるかを決めるには，授業の目的，価値を見出して重視した点，ティーチングのスタイルなどを考慮します(Lunde, 1988)。また，人間の性質として，鋭い否定的な意見にとらわれ，クラスの大部分の学生からの肯定的な言葉を見失いがちであることに留意します。ティーチングのアドバイザーや協力してくれる同僚は，学生の意見を正しく把握するうえで助けになります。

> 回答を読む

数値化できる質問については，記入されなかった回答の百分率も算出する。一部の項目が，あてはまらないという理由で空欄のまま残される場合があります。回答率の低い項目の解釈には注意を要することがあります。(Theall and Franklin, 1990)

数値化できる質問は，平均値を見る。評価の平均値は，絶対的な尺度で解釈することも，他の同様な授業や教員に対して相対的に解釈することもできます。たとえば，7段階評価法の一般的な授業の評価で，平均値が4であった場合には，「中程度の力量」と言われることになります。しかし，すべての同じような授業の半数が，4を上回る平均値を得ている場合には，4の評価では低いほうの半数に含まれることになるわけです。この分野の専門家の間では，たとえ，レベル（低学年，高学年，大学院），規模，様式（講義，実験，その他），学生の構成人員が同じような授業の間で比較するとしても，このような比較に意味があるのかどうかという論議が起きています（Theall and Franklin, 1990）。Cashin（1992）は，学生はほとんどの項目を高めに評価する傾向があるので，7段階評価法で評価が3.5であっても，本当に「平均的な力量」を示しているとは限らないので，相対評価を用いることを提案しています。学生の評価を自分のティーチングの向上に利用する場合には，何らかの比較できる情報を取り入れて，自分自身の長所，短所，達成度をよりよく理解できるようにします（Kulik, 1991）。Kulikが示唆しているように，最も優れた比較情報は，自分が何回か担当した授業評価の変化に注目することで得られます。

数値化できる質問に対する学生の回答の分布を見る。回答の分布は，重要な情報を提供しています。たとえば，授業に対する評価の平均が，7段階評価法で5だとします。しかし，学生が授業を4，5または6と評価したのか，2や3という評価もあったが，7がいくつかあったので釣り合いがとれたのかに注目するようにします。評価が両端に分かれた場合には，教員のティーチングが，

ある学生の集団には効果的でも，別の集団には効果的でなく，検討すべき課題があることになります。また，標準偏差も有益な情報を与えてくれます。1.0未満（5段階評価法の場合）の標準偏差は，回答者が比較的一致していることを示し，偏差が1.2を上回る場合には，クラスの評価が分かれていることを示しています。（Cashin, 1990b; Theall and Franklin, 1990）

自分が最高と最低の評価を得ている項目に注目する。学生による授業評価を分析する1つの方法は，項目の平均を計算して，最高の評価を得た項目と最低の評価の項目に注目することです。自分の長所や短所が，次に示す項目のいずれかに集中するパターンになっていないかを確認します。構成と明晰さ，熱意と興味への刺激，教員と学生の信頼関係，ティーチングや伝達の技能，授業に必要な学習量や難易度，試験と成績評価の公正さ，教室の雰囲気。経験的に，学生の3分の1が授業のある項目について低い評価を与えた場合には，それは考慮すべきものです（Kulik, 1991）。最高の評価を得た項目や最低の評価の項目について，その原因となった自分の具体的な言動を明らかにするように努めます。同じ授業評価票によるアンケートを実施した同僚とともに，この分析を行っている場合には，高い評価に結びついた言動の例を交換し合うことができます。

自由意見から，具体的な問題を洗い出す。Lunde（1988）は，学生の意見を読んで，たとえば，授業の程度や教員が学生に抱いている期待についての学生の不安といった特定の不満を突き止めることを勧めています。そのあとで，その不満が妥当なものか（この場合には，シラバスや配付資料を見て）を判断します。学生の不安が妥当なものである場合，そのもととなった弱点を見つけるために取り組む具体的な手順を洗い出します。学生は，授業を向上させるための提言をすることは，ほとんどないことに留意します。学生は問題を指摘することのほうが得意なのです（Braskamp, Brandenburg, and Ory, 1984）。時間的余裕があるか，経験豊かなティーチング・アドバイザーの手が借りられるなら，授業を高く評価している学生が，低く評価している学生と同じことを言っているかどうかを判断するグリッド技術の方法を使って，自由意見を分析すること

ができます（Lewis, 1991）。

授業の特色がどれだけ授業評価に影響を与えているかを考慮する。少人数クラス，選択科目，人文科学の授業が，高い評価を受ける傾向があります。それぞれの特色についての評価の差はわずかですが，重なると意味のある差となります（Sorcinelli, 1986）。結果を読むには，この授業が自分の好きな授業であったか，たびたび担当する授業であったか，学部長の求めに応じて担当した授業であったかなどを考慮に入れることも，役立つかもしれません。

知識の豊富なコンサルタントや同僚に援助を求める。学生の授業評価を読んで，ティーチングを向上させる戦略を計画できる教員がいるものです。知識の豊富な同僚や一部の大学で実施されているティーチング・コンサルタントの助けを借りて，授業評価票を検討する教員もいます。コンサルタントは，アンケートの結果をもとに，授業改善の戦略を練るための援助をしてくれます。

授業評価の結果を学生が見られるようにすることを考慮する。全国の大学において学部，研究科など全体で，伝統的に授業評価を公開しているところがあります。これらの学部や大学では，授業評価の結果が同僚や学生に見られると分かっている場合には，教員がティーチングに熱心に取り組むので，授業評価結果を公開したほうがティーチングの質がより高くなると，多くの教員たちが確信しているのです。

References

Abrami, P. C., Apollonia, S., and Cohen, P. A. "Validity of Student Ratings of Instruction: What We Know and What We Do Not." *Journal of Educational Psychology*, 1990, *82*(2), 219-231.

Basow, S. A., and Silberg, N. T. "Student Evaluations of College Professors: Are Male and Female Professors Rated Differently?" *Journal of Educational Psychology*, 1987, *79*(3), 308-314.

Bennet, S. K. "Student Perceptions of and Expectations for Male and Female Instructors: Evidence Relating to the Question of Gender Bias in Teaching Evaluation." *Journal of Educational Psychology*, 1982, *74*(2), 170-179.

Braskamp, L. A., Brandenburg, D. C., and Ory, J. C. *Evaluating Teaching Effectiveness: A*

Practical Guide. Newbury Park, CA: Sage, 1984.

Cashin, W. E. "Students Do Rate Different Academic Fields Differently." In M. Theall and J. Franklin (eds.), *Student Ratings of Instruction: Issues for Improving Practice*. New Directions for Teaching and Learning, no. 43. San Francisco: Jossey-Bass, 1990a.

Cashin, W. E. "Student Ratings of Teaching: Recommendations for Use." *Idea Paper*, no. 22. Manhattan: Center for Faculty Evaluation and Development in Higher Education, Kansas State University, 1990b.

Cashin, W. E. "Student Ratings: The Need for Comparative Data." *Instructional Evaluation and Faculty Development*, 1992, *12*(2), 1-6. (Office of Instructional Research and Evaluation, Northeastern University から入手できる)

Centra, J. A. *Determining Faculty Effectiveness*. San Francisco: Jossey-Bass, 1979.

Cohen, P. A. "Student Ratings of Instruction and Student Achievement." *Review of Educational Research*, 1981, *51*(3), 281-301.

Davis, B. G. *Sourcebook for Evaluating Teaching*. Berkeley: Office of Educational Development, University of California, 1988.

Feldman, K. A. "Class Size and College Students' Evaluations of Teachers and Courses: A Closer Look." *Research in Higher Education*, 1984, *21*(1), 45-116.

Kierstead, D., D'Agostin, P., and Dill, W. "Sex Role Stereotyping of College Professors: Bias in Students' Ratings of Instructors." *Journal of Educational Psychology*, 1988, *80*(3), 342-344.

Kulik, J. A. "Student Ratings of Instruction." *CRLT Occasional Paper*, no. 4. Ann Arbor: Center for Research on Learning and Teaching, University of Michigan, 1991.

Kulik, J. A., and McKeachie, W. J. "The Evaluation of Teachers in Higher Education." In F. N. Kerlinger (ed.), *Review of Research in Education*. Itasca, Ill.: Peacock, 1975.

Lewis, K. G. "Gathering Data for the Improvement of Teaching: What Do I Need and How Do I Get It?" In M. D. Sorcinelli and A. E. Austin(eds.), *Developing New and Junior Faculty*. New Directions for Teaching and Learning, no. 48. San Francisco: Jossey-Bass, 1991.

Lunde, J. P. "Listening to Students Learn: What Are Their Comments Saying?" *Teaching at the University of Nebraska, Lincoln*, 1988, *10*(1), 1-4. (このニュースレターは, Teaching and Learning Center, University of Nebraska, Lincoln から入手できる)

McKeachie, W. J. "Student Ratings of Faculty: A Reprise." *Academe*, 1979, *65*(6), 384-397.

McMillan, J. H., Wergin, J. F., Forsyth, D. R., and Brown, J. C. "Student Ratings of Instruction: A Summary of Literature." *Instructional Evaluation*, 1986, *9*(1), 2-9.

Marsh, H. W., and Dunkin, M. J. "Students' Evaluations of University Teaching: A Multidimentional Perspective." In J. C. Smart (ed.), *Higher Education: A Handbook of Theory and Research*. Vol. 8. New York: Agathon Press, 1992.

Ory, J. C. "Student Ratings of Instruction: Ethics and Practice." In M. Theall and J. Franklin (eds.), *Student Ratings of Instruction: Issues for Improving Practice*. New Directions for Teaching and Learning, no. 43. San Francisco: Jossey-Bass, 1990.

Perry, R. P., Abrami, P. C., Leventhal, L., and Check, J. "Instructor Reputation: An Expectancy Relationship Involving Student Ratings and Achievement." *Journal of Educational Psychology*,

1979, *71*(6), 776-787.

Sorcinalli, M. D. *Evaluation of Teaching Handbook*. Bloomington: Dean of the Faculties Office, Indiana University, 1986.

Statham, A., Richardson, L., and Cook, J. A. *Gender and University Teaching: A Negotiated Difference*. Albany: State University of New York Press, 1991.

Theall, M., and Franklin, J. (eds.). *Student Ratings of Instruction: Issues for Improving Practice*. New Directions for Teaching and Learning, no. 43. San Francisco: Jossey-Bass, 1990.

49 推薦状を書く

　教員の1人として，奨学金取得，大学院進学，就職を志願する学生のための推薦状を書くことや学生の身元保証人になることを依頼されることがあります。よく知らない学生，その作品についてそれほど良い評価を抱いていない学生に対しては，自分がその学生について説得力のある推薦状を書けないことを説明して，別の教員に頼むように伝えます。推薦状を書くことに同意した場合には，効果的な推薦文を書くうえでのいくつかの提言を次に示しましたので，参考にしてください。

一般的な戦略

自分が書く推薦状の全体的な調子がどのようになりそうかを学生に伝える。特に，推薦文に保留事項が含まれる場合には，何を書くつもりであるかをそっと学生に知らせて，学生がそういう推薦状を利用するかどうかを決められるようにします。

推薦文は個人について書く。より優れた推薦状は学生の能力の描写にあふれているものであり，そのような推薦状はより効果的です。単に学生の成績，クラスでの順位，課題論文のテーマを報告することは避けるようにします。あなたの評価に実体と具体性を与えるような挿話や具体例を用いるようにします。

否定的なコメントをどのように文章に表すか，同僚に助言を求める。中傷や差別だという苦情の可能性を避けるために，オブザーバーは教員たちに，否定的なコメントの前に「私の知る限りでは」というような言葉を添えることを勧めています。(Humphreys and Wickersham, 1988)

学生は推薦文の写しを見る権利を持っていることに留意する。家族教育権と

1979, 71(6), 776-787.
Sorcinalli, M. D. *Evaluation of Teaching Handbook*. Bloomington: Dean of the Faculties Office, Indiana University, 1986.
Statham, A., Richardson, L., and Cook, J. A. *Gender and University Teaching: A Negotiated Difference*. Albany: State University of New York Press, 1991.
Theall, M., and Franklin, J. (eds.). *Student Ratings of Instruction: Issues for Improving Practice*. New Directions for Teaching and Learning, no. 43. San Francisco: Jossey-Bass, 1990.

49 　　　　　　　　　　　　　　　　　　　　推薦状を書く

　教員の1人として，奨学金取得，大学院進学，就職を志願する学生のための推薦状を書くことや学生の身元保証人になることを依頼されることがあります。よく知らない学生，その作品についてそれほど良い評価を抱いていない学生に対しては，自分がその学生について説得力のある推薦状を書けないことを説明して，別の教員に頼むように伝えます。推薦状を書くことに同意した場合には，効果的な推薦文を書くうえでのいくつかの提言を次に示しましたので，参考にしてください。

一般的な戦略

自分が書く推薦状の全体的な調子がどのようになりそうかを学生に伝える。特に，推薦文に保留事項が含まれる場合には，何を書くつもりであるかをそっと学生に知らせて，学生がそういう推薦状を利用するかどうかを決められるようにします。

推薦文は個人について書く。より優れた推薦状は学生の能力の描写にあふれているものであり，そのような推薦状はより効果的です。単に学生の成績，クラスでの順位，課題論文のテーマを報告することは避けるようにします。あなたの評価に実体と具体性を与えるような挿話や具体例を用いるようにします。

否定的なコメントをどのように文章に表すか，同僚に助言を求める。中傷や差別だという苦情の可能性を避けるために，オブザーバーは教員たちに，否定的なコメントの前に「私の知る限りでは」というような言葉を添えることを勧めています。(Humphreys and Wickersham, 1988)

学生は推薦文の写しを見る権利を持っていることに留意する。家族教育権と

1974年のプライバシー保護法のもとに，学生は，棄権証書に署名しない限りは，推薦文の写しを見る権利を持っています。一部の採用担当者は，推薦状は，学生が棄権証書に署名した場合にのみ役に立つと言っていますが，そのことにはこだわらない採用担当者もいます。推薦文の内容を秘密にしておきたい場合には，学生に棄権証書に署名させます。

推薦状を書く前に，学生の同意を得る。教員が照会先のリストに載っていたことから，第三者が紹介状を求めてきた場合には，学生に問い合わせてこの要請が本物であるかどうかを確認するようにします。もちろん，礼儀正しい学生であれば，照会先のリストに名前を載せたことを事前に知らせているものです。(Swensen and Keith-Spiegel, 1991)

書く準備をする

指定の用紙や書式があるかを尋ねる。一部の大学院や奨学金プログラムでは，指定の用紙に推薦状を書くことを求めています。必ず，推薦状の送付先，期限も含めて，必要なすべての情報を得るようにします。遅れたことが学生の出願に不利な影響を及ぼす場合もあり得ますので，推薦状は迅速に書くように努めます。

出願先の仕事や大学院についての情報を学生に聞く。自分が詳しく知らない大学院や分野のものである場合には，仕事の説明や大学院課程の簡略な概要について尋ねておきます。

自分の担当した授業で学生が提出した論文の写しを提供させる。論文を読んだあとで返送できるように，学生に，学生自身の住所を書いて，切手を貼った封筒を添えさせます。推薦状の中で，学生の論文（テーマ，方法，結論，示唆している内容），その長所について記述して，知的能力，学問的技能，その他の証拠とします。

手元にある過去の成績簿や記録を見直す。授業が終了して長い期間を経過してから学生が訪ねてくる場合がありますので，授業の記録を保存しておきます。一部の教員は，学生に関する良い点とあまり良くない点を，学期の結果が出た直後に成績簿の余白に書きこみ，のちに記憶を呼び起こせるようにしています。(Humphreys and Wickersham, 1988)

学生の目標や希望について話をする。学生に簡略にまとめた目的の要約や説明，仕事上の目標や希望についての1段落分か2段落分の文章を持参させます。学生が，推薦状の中で強調してほしいと感じている特定の能力やテーマについて話し合います。学生の具体的な目的を探ります。「なぜ，この大学院のこの分野に出願するのですか」，「これから出願しようとしているこの仕事は，君の長期的な仕事上の目標にどういう関連がありますか」，「君のどんな資格が特に目立つと思いますか」(Fisher, 1981)

推薦状を書く

文面を1〜2ページの長さに制限する。推薦状は，指定の用紙や学部の印刷の入った用紙にタイプする必要があります。経験を積んだ読み手は，まず署名を見て，最後の段落を読んでから残りの文面を読むかどうか判断します。(Palmer, 1983)

自分との関係について説明する。以前に担当した学生，助言を受けた学生，調査助手であるか，どれだけの期間にわたって学生を知っているか，どの程度知っているかを記載します。学生と密接に関わりながら仕事をしたことがあるか，学生の教室での学習ぶりを観察しただけか，学生が調査助手であった場合には，出願先の仕事や大学院の評価基準に関連のある具体的な職務について記載します。

推薦状の内容を，特定の就職先や学問的な課程に合わせる。特定の仕事や大学院で成功する潜在能力を学生が持っているかどうかを，読み手に感じさせるよ

うにします。学生が就職の出願をする場合には，学生の学問的な技能を実務の技能に言い換えるように努めます。たとえば，学生が行った調査プロジェクトは，独立して仕事ができる能力の表れである (Fisher, 1981)。読み手が学生について知りたいと思っている最も重要な事柄を指摘するようにします。

- 知的能力：これまでに教えた他の学生と比較して
- 独立した独創的な思考
- 学問的，分析的な技能：出願者がどれだけ情報を習得・適用できるか，新しい考え方を把握できるか，複雑で抽象的な事柄を取り扱えるか
- 研究分野の知識
- 学問的な仕事に対する態度：知的な好奇心，学習に対する態度，クラスへの参加，課題や仕事を完成する際の迅速さときめ細かさ
- 応用的な設定の下での仕事ぶり：たとえば，実験室，臨床の状況
- 伝達の技能：文章や話し方の長所と短所
- 積極性，動機づけ，持続性
- 人間的性格，仕事，大学院課程に関連のある面について：成熟度，適応能力，信頼性，誠実さ，他者との関係，感受性，率直さ，統率力，管理能力，建設的批判に対する反応
- 個人的業績や活動
- 特殊な条件：たとえば，学生の学問的記録に影響を与えたかもしれない，将来の業績に貢献するか障壁となり得る職業経験や経歴

(Fisher, 1981; Harvard — Danforth Center for Teaching and Learning, 1986; Office of Instructional Development, 1988; Wolke, 1988)

具体的に書く。「優秀な学生」と書くのではなく比較による評価を示すようにします。「25名のクラスで一番の学生」，「この学科で教えた中で上位10人のうちに入る」というように書きます。「コミュニケーション能力が優れている」という書き方を「クラス・ディスカッションでさかんに発言する」，「構成のしっかりした説得力のある文章を書く」とすれば，表現が鋭くなります。自分の

評価を裏づける例や挿話も織り込みながら説明します。教職につくことを望んでいる大学院生の推薦状を書く場合には，志願者の大学院生がどのように学生をディスカッションに引き込むか，学生の質問に答えるか，困難なティーチングの状況をどのように扱うかなどを説明するようにします（Lacey, 1989）。次に，もう1つの例を示します（Swensen and Keith-Spiegel, 1991, p. 1より抜粋）。「リタは私の社会心理学の授業で優れた成果をあげ，クラスで最高の学生の1人でした。彼女は優れた教師になることでしょう」と書くよりは，所見を具体的な事実や詳述によって裏づけるようにします。「課外の調査プロジェクトで，リタははっきりした仮説を立て，時間と費用の制約のもとで，他の学生の企画よりも実現可能な企画を立てた。プロジェクトに関する彼女の発表は，明確で思慮に富み，説明に使用された例は適切で，学生の注意を15分間にわたって引きつけた。これらの事実から，私は彼女が非常に優れた教師になると確信している」。

バランスのよい描写をする。学生の長所や短所についての情報を含めます。完璧な人間であるかのように描いている感情的な推薦状は，読む者が疑問を感じる場合があります。率直な評価のほうがより重みがあり，誇張は，推薦者の信用性を損ないます。（Office of Instructional Development, 1988; Palmer, 1983）

否定的な所見には証拠を添え，可能であれば説明を加える。欠点は状況の中で説明します。「この人物は，一年目は落ちつかず，そのためにいくつか低い成績をとったとものと思われるが，その後は自信と技能を身につけ，極めて良い成績をあげている」（Palmer, 1983）。もう1つの例を示します（Swensen and Keith-Spiegel, 1991, p. 1より抜粋）。「マックスは中程度の学生で，授業に本当の興味を持っているわけではなかった」と書くのではなく，「マックスの得点は，2回の中間試験と最終試験で70％を下回った。クラスの平均は80％以上であった（登録学生数は120名であった）。彼の調査報告書はうまく構成されておらず，文献の見直しや今後の調査の方向性といった重要な構成要素が欠けていた」と書くようにします。

個人的な事柄に関する記載は避ける。年齢，結婚に関する状況，子どもの有無，肉体的な特徴，その他の個人的な属性に言及しないようにします。学生が学問と家庭両立に成功している場合には，その情報を推薦状に含めることを望むかどうかを本人に尋ねるようにします。

誤解される恐れのある曖昧な記述を避けるように用心する。Swensen and Keith-Spiegel（1991, p. 2）に引用されているYager, Strauss, and Tardiff（1984）からのいくつかの例を次に示します。

- 「彼は自分の向上を目的に一生懸命勉強し，そして向上した」（初めの頃は，彼はどんなふうだったのか）
- 「彼女は興味のある領域において深く関わり，すばらしい成果をあげた」（自分の興味を引かない領域では，どうなのか）
- 「彼女はかなりの進歩を示した」（どこからどこへ）
- 「彼は……において特に実力がある」（そして，他の面では中程度または劣っているのか）

総括的な推薦の言葉で締めくくる。学生が，いかにその仕事や大学院課程に向く資質を備えているかを示すようにします。可能であれば，潜在能力や予想される成果を強調するようにします。自分であれば，大学院での研究や職場での地位につかせることを選択するどうかについて述べるようにします。

さらに情報を求められることを歓迎することをつけ加える。電話番号，電子メール・アドレス，ファックス番号を書くようにします。経験豊かな読み手は，このことを教員の出願者に対する気持ちの強さの表れと見なしています。（Palmer, 1983）

推薦状を注意深く読み直す。名前の綴りが正しく，日付と事実が正確であることを確認します。

> **事後処理**

結果について聞く。学生に出願が成功したかどうかを知らせるように伝える。

推薦状の写しを保存する。受け取り側がさらに情報を求めて連絡してきた場合，同じ学生がもう1通，推薦状を請求した場合に，写しがあると便利です。また，今後，推薦状を書く場合に，以前のものを手引きとして使用することもできます。

> **References**

Fisher, M. (ed.). *Teaching at Stanford*. Stanford, Calif.: Center for Teaching and Learning, Stanford University, 1981.

Harvard—Danforth Center for Teaching and Learning. *Teaching Fellows Handbook*. Cambridge, Mass.: Harvard—Danforth Center for Teaching and Learning, Harvard University, 1986.

Humphreys, L., and Wickersham, B. "Letters of Recommendation." In J. Janes and D. Hauer (eds.), *Now What?* Littleton, Mass.: Copley, 1988.（*A Handbook of Resources for New Instructors*. Knoxville: Learning Research Center, University of Tennessee, 1986より転載）

Lacey, P. A. "Professors Ought to Do Their Homework When They Recommend Graduate Students." *Chronicle of Higher Education*, March 15, 1989, p. B2.

Office of Instructional Development. "Letters of Recommendation." In J. Janes and D. Hauer (eds.), *Now What?* Littleton, Mass.: Copley, 1988.（*Handbook for Graduate Teaching Assistants*. Athens: Office of Instructional Development, University of Georgia, 1987より転載）

Palmer, S. E. "What to Say in a Letter of Recommendation? Sometimes What You Don't Say Matters Most." *Chronicle of Higher Education*, Sept. 7, 1983, pp. 21-22.

Swensen, E. V., and Keith-Spiegel, P. *Writing Letters of Recommendation for Students: How to Protect Yourself from Liability*. Washington, D. C.: American Psychological Association, 1991.

Wolke, R. "Writing Letters of Recommendation." In J. Janes and D. Hauer (eds.), *Now What?* Littleton, Mass.: Copley, 1988.（*A Handbook for Teaching Assistants*. Pittsburgh, Pa.: Office of Faculty Development, University of Pittsburgh, 1984より転載）

Yager, J., Strauss, G. D., and Tardiff, K. "The Quality of Deans' Letters from Medical Schools." *Journal of Medical Education*, 1984, *59*(6), 471-478. Swensen and Keith-Spiegel, 1991より引用．

監訳者

香取草之助（かとり　そうのすけ）：元東海大学副理事長

訳　者

光澤　舜明（みつざわ　しゅんめい）：元東海大学教授
安岡　高志（やすおか　たかし）：東海大学名誉教授，立命館大学教授
吉川　政夫（きっかわ　まさお）：東海大学体育学部教授

授業の道具箱
じゅぎょう　どうぐばこ

2002年7月20日　第1版第1刷発行
2015年6月5日　第1版第5刷発行

監訳者　香取草之助
発行者　橋本敏明
発行所　東海大学出版部
　　　　〒257-0003　神奈川県秦野市南矢名3-10-35
　　　　　　　　　東海大学同窓会館内
　　　　TEL 0463-79-3921　振替 00100-5-46614
　　　　URL http://www.press.tokai.ac.jp/
印刷所　港北出版印刷株式会社
製本所　誠製本株式会社

ⒸSounosuke Katori, 2002　　　　　　ISBN978-4-486-01532-1

Ⓡ〈日本複製権センター委託出版物〉
本書の全部または一部を無断で複写複製（コピー）することは，著作権法上の例外を除き，禁じられています。本書から複写複製する場合は日本複製権センターへご連絡の上，許諾を得てください。
日本複製権センター（電話 03-3401-2382）

授業をどうする！
カリフォルニア大学バークレー校の授業改善のためのアイデア集

香取草之助 監訳　　　　　　　　　Ａ５変型判　1500円

カリフォルニア大学バークレー校の
授業改善のためのアイデア集
授業をどうする！ ビデオ版　　　　VHS 42分　20000円

シリーズ大学の教育・授業を考える
第1巻　大学の教育・授業をどうする
FDのすすめ
第2巻　大学の教育・授業の変革と創造
教育から学習へ
第3巻　大学の教育・授業の未来像
多様化するFD

日本私立大学連盟 編　　　　　　各巻Ａ５判　1900円

留学生アドバイザーという仕事
国際教育交流のプロフェッショナルとして

ゲリー・アルセン 著
服部まこと・三宅政子 監訳　　　　Ａ５判　2600円

光を求めて
デンマーク成人教育500年の歴史

オーヴェ・コースゴー 著
川崎一彦 監訳　高倉尚子 訳　　　Ａ５判　7500円

アメリカの大学事情

渡部哲光 著　　　　　　　　　　　Ａ５判　2200円

大学の日々から
現場からの教育論

松前紀男 著　　　　　　　　　　　四六判　3000円

高等教育における教授活動
評定と訓練

Ｌ・エルトン 著　香取草之助 監訳　Ａ５判　2800円

＊上記表示価格は税別です。